卓越工程师教育培养计算机类创新系列规划教材

操作系统设计原理

主　编　鞠时光　詹永照

副主编　薛安荣　蔡　涛　牛德姣　毛启容

科学出版社

北　京

内 容 简 介

本书系统地介绍操作系统设计的基本概念、原理和实现方法，主要内容包括：操作系统概述、进程与线程、互斥与同步、处理器调度、存储器管理、文件管理、输入/输出管理、操作系统安全、新型操作系统共 9 章。在每章的基本原理和方法介绍后，均以目前最流行的操作系统 Linux、UNIX 和 Windows 为例，介绍当代操作系统的实现原理和特点。最后一章专门介绍嵌入式操作系统、分布式操作系统和虚拟技术等目前新型的操作系统。

本书可作为计算机类本科专业的教材，也可供有关专业的教师、学生和科技人员阅读参考。

图书在版编目(CIP)数据

操作系统设计原理/鞠时光，詹永照主编. —北京：科学出版社，2016.1
卓越工程师教育培养计算机类创新系列规划教材
ISBN 978-7-03-047100-0

Ⅰ. ①操…　Ⅱ. ①鞠…　②詹…　Ⅲ. ①操作系统-程序设计-教材
Ⅳ. ①TP316

中国版本图书馆 CIP 数据核字(2016)第 012048 号

责任编辑：邹　杰　张丽花/责任校对：桂伟利
责任印制：徐晓晨 / 封面设计：迷底书装

科学出版社出版
北京东黄城根北街 16 号
邮政编码：100717
http://www.sciencep.com
北京建宏印刷有限公司 印刷
科学出版社发行　各地新华书店经销
*
2016 年 1 月第　一　版　　开本：787×1092　1/16
2020 年 7 月第四次印刷　　印张：20 1/2
字数：486 000

定价：68.00 元

(如有印装质量问题，我社负责调换)

前　言

操作系统是计算机系统最基本的系统软件之一，是用户开发和使用应用软件不可缺少的支撑环境。随着计算机系统软硬件规模的日益扩大和性能的不断提高，用户与操作系统的联系愈加密切，操作系统课程是计算机类专业的必修课程之一。

本书改变了传统教材的框架，把操作系统的基本原理与实践应用有机地结合起来，以原理指导应用，又从应用中加深对原理的理解。在介绍操作系统基本设计原理的同时，与UNIX、Linux、Windows 等常用操作系统的实现技术和特点相结合，做到有利于学生对这些常用操作系统的理解和实际应用能力的培养。

全书共 9 章，其内容覆盖学生学习操作系统课程应掌握的基本概念、基本原理、主要技术和基本操作。其中，第 1 章主要介绍操作系统的基本概念、发展历史及操作系统的分类。第 2 章主要介绍进程、线程及多核多线程的概念。第 3 章主要介绍互斥与同步的基本概念、进程互斥和同步的算法设计，以及进程通信的实现方式和死锁及其解决方法。第 4 章主要介绍处理器调度类型、单/多处理器调度算法和实时调度算法。第 5 章主要介绍几种常用的存储管理方法，如分区存储管理、页式存储管理、段式存储管理、段页式存储管理和虚拟存储器等原理和实现方法。第 6 章主要介绍文件系统概念、文件组织、文件目录、文件存储、文件共享与文件系统的一致性。第 7 章主要介绍 I/O 系统的结构、控制、缓冲、软件设计及磁盘调度算法。第 8 章首先介绍计算机安全的一些基本概念，接着从安全体系结构的设计和安全机制的实现方法等方面来阐述操作系统的安全性，并给出研究和开发安全操作系统的实例。第 9 章主要介绍一些新型的操作系统，包括嵌入式操作系统和分布式操作系统两大类，并介绍云计算和大数据中非常重要的虚拟化技术。本书各章均穿插介绍流行的操作系统相关设计与实现方法，同时章前均有知识要点、预习准备、兴趣实践和探索思考，章后有小结、拓展阅读、复习思考题及上机实验，便于学生探索学习和教师按需授课。

参加编写的人员及分工：第 1 章由鞠时光编写，第 2、3 章由牛德姣编写，第 4 章由毛启容编写，第 5 章由詹永照编写，第 6、7 章由薛安荣编写，第 8、9 章由蔡涛编写。全书由鞠时光、詹永照统一规划与统稿。

由于书中所涉及的操作系统 UNIX、Linux 和 Windows 只是作为应用实例来介绍的，所以这些部分难免不成体系。需要系统学习这些操作系统的实现及使用方法的读者，可以进一步参考有关资料。另外，操作系统的发展日新月异，加之编者水平有限，书中不当之处在所难免，敬请读者批评指正。

编　者

2015 年 9 月

目　　录

第 1 章　操作系统概述

知识要点： 主要包括操作系统的定义、操作系统的形成和发展、操作系统的分类、操作系统的运行环境、操作系统的结构和现代操作系统的特征。要求粗略了解支撑操作系统执行的核心硬件以及操作系统的层次结构。初步理解不同类型操作系统之间的异同。熟悉操作系统的发展概况。

预习准备： 回想平时接触和使用的不同类型操作系统，思考这些操作系统之间的共同特征与区别。

兴趣实践： 收集整理所接触和了解的操作系统，在后续学习中比较这些不同类型操作系统各方面的异同。

探索思考： 思考书中给出的操作系统定义、分类和结构与自己日常认识的差异，思考不同应用领域对操作系统的不同需求。

操作系统是计算机系统的一种大型系统软件。本章将给出操作系统的定义，分析操作系统的功能与类型，介绍操作系统的形成和发展，并对操作系统运行的硬件环境有选择地进行介绍。本章的最后介绍了 UNIX、Linux 以及 Window NT 操作系统的特点。

1.1　操作系统的定义

一个完整的计算机系统，不论是大型机、小型机，还是微型机，都是由硬件和软件两大部分组成。通常硬件是指计算机物理装置本身，也就是指计算机的各种处理器(如中央处理器)、存储器、I/O 设备和通信装置等。 软件是相对于硬件而言的，它是指由计算机硬件执行以完成一定任务的程序、数据及有关文档。

1.1.1　基本概念

计算机软件通常分成两大类，即系统软件和应用软件。系统软件用于计算机的管理、维护、控制和运行以及对运行的程序进行翻译、装入等服务工作。系统软件本身又可分成三部分，即操作系统、语言处理系统和常用的例行服务程序。语言处理系统包括各种语言的编译程序、解释程序和汇编程序。服务程序的种类很多，通常包括库管理程序、连接编辑程序、诊断排错程序等。应用软件是指那些为了某一类应用需要而设计的程序、或用户为解决某个特定问题而编制的程序或程序系统。

操作系统是计算机系统的一种系统软件，它用于管理计算机的资源和控制程序的执行。一个程序只有在通过操作系统获得必需的资源后才能执行。例如，程序在执行前必须获得主存储器资源才能装入，它的执行要依靠处理器，它在执行中还可能要用外部设备输入或输出数据，或者使用计算机系统中的文件以及调用子程序等。计算机配置了操作系统后可以提高效率，便于使用。现在，操作系统已成为计算机系统中不可缺少的一种系统软件。

1.1.2　一个计算机系统的视图

一个计算机系统可以被认为是由硬件和软件按层次方式构成的。图 1-1 表示了一个四层结构，每层表示一组功能和一个接口。接口是用于在该层内实现功能的一组可见的约定，我们把接口的这些特性称为计算机系统的一个视图。

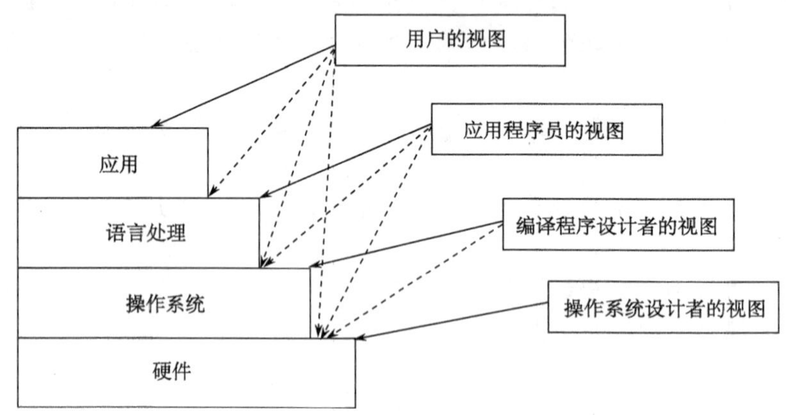

图 1-1　计算机系统的分层和视图

由图 1-1 可见，硬件是软件建立与活动的基础，而软件是对硬件功能的扩展。操作系统是核心的系统软件，与硬件的关系尤为密切，它不仅对硬件资源直接实施控制、管理，而且很多功能的完成是与硬件动作配合实现的。所以操作系统的运行必须依靠良好的硬件支撑环境。

硬件层表示机器的可见结构，它包括可执行一组指令的处理器，若干个供程序使用的寄存器和用于访问存储器的寻址模式，还包含诸如通道、控制器、处理器和存储器之间的关系。它是操作系统工作的基础，因此，对操作系统的设计者来说，他所看见的系统视图就是硬件层。

操作系统对硬件层作第一次功能扩充，以便为编译程序的设计者和应用程序员提供有效的服务。它提供接口以便容易地开发系统程序。操作系统是整个计算机系统的控制管理中心，其中也包括对其他各种软件的控制和管理，如编辑程序、编译程序、连接装配程序、数据库系统和各种软件工具等。操作系统对它们既具有支配权力，又为其运行建造环境。操作系统提供的接口并不能完全隐藏硬件特性，因此，一个编译程序的设计者可能需要某些机器特性的知识。编译工作的基础是被操作系统扩充了功能的机器，它由软件定义的操作系统接口和硬件指令集合的某些部分组成。类似地，一个使用汇编语言的程序员将利用操作系统和硬件提供的复合功能。因此，向编译程序的设计者所展示的系统视图除了操作系统外，还应加上操作系统未能隐藏的硬件特性，它们在图 1-1 中分别用实线箭头与虚线箭头表示。

同样，应用程序员的视图除了语言处理层外，还有未被隐藏的部分操作系统和硬件的特性。而用户的视图除了应用层外，还有未被隐藏的部分语言处理层、操作系统层及硬件层的特性。它们在图 1-1 中也分别用实线箭头和虚线箭头表示。

用户包括几种不同身份的人：一般用户、操作员和管理员等。一般用户是计算机系统环境中的顾客，他们利用计算机来完成各种有用的任务。操作系统对外提供的功能就是它与一般用户之间的接口。操作员是负责启动系统、监督系统状态、实施对设备(如磁带、打印机)操作的人员，他们是对系统的最终控制者。管理员负责制定系统调度政策，确立维修、改进方案。

1.1.3　操作系统的基本功能

前面说明了操作系统的基础地位。其实，大家也会体验到，使用计算机需首先装入操作系统。计算机配置了操作系统后可以提高效率，便于使用。可以说，它是计算机系统的一个聪明能干的“大管家”。下面从两方面简要介绍操作系统所需提供的基本功能。

1. 人机交互界面

通常操作系统需要提供人机界面功能为用户提供各种计算服务。用户可直接使用键盘命令或 Shell 命令语言或图形用户界面(GUI)与计算机交互，表达计算要求，由操作系统人机交互界面功能模块分析处理并调用系统内部功能模块(系统调用)，最终完成用户的计算任务并将结果反馈。这两项是操作系统与用户联系的软接口，通常称为“界面”。它和实用层软件一起，提供了用户开发和运行应用软件的环境和手段。这是操作系统为用户提供的基本公共服务。

事实上，用户若没有操作系统的支持服务，即使是简单的操作，也显得十分吃力。例如用户想显示存在磁盘上的一个文件 FILE.TXT。借助 UNIX 操作系统完成这项操作，只须键入命令： $cat FILE.TXT↙ 即可实现，十分简便。然而，若无操作系统支持，则需要用户使用难记难认的机器代码编写 4 个模块以上的程序，如输入程序、读盘和搜索文件程序、装入内存程序和驱动显示程序。这些程序中涉及内存、外设中若干物理特性和状态参数，还需要字符库和调试软件的支持。对于一般用户，做到这些是难以想象的。有了操作系统的服务，用户便可驾驭自如了。如今，大部分操作系统都提供了图形用户界面功能，用户操作计算机是一种所见即所得的计算实现方式，计算机的操作就更加方便了。应该说，目前微机系统推广应用得如此之广，与它配置了功能强、使用简便的操作系统人机交互界面有着密切的关系。

2. 资源管理

使用计算机，除方便用户以外，尚需使它高效率地运转。为此，需要合理地分配使用各种软、硬件资源。如使慢速的外设与高速的 CPU 相匹配的问题；内存空间紧张、如何发挥外部存储器效率的问题；众多的文件信息如何组织、存取的问题。

从资源管理的观点来看，操作系统的功能主要包括：处理器与进程管理、存储器管理、文件管理、设备管理和网络管理。

(1) 处理器与进程管理。处理器与进程管理功能包括：调度、进程控制、进程同步与进程通信等。

调度包括作业调度和进程调度。作业调度是考虑充分利用系统资源的要求，将用户的算题按照一定的策略，为它分配资源，调入内存并创建进程，使之有机会获得系统的服务。通常在大中型操作系统中，才提供作业管理的功能。一般微机操作系统以及单用户操作系统不考虑作业管理的功能。进程调度就是考虑何时为进程分配处理器并占有多长时间，让它真正占有处理器进行算题。进程控制就是控制进程的运行状态的变化，让进程有序地时走时停。进程同步就是解决进程之间使用资源的竞争和协作问题。进程通信就是使进程之间由于算题需要能够传输相关信息。

(2) 存储器管理。存储器管理主要管理主存储器资源。存储管理将根据用户程序的要求给它分配主存储器，并将程序的逻辑地址空间转换为物理地址空间，同时还要考虑内存空间的共享和保护，用户存放在主存储器中的程序和数据不被破坏，此外还要考虑如何使有限的内存能够运行更多和更大的程序，即主存扩充问题。操作系统的这一部分功能与硬件存储器的组织结构密切相关，操作系统的设计者应根据硬件情况和使用需要，采用各种相应的有效调度策略与保护措施。

(3) 文件管理。文件管理支持对文件的存储、检索和修改等操作以及文件保护的功能。早期的管理程序仅提供一个简单的文件系统，而现代的操作系统一般都提供功能复杂的文件系统，多数还提供数据库系统来实现信息的管理工作。

(4) 设备管理。设备管理负责管理各类外围设备，包括分配、启动和故障处理等。为了提高效率，还引入了逻辑(虚拟)设备的概念，以实现预输入和缓输出功能。

(5) 网络管理。目前的多数系统都有联网计算要求，因此操作系统还要提供网络资源管理功能，以实现信息的网络传输、网络资源服务和网络安全防护等目的。

1.2　操作系统的形成和发展

第一代计算机运行速度较低，外围设备较少，因而，编制和运行一个程序也比较简单。那时，程序员往往直接使用机器语言来编制一个程序，这种“目标程序”被人为地穿在卡片(或纸带)上，并用一个引导程序装入主存储器。程序员通过控制台开关来调试和操作运行程序。在这期间，整个计算机都被一个程序员所占有。因而，不需要专门的操作员，程序员身兼两职——既是操作员，也是程序员。

随着计算机的发展，协助用户使用计算机的软件——原始汇编系统产生了。在这样的系统中，数字操作码被记忆码所代替，程序按一个固定格式的汇编语言书写。程序员(或系统程序员)预先编制一个汇编解释程序，它把汇编语言书写的“源程序”解释成计算机能直接执行的机器语言表达的“目标程序”。因而，在这样的计算机系统中，首先需要把这个汇编解释程序和源程序都穿在卡片或纸带上，然后再装入和执行。如图 1-2 所示，整个计算分两个阶段，六个计算步，每个计算步的功能如下：

(1) 通过引导程序把汇编解释程序装入到计算机中。

(2) 通过汇编解释程序读入源程序，并执行汇编过程。

(3) 产生一个目标程序，并输出到卡片或纸带上。

(4) 通过引导程序把目标程序装入计算机。

(5) 目标程序读入卡片数据或纸带数据。

(6) 产生计算结果，并输出到卡片或打印纸上。

其中 (1)～(3) 的三个计算步是汇编阶段，(4)～(6) 的三个计算步是执行阶段。

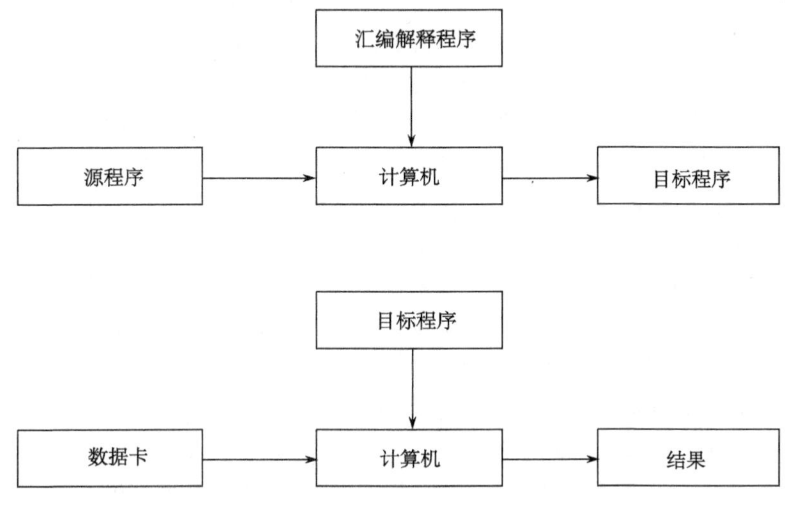

图 1-2　原始汇编和执行过程

到了 20 世纪 60 年代，硬件技术取得了两个方面的重大进展：一是通道技术的引进，二是中断技术的发展，再加之存储容量的增长，这就给软件的发展奠定了物质基础。在这期间，先后出现了 FORTRAN 和 ALGOl 等程序设计语言与相应的编译程序以及程序库的使用等。同时，出现了对计算机硬件和软件进行管理与调度的软件，管理程序，即初级的操作系统。

管理程序的主要功能是：向用户提供多个共享资源来运行他们的程序；帮助操作员控制用户程序的执行和管理计算机的部分资源。

有了管理程序以后，用户不必亲自上机操作，而是由专业化的操作员代劳。操作员只要通过控制台打字机打入控制命令就可以操纵计算机，操作员打入的命令由管理程序来识别和执行。这样，不仅操作速度快，而且操作员可以方便地进行一些较为复杂的控制。当计算机运行中发生错误或意外时，管理程序通过计算机从控制台打字机上输出信息向操作员报告。这种输出信息不仅比“亮灯显示”所表达的更为丰富，而且操作员也易于理解。总之，用这种半自动方式来控制计算机不仅提高了效率，而且方便了使用。

到了第二代计算机后期，特别是进入第三代以后，软件有了很大的发展，它的作用也日益显著。同时，硬件也有了很大的发展，特别是主存储器容量的增加和大容量辅助存储器“磁盘”的出现，给发展更先进的管理程序准备好了物质条件。另外，计算机应用的日益广泛和深入，也要求进一步发展和扩大功能简单的管理程序。这样，管理程序就迅速地发展成为一个主要的软件分支：操作系统。

随着大规模集成电路技术的发展，微型计算机迅速地发展起来。从 20 世纪 70 年代中期开始，出现了微型机操作系统。1970 年，美国 Digital Research 软件公司研制了操作系统

CP/M，由于它短小、精致和适应性强，因而，此后出现的一些 8 位微型机操作系统多采用 CP/M 的结构。

随着微型计算机及以微型计算机为其主要节点的局域网的发展，操作系统的研究、开发、生产与销售也获得了飞速的发展。微型机操作系统的发展大致经历了两个阶段：第一阶段（1976～1979 年）为单用户、单道作业的操作系统。继 CP/M 之后，还有 CDOS（Cromemco 磁盘操作系统）、MDOS（Motorola 磁盘操作系统）、TRSDOS（TRS 磁盘操作系统）、SDOS（SD 磁盘操作系统）和 MS-DOS（Microsoft 磁盘操作系统）。第二阶段（1979～1980 年）为多用户、多道作业和分时系统，例如：MP/M（多用户监控程序）、AMOS 和 XENIX。20 世纪 90 年代以来，Windows、Linux、UNIX 操作系统几乎垄断了微机操作系统的市场。

微型计算机和 Internet 的普及应用催生了软件巨头 Microsoft。当今，物联网与云计算的兴起，无论何时、何地、何物，只要需要就能实现针对性计算，这给计算系统的核心软件操作系统的研究与开发带来了更大的挑战，新一代的操作系统应运而生。为了方便便携式终端、传感器和物件接入点开发各种应用系统，产生了嵌入式操作系统。

云计算是一种通过 Internet 以服务方式提供动态可伸缩的虚拟化资源的计算模式。为了实现云计算模式，必须研发云计算操作系统。云计算操作系统是指构架于服务器、存储、网络等基础硬件资源和单机操作系统、中间件、数据库等用于管理海量的基础硬件、软件之上的云平台综合管理系统。它是一个大型复杂的操作系统。由于云计算的需要，基于网络的分布式操作系统和虚拟化软件的研究开发又唤来了新的春天。可以想象，将来微型化和大型化这两大类操作系统必将成为市场的宠儿。

1.3　操作系统的分类

当前，计算机应用已广泛地深入到人类生活的各个领域。在这些应用中，人们对计算机的要求不尽相同，对计算机操作系统的性能要求、使用方式也是十分不同的，因此，对操作系统的类型进行分类的方法也很多。比如，可按硬件系统的大小、系统的属性和用户的属性等来进行分类。在此，我们按照操作系统所提供的功能来进行分类，把操作系统大致可以分成以下 7 类：单用户操作系统、批处理操作系统、实时操作系统、分时操作系统、网络操作系统、分布式操作系统、嵌入式操作系统。下面分别介绍这几类操作系统的特性。

1.3.1　单用户操作系统

简单地说，一个操作人员在一个终端上使用计算机就是一个用户。早期的个人微机，由一个主机带一个终端，同一时间只能为一个用户服务，使用的是单用户操作系统。单用户操作系统的根本特征是，一个用户独占计算机系统资源。系统所有软、硬件资源全为一个用户服务，单独地执行该用户提交的一个任务。

例如，IBM-PC 个人微机和兼容机配的 MS-DOS，以及 8 位机使用的 CP / M 操作系统均属于单用户操作系统。使用过程中，即便多数资源是空闲的，也被一个用户所独占。显然系统资源未能充分利用。但其操作系统简单，易被人们掌握。

1.3.2 批处理操作系统

在一般计算中心(或数据中心)的小型以上的计算机上所配置的操作系统通常属于批处理操作系统。用户把要计算的问题、数据和作业说明书一起交给操作员，操作员将一批算题输入到计算机，然后由操作系统来控制执行。通常，采用这种批量化处理作业技术的操作系统称为批处理操作系统。

批处理操作系统又分为单道和多道批处理系统，它们的区别在于：

(1) 作业道数。单道批处理系统中只有一道作业在主存中运行。而多道批处理系统中同时有多道作业在运行。

(2) 作业处理方式。单道批处理系统是把多个用户作业形成一批，由卫星机将这些作业输入磁带中，然后主机再从该磁带中将作业一个一个地读入主存进行处理。作业完成后，将结果也都输出到另一磁带中去，当这批作业全部完成后，再由卫星机把此磁带上的结果通过相应的输出设备输出。处理完一批作业后再处理另一批作业。而在多道批处理系统中(包括网络中的远程批处理)，作业可随时(不必集中成批)被接受进入系统，并存放在磁盘输入池中形成作业队列。而后操作系统按一定原则从作业队列中调入一个或多个作业进入主存运行。所以，“批”的概念已不十分明显。这里所谓的“批处理”是指这样一种操作方式：用户与他的作业之间没有交互作用，不能直接控制其作业的运行。一般称这种方式为批操作。

IBM DOS(磁盘操作系统)是一个典型的批处理多道系统。它是一个通用操作系统，开始是为 IBM / 360 的较小型号设计的，后来扩展到 370 系统。以后它又发展成 DOS / VS 和 DOS / VSE 运行于 IBM43 系列机上。

1.3.3 实时操作系统

“实时”是指对随机发生的外部事件作出及时的响应并对其进行处理。所谓外部是指来自与计算机系统相连的设备所提出的服务和采集数据要求。对一个特殊事件的处理活动是由一串处理任务来完成的，其中每个处理任务必须在规定的时间内完成。外部事件指接收数据或请求一个联机设备服务，其中联机设备并非由操作员来驱动，而是由系统根据外部事件的请求和联机设备当时的状态来确定该联机设备是否对该请求作出响应。

实时系统是较少有人为干预监督和控制的系统。仅当系统内的计算机识别到了违反系统规定的限制或者计算机本身发生故障时，系统才需要人为干预。人为干预允许重置参数和调整监督设备的任务。用于实时控制的计算机系统要确保在任何时候，甚至在满载时都能及时响应。因此，设计实时操作系统时，首先要考虑响应及时，其次才考虑资源的利用率。

实时系统的软件依赖于应用的性质和实际使用的计算机类型。然而，对于实时操作系统而言，它的一个基本特征是事件驱动设计，即当接收了某种类型的外部消息后，由系统选择一个程序去执行。

实时系统的应用十分广泛，例如：监督产品线、流水线生产的连续过程，监督病人的脑界功能，监督和控制交通灯系统，监督和控制实验室的实验以及监督军用飞机的状态等。

1.3.4　分时操作系统

所谓分时操作系统是指多个用户分享使用同一台计算机，也就是说，把计算机的系统资源(尤其是 CPU 资源)进行时间上的分割，即将 CPU 整个工作时间分成一个个的时间段，每个时间段称为一个时间片。让每个用户轮流使用这些时间片。使得每个用户均感到自己独享该 CPU。

分时操作系统的主要目的是对联机用户的服务和响应。它的主要特点为：

(1) 同时性。若干个终端用户可同时使用计算机。

(2) 独立性。用户彼此独立，互不干扰。

(3) 及时性。用户的请求能在较短时间内得到响应。

(4) 交互性。用户能进行人机对话，联机地调试程序，以交互方式工作。

分时操作系统和批处理多道操作系统的第一个差别是它们在目标上存在着基本的不同。一个批处理多道程序系统的目标是提高机器效率；而分时操作系统的目标是对用户请求的快速响应。

分时操作系统和批处理多道操作系统的第二个差别表现在提交给系统的作业性质上。对于要求在几分钟内能从终端上获得结果的短小作业来说，分时系统是最有效的；但是，对于需要较长时间才能完成的大型作业而言，批处理多道操作系统较为有效。

分时操作系统和批处理多道操作系统的第三个差别在于：对于充分使用系统资源而言，批处理多道操作系统是较好的，因为它可以同时接收经过合理安排的各种不同负载的作业；对于要求执行相同功能的作业而言，分时系统是较好的，因为在不同的终端上同时使用同一个功能的例行子程序将减少系统调用它的开销。

1.3.5　网络操作系统

计算机网络是通过通信机构把地理上分散且独立的计算机连接起来的一种网络。有了计算机网络之后，用户可以突破地理条件的限制，方便地使用远程的计算机资源，实现资源共享。提供网络通信和网络资源共享功能的操作系统称为网络操作系统。

网络操作系统除了应具有的处理器与进程管理、存储器管理、设备管理和文件管理外，还应具有以下两大功能：

(1) 提供高效、可靠的网络通信能力。

(2) 提供多种网络服务功能， 如：远程作业录入并进行处理的服务功能、文件传输服务功能、电子邮件服务功能、远程打印服务功能等。总之，要为用户提供访问计算机网络中各种资源的服务。

1.3.6　分布式操作系统

分布式操作系统是一种特殊的网络操作系统，它是一种用于管理分布式系统资源的操作系统。它与集中式操作系统的主要区别在于资源管理、进程通信和系统结构方面。它是由多台计算机组成的网络并且满足以下条件的系统：

(1) 系统中任意两台计算机可以通过通信来交换信息。

(2) 系统中各台计算机无主次之分，既没有控制整个系统的主机，也没有受控于他机的从机。

(3) 系统的资源为所有用户共享。

(4) 系统中若干台计算机可以互相协作来完成一个共同任务，或者说，一个程序可以分布于几台计算机上并行地运行。

1.3.7　嵌入式操作系统

嵌入式操作系统是一种支持嵌入式应用的操作系统，它是嵌入式系统极为重要的组成部分。嵌入式操作系统通常包括以下几个模块：与硬件相关的底层驱动软件、系统内核、设备驱动接口、通信协议、图形界面、标准化浏览器等。

嵌入式操作系统具备通用操作系统的如下基本特点：①能够有效管理复杂的系统资源；②能够对硬件进行抽象；③能够提供库函数、驱动程序、开发工具集等。

与通用操作系统相比较，嵌入式操作系统具有的特性如下：①系统具有实时性；②系统具有硬件依赖性；③系统软件具有固化性；④系统具有应用专用性；⑤系统具有可裁剪性。

嵌入式操作系统发展经历了从支持 8 位微处理器到支持 16 位、32 位甚至 64 位微处理器，以及从支持单一品种的微处理器芯片到支持多品种微处理器芯片、从只有内核到除了内核外还提供其他功能模块(如文件系统、TCP/IP 网络系统、窗口图形系统)等过程。

典型的嵌入式操作系统有：

μC/OS-II、μClinux、VxWorks、Windows CE、Symbian OS、Android、iPhone OS 等。

μC/OS-II 能管理 64 个任务，其实时性能优良和可扩展性好，可运行在航天器等对安全级别要求较高的系统上。

μClinux 继承了 Linux 操作系统的主要特性，内核非常小，有良好的稳定性和移植性、强大的网络功能、出色的文件系统支持、标准丰富的 API 以及 TCP/IP 网络协议等。

VxWorks 以其良好的可靠性和卓越的实时性被广泛地应用在通信、军事、航空、航天等高精尖技术及实时性要求极高的领域中。

Windows CE 是微软自行开发的嵌入式新型操作系统，具有模块化、结构化和基于 Win32 应用程序接口和与处理器无关等特点。

Symbian OS 是智能移动终端的专用嵌入式操作系统，它可支持 Java 语言，拥有强大的应用程序及通信处理开发能力。

Android 是 Google 开发的基于 Linux 平台的开源移动终端操作系统，它采用 WebKit 浏览器引擎，具备触摸屏、高级图形显示和上网功能。Android 应用开发是基于 Java 的，底层是基于 Linux 的。开发者在其上开发应用程序自由度大，而且系统可免费获得，已成为流行的嵌入式操作系统。

iPhone OS 是苹果公司为 iPhone、iPad 开发的操作系统，它有很好的媒体处理与触屏交互处理功能支持。

1.4　操作系统的运行环境

我们知道，一个程序在计算机上运行是需要具有一定的环境的。例如，要有处理器、主存及 I/O 设备和有关系统软件等。而操作系统作为系统的管理程序，为了实现其预定的各种管理功能，需要有一定的运行环境来支持其工作。操作系统的运行环境主要包括系统的硬件环境和软件环境。这里主要讨论与操作系统的五个资源管理功能密切相关的硬件环境。

1.4.1　中央处理器

操作系统作为一个程序需要在某个处理器上执行。如果一个计算机系统只有一个处理器(CPU)，我们称之为单机系统；如果有多个处理器(不包括通道)则称之为多处理器系统。

1.4.2　特权指令

每个处理器都有自己的指令系统，对于微处理器来说，其指令系统中的全部指令，一个普通的非系统用户通常也都可使用。但是如果某微型计算机是使用于多用户或多任务的多道程序设计环境中，则其指令系统中那些只能由操作系统使用的指令称为特权指令。这些特权指令是不允许一般用户使用的。因为这些指令(如启动某设备指令、设置时钟指令、控制中断屏蔽的指令、清主存指令和建立存储保护指令等)如果允许用户随便使用，就有可能使系统陷入混乱。所以，一个使用多道程序设计技术的微型计算机的指令系统必须要区分为特权指令和非特权指令。用户只能使用非特权指令，只有操作系统才能使用所有的指令(包括特权指令和非特权指令)。其指令系统没有特权和非特权之分的微型计算机是难以在多道环境下运行的。那么 CPU 如何判断当前是操作系统还是一般用户在其上执行呢？这有赖于处理器状态的标识。

1.4.3　处理器的状态

处理器有时执行用户程序，有时执行操作系统程序，在执行不同程序时，根据运行程序对资源和机器指令的使用权限而将此时的处理器设置为不同的状态。有些系统将处理器工作状态划分为核心状态、管理状态和用户程序状态(又称目标状态)三种。但多数系统将处理器工作状态较简单地划分为管态(操作系统管理程序运行的状态)和目态(用户程序运行时的状态)。

当处理器处于管态时，可以执行全部指令(包括特权指令)，使用所有资源，并具有改变处理器状态的能力。当处理器处于目态时，就只能执行非特权指令。

1.4.4　程序状态字

处理器当前处于什么工作状态？能否执行特权指令？以及处理器下次要执行哪条指令？为了解决这些问题，所有的计算机(不管是大型计算机还是微型计算机)都有若干的特殊寄存器。如用一个专门的寄存器来指示下一条要执行的指令称程序计数器(PC)。同时，还有一个专门的寄存器来指示处理器状态的，称为程序状态字(PSW)。下面将以 UNIX 操作系统运行于 PDP-11 机器上的程序状态字为例来加以说明，如图 1-3 所示。

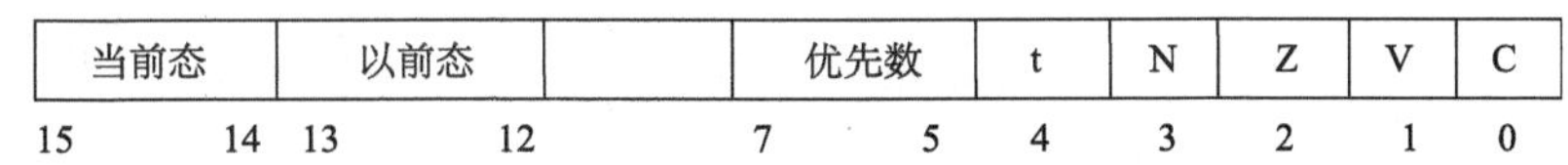

图 1-3　PDP-11 的程序状态字格式

C 为进位位；V 为溢出位；Z 结果为另位；t 为陷阱位；5-7 位表示中断优先级，取值范围 0～7；12-13 位表示原来处理器所处的状态；‘00’表示核心态(管态)；‘11’表示用户态(目态)；14-15 位表示当前处理器所处的状态

1.5　操作系统的结构

随着操作系统性能的增强，以及基础硬件复杂性的增加，操作系统的大小和复杂性也不断增加。CTSS 分时系统在 MIT 于 1963 年投入使用时，大约有 32 000 个 36 位字的存储容量。一年以后出现的 IBM OS/360，有超过一百万条的机器指令。1972 年年底，麻省理工学院和贝尔实验室共同开发的 Multics 系统有超过两千万条的机器指令。

操作系统的大小及其处理任务的难度导致了许多问题。比如，系统总会有许多潜在的错误，以及性能没有达到所希望的要求。为了有效管理系统资源和控制操作系统的复杂性，人们开始重视操作系统的软件结构。

一个明显的观点是软件必须组件化，这有助于组织软件、限制诊断任务并定位错误；组件间的接口应尽可能简单，这使得系统改进更为容易。有了简洁的接口，就会将改变一个组件后对其他组件产生的影响降到最低程度。

对于大型操作系统，仅仅组件化编程还是不够的，现在越来越多地用到体系结构分层和信息抽象技术。现代操作系统的体系结构分层是根据其复杂性以及抽象的水平来分离功能的。可以将系统看成一个分层结构，每层完成操作系统要求的一个功能子集，每层都依赖紧挨着的较低一层的功能，并且为较高层提供服务。定义不同的层就是为了当某一组件改变时不会影响其他层的内容，将一个问题分解为许多容易解决的字问题。表 1-1 所示的是一个层次操作系统的模式。

表 1-1　操作系统设计和层次结构

层	名　称	对　象	操作举例
13	外壳	用户程序设计环境	Shell 语言中的语句
12	用户进程	用户进程	Quit,kill,suspend,resume
11	目录	目录	Create,destroy,attach,detach,search,list
10	设备	外设：打印机、显示器等	Create,destroy,open,close,read,write
9	文件系统	文件	Create,destroy,open,close
8	通信	管道	Create,destroy,open,close,read,write
7	虚拟存储器	段、页	read,write,fetch
6	局部辅存	数据块、设备通道	read,write,allocate,free
5	进程原语	进程原语、信号量、就绪队列	suspend, resume,wait,signal
4	中断	中断处理程序	Invoke,mask,unmask,retry
3	过程	过程、调用栈、显示	Mark stack,call,retum
2	指令集	演算栈、微程序解释器	Load,store,add,subtract,branch
1	电子线路	寄存器、门电路、总线等	Clear,transfer,activate,complement

第 1 层：由电路组成，其中的对象是寄存器、门电路和总线等。对这些对象的操作是一些动作，如清除寄存器或读取内存单元等。

第 2 层：是处理器的指令集。这一层的操作是那些机器语言指令集所允许的一些指令，如 add、subtract、load 和 store 等。

第 3 层：加入了过程的概念，包括调用返回指令等。

第 4 层：是中断，使处理器保存当前内容并调用中断处理程序。

这四层并不是操作系统的一部分，但它们组成了处理器硬件。然而，操作系统中的一些元素，如中断处理程序，已在这一层出现。

第 5 层：进程作为程序的执行在本层出现。为了支持多进程，对操作系统的基本要求包括具有挂起和重新执行进程的能力。这就要求保存寄存器的值以便从一个进程切换到另一个进程。

第 6 层：管理计算机的辅存。这一层的主要功能有读/写扇区、进行定位以及传输数据块。第 6 层依靠第 5 层的调度动作。

第 7 层：为进程创建逻辑空间，这一层将虚拟空间组织成块，并在主、辅存间调度。当一个所需块不在主存中时，本层将逻辑地要求第 6 层传输。

第 8 层：处理进程间的信息和消息通信。其最有力的工具之一是管道。管道是进程间信息流的一个逻辑通道。它也可用来将外部设备和文件同进程连起来。

第 9 层：支持长期存储文件。

第 10 层：是利用标准接口，以提供对外部设备的访问。

第 11 层：负责保存系统资源和对象的外部和内部定义间的联系。外部定义是应用程序和用户可以使用的名字。内部定义是能够被操作系统的低层部分用来控制一个对象的地址或其他指示符。

第 12 层：支持所有管理进程所必需的信息，包括进程虚拟地址空间、与该进程有相互作用的进程和对象表列、创建该进程时传递的参数等。

第 13 层：在操作系统同用户间提供一个界面。它被称为“外壳”，这是因为它将用户和操作系统具体实现区分开，并使操作系统就像一个功能的集合，这个外壳接受用户命令，解释后根据用户需要创建并控制进程。

1.6　现代操作系统

1.6.1　现代操作系统的特点

操作系统的发展与计算机硬件结构的发展和用户对计算机使用的要求密切相关。20 世纪 90 年代以来，个人计算机飞速发展，其性能已与大中型机相当，但价格却非常低。同时也由于网络技术发展和信息时代的到来，计算机产业得到了极度发展。不但推动着硬件结构、速度和容量不断改进和提高，而且也推动着操作系统结构和能力不断革新，新的设计技术和成分不断引入。现在的操作系统在许多方面都具有全新特点，不同于以前的操作系统。在此姑且称之为现代操作系统。它具有以下特点：

(1) 从使用方式上来说，绝大多数是个人独占计算机，通常使用交互方式，并能联网运行。因此传统的分时系统和批处理系统等方式已不再流行。操作系统与网络通信功能一体化。用户与系统交互时，一般使用图形用户接口 GUI (Graphic User Interface)。多媒体应用技术使用十分广泛。

(2) 由于对系统可靠性、灵活性或可扩充性的要求，多机系统，尤其对称多处理器 SMP (Symmetric Multi Processing) 方式将被广泛使用。由于信息爆炸引起存储器“爆炸”，因而系统多是超高速的、大容量的多机系统，例如 NT 的工作站是双机 SMP 系统。

(3) 在操作系统的设计技术上和结构上的改进和发展主要体现在以下几个方面：

① 微内核结构。以前的操作系统把包括调度功能、文件系统、网络功能、设备驱动程序、存储器管理等功能全放在内核中，形成了大的内核。而微内核结构则只是把少量的本质的功能放入微内核中，如中断、进程间通讯和基本的调度等功能放入微内核。而其他的操作系统功能全由运行在用户态的进程(服务器可认为是以前的系统进程)提供，这些进程被微内核看作是与其他应用程序进程等同的。这样做的好处是微内核结构与服务器进程可以分别开发，没有什么关联。这样使得服务器可以按环境要求或特定的应用而定制、开发。通过增减服务器可以按要求扩充和修改操作系统的服务功能。微内核方法简化了操作系统的实现，并提供了灵活性。这种方法也非常适合于分布式应用环境，因为微内核与本地进程和与远程进程的交互作用是同样的，方便于分布式系统的构造。

② 多线程机制。以前操作系统是基于进程概念，进程是基本的调度单位。现代操作系统是基于进程和线程的概念，一个进程可以有一个或多个线程，线程是调度的基本单位。提供多线程机制的好处是，当一个应用是由若干个相对独立的任务构成时，便于这些任务同时、并行运行，便于用户开发应用程序。同时，一个进程的多个线程是在相同的地址空间运行(即该进程的地址空间)，而不同进程的地址空间则是不同的。所以在进程之间切换，要付出切换地址空间的开销，而在线程之间切换，无须切换地址空间，则开销很少。

③ 对称多处理器(SMP)机制。随着对处理性能和能力要求的增加，以及微处理器成本的不断下降，计算机厂商正在大力推出多处理器系统，而能达到最大有效性和可靠性的SPM被人们看好。SMP 有以下特点：

- 有两个或两个以上的处理器。
- 所有处理器共享主存、I/O 设备。这些处理器用总线或其他内部连接模式相连接。
- 所有处理器执行同样的功能(故名为对称)。

SMP 的优点如下：

- 当一个任务可分成几个独立部分时，它们可以并行运行，比单处理器有更高的性能。
- 在 SMP 模式中，所有处理器处于相同地段，执行相同功能。这样当一个处理器损坏时，不会引起整个系统崩溃。增加了可靠性和可使用性。
- 当用户希望增强系统的处理能力时，可通过增加处理器来达到。

④ 分布式操作系统。分布式操作系统是有着一群分离的计算机通过网络相连接的多机系统，每个计算机有自己的主存、辅助存储器(外存或次级存储)和 I/O 设备。这种系统在市场上也日渐普遍了。

⑤ 在操作系统设计中普遍采用面向对象技术，以及软件工程的其他原则，如模块独立性、信息隐藏、可修改和可维护性(包括可扩充性)等。

本书将以 UINX、Linux、Window NT 作为操作系统设计实例进行讲解，下面先对其特点作简要介绍。

1.6.2 UNIX 的特点

UNIX 操作系统是一个通用的、交互式的分时系统。它是由 D. Ritchie 和 K. Thompson 于 1969 年首先在 PDP-7 机器上用汇编语言实现的。1972 年才用 C 语言改写而成。到目前为止，已产生过很多版本。

标准的 UNIX 是一个多道的分时系统。其设计目标如下。

1. 硬件管理

UNIX 内核提供三类硬件管理。第一类是管理对不同硬件设备的访问，例如硬盘和打印机；第二类是解决同时访问同一设备所引起的冲突，例如三个用户同时往同一硬盘存储文件；最后一类硬件管理是设备独立性的管理。

前两种管理任务，可以通过对不同设备实行不同命名标准和运用同一种调度机制解决访问冲突，从而比较容易进行处理，例如先到先服务系统。但赋予设备独立性的工作，需要一点技巧，UXIX 处理这方面比较独特。

传统计算机系统通常能够支持打印机、硬盘驱动器、调制解调器和终端等外围设备。然而过去几年中的技术发展增加了许多其他设备，如 CD-ROM 驱动器。一个操作系统要对外设进行寻址，软件就必须能够与硬件通信。在过去，对这些设备的支持是直接建立在操作系统内部的，由于这些必需的软件代码是操作系统的一部分，并且经过了优化，从而能够快速地对设备进行访问。这种方式的缺陷是只有有限数目的硬件能够被支持，因为内核开发者不可能预见所有可能的硬件组合，而且由于新硬件的推出很快，也不可能包括对所有新硬件的支持。

UNIX 解决这个问题的方法是把每个外设看作是一个单独的文件。当需要一个新设备时，系统管理员向内核加一个需求文件链接并创建一个新内核。系统重启并运行新内核后，就可以访问新增加的设备。这个链接或者文件被称为设备驱动程序，设备驱动程序的目标就是保证每次访问设备时内核与外设以相同的方式出现。

设备独立性的关键在于内核的适应性。有些操作系统由于内核分配给设备驱动程序的空间有一定的大小，所以只能允许一定数量的设备。因为 UNIX 把设备驱动程序看作文件，并且它对支持文件的数目没有限制，所以主机硬件系统能支持多少设备，UNIX 也相应能支持多少设备。

2. 多用户

依赖于被使用的硬件和执行的工作，一个 UNIX 主机可以同时支持一个用户到超过 1 000 个的用户，每个用户可以并行地运行不同的程序集。多用户概念不能与多个用户同时更新一个文件(例如数据库应用里的多用户术语)相混淆。UNIX 术语中的多用户指的是许多个用户运行一个或多个应用程序时，内核立即为这些应用程序分配 CPU 时间使这些用户得到服务。利用分时的概念使得多用户的实现变得可能，分时的目标是给每个用户一个自己的工作环境以产生独自占有计算机的感觉。在交互式计算机系统中，计算机总是在等待用户告诉它去做什么。当用户考虑下一步要做什么的时候，计算机在该用户意识不到的情况下为其他用户需求提供服务。

在多用户模式下，内核快速地从一个工作切换到另一个工作，造成了计算机同时执行许多任务的假象，实际上 CPU 是逐一执行任务的。但是会遇到一个 CPU 负载过重的时候，这有可能是因为有太多的用户或是太多任务被运行，这样内核把大部分时间用来在程序间切换而实际运行程序的时间很少。在这种情况下，就需要减少用户或者减少运行的任务数目使 CPU 负载减轻，或者可为主机增加 CPU 个数，使内核可以把一些进程转换到增加的处理器上。

3. 多任务

有时把多任务叫做多进程，是指内核同时运行多于一个任务或进程的能力，每个进程与其他进程隔离并受到保护(就像内核与其他进程分离并受到保护一样)。每个进程可以通过共享内存与其他进程通信。猛然看，似乎多任务与分时或划分时间段是一样的，然而，在它们之间存在微妙的区别。

在传统的分时系统中，CPU 的注意力是在用户之间进行划分，给每个用户一个进程(或环境)，在这个进程内用户一次只能执行一个任务(程序)。然而 UNIX 为用户发出的每条命令创建一个单独的进程，于是一个 UNIX 用户可以同时拥有多个活跃的(运行的)进程，而不是必须按顺序运行它们。这样一个 UNIX 用户比起典型的分时用户可以获得更高的效率，因为 UNIX 用户能够在同一段时间内完成更多的任务。

1.6.3　Linux 的特点

Linux 开始是基于 IBM PC(Intel 80386)结构的一个 UNIX 变种，最初的版本是由芬兰一名计算机科学专业的学生 Linus Torvalds 写的。1991 年 Torvalds 在 Internet 上公布了最早的 Linux 版本，从那以后，很多人通过在 Internet 上的合作，为 Linux 的发展做出了贡献。由于 Linux 的源代码是公开的，因而它成为其他诸如 Sun 公司和 IBM 公司提供的 UNIX 工作站较早的替代产品。如今，Linux 的功能可与 UNIX 媲美，可以在包括 Intel Pentium 和 Itanium、Motorola/IBM PowerPC 等平台运行。

Linux 的主要特点如下：

(1) 接口符合 POSIX 1003.1 标准。POSIX 1003.1 标准定义了一个最小的 UNIX 操作系统接口，Linux 完全支持 POSIX 1003.1 标准。另外，为了使 UNIX System V 和 BSD 上的程序能直接在 Linux 上运行，Linux 还增加了部分 System V 和 BSD 的系统接口，使 Linux 成为一个完善的 UNIX 程序开发系统。

(2) 支持多用户访问和多任务编程。Linux 是一个多用户操作系统，它允许多个用户同时访问系统而不会造成用户之间的相互干扰。另外，Linux 还支持真正的多用户多任务编程，一个用户可以创建多个进程，并使各个进程协同工作来满足用户的需求。

(3) 高效的存储资源管理。Linux 采用请求页式虚拟存储管理技术，页面的换入换出为用户提供了更大的存储空间，同时采用进程的交换技术，缓解了内存紧张局面，从而使它能高效地利用内存物理存储空间。

(4) 支持动态链接。用户程序的执行往往离不开标准库的支持，一般的系统往往采用静态链接方式，即在装配阶段就已将用户程序和标准库链接好，这样，当多个进程运行时，可能会出现库代码在内存中有多个副本而浪费存储空间的情况。Linux 支持动态链接方式，当运行时才进行库链接，如果所需要的库已被其他进程装入内存，则不必再装入，否则才从硬盘中将库调入。这样能保证内存中的库程序代码是唯一的，从而高效地使用内存空间。

(5) 支持多种文件系统。Linux 能支持多种文件系统。目前支持的文件系统有：EXT2、EXT、XIAFS、ISOFS、HPFS、MSDOS、UMSDOS、 PROC、NFS、SYSV、MINIX、SMB、UFS、NCP、VFAT、AFFS。Linux 最常用的文件系统是 EXT2，它的文件名长度可达 255 字符。

(6) 支持 TCP/IP、SLIP 和 PPP。在 Linux 中，用户可以使用所有的网络服务，如网络文件系统、远程登录等。SLIP 和 PPP 能支持串行线上的 TCP/IP 协议，这意味着用户可用一个高速 Modem 通过电话线连入 Internet 中。

1.6.4 Windows NT 的特点

Microsoft 公司自 1985 年推出 Microsoft Windows 以来迅速发展，在 1993 年它又发布了新一代操作系统 Windows NT。这是一种全 32 位高性能网络操作系统，NT 即“New Technology”的缩写，代表着“新技术”，实际上它是一个基于 Windows 外观风格的新的操作系统。从实质上看，它与以前的 Windows 没有什么联系。Windows NT 在设计中采用了许多先进的思想，但保留了深受广大用户欢迎的 Windows 中的图形用户界面。Windows NT 易于理解和操作。在 Windows NT 网络系统中采用了先进的客户/服务器体系结构，提供了强大的系统功能和网络服务。目前，Windows NT 及其衍生系统是市场占有率最大的网络操作系统。截至 2014 年，微软已推出 18 个 Windows NT 操作系统。

Windows NT 3.1 是微软的 Windows NT 的第一代产品，用于服务器和商业桌面操作系统，于 1993 年 7 月 27 日发表。版本号的选择是为了匹配 Windows 3.1，以表明它们拥有非常类似的用户界面方面的视觉效果。有两个版本的 NT 3.1 可供选择，Windows NT 3.1Workstation 和 Windows NT Advanced Server。它可以运行在 Intel x86、DEC Alpha 和 MIPS R4000 的 CPU 上。

1994 年微软发布了 Windows NT 3.5，此后陆续推出了 Windows NT 3.5x 系列，该系列有两个版本：Windows 3.5x Workstation 和 Windows 3.5x Server。Windows 3.5x Workstation 限制了可同时运行的网络任务的数量并省略了一些服务器软件，而 Windows NT 3.5x Server 可以用来构建一个完整的网络服务器。Windows NT 3.5x 的界面仍然和 Windows 3.1 保持一致。Windows NT Workstation 3.5 支持 OpenGL 显卡标准，同时进一步改善了安全性和稳定性，使得 Windows 的应用领域得以大大扩展。微软在 1995 年又发布了 Windows NT 3.51，从这个版本开始，Windows NT 系列有了中文版。

1996 年 4 月发布的 Windows NT 4.0 是 NT 系列的一个里程碑，该系统面向工作站、网络服务器和大型计算机，它与通信服务紧密集成，提供文件和打印服务，能运行客户机/服务器应用程序，内置了 Internet/Intranet 功能。它具有的特点包括：①32 位操作系统，多重引导功能，可与其他操作系统共存；②实现了“抢先式”多任务和多线程操作；③采用 SMP（对称多处理）技术，支持多 CPU 系统；④支持 CISC（如 Intel 系统）和 RISC（如 Power PC、R4400

等）多种硬件平台；⑤可与各种网络操作系统实现互操作，如 UNIX、NovelNetware、Macintosh 等；对客户操作系统提供广泛支持，如 MS-DOS、Windows、Windows NT Workstation、UNIX、OS/2、Macintosh 等；支持多种协议，如 TCP/IP、NetBEUI、DLC、AppleTalk、NWLINK 等；⑥安全性达到美国国防部的 C2 标准。

Windows NT 5.X 系列指的是微软从 2000 年开始推出的一系列内核版本为 NT 5.X 的桌面及服务器操作系统，包括 Windows 2000、Windows XP 和 Windows Server 2003。

（1）Windows 2000 是一个由微软公司发行于 1999 年 12 月 19 日的 32 位图形商业性质的操作系统，内核版本号为 NT 5.0。从 Windows 2000 开始，微软推出了基于 NT 核心的适合家庭及个人用户的桌面操作系统。Windows 2000 有 4 个版本：Professional、Server、Advanced Server 和 Datacenter Server。其中 Professional 有 5 次大的更新，SP1/SP2/SP3/SP4 以及一个 SP4 后累积性更新，Professional 专业版的前一个版本是 Windows NT 4.0 Workstation 版本。Windows 2000 适合家庭及企业用户使用，可以用于从 Windows 9X/NT4 升级。它以 NT4 的技术为核心，采用标准化的安全技术，稳定性高，最大的优点是不会再像 Windows 9X 那样频繁的出现非法程序的提示并死机。Windows 2000 Server 是服务器版本，它的前一个版本是 Windows NT 4.0 Server 版，即可面向一些中小型的企业内部网络服务器，但它同样可以应付企业、公司及大型网络中的各种应用程序的需要。Windows 2000 Server 在 Windows NT 4.0 的基础上做了大量的改进，在各种功能方面有了更大的提高。Advanced Server 是 Server 的企业版，它的前一个版本是 Windows NT 4.0 企业版。与 Server 版不同的是，Advanced Server 具有更为强大的特性和功能；它对 SMP 的支持要比 Server 更好，支持的数目可以达到四路。Datacenter Server 是 Windows 2000 发布时最强大的服务器系统，可以支持 32 路 SMP 系统和 64GB 的物理内存。该系统可用于大型数据库、经济分析、科学计算以及工程模拟等方面，另外还可用于联机交易处理。所有版本的 Windows 2000 都有共同的一些新特征：NTFS5，新的 NTFS 文件系统；EFS，允许对磁盘上的所有文件进行加密；WDM，增强对硬件的支持。如果是家用，还是选择 Professional 比较好；如果用于企业内部的服务器就应该选择 Server；但如果是用于 Web 服务器，那么 Advanced Server 是最合适的；Datacenter Server 对于一般用户来说用不着，因为它的定位是大型的数据处理。

（2）Windows XP 是微软公司发布的一款视窗操作系统，内核版本号为 NT 5.1。它发行于 2001 年 8 月 25 日，原来的名称是 Whistler。微软最初发行了两个版本：家庭版（Home Edition）和专业版（Professional）。家庭版的消费对象是家庭用户，专业版则在家庭版的基础上添加了新的面向商业设计的网络认证、双处理器等特性；家庭版只支持 1 个处理器，专业版则支持 2 个。字母 XP 表示英文单词的“体验”（eXPerience）。Windows XP 是基于 Windows 2000 代码的产品，同时拥有一个新的用户图形界面（叫做月神 Luna），它包括了一些细微的修改，其中一些看起来是从 Linux 的桌面环境（desktop environment），诸如 KDE 中获得的灵感。带有用户图形的登录界面就是一个例子。此外，Windows XP 还引入了一个“基于人物”的用户界面，使得工具条可以访问任务的具体细节。它包括了简化了的 Windows 2000 的用户安全特性，并整合了防火墙，以用来确保长期以来一直困扰微软的安全问题。微软公司已经在 2014 年 4 月 8 日对 Windows XP 操作系统停止了技术支持。

(3) Windows Server 2003 内核版本号为 NT 5.2。一开始，该产品叫做 Windows Whistler Server，后改成 Windows.NET Server 2003，后最终被改成 Windows Server 2003，于 2003 年 3 月 28 日发布，并在同年 4 月底上市。Windows Server 2003 R2 是 Windows Server 2003 的改进版本，在 2005 年 12 月发售，但旧版的用户不能免费更新到新版本，而需要付费更新。Windows Server 2003 R2 的安装包除了包含 Windows Server 2003 SP1 以外，还有另外一片 CD，包含更多新的功能。

Windows NT 6.X 系列指的是微软从 2006 年后推出的一系列内核版本号为 NT 6.X 的桌面及服务器操作系统，包括 Windows Vista、Windows Server 2008、Windows 7、Windows Server 2008 R2、Windows 8、Windows 8.1 和 Windows Server 2012。

(1) Windows Vista (以前代号为 Longhorn) 已在 2006 年 11 月 30 日发布，内核版本号为 NT 6.0，为 Windows NT 6.X 内核的第一种操作系统，也是微软首款原生支持 64 位的个人操作系统。人们可以在 Vista 上对下一代应用程序 (如 WinFX、Avalon、Indigo 和 Aero) 进行开发创新。Vista 是推出时最安全可信的 Windows 操作系统，其安全功能可防止当时最新的威胁，如蠕虫、病毒和间谍软件。

(2) Windows Server 2008 代表了下一代 Windows Server，内核版本号为 NT 6.0。使用 Windows Server 2008，IT 专业人员对其服务器和网络基础结构的控制能力更强，从而可重点关注关键业务需求。Windows Server 2008 通过加强操作系统和保护网络环境提高了安全性。通过加快 IT 系统的部署与维护、使服务器和应用程序的合并与虚拟化更加简单，以及提供直观管理工具，Windows Server 2008 还为 IT 专业人员提供了灵活性。Windows Server 2008 为任何组织的服务器和网络基础结构奠定了最好的基础。Windows Server 2008 在虚拟化工作负载、支持应用程序和保护网络方面向组织提供最高效的平台。它为开发和可靠地承载 Web 应用程序和服务提供了一个安全、易于管理的平台。从工作组到数据中心，Windows Server 2008 都提供了令人兴奋且很有价值的新功能，对基本操作系统做出了重大改进。

(3) Windows 7 是微软于 2009 年发布的，开始支持触控技术的 Windows 桌面操作系统，其内核版本号为 NT 6.1。在 Windows 7 中，集成了 DirectX 11 和 Internet Explorer 8。DirectX 11 作为 3D 图形接口，不仅支持未来的 DX11 硬件，还向下兼容当前的 DirectX 10/10.1 硬件。DirectX 11 增加了新的计算 shader 技术，可以允许 CPU 从事更多的通用计算工作，而不仅仅是 3D 运算，这可以鼓励开发人员更好地将 CPU 作为并行处理器使用。Windows 7 还具有超级任务栏，提升了界面的美观性和多任务切换的使用体验。通过开机时间的缩短，硬盘传输速度的提高等一系列性能改进，到 2012 年 9 月，Windows 7 已经超越 Windows XP，成为世界上占有率最高的操作系统。

(4) Windows Server 2008 R2 为 Windows 7 的服务器版本，系统内核号为 NT 6.1，于 2009 年发售。同 2008 年 1 月发布的 Windows Server 2008 相比，Windows Server 2008 R2 继续提升了虚拟化、系统管理弹性、网络存取方式，以及信息安全等领域的应用，其中有不少功能需搭配 Windows 7。Windows Server 2008 R2 重要新功能包含：Hyper-V 加入动态迁移功能，作为最初发布版中快速迁移功能的一个改进；Hyper-V 将以毫秒计算迁移时间，与 VMware 公司的 ESX 或者其他管理程序相比，这是 Hyper-V 功能的一个强项，强化

PowerShell 对各个服务器角色的管理指令。

(5) Windows 8 是由微软公司开发的、第一款带有 Metro 界面的桌面操作系统，内核版本号为 NT 6.2。该系统旨在让人们的日常的平板电脑操作更加简单和快捷，为人们提供高效易行的工作环境。Windows 8 支持来自 Intel、AMD 和 ARM 的芯片架构。Windows Phone 8 采用和 Windows 8 相同的 NT 内核。2011 年 9 月 14 日，Windows 8 开发者预览版发布，宣布兼容移动终端，微软将苹果的 IOS、谷歌的 Android 视为 Windows 8 在移动领域的主要竞争对手。2012 年 8 月 2 日，微软宣布 Windows 8 开发完成，正式发布 RTM 版本；2012 年 10 月正式推出 Windows 8，微软自称触摸革命将开始。

(6) Windows Server 2012 R2 包含了一种全新设计的文件系统，名为 Resilient File System (ReFS)，以 NTFS 为基础构建而来，不仅保留了与最受欢迎文件系统的兼容性，同时可支持新一代存储技术与场景。

NT 10.X 是微软即将发布的 Windows 10，Windows 10 预览版初期内核为 NT 6.4，从 Build 9888 开始，Windows 10 将系统内核由 NT 6.4 升级为了 NT 10.0。

本章小结

本章内容可归纳为以下几个方面：

(1) 操作系统的概念。操作系统是方便用户、管理系统资源的系统软件。有了操作系统的支持，用户可以自如地使用操作命令，方便地运行自己的程序。否则，用户面对“死”的硬件则难以将它运转起来；通过操作系统可以自动调动系统的软硬件资源，使它们高效协调地运转；同时，操作系统又是系统软件，处于软件系统三个层次的最下层，其他程序只有在它的支持下才能完成自己的操作。

(2) 操作系统的分类。通过本章的学习，要能正确理解单用户与多用户系统的区别；单道批处理系统和多道批处理系统以及批处理系统、分时系统、实时系统、网络操作系统、分布式操作系统和嵌入式操作系统各有什么区别和特点。

(3) 操作系统的功能。操作系统的资源管理有四项功能：处理器管理、存储器(内存)管理、设备管理和文件管理。前两者主要表现在多用户操作系统中，系统为多个用户动态地分配 CPU 和内存，使之高效协调地运转。设备管理主要是解决外部设备的驱动和分配问题、系统为用户提供简便有效的操作手段。文件管理就是系统把庞杂繁多的文件有组织地存放在外存空间内，使得用户方便地按文件名实行存取。此外还提供文件保护和共享的能力。

(4) 操作系统的运行环境。操作系统作为系统的管理程序，为了实现其预定的各种管理功能，需要有一定的运行环境，主要包括系统的硬件环境和由其他的系统软件形成的软件环境。我们在系统的视图及系统的运行环境两节中分别介绍了这个概念。

(5) 现代操作系统设计特点。现代操作系统设计的特点主要体现在图形用户界面的交互技术、对称多处理器的支持、微内核结构、多线程机制、分布式操作系统的实现和面向对象技术的采用等方面。

拓展阅读环节：

1) Andress S. Tanenbaum, Albert S. Woodhull. Modern Operating Systems (4th Edition): 3

Memory Management. Pearson, 2014.

2）斯托林斯（William Stallings）. 操作系统：精髓与设计原理. 陈向群，陈渝，译. 北京：电子工业出版社，2012.

习　题

1. 什么是系统软件？它起什么作用？
2. 什么是操作系统？它在计算机系统中起什么作用？
3. 简述操作系统的发展历程。
4. 什么是单用户操作系统?什么是多用户操作系统？二者本质区别是什么？
5. 操作系统的功能有哪几项？扼要地说明之。
6. 为什么对作业进行批处理可以提高系统效率？
7. 操作系统有哪些分类方法？
8. 何谓批处理操作系统?它有哪些类型?各有什么特征？
9. 批处理系统、分时系统和实时系统各有什么特点?各适用于哪些方面？
10. 当今流行的嵌入式操作系统有哪些？

实　验

1. 在微机上安装 Windows Server 2012 R2 操作系统。
2. 在微机上学会安装 Linux 操作系统。

第 2 章　进程与线程

知识要点：主要包括多道程序设计与并发执行、进程和线程的概念；同时包括 UNIX、Linux、Windows 的进程和线程实例概况。

预习准备：了解中断的概念、中断处理程序执行过程，回顾程序设计中单道程序顺序执行的过程和特点，接着可预览进程概念的提出，思考进程和程序概念的异同，进一步再进入线程的概念。

兴趣实践：调查几种商用操作系统的线程实现模型，并予以论述。

探索思考：为何说“程序”这一静态概念无法准确描述系统动态并发执行的新特点？现代计算机普遍使用多核、多线程、超线程技术，这些新概念是如何从原有的进程、线程发展而来的？

为了提高计算机系统的效率，现代操纵系统已经不再采用单道程序顺序执行的模式，取而代之的是多道程序并发执行的设计思想。并发执行的实现模式使得“程序”这一静态概念无法更准确地描述系统的运行。在现代计算机系统中，一般以进程作为资源分配的基本单位和基本实体，因此，进程是计算机系统执行时一个重要实体。只有深刻地理解了进程的概念，才能很好地理解操作系统各个部分的功能和工作。本章首先引入进程的概念，重点介绍进程的状态和控制，然后在此基础上介绍线程的概念和线程的实现，最后简要地介绍多核、超线程的概念。

2.1　多道程序与并发执行

2.1.1　单道程序的顺序执行

计算机上运行的是程序，在计算机科学中，“程序”是指令的有序集合，由它规定计算机完成某一任务时所需做的各种操作及操作顺序。这个大家十分熟悉的概念，是在早期单道程序系统里产生的。早期的计算机系统，只有单道程序执行功能，因此称之为单道程序系统。在这种系统中，每一次只允许一道程序运行，在这个程序运行时，它将独占一切系统资源(处理器、主存、辅存、外设、软件)，而且系统按照程序的步骤顺序地执行。前一步操作完成后，才能进入下一步操作，而且在该程序执行完之前，其他程序只能等待。这种程序的执行方式，我们称为程序的顺序执行。下面来研究一下顺序程序执行的模式及特点。

一个较大的程序通常由若干个程序段组成。用户在要求计算机完成一道程序的运行时，总是先输入用户的程序和数据，然后由计算机处理，处理完成后再将结果打印出来。我们用结点代表各程序段的操作，其中结点 I 代表输入，用 C 代表计算，P 代表打印。另外用箭头指示操作的先后顺序，现假定有程序 1、2 都要执行，则计算机顺序处理可表示为如图 2-1 所示。

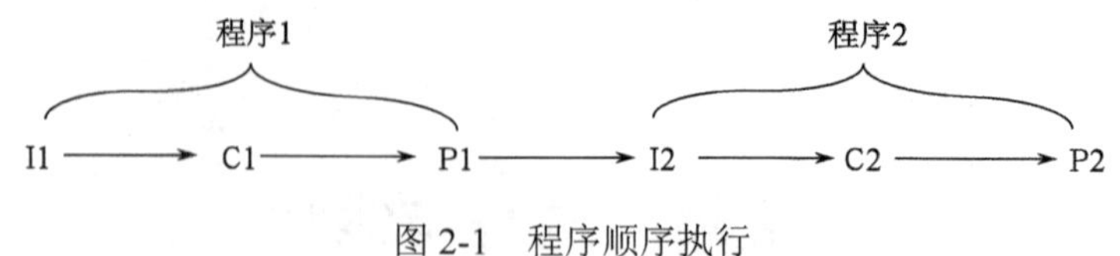

图 2-1　程序顺序执行

依上所述，可得出程序的顺序执行有如下特点：

(1) 程序执行的顺序性。处理器的操作严格按照程序所规定的顺序执行，即前一步操作完成后，才能进入下一步操作。

(2) 程序运行时对资源的独占性。程序运行时，运行程序独占系统全部资源，没有其他程序与之争夺，只有程序本身的动作才能改变资源的状态。

(3) 程序结果的可再现性。当对某一程序重复执行时，只要初始条件相同，必然获得相同的结果，程序执行的结果与执行速度、时间无关。

(4) 程序结果的封闭性。程序运行时间的长短和最终结果，只由初始条件和程序本身来确定，不会受到来自它以外的其他因素的影响，也就是说，单道程序的运行自成一体，具有封闭性。

程序顺序执行的以上特点，使系统管理简单，为程序员对程序的调试和查错带来了极大的方便。然而，顺序程序的顺序执行时的资源独占性却使系统的资源得不到充分的利用。程序仅用到部分资源，其他资源只能处于空闲状态。尤其在对外部设备的操作时间内，系统处理器大部分时间都处在等待状态。

为了改变这种状态，增强系统处理能力和提高系统资源的利用率，现代计算机系统广泛采用并行操作技术。在 20 世纪 60 年代初期，在计算机硬件中引入中断和通道技术后，使得处理器与外部设备，外部设备与外部设备之间，处理器与通道，通道与通道之间均可并行工作。从而在计算机系统中能同时有多个程序工作，形成了多道程序系统。在这种系统中，程序可以并发执行。

2.1.2　多道程序的并发执行

单道程序系统具有资源浪费、效率低下等明显缺点，现代操作系统几乎不再采用，而广泛采用多道程序设计技术。多道程序设计是在内存中放入多道程序，它们在操作系统的控制下交替地在 CPU 上运行。

为了提高计算机内各种资源的利用率，提高计算机系统的处理能力，并发处理技术得到广泛的应用。在大多数计算问题中，仅要求部分操作是有序的。也就是说，有些操作必须在其他操作之后完成，有些操作也可以并发地执行。所谓程序的并发执行，就是让程序在计算机中交替执行，当一道程序不用某一系统资源时，另一道程序就可以马上利用。我们可用个例子来说明，现假定有三个用户程序 1，2，3，每个程序仍然包含输入、计算和输出三个程序段，这三个程序并行执行模式如图 2-2 所示。

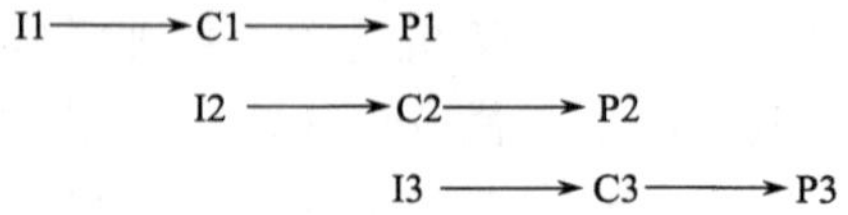

I1 ——→ C1 ——→ P1
I2 ——→ C2 ——→ P2
I3 ——→ C3 ——→ P3

图 2-2　程序的并行执行

当程序 1 执行完 I1 后，开始执行 C1 时，程序 2 开始执行 I2，当程序 1 开始执行 P1 时，程序 2 开始执行 C2，而程序 3 则开始执行 I3，这使三个程序在同一时间内并行运行。

很明显，程序并发执行时，整个系统资源已经不能被一个程序所独占，系统资源的利用率大大提高了。从宏观上看，同时驻留在主存的几道程序都在执行着，都按照自己的程序规定动作向前发展；从微观上看，在内部表现的却是这几道程序交替执行。从图 2-2 中可以看出：I1 在时间上先于 C1 和 I2，C1 先于 P1 和 C2，P1 又先于 P2，即在某些程序段必须在其他程序段之前执行。从图 2-2 中还可以看出：C1 和 I2 在时间上是并行的，P1，C2，I3 在时间上也是并行的，显然程序并行执行产生了一些和程序顺序执行时不同的特点，这些特性概括如下。

1. 程序执行时的资源共享性

程序并发执行时，整个系统资源已经不能被某一个程序所独占，多个程序共享计算机系统中的各种软、硬件资源。硬资源包括处理器、内存、外设等；软件资源除指各种系统软件之外，还包括各种共享的数据等。

2. 程序失去了封闭性和可再现性

程序并发执行时，是多个程序共享系统中的各种资源，因而这些资源的状态将由多个程序来改变，即资源的状态不能反映出某一个程序执行的情况，致使程序的结果失去封闭性。这样某程序在执行时，必然会受其他程序的影响。程序在并发执行时失去了封闭性，也将要致其失去可再现性，下面以一实例来说明。现有两个循环程序共同作用于一个整形变量 n，程序 A 每执行一次都要做对 n 加 1 操作；程序 B 每执行一次打印出 n 值，再将 n 重新赋 0，程序以类 pascal 语言来写，用 cobegin 和 coend 表示它们之间是并发执行的(即交替执行的)。

```
var n:integer                            设置一个全局变量
 begin
   n:=0                                  变量 n 初值为 0
   cobegin                               进入并发执行
     program   A:begin
            L1:  n:=n+1                  程序 A 每次对 N+1
            goto l1                      无限循环
             end

      program   B:begin
            L2:print(n)                  程序 B 每次打印值
            n:=0                         并将 n 置为 0
            goto l2                      无限循环
              end
      coend                              并发结束
 end
```

由于程序 A 和程序 B 两者以各自的速度执行，这样可能出现下面三种情况(假定某时刻 n 的值为 n)：

第一种：程序 A 在程序 B 前执行，打印的 n 值为 n+1，执行后的 n 值为 0；

第二种：程序 A 在程序 B 后执行，打印的 n 值为 n，执行后的 n 值为 1；

第三种：程序 A 在程序 B 中间执行，打印的 n 值为 n，执行后的 n 值为 0。

上述情况说明，程序在并发执行时，一个程序的执行因受到另一个程序的影响而失去了封闭性，其计算结果已与并发程序的速度有关，从而使程序失去可再现性。也就是说，程序经过多次执行后。虽然其执行时环境初始条件都相同，但得到的结果却各不相同。

3. 并发程序之间的相互制约性

由于程序并发执行，它们共享系统内的各种资源，因此程序之间的关系就要复杂得多，产生相互制约关系。例如在图 2-2 中 P1、C2 和 I3 是并行的程序段。但如果 C1 程序段未完成，则不仅 P1 程序段无法执行，而且 C2 程序段也不能进行。因为 C1 和 C2 不能共用一个处理器完成计算操作，使得 C2 处于暂时等待状态，只有 C1 完成后，C2 才能恢复执行。所以程序并发执行使本来相互无逻辑关系的用户程序之间产生了相互关系，使得并发执行的程序具有了“执行—暂停—执行”的活动规律，产生了程序执行的间断性特征。

从以上并发程序的分析看出，由于程序并发执行产生了许多新的特性和新的活动规律，用程序的概念已不足以描述程序的并发执行。因为前面说过，程序是指令的集合，它是一个静态概念，并发程序的“执行—暂停—执行”的活动规律是难于用程序这个概念加以描述的。操作系统是在持续地运行过程中完成多项任务，它是一个动态系统，若用静态概念来描述操作系统，是无法揭示其内部实质的。所以有必要引入一个能确切描述并发执行过程特点、能揭示操作系统动态实质的新概念——进程。

2.2 进程模型

2.2.1 进程的概念

进程是操作系统中的一个基本概念，它最早在 20 世纪 60 年代中期由美国麻省理工学院提出并用于 MULTICS 系统中。在有的系统中，如 IBM 公司的 CTSS/360 系统中称进程为“任务”，而在 UNIVAC 系统中称为“活动”。进程这个概念从它诞生到现在还没有一个统一严格的定义。人们从不同角度对进程下过各种定义，其中较能反映进程实质的定义有如下几种：

(1) 进程是这样的计算部分，它是可以和其他计算并行的一个计算。

(2) 进程(有时称为任务)是一个程序与其数据一道通过处理机的执行所发生的活动。

(3) 任务(或称进程)是由一个程序以及与它相关的状态信息(包括寄存器内容、存储区域和链接表)所组成的。

(4) 所谓进程，就是一个程序在给定活动空间和初始环境下，在一个处理机上的执行过程。

(5) 进程是指一个具有一定独立功能的程序关于某个数据集合的一次运行活动。(根据 1978 年在庐山召开的全国操作系统会议上关于进程的讨论，结合国外的各种观点，国内对进程这一概念进行的描述。)

上述这几种对进程的描述从本质上讲是相同的，但各有侧重。定义 1、2、4、5 强调的是进程的动态特征，核心内容是程序在处理机上的一次执行过程。其中，定义 1 还强调了进程就是计算，并且是可以和其他计算并行的一个计算。这里要特别分析定义 3。在定义 3 中并未描述进程是程序在处理机上的一次执行过程，但它指出了这一执行过程的本质是程序执行时的相关的状态信息(包括寄存器内容、存储区域和链接表)。

为了便于理解和体会进程的含义，综合几种对进程实质的定义，对进程描述如下：进程是能和其他程序并行执行的程序段在某数据集合上的一次运行过程，它是系统资源分配和调度的一个独立单位。在理解进程的概念时应注意以下问题：

能构成进程的程序段可以和别的程序并行执行，不能并行执行的程序段在执行中不能成为进程。这恰恰反映了进程的特征之一，即进程具有并发性。

进程的基础是一个程序段，而不是整个程序。

进程是程序段在一些数据上的一次运行，即在“某数据集合”上的运行。

进程是一个动态的概念，它实质上是程序的一次执行过程，也就是说，进程具有动态性。

进程是一个能独立运行的基本单位，具有独立性，是资源分配和调度的单位。

从进程的定义可以看出，进程和程序是既有密切联系又有区别的两个完全不同的概念。为了更深入理解进程的含义，下面进一步分析进程的特征以及它和程序的主要区别。

程序是一组指令的集合，它只规定了运行活动时所要完成的功能，本身没有运行的含义，因此是一个静态的概念。而进程是一段程序的一次运行活动，它的着眼点是活动、运行、过程，所以说进程是一个动态概念。进程可以由系统创建而产生，并可以独立调度运行，在进行过程中当得不到所需要的资源时，便暂停运行，一旦资源得到满足，又可以解挂而再次运行，直到任务完成被“撤销”而消亡。可见进程是具有产生、消亡及其“执行—暂停—执行”的活动过程。进程从产生到消亡都是具有其动态生活历程，是具有一定“生命期”的。

进程是一个独立调度并能和其他进程并行运行的单位，因此进程概念是能够确切地描述并行活动的，而程序通常不能作为独立调度运行的单位。

一个程序段运行在两个不同数据集合上，就是两个不同的进程，因此进程和程序之间不存在一一对应关系。一个程序可以对应多个进程；反之，一个进程至少要对应一个程序，或对应多个程序，多个进程也可对应相同的程序。例如，在多道程序情况下，两个用户源程序(两个进程)同时要求执行某种高级语言的编译程序，此时，这两个进程可以共享该编译程序，它们都有自己的数据区，在各自的数据区中活动。这样，同一编译程序就能为两个进程服务，即是多个进程的一部分。

进程概念引入后，它与习惯上的程序在概念上已经区分得非常明显。进程具有如下一些典型特征，这些特征是程序所不具备的。因此，这些进程的特征可以帮助我们更深入地理解进程这一概念。

1) 动态性

动态性是进程最重要的一个特征。进程的动态性表现在它具有一定的生命周期性，即它由“创建”而产生，由“调度”而执行，因得不到资源而阻塞，最后由“撤销”而消亡；进一步，进程的“生”(产生)、“死”(消亡)只有一次，而在其生命期中间的“执行”“阻塞”等状态可以多次反复。与进程的动态性对应，程序是静态的，即程序只是始终存储在外存中的一个静态实体。

2) 并发性

进程的并发性是指多个进程可以同时装入到内存，并能在一段时间内同时运行。引入进程的目的也正是为了使其程序能和其他进程的程序在内存中通过分时共享处理器等资源的方式，并发执行。与进程的并发性对应，程序始终处于外存中，因此没有并发的性质。

3) 独立性

进程的独立性是指进程是操作系统完成工作的基本单元。进程的独立性体现在如下几个方面：

(1) 进程是一个能独立运行的基本单元，即只有进程才能作为一个独立的单元，去占有处理器运行。

(2) 进程是申请、拥有系统资源的基本单位，即只有进程才能发出资源申请并拥有资源。

(3) 进程是独立参与调度的基本单位，即在处理器空闲时，只有进程才能作为一个独立的单元去参与竞争并获得处理器资源。

与进程的独立性对应，程序作为一个静态实体，既不可能去独立运行，也不可能去申请资源、拥有资源或参与调度。

4) 异步性

进程的异步性是指并发的进程各自以其相对独立的、不可预知的速度向前推进。而程序既然没有动态执行，当然也就不存在异步性。

在进程并发执行时，进程间的相互作用(包括直接作用和间接作用)导致了进程间的相互制约性，相互制约性导致进程执行的间断性，间断性又导致进程的异步性；正是异步性导致进程执行的可能不再现性。因此，操作系统要设计专门的机制，来控制进程之间的相互作用，以从源头上保证进程执行的可再现性。

5) 结构性

进程是一个在内存中的实体，遵循数据结构的规范，它必须要有自己的数据结构描述部分。因此，从结构上看，每个进程除对应的程序段(对应程序的操作部分)、数据段(对应程序执行需要的数据部分)以外，还应该有一个自己的数据结构部分。这一数据结构称为进程控制块(ProcessControlling Block，PCB)。因此，进程的结构性是指进程是由程序段、数据段和 PCB 等部分组成的一个实体，有时也称为“进程映像”(process image)。

与进程的结构性对应，程序没有这种数据结构描述，它主要只是进程中程序段的一部分。

通过以上分析可以看出，进程的概念不仅能够很好地刻画并行程序的各种特性，而且还能反映操作系统在实现各种功能时的活动情况。

2.2.2 进程的实体

1. 进程的组成

进程是操作系统的一个基本概念，也是一个管理实体。为了管理当前系统中的进程，除了进程需要有程序以及本次运行时的数据集合外，还需要有一个能够描述、记录在生命周期内动态变化情况的数据结构——进程控制块，因此一个进程实体由以下 3 部分组成。

(1) 程序：一个进程可以对应一个完整的程序，也可以对应一个程序的一部分程序，是进程运行所对应的执行代码，它规定进程一次运行活动所需完成的功能。多个进程也可以同时对应一个程序，如果一个程序被多个进程共享执行，它应具有以下性质：它是纯代码(pure)的，即它在执行中自身不改变，该性质也称为可重入(reentry)；享用该程序的各进程应提供工作区。

(2)数据集合：程序运行时需要用到的数据和开辟的工作区域构成进程一次运行时的数据集合，它为某进程所专用。

以上两部分是组成进程也是进程完成所需功能的物质基础。

(3)进程控制块：为了描述和控制进程的活动情况，系统为每个进程定义了一个数据结构——进程控制块(PCB)，用它描述和标志进程的存在。当系统要创建一个进程时，必须申请一定的内存空间，为该进程建立进程控制块。以后系统就依据该 PCB 的各项内容对进程实行控制和管理。当进程完成任务被撤销时，系统就收回存放 PCB 的内存空间，从而撤销 PCB，于是进程也就消亡了。PCB 与进程一一对应，系统根据 PCB 的存在而感知进程的存在。从这一意义上讲，PCB 是进程存在的唯一标志。

PCB 的内容随具体操作系统的不同而异，但一般均应包括如下内容：

(1)进程名，也称进程标识符，用于唯一地标识一个进程，不同进程不能同名。进程名又分为内部名和外部名。进程内部名是进程的一个编号，这是为了方便系统使用而设置的。创建进程时，系统为每一个进程赋予一个唯一的整数，作为进程内部名。进程外部名是在创建进程时由创建者指定，通常由字母和数字组成。

(2)当前状态，是指该进程当前所处的状态，可以是就绪状态，也可以是执行状态或阻塞状态。它是管理进程的依据。

(3)进程优先级，在多进程系统中，由于进程的个数多于 CPU 个数，系统无法同时满足各进程对 CPU 的要求。于是根据进程要求 CPU 的紧迫程度规定一个优先数，进程调度可以根据进程优先数的高低进行调度，优先级是系统分配 CPU 的重要依据。

(4)现场信息保护区，当进程因某事件的发生而暂停执行时，CPU 的现场信息必须保存在 PCB 的一定区域内，以便在重新获得 CPU 时，能很快恢复现场继续执行。这些信息包括各工作寄存器、指令计数器中的内容及程序状态字等。

(5)程序和数据的地址，它是指该进程所对应的程序和数据所在的内存或外存地址，以便再调度到该进程执行时，能从中找到其程序和数据。

(6)资源清单，它是一张列出了除 CPU 以外的进程所需的全部资源及已经分配到该进程的资源清单。

(7)队列指针，处于同一状态进程的所有 PCB 通常链接成一个队列，如就绪队列、阻塞队列。由队列指针项指出下一个 PCB 的首地址。

(8)进程的“家族”关系，创建进程的父进程和被创建的子进程之间有一个“家族”关系。PCB 中应记录本进程的父进程是谁，以及本进程又创建了哪几个子进程等家族信息。

2. PCB 的组织方式

在一个系统中有许多 PCB，它们是系统对进程进行统一管理的依据，为了管理上的方便，应该将系统中所有的 PCB 按一定的方式组织起来，这样有利于对系统中的多个进程进行管理、跟踪和控制。目前常用的 PCB 组织方式有以下几种：

(1)线性方式，其组织如图 2-3 所示。

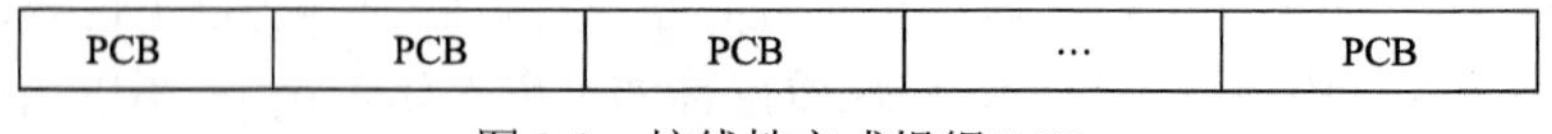

图 2-3　按线性方式组织 PCB

在这种方式下，所有的 PCB 组成一个数组，系统可以通过下标访问 PCB，在 UNIX 系统中，就采用了线性方式。这种方式实现简单，节省存储空间，但为了找到某一状态的 PCB，需要扫描整个线性表，因此增加了时间开销。

(2)链接方式，在该方式下把具有相同状态的 PCB 用其中的链接字按一定方式连接成一个队列。系统中一般有运行队列、就绪队列、阻塞队列等。在这些队列中，都用 PCB 中的队列指针指明下一个 PCB 的起始地址。系统设置固定单元，用以指出各队列的第一个 PCB 的起始地址。图 2-4 给出一种链接队列的组织方式。

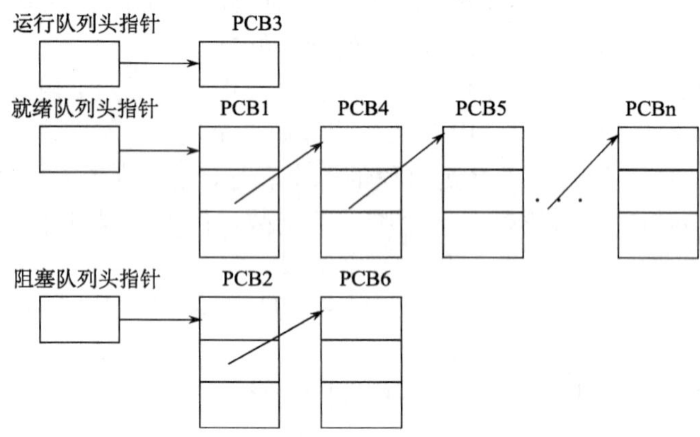

图 2-4　按链接方式组织的各类进程队列

(3)索引方式，系统根据所有进程状态，建立 N 张索引表，如就绪索引表、阻塞索引表等，并把各索引表在内存的首地址记录于内存中的一些专用单元中，在每个索引表中，记录具有相应状态的某个 PCB 在 PCB 表中的地址。组织方式如图 2-5 所示。

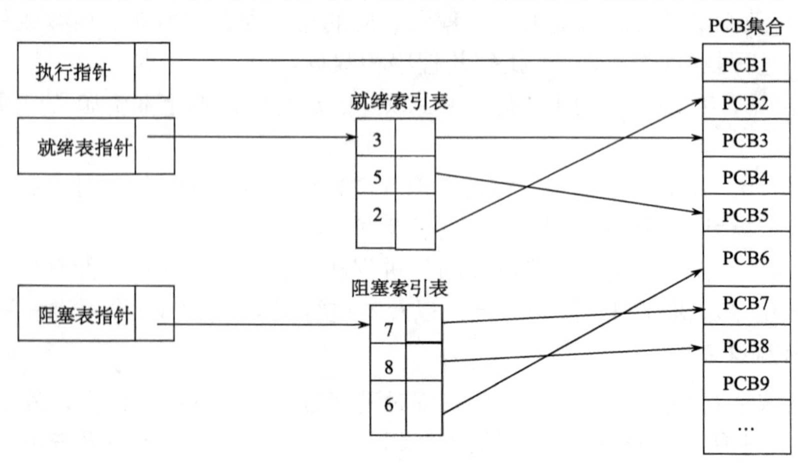

图 2-5　按索引方式组织 PCB

2.2.3　进程状态和转换

1. 进程的三种基本状态

进程有着“执行—暂停—执行”的活动规律。在多用户、多任务系统中，一个进程不可能自始至终连续不停地在处理机上运行。由于并发进程间存在着相互制约的关系，对每个进程而言，它有时处于运行状态，有时由于某种原因而暂停运行处于等待状态，当使它暂停的原因消失后，它又进入准备运行状态，即进程在从产生到消亡的“生命期”内具有其动态生活历程。为了便于管理，可按进程在执行过程中的不同时刻的不同状况把进程划分为三种基本状态。进程的状态随着其自身的推进和外界的变化，由一种状态变迁到另一种状态。

1) 就绪状态

进程已得到除 CPU 以外的全部资源，是一旦获得 CPU 就可以执行的状态，前面提到过就绪队列，所谓就绪队列，就是指处于就绪状态的多个进程，以一定方式组织成的队列。

2) 执行状态

进程已获得必要的资源并占有 CPU，正在执行的状态。在单处理器系统中，只能有一个进程处于执行状态。在多机处理系统中则可能有多个进程处于执行状态。

3) 阻塞状态(又称等待状态)

进程因等待某一事件而暂不能执行的状态。进程在执行过程中如需要其他进程的回答信息或等待外设工作结束时，该进程只好暂停执行，而把 CPU 让给其他进程，自己则因等待某事件而处于阻塞状态或称等待状态。通常将处于阻塞状态的进程排成一个队列，称为阻塞队列。

执行、就绪、阻塞是进程最基本的三种状态，一个实际的系统，在进程活动期间至少要区分出就绪、运行、等待这三种状态。原因是如果系统能为每个进程提供 CPU，则系统中所有具备运行条件的进程都可以同时执行，但实际上 CPU 的数目总是少于进程数，因此，往往只有少数几个进程(在单处理机系统中，则只有一个进程)可真正获得 CPU 控制权。通常把那些获得 CPU 控制权的进程所处的状态称为运行状态；把那些已具备运行的条件，希望获得处理机控制器权，但因 CPU 数目太少而暂时分配不到 CPU 的进程所处的状态称为就绪状态；而有些进程由于相互制约的关系，因某种原因暂时不能运行而处于等待状态。因此，任何系统中必须有这三种基本状态。

有的系统较为复杂，为了管理和调度的便利，有时还将状态细分。例如在 UNIX 中，它的进程在其生命期内可处于以下 6 种状态之一。

(1) 运行状态。在 UNIX 中，它分为两种情形：当某进程占有处理器时，为执行状态；当进程等待处理器时为就绪状态。无论是执行状态的进程还是就绪状态的进程，均是处于运行状态。

(2) 高优先级睡眠状态。

(3) 低优先级睡眠状态。

后两种状态都是为等待某事件发生而被迫暂停运行时所处的状态，也就是前面所说的阻塞状态。在 UNIX 中，进程获得 CPU 的优先级是动态变化的。当某个进程进入睡眠状态时系统将根据引发睡眠的原因来设置事件发生后进程的优先级。当某个进程睡眠且优先级被设为负值时，称为高优先级睡眠状态，反之称为低优先级睡眠状态。

(4) 创建进程状态。在 UNIX 中，若一个进程正在创建一个进程，那么它应该受到一定的保护，譬如不能将它调出主存等，从而保证创建工作的顺利进行，此状态只是一个很短暂的瞬间。

(5) 等待终止处理状态。在 UNIX 中，进程运行结束而宣告终止时，有一些事情需要由它创建的父进程进行适当处理，然后才能真正被撤销，从宣告终止到真正撤销，这期间进程就处于等待终止处理状态。

(6) 暂停状态。在 UNIX 中，父进程可以对创建后的子进程进行跟踪，对有关内容进行查询、修改，以及发送信息等，被跟踪的子进程就处于暂停状态。一旦父进程发出停止跟踪的命令后，子进程就由暂停状态转换为就绪状态。

2. 进程状态的转换

进程在运行过程中，由于自身的进展情况，以及与其他进程并发执行、相互制约，也由于外界条件的变化，其状态会不断发生变化。进程的动态性就是通过其状态变化来表现的。图 2-6 表示进程三种基本状态之间的转变及其典型的转变原因。

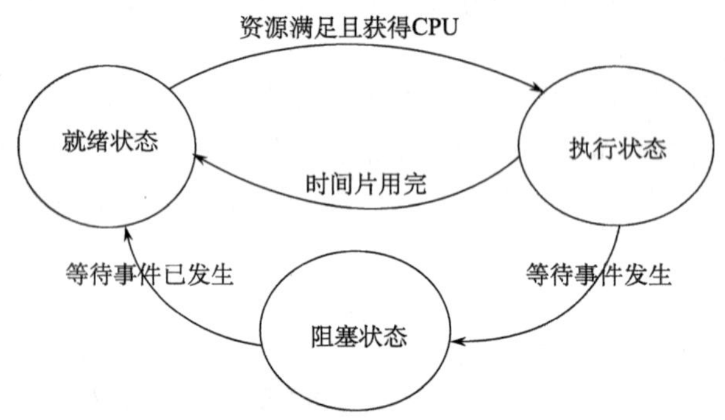

图 2-6　进程状态转换示意图

在图 2-6 中列举了状态转变的典型原因：一个进程从就绪状态转变到执行状态，是由于处于就绪状态的进程被进程调度程序选中而获得 CPU。此外，一个进程正在占用 CPU 而处于执行状态，由于分配给它的时间片用完而从执行状态转变到就绪状态；或者由于其执行过程需要等待某一事件发生而从执行状态变为阻塞状态。对于处于阻塞状态的进程，若所等待的事件已发生，则可能从阻塞状态转变为就绪状态。

在一个实际的系统里，如 UNIX 中，因其状态的数目多，因而其转换也要复杂一些。在 UNIX 中的进程状态转换如图 2-7 所示。

2.2.4　进程控制

我们已经知道，进程的“生命期”是指进程从创建到消亡的整个过程，而在这整个过程中，进程状态是在不断发生变化的。进程控制的主要任务，是对系统中所有进程从创建

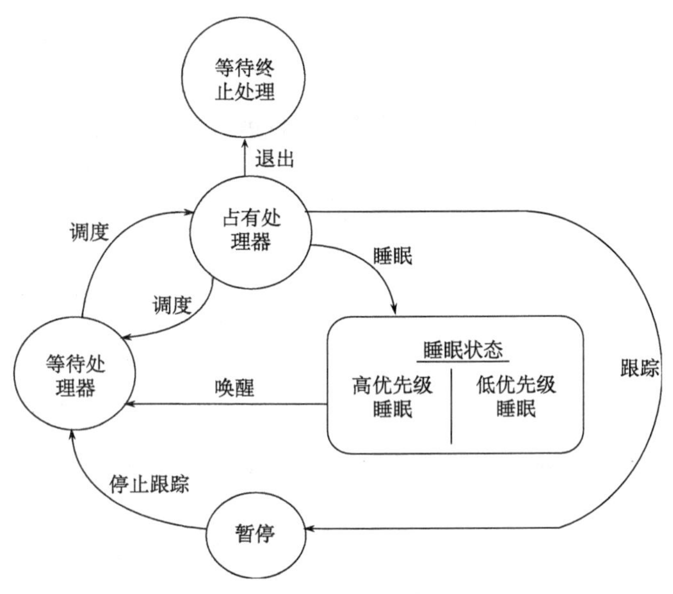

图 2-7　UNIX 中的进程状态转换图

到消亡的全过程实行有效的管理和控制。这意味着它不仅对进程状态变化加以管理和控制，而且要具有创建新进程和撤销已完成任务的进程的能力。

为了对进程进行控制，在操作系统中必须设置一个机构，它具有创建进程、撤销进程以及其他管理功能。这是操作系统中最常用、最核心的内容，常称为内核。内核是操作系统中最关键、最常用的部分，是计算机硬件的第一层扩充软件。它是操作系统的管理和控制中心，其功能往往是通过执行各种原语操作来实现的。所谓原语是由若干条机器指令构成的程序模块，它是用于完成特定功能的一段程序。为了保证操作的正确性，原语在执行期间不可分割。原语一旦开始执行，直到完毕之前，是不允许中断的。在操作系统中，用于进程控制的原语主要有：创建原语、撤销原语、阻塞原语、唤醒原语。下面一一进行介绍。

1．创建原语

一个进程可借助于创建原语来创建一个新的进程，调用者为父进程，被创建者为子进程。子进程又可以创建它的子进程。这样就形成了进程家族，如图 2-8 所示。

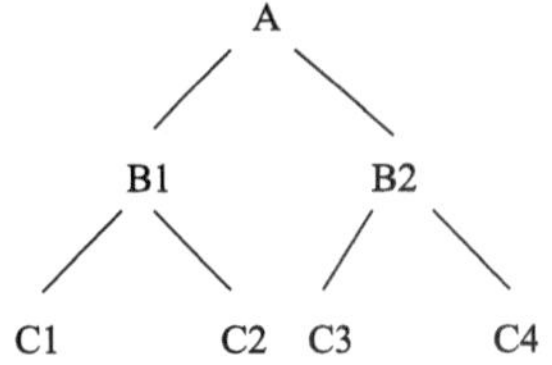

图 2-8　进程家族示意图

在实际系统中创建一个进程有两种方法：一是由操作系统建立，如 UNIX 系统中 0＃进程就是由操作系统建立；二是由其他进程创建一个新的进程。无论是由操作系统创建一个进程，还是由其他进程来创建一个新进程，其基本操作都是一样的。创建进程原语总是先为新建进程申请一空白 PCB，并为之分配唯一的数字标示符，使之获得 PCB 的内部名称，若该进程所对应的程序不在内存中，则应将它从外存储器调入内存：并将该进程有关信息(如进程外部名、优先级数、程序入口地址和所需资源请单等)填入 PCB 中，然后置该进程为就绪状态，并将它排入就绪队列和进程家族队列中。在 UNIX 或 Linux 系统中，父进程创建一个子进程时，该子进程继承父进程占用的系统资源以及除进程内部标识符以外的其他特性。

2. 撤销原语

当一个进程完成任务后，撤销原语可及时释放它所占用的资源。撤销进程的实质是撤销进程存在标志——PCB。一旦 PCB 被撤销，进程就消亡了。撤销原语的操作过程大致如下：以调用者提供的标志符 n 为索引，从 PCB 集合中检索出被撤销进程的 PCB，获得该进程的内部状态标志；然后找到该进程所在的队列，将它从该队列中消去，并撤销属于该进程的一切“子孙进程”，若有父进程则从父进程 PCB 中删除指向该进程的指针，并释放撤销进程所占用的全部资源，或者将其归还给其父进程，或者归还给系统；若被撤销的进程处于执行状态，应立即中断该进程的执行，并设置调度标志为真，以指示该进程被撤销后系统应重新调度。

3. 阻塞原语

进程在运行过程中，有时会因缺乏资源、等待 I/O 操作等事件发生而无法继续进行。于是自己便通过调用阻塞原语把自己阻塞起来。

阻塞原语的大致工作过程如下：开始时，进程正处于执行状态，因此首先应中断 CPU 执行，并保存该进程的 CPU 现场，然后把阻塞状态赋予该进程，并将它插入到具有相同实体的阻塞队列中。

4. 唤醒原语

一个进程因为等待事件的发生而处于阻塞状态，当等待的事件完成后，进程又具有了继续执行的条件，这时就要把该进程从阻塞状态转变为就绪状态。这个工作由唤醒原语来完成。

唤醒原语执行的操作如下：先把被唤醒进程从阻塞队列中移出，设置该进程当前状态为就绪状态，然后再将该进程插入到就绪队列中。

实际上，阻塞原语和唤醒原语是一对功能刚好相反的原语，因此如果在某进程中调用了阻塞原语，则必须在与之相合作的另一进程或其他相关进程中设置唤醒原语，以唤醒被阻塞进程，否则被阻塞进程将会因不能被唤醒而长久地处于阻塞状态，从而无运行机会。

2.3 线程模型

2.3.1 线程的概念

操作系统中自 20 世纪 60 年代引入进程的概念后，便以进程作为能拥有资源和独立运行的基本单位，到了 20 世纪 80 年代中期，人们又提出了线程的概念，它是比进程更小的能独立运行的基本单位。

在操作系统中引入进程的目的是为了使多个程序并发执行，以提高资源的利用率和系统的吞吐量，而在操作系统中引入线程则是为了减少程序并发执行时所付出的时空开销，使操作系统具有更好的并发性。操作系统引入进程后，虽然能使程序并发执行，但由于进程既是一个可以独立调度和分配的基本单位，同时也是一个可拥有资源的单位，因此程序并发执行时，系统必须为进程的创建、撤销和切换付出较大的时空开销。既然这样，系统中所设置的进程数目就不宜太多，进程切换的频率也不宜过高，因此它也限制了程序的并发执行程度。

在引入线程的操作系统中，线程是进程中的一个实体，它是比进程更小的能独立运行的基本单位，因此，在为其创建、撤销和切换时所需付出的开销也就更少，因而能显著地提高程序执行的并行程度和系统吞吐量。进入 20 世纪 90 年代后，多处理器系统得到了迅速发展，它为提高计算机的运行速度和系统吞吐量提供了良好的硬件基础，相应地，在多处理器操作系统中引入线程后，它能比进程更好地充分发挥多处理器的优越性。在近几年推出的操作系统中，如 Wndows NT，也都引入了线程用以改善操作系统的性能。

操作系统引入了线程后之所以拥有以上优点，这是由线程的属性所决定的。线程是指进程内的一个执行单元(有的书中称线程为子进程)，也是进程内的可调度实体。在多线程操作系统中，通常在一个进程中包括多个线程，每个线程都作为利用 CPU 的基本单位，是具有最小开销的实体。

1. 线程的属性

线程具有以下属性：

(1) 线程由四部分组成，即一个唯一的标识符、描述处理器状态的一组状态寄存器及其内容、两个栈、一个私用存储器。因此，线程中的实体基本上不拥有系统资源，但它可与同属于一个进程的其他线程共享进程所拥有的全部资源。可以说，线程是个轻型实体。

(2) 线程是进程中的一个实体，是被系统独立调度和分派的基本单位。由于线程很“轻”，因而线程切换非常迅速而且开销少，从而减少了系统的时空开销。

(3) 一个线程可以创建和撤销另一个线程；同一个进程中的多个线程可以并发执行，不同进程中的线程也能并发执行。

2. 线程的状态

与进程相似，线程也有若干种状态，如运行、就绪、阻塞等。线程是一个动态过程，它的状态转换在一定条件下实现。通常，一个新进程创建时，该进程的一个线程(称主线程)也被创建。以后，这个主线程还可以在它所属的进程内部创建其他新线程，为新线程提供开始执行的指令指针和参数，同时为新线程提供栈空间等，并且将新线程投入就绪队列中。

当 CPU 空闲时，线程调度程序从就绪队列中选择一个线程，令其投入运行。

线程在运行过程中如果需要等待某个事件，它就让出 CPU，进入阻塞状态。当该事件到达时，这个线程就从阻塞状态变为就绪状态。

3. 线程的控制

(1) 线程的创建。一个线程可以通过调用线程库中的系统调用创建线程(如 Windows 2000/XP 及以上版本提供了系统调用 CreateThread)。创建线程时要提供新线程运行的过程名，创建后返回新线程的线程标识符。线程创建时系统为其分配线程控制块、栈等必要的数据结构。

(2) 线程的撤销。线程完成了自己的工作后，与创建类似，也通过调用线程库中的系统调用撤销线程。此后，该线程从系统中消失。

(3) 线程等待。线程可以通过调用线程库中的系统调用等待某个线程，而使自己变为阻塞状态。

(4) 线程让权。线程可以自愿放弃 CPU，让其他线程运行，同样也是通过调用线程库中的系统调用来实现的。

2.3.2　线程与进程的比较

1. 线程与进程的关系

线程和进程是两个密切相关的概念。一个进程至少拥有一个线程(该线程为主线程)，进程根据需要可以创建若干个线程。图 2-9 从管理的角度说明了进程和线程的关系。在单线程的进程模型中(即没有线程概念的进程)，进程由 PCB、用户地址空间(包括程序段和数据段)以及在进程执行中管理调用 / 返回行为的用户堆栈和内核堆栈组成。当进程在运行时，该进程控制处理机寄存器，当进程不运行时要保留这些寄存器的内容。在多线程环境中，进程仍然有一个进程控制块和用户地址空间。但每个线程都有自己独立的堆栈和线程控制块，在线程控制块中包含该线程执行时寄存器的值、线程的优先级及其他与线程相关的状态信息。所以说，线程自己基本上不拥有资源，只拥有少量必不可少的资源(线程控制块和栈)。

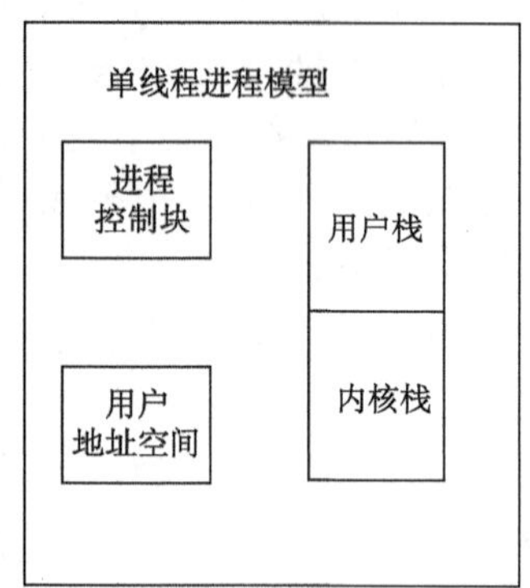

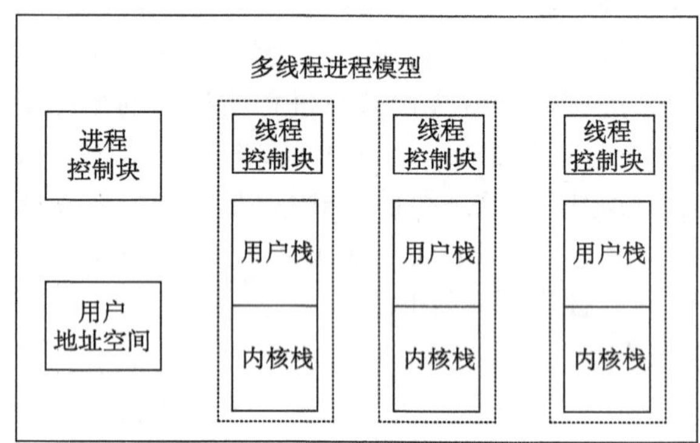

图 2-9　单线程和多线程的进程模型

进程中的所有线程共享该进程的资源，它们驻留在同一块地址空间中，并且可以访问到相同的数据。当一个线程改变了内存中某个单元的数据时，其他线程在访问该数据单元时会看到变化后的结果。因此线程之间的通信变得更为简单、容易。

2. 引入线程的重要性

从下面的性能比较可以看出引入线程的重要性。

(1) 在一个进程中创建一个新的线程比创建一个全新的进程所需要的时间要少。Mach 操作系统开发者研究表明，与当时没有使用线程的 UNIX 操作系统相比，创建线程比创建进程的速度提高了 10 倍。

(2) 撤销一个线程比撤销一个进程所需的时间要少。

(3) 线程之间的切换比进程之间的切换花费的时间要少。

(4) 线程提高了不同的执行程序之间的通信效率。在大多数的操作系统中，进程之间的通信需要内核的支持，以提供保护和通信所需要的机制。但是，由于同一个进程中的线程共享存储空间和文件，它们无需内核的支持就可以互相通信。

因此，如果有一个由多个进程或函数组成的程序，则用一组线程来实现比用一个独立的进程实现更有效。下面列举几个使用线程提高程序执行效率的例子。

(1) 前台和后台操作。例如在处理电子表格的程序中，可以设计两个线程，其中一个线程负责显示菜单并读取用户输入——前台线程，而另一个线程负责执行用户命令并更新电子表格的内容——后台线程。这样就可以在前一条命令处理完成前，提示用户输入下一条命令(即两个线程并发操作)。对于用户来说，会感觉应用程序的处理速度有所提高。

(2) 异常情况处理。程序在执行过程中的某些异常事件的处理也可以用线程来实现。例如，为了避免计算机断电所造成的损失，可以在文字处理程序中设计一个线程，其任务是负责周期性地进行数据备份，可以设计为每隔一分钟将内存缓冲区的数据写入磁盘。该线程由操作系统调度，而在主线程中并不需要增加任何代码来提供时间检查或协调输入和输出。

(3) 缩短执行时间。例如，有一个数据处理程序，要求从设备上输入数据，然后进行计算。如果用多线程的程序，可以创建一组线程负责数据的输入，另一组线程负责计算操作。如果系统中有多个处理机，负责计算的多个线程还可以并行操作，因此可以大大缩短数据的处理时间。

(4) 模块化程序结构。按照模块化的程序设计思想设计的程序，更方便用线程去设计和实现，一个模块可以设计成一个线程。

3. 线程与进程进行比较

下面从调度、并发性、拥有资源和系统开销 4 个方面来比较进程和线程。

(1) 调度。在传统的操作系统中，拥有资源的基本单位以及独立调度和分派的基本单位都是进程。而在引入线程的操作系统中，则把线程作为调度和分派的基本单位，而把进程作为资源分配的基本单位，使传统进程的两个属性分开，线程可以轻装运行，从而可以显著地提高系统的并发程度。在同一个进程中，线程的切换不会引起进程的切换，只有当从一个进程中的线程切换到另一个进程中的线程时，才会引起进程的切换。

(2) 并发性。在引入线程的操作系统中，不仅进程之间可以并发执行，而且在一个进程中的多个线程之间，也可以并发执行，因而操作系统具有更好的并发性，从而可以更有效地使用系统中的资源，提到系统的吞吐量。例如在一个没有引入线程的单处理机系统中，若仅设计了一个文件服务进程，当该进程由于某种原因被阻塞时，用户的文件服务请求就得不到响应。在引入线程的操作系统中，可以在一个文件服务进程中设计多个服务线程，当第一个线程阻塞时，文件服务进程中的第二个线程可以继续执行；当第二个线程阻塞时，第三个线程可以继续执行，从而显著地提高了文件服务的质量和系统的吞吐量。

(3) 拥有资源。不论是传统的操作系统，还是具有线程的操作系统，进程都是拥有资源的独立单位。一般地说，线程自己不拥有系统资源(只有少量的必不可少的资源)，但它可以访问其隶属进程的资源。也就是说，一个进程的代码段、数据段及系统资源，如打开的文件、I / O 设备等，可供同一进程中的所有线程共享。

(4) 系统开销。由于创建或撤销进程时，系统都要为之分配或回收资源，如内存空间、I / O 设备等，因此操作系统所付出的时间和空间开销将显著地大于重建或撤销线程的开销。

类似地，在进程切换时，涉及当前进程 CPU 环境的保存及新被调度运行的进程 CPU 环境的设置，包括程序地址和数据地址等。而线程的切换只须保存和设置少量寄存器的内容，并不涉及存储器管理方面的操作。可见，进程切换的开销远远大于线程切换的开销。此外，由于同一进程中的多个线程具有相同的地址空间，致使它们之间的同步和通信的实现，变得非常容易。在有些操作系统中，线程的切换、同步和通信都无需操作系统内核的干预。

2.3.3 线程的实现

线程已在许多系统中实现，根据实现的方式的不同分为两种：一种是内核支持线程(Kernel-Supported Threads)；另一种是用户级线程(User-Level Threads)。这两种线程各有优缺点，因而两者也各有其应用的场合。

1. 内核支持线程的实现

对于通常的进程，不论是系统进程还是用户进程，在进行切换时都依赖于内核中的调度程序。因此，不论什么进程都是与内核有关的，都是在内核的支持下进行切换。内核支持线程，它们是依赖于内核的，即无论是用户进程中的线程，还是系统进程中的线程，它们的创建、撤销和切换都由内核实现。在内核中保留了一个线程控制块，内核是根据该控制块而感知该线程的存在并对其进行控制的。

在有的操作系统中所设置的线程属于内核支持线程。一个线程创建一个新的线程，或者撤销一个已存线程以及可以引起线程阻塞及实现线程间同步的操作，都是直接利用系统调用实现的，线程的切换也是由内核完成的。在这样的 OS 中，系统在创建一个新进程时，便为它分配一个任务数据区 (per task data area，PTDA)，其中包括若干个线程控制块 TCB 空间。在每一个 TCB 中可保存线程标示符、优先级、线程运行的 CPU 状态等信息。虽然这些信息是与用户级线程 TCB 中的信息相同的，但现在却被保存在内核空间中。

每当要创建一个新线程时，便为新线程分配一个 TCB，将有关信息填入该 TCB 中，并为之分配必要的资源，如栈、局部存储区。当 PTDA 中的所有 TCB 空间已用完，而进程又要创建新的线程时，系统可再为之分配新的 TCB 空间；在撤销一个线程时，也应回收该线程的所有资源和 TCB。可见，内核支持线程的创建、撤销均与进程的相类似。在有的系统中为了减少在创建和撤销一个线程时的开销，在撤销一个线程时，并不立即回收该线程的资源和 TCB，在以后要创建一个新线程时，便可直接利用已被撤销但仍保持有资源和 TCB 的线程作为新线程。

内核支持线程的调度和切换与进程的调度和切换十分相似，也分抢占式和非抢占式两种。在线程的调度算法上，同样可采用时间片轮转法、优先权算法等。当线程调度选中一个线程后，便将处理器分配给它。当然线程在调度和切换上所花费的开销要比进程小得多。

2. 用户级线程的实现

用户级线程仅存在于用户级中，对于这种线程的创建、撤销和切换，都不利用系统调用来实现，因而这种线程与内核无关。相应地，内核也不知道有用户级线程的存在。

用户级线程是在用户空间实现的，所有的用户级线程具有相同的结构，它们都运行在一个中间系统的上面。当前有两种方式实现中间系统，即运行时系统和内核控制线程。

(1)运行时系统(runtime system)，所谓“运行时系统”，实质上是用于管理和控制线程的函数(过程)的集合，其中包括用于创建和撤销线程的函数、线程同步和通信的函数以及实现线程调度的函数等。正因为有这些函数，才能使用户级线程与内核无关。运行时系统中的所有函数都驻留在用户空间，并且作为用户级线程与内核之间的接口。

在传统的 OS 中，进程在切换时必须先由用户态转为核心态，再由核心来执行切换任务。而用户级线程在切换时并不需要转入核心态，是由运行时系统中的线程切换过程来执行切换任务，该过程将线程的 CPU 状态保存在该线程的堆栈中，然后按照一定的算法选择一个处于就绪状态的新线程运行，将新线程堆栈中的 CPU 状态装入到 CPU 相应的寄存器中，一旦将栈指针和程序计数器切换后，便开始了新线程的运行。由于用户级线程的切换无须进入内核，且切换操作简单，因而使用户级线程的切换速度非常快。

不论在传统的 OS 中，还是在多线程 OS 中，系统资源都有是由内核管理的。在传统的 OS 中进程是利用 OS 提供的系统调用来请求系统资源的，系统调用通过软中断(如 trap)机制进入 OS 内核，由内核实现相应资源的分配的。用户级线程是不能利用系统调用的，当线程需要资源时，是将该要求传送给运行时系统，由后者调用相应的系统调用来实现系统资源的获得。

(2) 内核控制线程，又称为轻型进程(Light Weight Process，LWP)，每一个进程都可拥有多个 LWP，同用户级线程一样，每个 LWP 都有着自己的数据结构(如 TCB)，其中包括线程标识符、优先级、状态，另外还有栈和局部存储区等。它们也可以共享进程所拥有的资源。LWP 可通过系统调用来获得内核提供的服务，这样，当一个用户级线程运行时，只要将它连接到一个 LWP 上，此时它便具有了内核支持线程的所有属性。

为了减少系统开销，通常在一个进程中所设置的 LWP 的数目少于用户线程数，并把这些 LWP 做成一个 LWP 池，用户进程中的任一用户线程可以连接到 LWP 池中的任一个 LWP 上。 LWP 池中的 LWP 数目应适当，当 LWP 数与用户线程数一样多时，亦即为每一个用户级线程配置一个 LWP 时，将会使很多 LWP 空闲，这时也就失去了设置用户线程的意义；但如果把 LWP 设置得太少，又将会使许多用户线程因得不到 LWP 而无法运行，进而影响到程序的并发执行程度。

2.4　多核、多线程与超线程

2.4.1　多核技术简介

随着计算机工业技术在器件方面从电子管发展到晶体管、集成电路，再到如今的(超)大规模集成电路，处理器技术及其处理速度和能力得到了飞速发展。然而，由于高集成度、功耗、发热量等问题，单处理器的速度达到了一定的极限，例如：Intel Pentium 4 已经达到了 3.8GHz 以上。与此同时，像大型数据库、Web 服务器之类的大型应用的发展也使得用户对计算机处理能力的需求越来越高，单纯的单处理器体系结构已无法在合理的性价比上满足用户需求，并行计算成为高性能计算的新的突破口。

并行计算，意味着在任意时刻有多个线程(或者进程，统称线程)可以同时被调度运行。并行计算有两大分支：分布式计算和狭义的并行计算。其中，分布式计算基于松耦合的多计算机系统，计算机之间使用网络互联，每个计算机大多时候都是各自独立运行的；分布式计算技术利用特殊的软件将多计算机系统上的空闲计算资源充分地利用起来，以完成需要较大计算量的任务。而狭义的并行计算大多是紧耦合的多处理器系统，例如较早的对称多处理器(Symmetric Multi-Processor，SMP)系统。目前，随着集成电路技术的高度发展，单个芯片内集成器件的数目呈指数倍增长，并行技术向纵深发展，处理器体系结构研究的重心开始转移到多核技术上。

多处理器系统使用系统总线来连接多个不同的处理器，当处理器速度非常高时，系统总线的速度将成为整个系统性能的瓶颈。因此，新兴的多处理器技术使用片内总线连接各个不同的处理器，这种结构被称为片上多处理器(Chip Multi-Processor，CMP 或者 Chip Multi-Threading，CMT)结构，即多核，每个处理核心都可以独立运行。作为 CMP 的一种简化，还出现了同时多线程(Simultaneous Multi Thread，SMT)结构。SMT 结构中实际只有一个核心，但是有多个执行环境(也称为硬件上下文)，处理器动态调度这些执行环境来模拟多个处理核心的效果。

根据冯·诺依曼体系结构，处理器是执行部件，其输入数据都来自系统的存储部件。处理器执行速度和存储部件的存取速度的差异性是计算机系统中的一个非常主要的矛盾。目前比较常见、也是比较经济的解决方案就是引入分级存储结构，在低速的存储部件与处理器之间引入容量较少但速度较高的存储部件。目前比较常见的存储层次主要有寄存器、Cache、内存、外存等。其中，Cache 还被进一步划分为 L1 和 L2 两个级别。在 SMT、CMP 和 SMP 三种结构中，内存都是为多个处理核心(或执行环境)所共享，而寄存器和 Cache 则具有不同的共享关系。一般来说，SMT 结构的处理器中所有 Cache 都是共享的，但每个执行环境在寄存器级别上相对独立，即有独立的硬件上下文。CMP 结构的处理器中各个 CPU 一般都具有各自独立的 L1 Cache，而 L2 Cache 则可以是各自独立的也可以是共享的。SMP 结构的处理器中所有 Cache 则都是分离的。图 2-10 给出了几种常见的处理器体系结构。

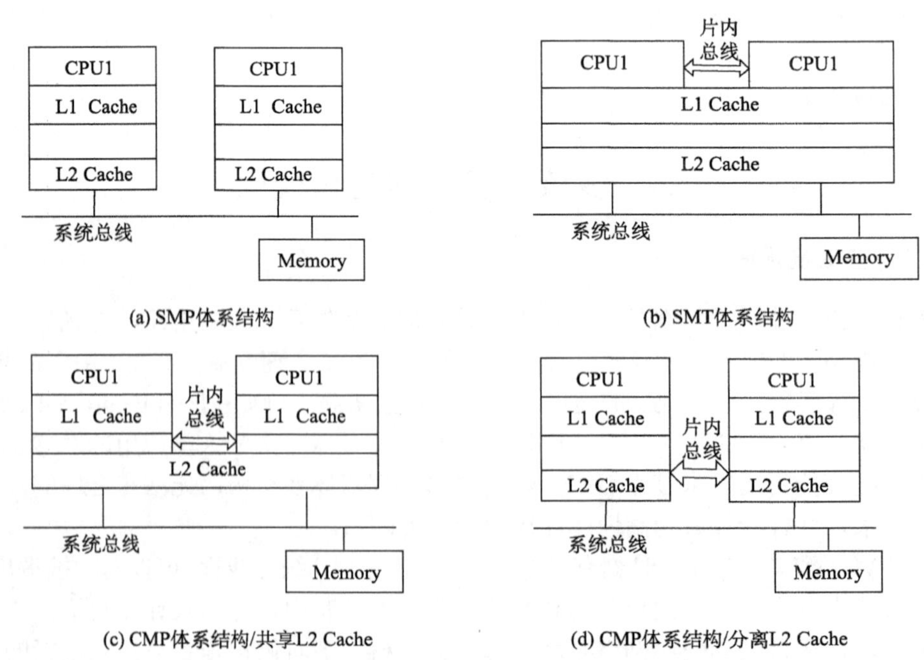

图 2-10　常见的处理器体系结构

2.4.2　多核基本概念

多核技术的开端是所谓的双核。该概念最早由 IBM、HP、Sun 等支持 RISC 架构的高端服务器厂商提出，主要运用于服务器上，如 IBM 于 2001 年推出的双核 RISC 芯片 Power 4，HP 于 2004 年 2 月推出的 PA-RISC8800，Sun 于 2004 年 3 月推出的 UltraSPARC Ⅳ的双内核处理器。但让多核成为家喻户晓的技术名词则是在多核进入到 IA 阵营后。在 AMD 和 Intel 分别将多核引入到个人 PC 机后，多核技术迅速得到普及。随着 AMD 和 Intel 在多核技术上的大力研究和推进，多核技术已经从双核推进到 4 核、8 核甚至更高。而基于多核技术的计算机产品也已经比比皆是。芯片厂商期待这种多核结构能够改善整块芯片的处理能力(因为有多个处理器)，提升芯片的吞吐量，从而达到间接提升芯片性能的目的。

多核计算机的出现，打破了单核环境下的许多操作系统设计的正确性或可靠性。因此，为了适应多核环境所提出的新要求，也为了更好地利用多核技术提供的新方便，操作系统需要作出相应调整。在 x86 体系结构下，多处理功能芯片经过了多处理器结构、超线程结构、多核结构和多核超线程结构的 4 个演变阶段。

1. 多处理器结构

除了提升 CPU 主频和增加一、二级缓存容量外，提升计算机性能的最简单的办法就是在一台电脑里面安装多个 CPU。由于 CPU 个数增加，电脑同时处理的工作量就增加，自然提升了系统的吞吐量和改善了用户响应时间，从而感觉到计算机的性能得到了提升。

多处理器结构说简单一点就是在一条总线上挂载多个处理器。在传统的体系结构下，一台电脑里面只有一个 CPU。而在多处理器系统里，一台电脑里面可以有多个 CPU。

在多个 CPU 的情况下，以 CPU 之间的关系不同又可以分为对称和非对称多处理器结构。在对称结构下，多个 CPU 的角色功能平等，没有主从之分，这种多 CPU 结构称为对称多处理器结构(Symmetric Multi-Processor Architecture)，或简称为 SMP 结构。而在非对称多处理器结构下，不同 CPU 的角色地位不同，有所谓的主从 CPU 之分。这种多 CPU 结构称为非对称多处理器结构(Asymmetric Multi-Processor Architecture)，或简称为 AMP 结构。

当然，我们也可以在一台电脑里面安装多于两个的 CPU。图 2-11 给出的就是一台有着 4 个 CPU 的计算机体系结构简化图。

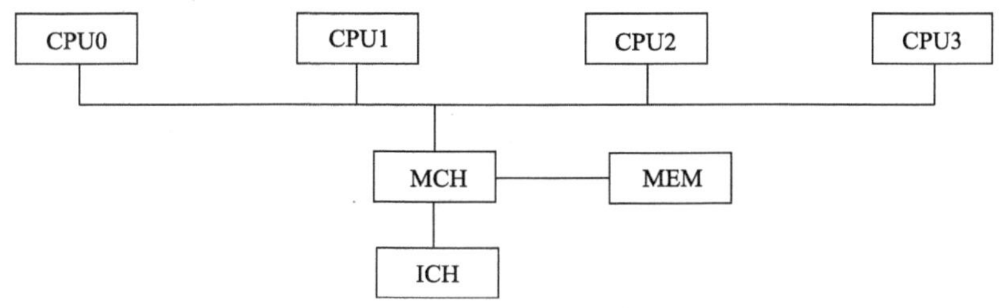

图 2-11　有着 4 个物理 CPU 的对称多处理器结构

2. 超线程结构

在一台电脑里安装多个 CPU 虽然提升了计算机的性能，但是付出的代价是高昂的成本和巨大的功耗。而在实际中，基于很多原因，CPU 的执行单元并没有被充分使用。如果 CPU 不能正常读取数据(总线 / 内存的瓶颈)，其执行单元利用率会明显下降。另外就是目前大多数执行线程缺乏多种指令同时执行(Instruction-Level Parallelism，ILP)的支持。这些都造成了目前 CPU 的性能没有得到全部的发挥。因此，Intel 提出了超线程(Hyper Threading，HT)技术来让一个 CPU 同时执行多重线程，从而提高 CPU 效率和用户满意度。

超线程技术是在一个 CPU 上同时执行的多个程序共同分享该 CPU 内的资源，理论上像两个 CPU 在同一时间执行两个线程。超线程技术可在同一时间里，让应用程序使用芯片的不同部分。而为了支持这种技术，需要在处理器上多加入一个逻辑处理单元指针(Logical CPU Pointer)。因此新一代的 P4 HT 的模板的面积比以往的 P4 增大了 5%。而其余部分如 ALU、浮点运算单元、二级缓存则保持不变。

图 2-12 描述的是超线程结构。图 2-12 中的每个 CPU 并不是物理上的单个 CPU，而是两两为一个独立的 CPU，即图 2-12 中只有 4 个物理 CPU，而每个 CPU 又因超线程技术被分解为两个逻辑 CPU。每个逻辑 CPU 可以执行一个线程序列。这样一个物理 CPU 可以同时执行两个线程。

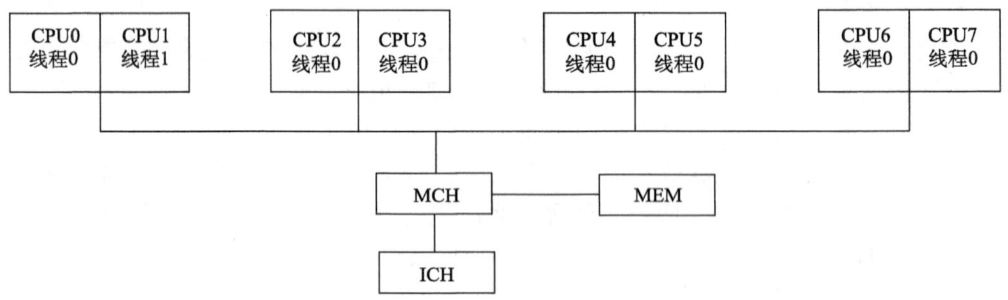

图 2-12　4 个物理 CPU、8 个逻辑 CPU 的超线程结构

虽然采用超线程技术能同时执行两个线程，但它并不像两个真正的 CPU 那样，每个 CPU 都具有独立的资源。当两个线程都同时需要某一个资源时，其中一个要暂时停止，并让出资源，直到这些资源闲置后才能继续。因此超线程的性能并不等同于两个 CPU 的性能。

3. 多核结构

多 CPU 成本高、功耗大，而超线程技术又不等同于两个 CPU 的性能，而且时常会碰到两个线程需要同一资源时必须停止一个线程的现象。

多核结构就是在一个 CPU 里面布置两个执行核，即两套执行单元，如 ALU、FPU 和 L2 缓存等。而其他部分则两个核共享。这样，由于使用的是一个 CPU，其功耗和单 CPU 一样。由于布置了多个核，其指令级并行将是真正的并行，而不是超线程结构的半并行。

例如，英特尔公司的奔腾 D 和奔腾 EE 即是分别面向主流市场以及高端市场的双核芯片。其每个核采用独立式缓存设计，在处理器内部两个核之间是互相隔绝的，通过处理器外部(主板北桥芯片)的仲裁器负责两个核之间的任务分配以及缓存数据的同步等协调工作。两个核共享前端总线，并依靠前端总线在两个核之间传输缓存同步数据。

当然，我们也可以在一个计算机里面放置多个配置有多个执行核的 CPU，而形成更多的核。例如，如果我们用 4 个双核 CPU 则可以构建如图 2-13 所示的多核、多处理器体系结构。

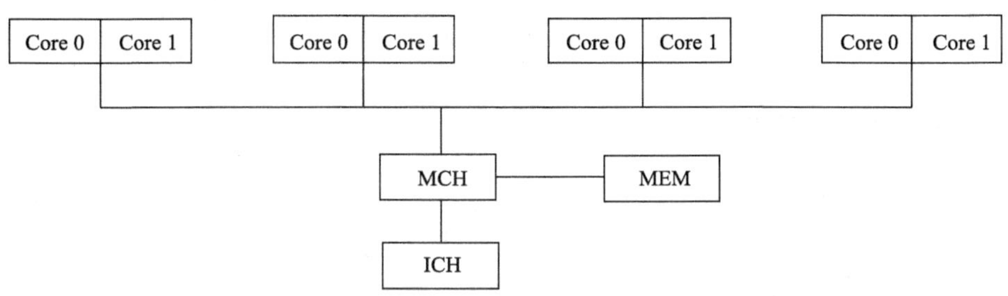

图 2-13　有着 4 个 CPU、8 个核的计算机体系结构

4. *多核超线程结构*

超线程技术就是利用特殊的硬件指令，把两个逻辑内核模拟成两个物理芯片，让单个处理器都能使用线程级并行计算，进而兼容多线程操作系统和软件，减少了 CPU 的闲置时间，提高 CPU 的运行效率。而在多核情况下，我们也可以使用超线程技术，从而形成多核超线程(Multi-core Hyper Threading Architecture)技术，即每个物理执行核里面又分解为两个或多个逻辑执行单元，如图 2-14 所示。

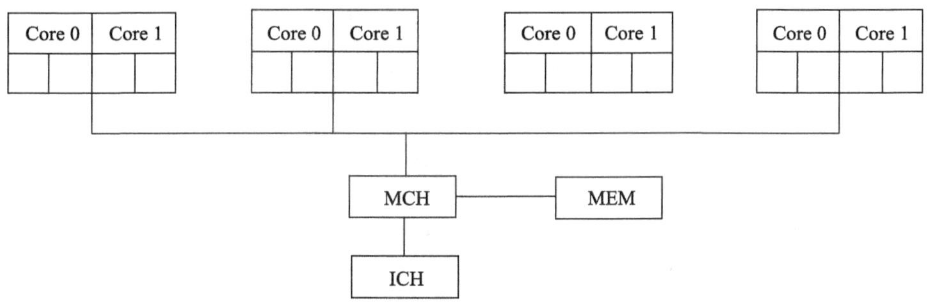

图 2-14　有着 4 个 CPU、8 个核、16 个逻辑执行单元的多核超线程结构

例如，英特尔公司的奔腾 EE 多核芯片就支持超线程技术，一块奔腾 EE 芯片在打开超线程技术之后会被操作系统识别为四个逻辑处理器。

多处理器、超线程和多核的共同点均是为了提升计算机性能而设计、均可以同时执行多个指令序列。但区别也是明显的，主要体现在同时执行的两个线程之间共享物力资源的多少。多处理器的共享物理资源最少，每个线程有自己单独的处理器；超线程共享最多，ALU、FPU、MSR、缓存等均为共享物理资源；而多核则介于两者之间，共享处理器，但不共享 ALU、FPU 等。

而因为共享资源数量不同，多处理器、超线程和多核的成本自然也不相同。多处理器成本最高、独立性最高、功耗最大；超线程的成本、独立性和功耗最小；而多核则处于中间。

当然，不同的制造商所生产的多核处理器其每个核之间共享的资源不尽相同。上面的划分仅仅是按照一般情况来进行。在实际中请参考具体计算机制造商的说明书。

值得一提的是，超线程技术是英特尔公司所独有的，其他公司不一定适用这种技术。例如，AMD 公司就直接从多处理器跨越到了多核。

2.5 进程管理实例

2.5.1 UNIX 进程管理

1. UNIX 的系统启动与进程关系

一个已安装好 UNIX 操作系统的计算机，在打开电源开关后，系统引导程序就开始系统自举，引导在外存磁盘中的操作系统进入内存。这一过程包括：启动 UNIX 系统、设置和初始化各种数据结构与表格、建立控制 UNIX 系统核心运行的控制进程(在 UNIX 系统中，把该核心进程称为 0#进程)和建立控制终端进程与 Shell 进程运行的 1# 进程。接着系统将出现相应的提示符，以等待用户输入命令来执行和处理用户应用程序。这样 UNIX 中各进程关系如图 2-15 所示。

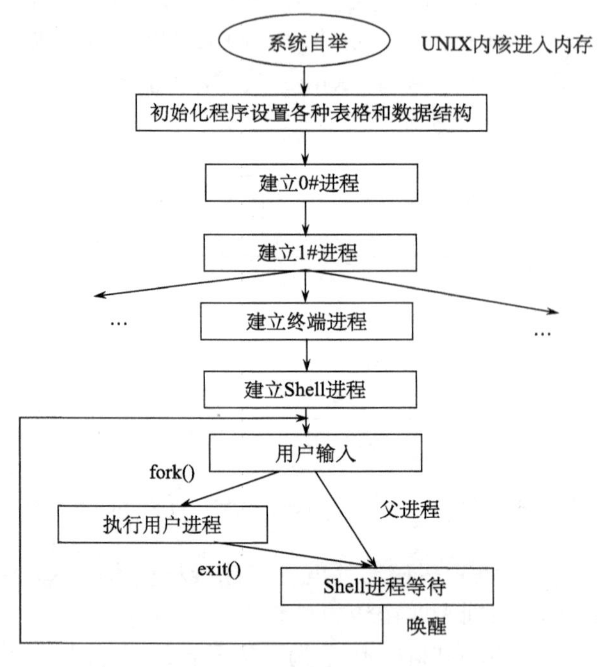

图 2-15 UNIX 各进程关系

在 UNIX 系统中机器的执行状态分为两种：一种是用户态，另一种是核心态。在用户态下的进程只能存取它们自己的指令和数据，不能存取核心指令和数据(包括特权指令，如输入输出指令)；而核心态下的进程能存取核心和用户地址空间信息。0#进程是在核心态下运行的，它除了在初始化时建立 1# 进程之外，还负责分配处理器以及负责进程交换。而 1# 进程是负责建立各终端进程和 Shell 进程，用户进程是由 Shell 进程所创建的，因此，也称 1# 进程是所有用户进程的祖先。1# 进程以及由 1# 进程衍生的其他进程都可以在用户态和核心态两种执行模式下执行。

Shell 进程接受用户的命令，创建一个子进程即用户进程，且让 Shell 等待，子进程执行用户命令，命令执行结束后子进程调用 exit 系统调用完成终止子进程和释放 Shell 进程的工作。Shell 进程被释放后，再给出系统提示符，用户又可输入下一个命令了。

2. UNIX 的进程结构

进程的静态描述由进程控制块 PCB、有关程序段和数据集组成。而进程的上下文实际上是进程执行活动全过程的静态描述，它包括计算机系统中执行该进程有关的各种寄存器的值、程序段机器指令代码集(也称为正文段)、数据集及各种堆栈值和 PCB 结构。无论在何种系统中，进程上下文的各部分都必须按一定的规则有机地组合起来以便控制执行。

在 UNIX SystemⅤ中，进程上下文由用户级上下文、寄存器上下文和系统级上下文组成。用户级上下文由进程的用户程序段部分编译而成的用户正文段、用户数据段及用户堆栈等组成。而寄存器上下文则由程序寄存器 PC、处理机状态字寄存器 PS、栈指针和通用寄存器的值组成。其中 PC 给出了 CPU 将要执行的下一条指令的虚地址；PS 指出机器与该进程相关联时的硬件状态，即用户态还是核心态；栈指针指向下一项的当前地址；通用寄存器值则用于不同执行模式之间的参数传递等。

系统级上下文又分为静态部分和动态部分。系统级上下文的静态部分包括进程控制块 PCB、将进程虚拟地址空间映射到物理空间的有关表格和核心栈。PCB 又分为常驻内存的 proc 结构和不常驻内存的 user 结构。proc 结构用来存放系统感知与控制进程所必需的数据和信息。而 user 结构则用来存放进程执行时所必需的各种控制数据和信息。核心栈主要用来装载进程中所使用的系统调用的调用序列。

proc 结构主要包括以下各项：

(1)状态域，标识进程的状态。

(2)user 结构及系统栈指针。

(3)存储区位置和长度信息，指明进程在内存或在外存中的位置和大小。这些信息在进程换入换出以及状态转换时要用到。

(4)若干用户标识，简称 UID 或用户 ID，用来决定进程属于哪一组用户，具有何种权限，例如描述了一组相互之间可以发送软中断信号的进程。

(5)若干进程标识，简称 PID 或进程 ID，说明进程相互间的关系，如父子关系。

(6)调度信息，包括优先级等。核心用它们决定若干进程转换到核心态和用户态的次序。

(7)软中断信号项，记录发向一个进程的所有未处理的软中断信号。

(8)事件描述域，sleep 和 wakeup 原语要用到。

(9)各种计时项，给出系统执行时间和核心资源的利用情况，这些信息用来为进程记账、计算调度优先级和发送计时信号等。

(10)进程页表指针，用于 CPU 访问内存时的地址变换。

user 结构主要包括以下各项：

(1)一个指向 proc 结构的指针。

(2)真正用户标识及有效用户标识，决定进程的各种特权，如文件存取权限等。

(3)计时器域，记录进程及其后代在用户态和核心态运行所用的时间。

(4) 中断及软中断处理的有关参数。

(5) 一个含有系统调用结果的返回值项。

(6) 与文件结构有关的若干项，它们描述文件的当前目录和当前根，以及进程的文件系统环境。

(7) 与文件读写有关的若干项，它们描述所要传输的数据量、在用户空间的源(或目的)数据的数组地址、文件的输入输出的偏移量等。

(8) 用户文件描述符表，记录该进程已打开的文件。

(9) 出错域，记录在系统调用过程中遇到的错误。

(10) 对该进程创建的所有文件设置许可权方式字段的屏蔽模式项。

(11) 与进程上下文切换、现场保护有关的各项。

(12) 进程正文段、数据段、栈段长度。

系统级上下文的动态部分是与寄存器上下文相关联的。这里的动态部分不是指程序的执行，而是指在进入和退出不同的上下文层次时，系统为各层上下文中相关联的寄存器值所保存和恢复的记录。它可看成是一些数量变化的层次组成，其变化规则是满足先进后出的堆栈方法。每个上下文层次在栈中各占一项。

在发生中断时，或一个进程发生系统调用时，或进程上下文切换时，核心就压入一个上下文层。当核心从处理中断返回时，或一个进程在完成其系统调用后返回用户态，一个进程上下文切换并被调度时，核心就弹出一个上下文层。因此，进程上下文的切换总会引起一层核心栈的压入或弹出，核心压入老的进程上下文层，弹出新的进程上下文层。Proc 结构中存放着当前上下文层所必需的信息。

UNIX SystemⅤ的进程上下文如图 2-16 所示。

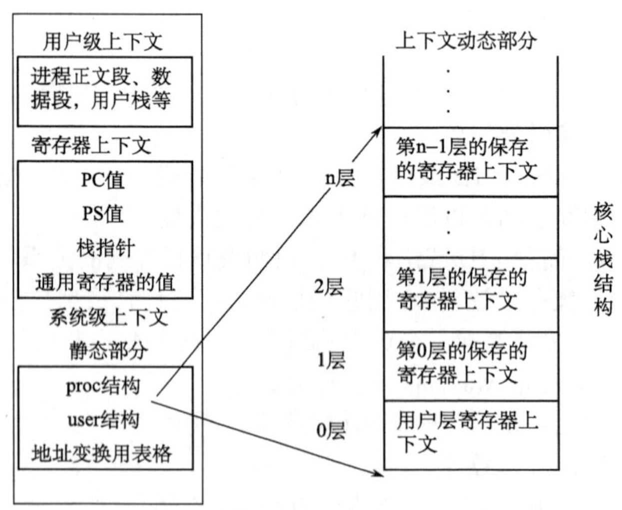

图 2-16　UNIX SystemⅤ的进程上下文

3. UNIX 的进程状态及转换

从一个进程生命周期的概念上看，UNIX 系统将进程的状态细分为如下 9 种状态：

(1) 用户执行态：进程正在用户态下执行。

(2) 核心执行态：进程正在核心态下执行。

(3) 在内存中的就绪态：进程没有被执行，但处于就绪状态，只要核心调度到它，即可执行。

(4) 在内存中的睡眠态：进程正在睡眠并驻留在内存中。

(5) 就绪且换出态：进程处于就绪状态，但对换进程(0#进程)已把它换出内存，只有等对换进程再把它换入内存后，核心才能调度它执行。

(6) 睡眠且换出态：进程正在睡眠，但对换进程已把它换出内存。

(7) 被抢先态：进程正从核心态返回到用户态。但核心抢先于它作了进程上下文切换，以调度别的进程执行。最后，当该进程再次被调度到时返回用户执行态。

(8) 创建态：进程刚被创建，由于正在进行资源分配，表示该进程存在，但既不是就绪，也不是在睡眠。这个状态是除进程 0 以外的所有进程的初始状态。

(9) 僵死态：进程执行了系统调用 exit，处于僵死(zombie)状态。该进程不再存在，但它留下一个记录，作为给父进程识别的出口码和一些计时统计信息。僵死状态是进程的最后状态。

一个完整的进程状态转换过程如图 2-17 所示。下面我们分析一下一个典型的进程经历这些状态的转换过程。首先，当父进程执行系统调用 fork 创建子进程时，其子进程就进入“创建”状态，并最终会移到“在内存中就绪”状态。当进程调度程序选中该进程执行时，它便进入“核心态执行”状态，在这个状态下，完成它的 fork 部分。当该进程完成系统调用时，它可能进入“用户态执行”状态，此时它在用户态下执行。一段时间后，若有中断信号到来，系统可能中断处理机，再次进入“核心态执行”状态。当中断处理程序结束了中断服务时，核心可能决定调度另一个进程执行。这样，正在执行的进程就进入“被抢先”状态，而被选中的进程就开始它的执行。当调度程序再次选中我们所举的进程时，它又回到“用户态执行”状态继续执行。

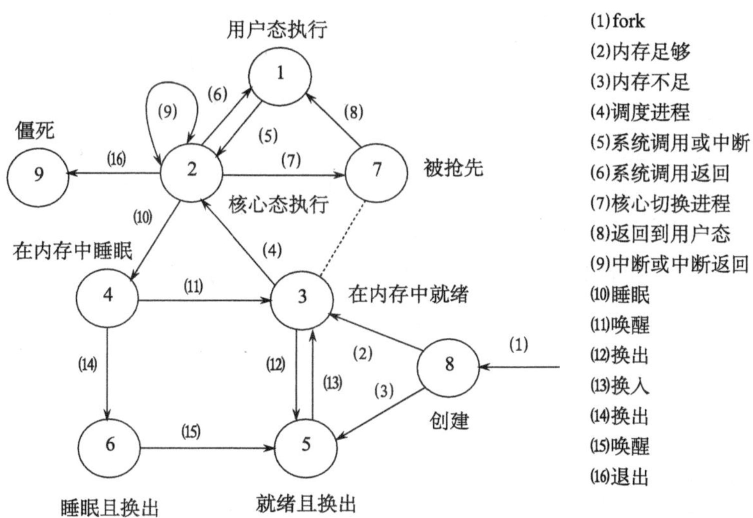

图 2-17　进程的状态转换图

假定进程执行请求磁盘输入/输出操作时，它便离开“用户态执行”状态，进入“核心态执行”状态。如果该进程需要等待输入/输出操作的完成，则进入“在内存中的睡眠”状态，一直睡到被告知输入/输出操作已完成。当输入/输出操作已完成，硬件中断 CPU，中断处理程序唤醒该进程，使它进入“在内存中就绪”状态，等待被重新调度执行。

假定系统中有多个进程同时执行，但它不能同时装入主存，核心对换进程决定换出我们的进程，以便为另一个处于“就绪且换出”状态的进程腾出空间。当进程被从主存中驱逐出去后，它就进入“就绪且换出”状态。同样，我们的进程若是处于“在内存中的睡眠”状态也会被换出，而进入“睡眠且换出”状态，唤醒时进入“就绪且换出”状态。当以后对换进程选择我们的进程换入主存时，它便重新进入“在内存中就绪”状态。最后，当该进程完成时，它执行系统调用 exit，进入“核心态执行”状态，最终进入“僵死”状态。

一个进程从创建到消亡的整个生命过程中，可能都要经历这些状态转换。在这些转换中，有些是通过系统原语或核心函数完成的(如唤醒或调度)，而另一些则是由外部事件的发生导致的(如陷阱或中断)。

2.5.2 Linux 进程管理

1. Linux 中的进程

在 Linux 中，进程仍然保留着传统的意义，它包括以下 4 个要素。

(1) 内存空间的正文段。

(2) 内存空间数据段。

(3) task_struct 结构。

(4) 系统堆栈。

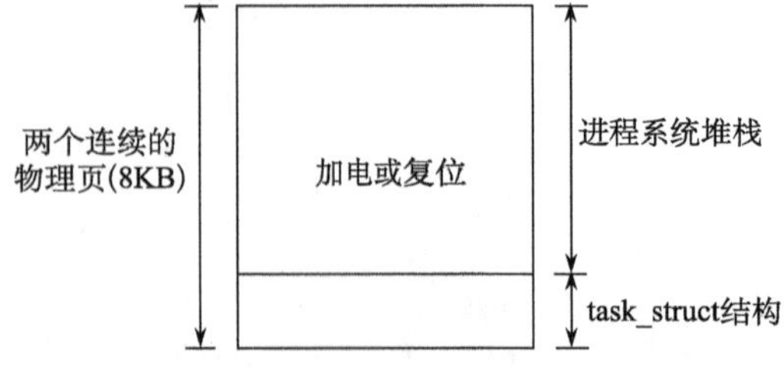

图 2-18 进程的系统堆栈和 task_struct 结构

每当产生一个新的进程时，就会在内核空间中分配一个 8KB 的空间记录新进程信息，如图 2-18 所示。task_struct 结构和系统堆栈占用这 8KB 的空间，其中底部约 1KB 的空间用于存放 task_struct 结构，而剩余约 7KB 的空间用于存放系统堆栈。

2. Linux 中的线程

Linux 继承了 UNIX 的风格，早期的版本没有提供对线程的支持。只提供传统的 fork()系统调用，用来产生一个新的进程。随着内核版本的更新，内核开始加入了新的系统调用 vfork()和 clone()，用来支持线程。Linux 2.4.0 已经能够支持 POSIX 标准线程。

Linux 的线程模型是一种一对一模型(即一个进程中只有一个线程)，也就是每个线程实际上在核心是一个单独的进程，核心的调度程序负责线程的调度，就像调度普通进程。线程用系统调用 vfork()和 clone()创建，Linux 允许新进程共享父进程的存储空间、文件描述符和软中断处理程序。

实现一对一线程的好处在于，实现起来简单且强壮。在线程的切换方面，虽然没有一对多模型速度快，但由于 Linux 的上下文切换的特定实现，切换速度还是令人满意的。

因为线程已经被处理成进程的一个特例，而不是那种一对多模式下的包含与被包含的关系。同时进程和线程概念也就不是那么严格，线程可以产生新的进程，是进程还是线程，在某个阶段也不是很明确的划定，要根据上下文来理解。

3. Linux 进程控制块

作为描述进程信息，操作系统感知进程存在的进程控制块(PCB)，在 Linux 中是由结构 task_struct 来实现的。

当系统创建一个进程时，系统就为其分配一个 task_struct 结构，进程结束时，收回其 task_struct 结构。进程的 task_struct 结构可以被系统中的许多模块访问，如调度程序、资源分配程序、中断处理程序等。由于 task_struct 结构经常被访问，所以它常驻内存。

4. 进程的状态

Linux 进程的状态有 5 种，如图 2-19 所示。

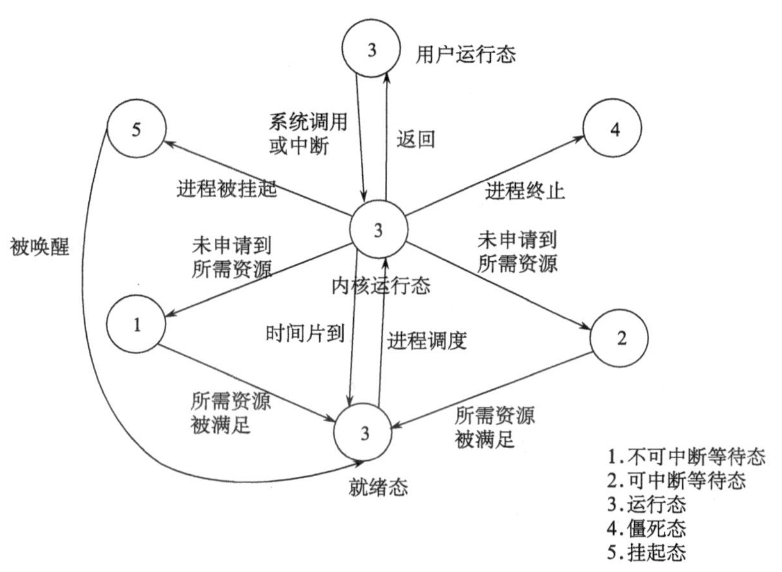

图 2-19　Linux 进程状态转换图

(1) 不可中断等待态(TASK_UNINTERRUPTIBLE)表示进程处于等待状态。处于该状态的进程不能被“软中断”信号中断。

(2) 可中断等待态(TASK_INTERRUPTIBLE)也表示进程的一种等待状态，但处于该状态的进程可以被“软中断”信号中断。

(3) 运行态(TASK_RUNNING)表示进程处于运行态或准备运行(即就绪态)，也就是具备被调度运行的能力。运行态的进程可以分为 3 种情况：内核运行态、用户运行态、就绪态。当进程处于该状态时，内核就将该进程的 task_struct 结构挂入“就绪队列”中。

(4) 僵死态(TASK_ZOMBIE)状态表示进程已经被撤销，但其 task_struct 结构尚未注销。

(5) 挂起态(TASK_SWAPPING)用于表明进程正在执行磁盘交换工作。

5. 进程优先级

Linux 系统的优先级有 3 种。

(1) 静态优先级。被称为“静态”是因为它不随时间而改变，只能由用户进行修改。它指明了进程得到 CPU 时，被允许执行时间片的最大数。

(2) 动态优先级。只要进程拥有 CPU，其动态优先级就随着时间不断减小。当它小于零时，表示系统需要重新调度。

(3) 实时优先级。指明一个进程自动把 CPU 交给其他进程。较高权值的进程总是优先于较低权值的进程。

6. 进程与线程的创建与撤销

1) 进程与线程的创建

Linux 进程创建用两个系统调用完成，系统调用 fork() 负责复制父进程的 task_struct，如果子进程需要“另立门户”，也就是执行别的可执行程序，可使用 exec() 系统调用，通过参数指定一个文件名实现。

fork() 生成子进程的 task_struct 结构，并设置子进程系统堆栈。fork() 实际上运行在父进程中，它创建子进程并返回所创建子进程的进程标识符(pid)。子进程调度运行时的开始位置是由子进程的 task_struct 结构中的指针 p_thread 指出的。thread 本身是一个数据结构，其中记录着进程切换时的堆栈指针、返回地址等关键信息。

进程创建主要完成进程基本情况的复制，生成子进程的 task_struct 结构，并且复制或共享父进程的其他资源，如内存、文件、信号等。

系统调用 vfork() 和 clone() 可以用来创建线程，创建线程与创建进程不同的是，除了 task_struct 和系统空间堆栈以外的全部或部分资源通过数据结构指针的复制“遗传”。这样，新创建的线(进)程与父进程共享资源。

进程实现了结构复制后，如果想要执行与父进程不同的代码，如执行某一个可执行文件，那就要放弃父进程的正文代码段，形成自己的执行代码，该工作由系统调用 exec() 来完成。

2) 进程与线程的撤销

进程在退出系统之前要释放其所有的资源，如从父进程“继承”的资源：存储空间、已打开的文件、工作目录、信号处理表等。线程在退出时需要释放的资源只有 task_struct 结构和系统堆栈。进程(或线程)结束时还有一个重要的动作，就是将当前进程状态改成 TASK_ZOMBIE。

另外，进程自身只能释放那些外部资源，如内存、文件，但有一个资源进程自身是无法释放的，就是进程(或线程)本身的 task_struct 结构，所以 task_struct 结构最后是进程的父进程或是内核初始进程(如果父进程已经死掉)调用 exit() 来释放的。

exit() 函数实现如下功能：

(1) 将进程(或线程)的状态改成僵死态。

(2) 向父进程报告子进程(或线程)的死去，让父进程“料理后事”，包括将进程从进程树中删除。

当 CPU 执行完 exit() 后，需要执行进程调度程序 schedule() 重新进行调用。schedule() 按照一定的规则从系统中挑选一个最合适的进程投入运行。选中某个进程后要进行进程的切换。原来正在运行的进程虽然暂时被剥夺了运行权，却维持其 TASK_RUNNING 状态，等待下一次被 schedule()选中时再继续运行。被撤销进程的进程状态变为 TASK_ZOMBIE，该状态使它在 schedule()中永远不会再被选中。将进程的 task_struct 结构释放时，子进程就最终从系统中消失了。

2.5.3　Windows 进程管理

1. Windows 2000/XP 多种环境子系统的进程关系

为了支持 Win32、OS/2 和 POSIX 多种环境子系统，Windows 2000/XP 核心进程之间没有任何父子关系。各个环境子系统分别建立、维护和表达各自的进程关系。

Windows 2000 / XP 把 Win32 环境子系统设计成整个系统的主子系统，一些基本的进程管理功能都放置在 Win32 子系统中，POSIX 和 0S / 2 子系统会利用 Win32 子系统的功能来实现自身的功能，如图 2-20 所示，POSIX 子系统利用 Win32 子系统访问 Windows 2000 / XP 内核。在 Windows 2000 / XP 中，与一个环境子系统中的应用进程相关的进程控制信息分布在本环境子系统、Win32 子系统和系统内核中。

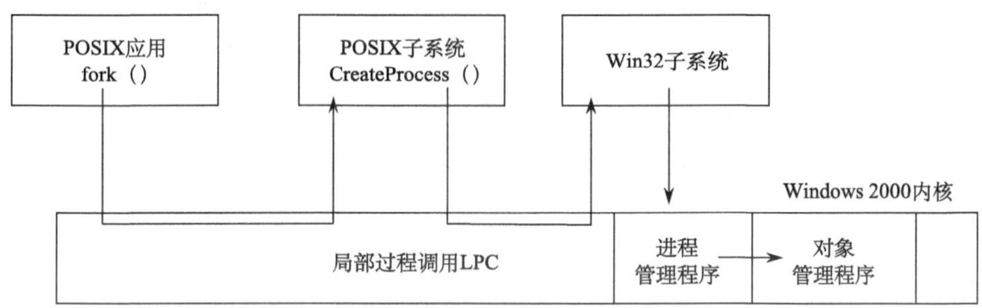

图 2-20　Windows 2000/XP 多种环境子系统的进程关系

2. Windows 2000/XP 的进程

在一个操作系统中，关于进程的设计主要需要考虑以下几个方面的问题。

(1) 进程如何命名。

(2) 进程中是否提供线程。

(3) 进程如何表示。

(4) 如何保护进程资源。

(5) 进程之间的通信和同步采用什么机制。

(6) 进程之间如何建立相互之间的关系。

Windows 2000 / XP 所提供的进程结构和服务是相当简单和通用的，同时它还允许多种环境子系统模拟某种特定的进程结构和功能。Windows 2000 / XP 进程的特点主要有以下几个方面。

(1) 进程作为对象实现。

(2) 一个可执行的进程可以含有一个或多个线程。

(3) 进程对象和线程对象都具有同步能力。

Windows 2000 / XP 的 Win32 中每个进程都用一个进程控制块表示，后者描述了进程的基本信息，并有一个指针指向其他进程控制相关的数据结构。进程控制块的主要内容包括以下几方面。

(1) 线程列表。描述属于该进程所有线程的相关信息，处理机的分配和回收是以线程为单位的。

(2) 虚拟地址空间描述(Virtual Address space Descriptor，VAD)。描述进程地址空间各个部分的属性，用于虚拟存储管理。

(3) 对象列表。列出该进程正在访问的所有对象，用于对象访问。当进程创建或打开一个对象时，就会得到这个对象句柄。表中列出所有对象的句柄。

Windows 2000 / XP 所支持的所有子环境都有相应的系统调用实现进程控制，Win32 子系统用于进程控制的系统调用主要有以下两种。

(1) CreateProcess 创建新进程及其主线程，以执行指定的程序段。Win32 进程在创建时可指定从父进程中继承某些属性，许多对象句柄的继承特征可在对象创建或打开时指定，从而影响新进程的执行。新进程可以继承的进程属性包括打开的文件句柄、各种对象(如进程、线程、信号量、管道等)的句柄、环境变量、当前目录、父进程的控制台、父进程所属的进程组等。新进程不能从父进程那里继承的属性包括优先级、内存句柄、DLL 模块句柄等。

(2) ExitProcess 和 TerminalProcess 都可以用于进程的退出。当调用它们时，它们会终止进程的所有线程。这两个系统调用的区别在于终止操作是否完整。ExitProcess 终止一个进程和它所有的线程，并关闭所有进程的对象句柄和所有线程。TerminalProcess 也可以终止进程和其所有的线程，但终止工作不完整，通常只用于异常情况下对进程的终止。

3. Windows 2000/XP 进程对象和线程对象

Windows 2000 / XP 的面向对象结构促进了软件的发展。Windows 2000 / XP 使用两类与进程有关的对象：进程和线程。进程是对应一个拥有存储空间、打开的文件等资源的程序实体；线程是执行体的一个可分派单元，它在执行中是可以被中断的，是处理机调度的单位。

每个 Windows 2000 / XP 进程用一个对象表示。每个进程由许多属性定义，并且封装了它可以执行的许多动作或服务。一个进程在收到相应的消息后将执行一个服务，调用这些服务的方法是给提供该服务的进程对象发送消息。当 Windows 2000 / XP 创建一个进程后，它使用为 Windows 2000 / XP 进程定义的、用作模板的对象类产生一个新的对象实例，并且在创建对象时，赋予其属性值。表 2-1 列出了进程中每个对象属性的定义及其服务。

一个 Windows 2000 / XP 的进程至少包含一个执行线程，该线程可能会创建别的线程。在多处理机系统中，同一个进程中的多个线程可以并行地执行。表 2-2 定义了线程对象的属性和服务。从表 2-2 中可以看到，线程的某些属性与进程的属性类似，因为线程的某些属性值是从进程中继承的。例如，在多处理机系统中，线程的默认处理机集合可能是进程的默认处理机集合，也可能是进程默认处理机集合的子集。

表 2-1　Windows 2000 / XP 进程对象的属性和服务

进程对象的属性	说明
进程 ID	操作系统的标识该进程的唯一值
安全描述符	记录谁是对象的创建者，谁可以访问和使用该对象
基本优先级	进程中线程的基本优先级
默认处理机	可以运行进程中线程的默认处理机集合
定额限制	已分页的和没分页的存储空间的定额，进程可以使用的处理机时间定额
已执行时间	进程中所有线程已经执行的事件总量
I/O 计数器	记录进程中线程已经执行的 I/O 操作的数量和类型
进程对象的服务	**说明**
虚拟存储器操作计数器	记录进程中线程已经执行的虚拟存储器操作的数量和类型
异常/调试端口	当进程中的某个线程引发异常时，进程管理器用来给进程发送消息的进程通信通道
退出状态	进程终止的原因
创建进程	创建一个进程
打开进程	打开已存在的进程
查询进程信息	从进程控制块中查询进程信息
设置进程信息	设置进程控制块中进程的信息
当前进程	查看当前进程
终止进程	终止一个进程

表 2-2　Windows 2000 / XP 线程对象的属性和服务

线程对象的属性	说明
线程 ID	当线程调用一个服务程序时，标识该线程的唯一值
线程上下文	定义线程在执行时使用的寄存器和其他易失的数据
动态优先级	在任何时刻该线程的执行优先级
基本优先级	线程动态优先级的下限
默认处理机	可以运行线程的默认处理机集合，它是该线程的进程的默认处理机集合的全集或子集
线程执行时间	线程在用户态下和核心态下执行时间的累计值
警告状态	表示线程是否将执行一个异步过程调用的标志
挂起计数器	线程在执行时被挂起的次数
假冒表示	允许线程代表另一个进程执行操作的临时访问标志
终止端口	当线程终止时，进程管理器用于发送消息的进程之间进程通信通道
I/O 计数器	记录进程中线程已经执行的 I/O 操作的数量和类型
退出状态	线程终止的原因
线程对象的服务	**说明**
创建线程	创建一个线程
打开线程	打开已存在的线程
查询线程信息	从线程控制块中查询线程信息
设置线程信息	设置线程控制块中线程的信息
当前线程	查看当前线程
终止线程	终止一个线程
获得上下文	得到线程执行时有关寄存器的上下文信息
设置上下文	设置线程执行时有关寄存器的上下文信息
挂起	将线程挂起
激活	激活线程

线程对象的属性之一是上下文环境，该属性用于线程的挂起和激活。当线程被挂起时，可以通过修改该线程的上下文改变其行为。

4. Windows 2000/XP 线程状态及其转换

由于不同进程中的线程可以并发执行，因而 windoWS 2000/XP 支持进程之间的并发。此外，同一进程中的多个线程可以分配给不同的处理机并且同时运行。同一个进程中的线程可以通过它们的公共地址空间交换信息，并访问进程中的共享资源，不同进程中的线程可以通过两个进程建立的共享存储区交换信息。

Windows 2000/XP 中的线程是内核级线程，是处理机分派单位。线程的上下文主要包括寄存器、线程控制块、核心堆栈和用户堆栈。Windows 2000/XP 线程分成 7 种状态，如图 2-21 所示。

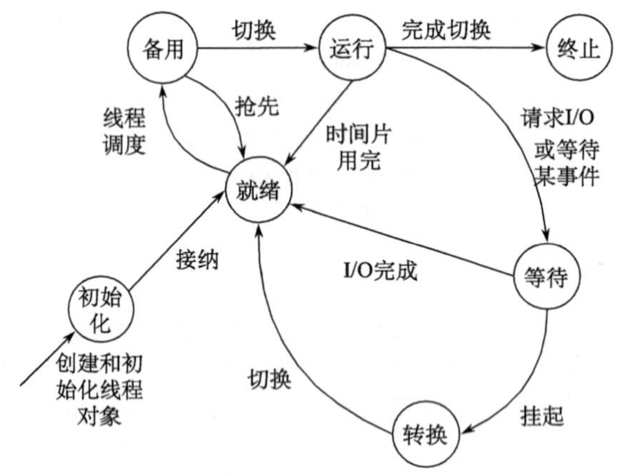

图 2-21　Windows 2000/XP 的线程状态及其转换

(1) 就绪状态(Ready)：线程已获得除了处理机之外所需的资源，可以被调度执行。线程调度程序跟踪这些线程，并按优先级的先后次序进行调度。

(2) 备用状态(Standby)：已经被选定为下一个在处理机上运行的线程，该线程在这个状态下等待，直到得到处理机。如果处于备用状态的线程的优先级比正在处理机上运行线程的优先级高，则备用线程可以剥夺正在运行的线程。系统中每个处理机上只有一个处于备用状态的线程。

(3) 运行状态(Running)：一旦系统处理一个进程或线程的切换，备用线程就进入运行状态并开始执行，线程的运行一直持续到被剥夺、时间片用完或者因某事件进入等待状态或终止状态。

(4) 等待状态(Waiting)：当线程因某种事件被阻塞，就进入等待状态。当线程等待的条件满足时，又转入就绪状态。

(5) 转换状态(Transition)：线程所需要的资源不可用，且线程的内核堆栈位于外存时，线程处于转换状态。当资源可用，并且内核堆栈调回内存时，线程进入就绪状态。

(6) 终止状态(Terminated)：一个线程执行完、被另一个线程终止或其父进程终止时，线程进入终止状态。完成一些辅助工作后，该线程被从系统中移出或重新初始化后被再次使用。

(7) 初始化状态 (Initialized)：线程处于创建过程中。

在 Windows 2000 / XP 中，用户可以在自己的程序中创建线程和撤销线程，CreateThread 完成线程的创建工作；ExitThread 用于结束当前线程；SuspendThread 可挂起指定的线程；ResumeThread 可激活指定的线程。

本 章 小 结

为了提高计算机系统中的工作效率，在操作系统的管理下实现了多道程序的并发执行。程序的并发执行实现了资源的共享，但却失去了程序顺序运行的特征。为了确切地描述并行程序的运行特点，我们引入了进程的概念。进程不仅能很好地刻画并行程序的各种特性，而且还能反映操作系统在实现各种功能时的活动情况。所谓进程就是能和其他程序并行执行的程序段在某数据集合上的一次运行过程，它是系统资源分配和调度的一个独立单位。

进程和程序是两个既有密切联系又有区别的概念。进程的实体由程序、数据集合以及进程控制块 (PCB) 组成。PCB 与进程一一对应，PCB 是进程存在的唯一标志。

进程在从产生到消亡的“生命期”内具有动态生活历程，根据进程在执行过程中的不同时刻的不同状况将进程划分为三种基本状态，分别为就绪状态、执行状态和阻塞状态。随着运行条件的变化，进程的状态不断变化。进程状态的转换是由进程控制原语来实现的。用于进程控的原语主要有：创建原语，撤销原语，阻塞原语和唤醒原语。

为了进一步提高程序并发执行的程序，引入了线程的概念。线程是一个比进程更小，能独立运行的实体，线程是进程的一部分，引入它能显著地提高程序执行的并行程序和系统吞吐量。

随着并行技术和多核技术的发展，操作系统又面临一些新的挑战，多核操作系统成为操作系统发展的一个趋势，对多核技术和多核操作系统、超线程等概念进行了简单介绍。

在本章最后分别以 UNIX、Linux、Windows 系统为例讲述了相应的进程和线程有关内容。

拓展阅读环节：

1) Andress S. Tanenbaum, Albert S. Woodhull. Modern Operating Systems (4th Edition): 2 Processes and Threads . Pearson, 2014.

2) William Stallings. Operating Systems: Internals and Design principles (7th Edition): 3 Process Description and Control , 4 Threads. Prentice Hall, 2012.

3) Daniel P. Bovet, Marco Cesati. 深入理解 Linux 内核. 陈莉君，冯锐，牛欣源，译. 北京：中国电力出版社，2008：第三章.

4) John Lions. 莱昂氏 UNIX 源代码分析. 尤晋元，译. 北京：机械工业出版社，2000.

习　　题

1. 程序在顺序执行和并发执行时，分别具有哪些特征？
2. 为什么要引入进程概念？它与程序有何区别？

3. 进程的含义是什么？进程存在的标志是什么？

4. 进程的三种基本状态是什么？它们各自具有什么特点？

5. 试描述当前正在运行的进程状态改变时，操作系统进行进程切换的步骤。

6. 现代操作系统一般都提供多任务的环境，试回答以下问题。

(1) 为支持多进程的并发执行，系统必须建立哪些关于进程的数据结构？

(2) 为支持进程的状态变迁，系统至少应提供哪些进程控制原语？

(3) 当进程的状态变迁时，相应的数据结构发生变化吗？

7. 原语是什么？

8. 用于进程控制的原语有几种？

9. 现代操作系统中为什么要引入线程？

10. 进程和线程的关系是什么？线程是由进程建立的吗？线程对实现并行性比进程机制有何好处？

11. 操作系统中是如何实现线程的？

12. 试比较纯用户级线程、纯核心级线程和两者结合方式下实现线程机制的优缺点。

13. 推出多核结构的主要动机是什么？

14. 请问超线程结构是什么？

15. 试叙述 UNIX 系统进程控制块结构。它有什么特点？

16. UNIX System V 的进程上下文由哪几部分组成？为什么说核心程序不是进程上下文的一部分？进程页表也在核心区，它们是不是进程上下文的一部分？

17. Linux 中的进程有哪几种状态？

18. Windows 2000/XP 的线程分为几种状态，其中设置备用状态的意义是什么？

实　　验

1. 练习 UNIX 系统中有关进程管理的常用命令(如 ps, nohup, sleep, wait, nice 等)。

2. 阅读 Linux 的 fork( )源码文件，分析进程的创建过程。

第 3 章　互斥与同步

知识要点：主要包括互斥与同步的基本概念、用信号量机制实现进程互斥和同步的算法设计，进程通信的实现方式，死锁的基本概念；同时包括 UNIX、Linux、Windows 的进程通信实例介绍。

预习准备：回顾上一章进程的概念，接着可预览进程管理的背景，再进入本章各知识点。

兴趣实践：设计实现进程互斥和同步的管理算法，在 UNIX、Linux 系统中，利用共享存储区机制和信号量机制设计实现进程通信。

探索思考：当采用多进程并发执行的实现模式时，并发执行的各个进程之间是否会互相影响?如果存在影响，应当如何保护进程的执行不受其他进程的干扰?

第 2 章已经介绍进程的概念，进程是一个具有独立功能的程序关于某一个数据集合在处理机上的一次执行活动。进程和程序是两个既有联系又有区别的概念，它们的区别的关系可简述如下：

(1) 进程是一个动态的概念，而程序是一个静态的概念。程序是指令的有序集合，没有任何的执行含义。而进程则是程序的执行过程，它动态地被创建、调度、执行，直至消亡。当然，进程的执行活动是在程序中事先规定的。形象的比喻就是：若把一个程序看作一个菜谱，那么进程则是按照该菜谱炒菜的过程。

(2) 进程具有并行特征，而程序没有。由进程的定义可知，进程具有并行特征的两个方面，即独立性和异步性。也就是说，在不考虑资源共享的情况下，各进程的执行是独立的，执行的速度是异步的。显然，由于程序不反映执行过程，所以不具有并行特征。

(3) 进程是竞争计算机系统资源的基本单位，从而其并行性受到系统本身的制约。这种制约就是对进程独立性和异步性的限制。

(4) 不同的进程可以包含同一程序，即不同进程可共享同一程序，只要该程序所对应的数据集不同。

本章首先介绍并发进程由于竞争资源而产生的制约——互斥和并发进程，由于相互协作而产生的制约——同步，以及这种互斥和同步的实现技术，接着介绍进程之间交换信息的处理方式——进程通信，然后介绍多个进程由于竞争资源而产生的死锁及其防止、避免和解除方法，并介绍经典互斥同步问题，最后介绍多核环境下的进程同步，并给出 UNIX 和 Linux 系统进程通信实现。

3.1　进程管理的背景

并发进程执行可能是无关的，也可能是交往的。无关的并发进程是指它们分别在不同的变量集合上操作，所以一个进程的执行与其他并发进程的进展无关，即一个并发进程不会改变另一个并发的变量值。然而，交往的并发进程，它们共享某些变量，所以一个进程的执行可能影响其他进程的执行结果，因此，这种交往的并发进程执行必须进行合理的控制，否则就会出现不正确的结果。

两个交往的并发进程，其中一个进程对另一个进程的影响常常是不可预期的，甚至是无法再现的。这是因为两个并发进程执行的相对速度无法相互控制，交往的并发进程的速率不仅受处理器调度的影响，而且还受到与这两个交往的并发进程无关的其他进程的影响，所以一个进程的速率通常无法为另一个进程所知。因此交往的并发进程的执行就可能产生各种与时间有关的错误。

现以两个例子来说明交往的并发进程产生与时间有关的错误。

例 1　现有生产者(producer)和消费者(consumer)两个进程，这两个进程通过一个缓冲区进行生产和消费的协作过程。生产者将得到的数据放入缓冲区中，而消费者则从缓冲区中取数据消费。缓冲区 buffer 为一有界数组，缓冲区中的数据个数用 count 变量表示，它们均是两个进程的共享变量。

生产者进程的程序片段代码如下：

```
while (count==BUFFER_SIZE); //no-op
// add an item to the buffer
count++;
buffer[in] = item;
in = (in+1) % BUFFER_SIZE;
```

消费者进程的程序片段代码如下：

```
while (count == 0 ) ; //no-op
// remove an item from the buffer
count--;
item = buffer[out];
out = (out+1) % BUFFER_SIZE;
```

初看起来这两个进程分别执行时是正确的，但仔细分析考察运行实质，我们可发现，当它们并发执行时，可能产生运行结果不唯一的错误。其主要原因是它们共享了记录缓冲区数据项数目的变量 count，而对该共享变量的操作没有加以正确的控制所引起的。

下面我们来分析一下为什么会产生结果不唯一的情形。生产者进程的程序片段中 count++语句翻译成机器语言的指令序列如下：

```
register1=count;
register1= register1+1;
count= register1;
```

这里的 register1 是 CPU 中的一个寄存器。同样，消费者进程的程序片段中 count--语句翻译成机器语言的指令序列如下：

```
register2=count;
register2= register2-1;
```

```
count= register2;
```

这里的 register2 也是 CPU 中的一个寄存器。尽管 register1 和 register2 可能是同一个物理寄存器，但这个寄存器的内容可由中断处理进行保护和恢复。

count++语句和 count--语句的并发执行等价于上述机器语言的指令序列任意顺序的交替执行。假设 count 的原先的值为 6，若 CPU 把 count++语句所对应机器语言的指令序列执行完，再去执行 count--语句所对应机器语言的指令序列，则 count 值为 6，这是正确的。若 CPU 以如下的一个交替顺序执行：

```
T0: producer  执行 register1=count              { register1 = 6 }
T1: producer  执行 register1= register1+1       { register1 = 7 }
T2: consumer 执行 register2=count               { register1 = 6 }
T3: consumer 执行 register2= register2-1        { register1 = 5 }
T4: producer  执行 count= register1             { count = 7 }
T5: consumer 执行 count= register2              { count = 5}
```

这样就得到了不正确的状态“count=5”，它表示 buffer 中有 5 个数据，而实际上 buffer 中应有 6 个数据。如果 T_4 和 T_5 时刻颠倒一下它的执行顺序，则同样也得到不正确的状态“count=7”。

由此可看出：并发进程执行时，由于执行的相对速度无法控制和进程调度不可预测性，它们对共享变量的访问，如不加特定的限制，则将可能产生运行结果不唯一的错误。

例 2　假设有两个并发进程 borrow 和 return 分别负责申请与归还主存资源，两个并发进程的程序片段如下所示。X 表示现有的空闲主存量，为共享变量，B 表示申请或归还的主存量。

```
process  borrow(…,B, …)
       int B;
       {
          if ( B>X ) { 等待主存资源; }
          X=X-B;
          修改主存分配表;
        }
process  return ( …, B,, ..)
       int B,;
       {
         X=X+B;
         释放等待主存资源者;
         修改主存分配表;
       }
```

若进程 borrow 在执行了比较 B 和 X 的指令后，发现 B>X，但在执行“等待主存资源”前，进程调度正好调度进程 return 执行，它归还了全部主存资源。这时，由于进程 borrow 还未被置成等待状态，因此，进程 return 中“释放等待主存资源者”的动作相当于空操作。以后进程调度再调度进程 borrow 执行时，进程 borrow 被置成等待主存资源状态，假设这时再也没有 return 进程来归还主存资源了，从而进程 borrow 将可能永远等待下去。系统中就出现有永远等待的进程。

从上面两个例子可以看出：由于并发进程执行序列的随机性，会引起与时间有关的错误。这种错误表现为结果不唯一和永远等待两种情况。因此，必须对交往的并发进程执行的制约关系进行详细的分析，并制定控制交往的并发进程能正确执行的方案。

3.2 进 程 互 斥

3.2.1 互斥与临界区

从上面两个例子看出：之所以交往的进程会产生错误，其原因在于两个进程交叉访问的共享变量 count 或 X。在计算机中，有些资源允许多个进程同时使用，如磁盘；而另一些资源只能允许一个进程使用，如打印机、共享变量。如果多个进程同时使用这类资源就会引起激烈的竞争。操作系统必须保护这些资源，以防止两个或两个以上的进程同时访问它们。我们把那些在某段时间内只允许一个进程使用的资源称为临界资源(critical resource)，把并发进程中访问临界资源的程序段称为“临界区”(critical section)。例如，在生产者与消费者两进程中，生产者进程的临界区为：

```
count++;
buffer[in] = item;
in = (in+1) % BUFFER_SIZE;
```

消费者进程的临界区为：

```
count--;
item = buffer[out];
out = (out+1) % BUFFER_SIZE;
```

与同一变量有关的临界区是分散在各进程的程序中的，而进程的执行速度不可预知。如果能保证一个进程在临界区中执行时，不让另一个进程进入相关的临界区执行，那么就不会造成与时间有关的错误。这种不允许两个以上共享共有资源或变量的进程同时进入临界区执行的性质称为**互斥**(mutual exclusion)，即相关临界区的执行必须具有排他性。另外，从进程的程序代码可以看出：互斥通常是由于并发进程共享共有资源或变量而造成的执行速度上的间接制约，这里，“间接”二字指的是各进程的执行速度是受共有资源或变量制约，而不是进程间预定的直接制约。

要保证若干个进程共享共有资源或变量的相关临界区能被互斥地执行，则对这些临界区的管理应有如下三个要求：

(1) 互斥性：如果一个进程在它临界区中执行，其他任何进程均不能进入相关的临界区执行。

(2) 进展性：如果一个进程不在它临界区中执行，不应阻止其他任何进程进入相关的临界区执行。

(3) 有限等待性：某个进程从申请进入临界区时开始，应在有限的时间内得以进入临界区执行。

上述的要求(1)和(2)是保证各并发进程享有平等、独立的竞争和使用公有资源的权利，且保证任何时刻最多只有一个进程在临界区中执行。而要求(3)则是并发进程不发生死锁(死锁的概念将在后面讲述)的重要保证。否则，若有某个并发进程长期占有临界区，其他进程则因为不能进入临界区而处于相互等待状态。

在交往的并发进程执行中，除了因为竞争公有资源而引起的间接制约带来进程之间互斥外，还存在着因为并发进程相互共享对方的私有信息所引起的直接制约。直接制约将迫使各并发进程同步执行。有关直接制约与进程间同步的概念、方法将在后续章节中介绍。下面将介绍互斥的实现方法。

3.2.2　互斥的软、硬件实现方法

从 20 世纪 60 年代开始，不少人对临界区互斥管理的实现技术进行尝试。从实现的途径上看，这些技术可分为两类：软件实现方法和硬件实现方法。这些技术有的是正确的，可以从一定程度上解决一些问题，有的是不正确的。下面我们来讨论几种实现方案。

1. *互斥的软件实现方法*

1)标志法

假设有 P_1 和 P_2 两个进程，它们的程序代码均包含有相关的临界区。我们对 P_1 和 P_2 分别用两个变量 inside1 和 inside2 来标志它们是否在临界区中，当进程在它的临界区内时其值为 1，不在临界区时其值为 0。两并发进程的程序如下：

```
int inside1, inside2; /*两并发进程共享变量*/
inside1 = 0; /* 表示 P1 不在临界区内 */
inside2 = 0; /* 表示 P2 不在临界区内 */
process  P1
{......
 while (inside2) ; /*等待 inside2 变成 0*/
 inside1 = 1;
 临界区;
 inside1 = 0;
 ......
}
process  P2
{......
 while (inside1) ; /*等待 inside1 变成 0*/
 inside2 = 2;
 临界区;
 inside2 = 0;
......
}
```

这个方法存在的问题是；当 inside1 和 inside2 均为 0 时，在 $P_1(P_2)$ 测试到 inside2(inside1)为 0 与随后置 inside1(inside2)之间，$P_2(P_1)$ 也测试到 inside1(inside2)为 0，于是将

inside2(inside1)置成1，这样两个并发进程同时进入了各自的临界区。这就违反了临界区管理要求(1)，即每次至多只允许一个进程进入临界区。

2)严格轮换法

用一个指针 turn 来指示应该哪个进程进入临界区。若 turn = 0 则表示 P_0 可进入临界区；若 turn = 1 则表示 P_1 可进入临界区。进程程序描述如下：

```
int turn;
turn = 0;
process  P0
{......
 while (turn==1) ; /*等待 turn 变成 0*/
 临界区;
 turn = 1;
 ......
}
process  P1
{......
 while (turn==0) ; /*等待 turn 变成 1*/
 临界区;
 turn = 0;
......
}
```

由上述描述可知：turn==i (i 为 0，1)时进程 P_i(i 为 0，1)才能进入其临界区。因此，一次只有一个进程能进入临界区，且在一个进程退出临界区之前，turn 的值是不会改变的，保证不会有另一个进入相关临界区。同时由于 turn 的值不是 0 就是 1，也不可能同时有两个进程均在 while 语句上等待而无法进入临界区。

但是，这种方法严格强制了两个进程轮换地进入临界区。当进程 P_0 进入其临界区后，一定要让进程 P_1 进入其临界区。反之，当进程 P_1 进入其临界区后，一定要让进程 P_0 进入其临界区。无法做到进程 P_0(进程 P_1)进入其临界区之后，紧接着又再一次进入其临界区，尽管无进程 P_1(进程 P_0)在其临界区中。因此，违反了临界区管理的要求(2)。另一个问题是一个进程不能进入临界区时，必须执行 while 语句而等待，这种等待需要 CPU 的开销，我们把它称为“忙等待”。

3)Peterson 算法

Peterson 算法能正确解决互斥问题。该方法每一个进程设置一个标志，当标志为 1 时表示该进程请求进入临界区。另外再设置一个指针 turn 以指示可以由哪个进程进入临界区，当 turn 等于 i 时则可由进程 P_i 进入临界区。可以提供两个函数来管理临界区，这两个函数为 enter_region, leave_region，程序描述如下：

```
int turn;
int flag[2]={0, 0};
void enter_region(int process)
{
```

```
 int other;
 other = 1-process;
 flag[process ]= 1;
 turn = other;
 while (turn == other && flag[other] == 1) ;
}
void leave_region(int process)
{
 flag[process] = 0;
}
```

假设两个进程分别以 0，1 来标识，当进程 process 在进入临界区时，应调用 enter_region (process)，而退出临界区时，则调用 leave_region(process)。这样一定能保证两个进程互斥地进入临界区。下面我们来分析它的正确性。

当一个进程 process 执行 enter_region(process)函数期间，另一进程 process1 尚未执行 enter_region(process1)函数，这样进程 process 就可顺利进入临界区。当一个进程 process 执行 enter_region(process)函数期间，另一进程 process1 已进入临界区且尚未退出，这样进程 process 就会在 while 语句上循环执行，等待进程 process1 退出临界区，然后再进入临界区。当一个进程 process 执行 enter_region(process)函数期间，另一进程 process1 也在执行 enter_region(process1)函数时，则那个先执行 turn = other 语句的进程将进入临界区，而另一进程将等待进入临界区直至那个进程退出临界区。故 Peterson 算法能保证临界区管理的正确性。

但是，一个进程不能进入临界区时，也必须通过执行 while 语句而忙等待，影响了系统的执行效率。

2. *互斥的硬件实现方法*

1) 中断屏蔽方法

从宏观上看，多个进程同时在临界区内执行的原因是：一个进程在临界区内执行时发生了中断事件，而进程调度程序调度了另一进程执行，使之又进入了临界区。一种简单的实现临界区互斥的方法是采用中断屏蔽方法，即当一个进程要进入临界区执行时，采用屏蔽中断的方法使之不响应中断事件，不进行进程切换，保证当前进程把临界区代码执行完，实现互斥执行，然后再开中断。采用中断屏蔽方法在单处理器上实现临界区执行的典型模式如下：

```
……
屏蔽中断( disable interrupts);
临界区;
开中断( enable interrupts);
……
```

采用中断屏蔽方法进行临界区管理的好处是简单直接。但它存在两个缺点。其一系统付出的代价较高。这种关开中断的做法限制了处理器交叉执行程序的能力，若临界区的执行花费较多时间时，系统在这一段时间内，实际上已退化为单进程的执行，影响了系统整体效率，因此系统代价较高。其二这种方法在多处理器系统中是无法实现临界区的互斥执行的，因为在一个处理器上关中断，并不能防止进程在其他处理器上执行其临界区。

2) 硬件指令方法

在多进程环境之所以存在临界区问题，是因为由于多个进程共同访问、修改同一个公共变量。在单机系统中，由于中断的原因，使得一个进程对一个公共变量先取来并检测其值，然后再修改。这样的两个动作通常可能要由 2～3 条指令来完成，而一条指令执行完，就可能出现中断。因此，在这两个动作之间，就有可能插入其他进程对此公共变量的访问和修改，从而破坏了此公共变量数据的完整性和正确性。许多机器都提供了专门的硬件指令，这些指令允许对一个字的内容进行检测和修正，或交换两个字的内容。这些操作都是在一个存储周期内完成，或者说是有一条指令来完成的。用这些指令就可以解决临界区的问题。测试并设置指令和交换指令就是这样的指令，因而，可以用它们来是实现临界区的互斥执行。

测试并设置指令 TS 可看成是一个函数过程，它有一个变量 flag 和一个返回条件值。当 TS(&flag) 测到 flag 为 0 时则置 flag 为 1，且根据测试到的 flag 值形成返回条件值。该指令功能用 C 语言描述如下：

```
int TS( int *flag)
{ int old_flag ;
    old_flag = *flag ;
    *flag = 1;
    return( old_flag);
}
```

这条指令在微型计算机 Z-8000 中称为 TEST 指令，在 IBM 370 中称为 TS 指令。

交换指令 Swap 是实现两个字的内容交换。该指令功能用 C 语言描述如下：

```
viod Swap(int *x, int *y)
{ int temp;
  temp = *x ;
  *x = *y ;
  *y = temp;
}
```

在微型计算机 8086 或 8088 中，这条指令称为 XCHG 指令。

用这些硬件指令可以简单而有效地管理现临界区。其方法是为每一个临界区设置一个整型变量，例如用 lock 来表示，当其值为 0 时，则表示临界区未被使用，反之则说明有进程正在临界区中执行。于是某进程用 TS 指令实现临界区互斥的进程程序结构为：

```
……
while TS(&lock) do ;
临界区代码 ;
lock = 0 ;
……
```

用 Swap 指令来管理临界区时，则进程程序结构为：

```
……
key = 1;
do
   Swap( &lock, &key);
while (key) ;
临界区代码 ;
lock = 0 ;
……
```

用上述硬件指令虽然可以有效地保证临界区的互斥执行。但它们有一个明显的缺点，就是与软件方法实现互斥一样，也存在“忙等待”现象，即当有进程正在临界区中执行时，其他想进入临界区的进程必须不断地测试整型变量 lock 的值，这将造成处理器的浪费。

3.2.3　信号量及 P、V 原语

前面我们讨论了用软件和硬件方法解决临界区问题，虽然它们都可以解决互斥问题，特别是，硬件实现方法是十分简单而有效的，但都存在一定的缺陷。而软件实现算法太复杂，效率不高，不但不直观而且难以掌握和应用。于是计算机科学家们又在努力寻找其他更有效的方法。

荷兰著名的计算机科学家 Dijkstra，于 1965 年提出了一个信号量(semaphore)和 P、V 操作的同步机构。其基本原则是在多个相互合作的进程之间使用简单的信号来协调控制。一个进程检测到某个信号后，就被强迫停止在一个特定的地方，直到它收到一个专门的信号为止才能继续执行。这个信号就称为“**信号量**”。其工作方式有点类似于十字路口的交通控制信号灯。

信号量被定义为含有整型数据项的结构变量，其整型值大于等于零代表可供并发进程使用的资源实体数，但小于零时则表示正在等待使用临界区的进程数。其数据结构表示如下：

```
typedef struct
  {
   int value;
   PCB *pointer;
   } semaphore;
```

对信号量的操作由两个 P、V 操作原语来实现。所谓**原语**即是执行时不可中断的过程。P 操作原语和 V 操作原语可分别定义如下。

P 操作 P(s)：将信号量 s 的整型值减去 1，若结果小于 0，则将调用 P(s)的进程置成等待信号量 s 的状态。

V 操作 V(s)：将信号量 s 的整型值加上 1，若结果不大于 0，则释放一个等待信号量 s 的进程。

P 操作和 V 操作两个过程可用 C 语言描述如下：

```
Viod P(semaphore s)
```

```
{
  s->value = s->value - 1;
  if ( s->value<0 ) {
         insert (CALLER, s->PCB); /*将调用进程插入到等待信号量 s 的进程队列中*/
         block (CALLER); /*阻塞调用进程*/
           }
}
Viod V(semaphore s)
{ PCB *proc_id;
  s->value = s->value + 1;
  if ( s->value<=0 ) {
          remove (s->PCB, proc_id ); /*从等待信号量 s 的进程队列中摘除一个进程*/
          wakeup(proc_id); /*唤醒该进程*/
           }
}
```

其中 insert、block、remove、wakeup 均为系统提供的过程。insert (CALLER, s->PCB) 是把调用者进程 CALLER 的进程控制块 PCB 插入信号量 s 的等待队列 s->PCB 中。block (CALLER)是把调用者进程 CALLER 的状态置成阻塞状态，并调用进程调度程序，以便选择一个新的进程占有处理器运行。remove (s->PCB, proc_id)是从等待信号量 s 的进程队列中，选一个进程移出队列，并把该进程标识号(或其 PCB 地址)送入 proc_id 中。wakeup(proc_id)是把进程标识号为 proc_id 的进程状态转换成就绪状态。信号量 s 的整型值的初值可定义为 0、1 或其他正整数，在系统初始化时确定。

P、V 操作原语是一种阻塞等待的同步原语，若进程通过该原语的调用而不允许继续执行时，它将被阻塞或挂起，在此期间就没有机会获得处理器执行，直到它被唤醒为止。故可使得进程在等待进入临界区时，将处理器让给了其他就绪进程执行。而忙等待的临界区管理法，使得进程在等待进入临界区时，也和其他就绪进程一起分享处理器的服务。所以，用 P、V 操作来解决互斥和同步问题时，将提高系统效率。同步的概念及实现在下一节介绍。

为进一步理解 P、V 操作的物理含义，我们可以这样来分析与看待：

当信号量 s 的整型值大于 0 时，它表示某类公用资源的可用数。因此，每执行一次 P 操作就意味着请求分配一个单位的该类资源给执行 P 操作的进程使用，信号量 s 的整型值应减去 1。

当信号量 s 的整型值小于等于 0 时，表示已经没有此类资源可供分配了，因此，请求资源的进程将被阻塞在相应的信号量 s 的等待队列中。此时，s 的整型值的绝对值等于在该信号量上等待的进程数。

而执行一次 V 操作就意味着进程释放出一个单位的该类可用资源，故信号量 s 的整型值应增加 1。若 s 的整型值还小于等于 0，表示在信号量 s 的等待队列中有因请求该类资源而被阻塞的进程，因此，就把等待队列中的一个进程唤醒，使之转移到就绪队列中去。注意：唤醒的次序依系统而定。

3.2.4　用 P、V 操作实现互斥

使用上述定义的信号量和 P、V 操作可方便有效地解决临界区问题。

例如，有两个并发进程 insert_item 和 delete_item 分别负责对一个队列进行插入数据项和删除数据项的操作，插入数据项和删除数据项均需要对队列中的指针进行修改。因此，它们对队列中指针的操作是一种互斥关系。

我们可定义一个公共的互斥信号量 mutex，其初值设为 1，用 P、V 操作描述 insert_item 和 delete_item 进程的程序结构如下：

```
process  insert_item
  {  ……
     向系统申请一个缓冲区;
     将数据 data 送入该缓冲区中;
     P(mutex);
     把该缓冲区挂入数据队列中;
     V(mutex);
     ……
   }
process  delete_item
  {  ……
     P(mutex);
     从数据队列中摘除数据项 data;
     V(mutex);
     释放数据项 data 的缓冲区;
     ……
   }
```

下面我们来总结一下 n 个进程实现互斥的一般形式。假定 mutex 是一个互斥信号量，由于每次只允许一个进程进入临界区执行，若把临界区抽象成资源，显然它的可用单位数为 1，由信号量的物理含义可知，mutex 初值应为 1。这样各并发进程的程序描述大致如下：

```
semaphore mutex;
mutex = 1;
……
process Pi
{
 ……
 P(mutex);
 进程 Pi 的临界区代码;
 V(mutex);
 ……
}
```

下面我们进一步分析各并发进程的执行过程和正确性。开始时，信号量 mutex 的值为

1。当有一个进程 P_j 执行 P(mutex)时，mutex 的值变为 0。这时若有其他进程再执行 P(mutex)时，mutex 的值将变为小于 0，它们均会阻塞在该信号量的等待队列中。当进程 P_j 执行完其临界区代码，并执行 V(mutex)时，若发现 mutex 的值小于等于 0，它会唤醒在该信号量的等待队列中的一个进程，使它能进入其临界区代码执行，之后执行 V(mutex)。同理，又唤醒在该信号量的等待队列中的另一个进程，使它能进入其临界区代码执行。因此，一定能保证各并发进程对其临界区的互斥执行。所以，用此框架实现多个并发进程对其临界区的互斥执行是正确的。

需要注意的是：对于正确使用 P、V 操作实现进程间互斥而言，当有多个进程在等待进入临界区的队列中排队，而允许一个进程进入临界区时，应先唤醒哪一个进程进入临界区，是不应有刻意要求的。因此，在证明使用 P、V 操作的程序的正确性时，必须证明进程按任意次序进入临界区都不影响程序的正确性。

3.3 进 程 同 步

3.3.1 进程同步概念

为了引入进程同步的概念，我们再来分析一下生产者和消费者问题。现有生产者(producer)和消费者(consumer)两个进程，这两个进程通过一个缓冲区进行生产和消费的协作过程。生产者将得到的数据放入缓冲区中，而消费者则从缓冲区中取数据消费。缓冲区 buffer 为一有界数组。在这个例子中，有两种情况会导致不正确的结果。一种情况是消费者从一个空的缓冲区 buffer 中取数据，即此时缓冲区 buffer 中一个数据也没有。如果我们认为消费者已经取走由生产者放入的所有的数据后的缓冲区是空的缓冲区，或者开始时生产者并未存任何数据到缓冲区也是空的缓冲区，那么，从空的缓冲区中取数据就意味着重复取已经取走的数据或取缓冲区中并不是生产者放入的数据，这显然是错误的。正确的做法应该是当缓冲区已空时，消费者就不能再去取数据。另一种情况是生产者把数据存入已满的缓冲区，即如果生产者产生的数据存满了缓冲区而消费者尚未取走过这些数据，则认为缓冲区是满的，那么生产者把数据存入已满的缓冲区就意味着将覆盖尚未消费(取走)的数据，这同样也是错误的。正确的做法应该是当缓冲区已满时，生产者就不能再将数据存入。

上述生产者和消费者问题中出现的两种不正确的结果并不是因为两个进程同时访问共享缓冲区，而是因为它们访问缓冲区的速率不匹配。正确地控制生产者和消费者的执行，必须使它们在执行速率上做到相匹配，即在执行中它们应是相互制约的。这与 3.2 节中介绍的进程互斥是不同的，进程互斥时它们的执行顺序可以是任意的。一组在异步环境下的并发进程，其各自的执行结果互为对方的执行条件，从而限制各进程的执行速率的过程我们把它称为并发进程间的直接制约。实现进程间的直接制约的一种简单而有效的方法是直接制约的进程互相给对方进程发送执行条件已经具备的消息。这样，被制约进程就可省去对执行条件的测试，它只要收到了制约进程发来的消息便可开始执行，而在未收到制约进程发来的消息时便进入等待状态。我们把异步环境下的一组并发进程，因直接制约互相发送消息而进行相互协作、相互等待，使得各进程按一定的速度执行的过程称为进程间的同步。

操作系统中实现进程同步的机制称同步机制。不同的同步机制实现进程同步的方法也不同，迄今，已提出了多种同步机制，本节将介绍经典的同步机制：P、V 操作。

3.3.2　用 P、V 操作实现同步

一般来说，可以把各进程发送的消息作为信号量看待。进程同步的信号量与进程互斥的信号量在含义上有着明显的不同，进程同步的信号量只与制约进程及被制约进程有关，而不是与整组并发进程有关的。因此，用于控制进程同步的信号量可称为私有信号量(private semaphore)。一个进程的私有信号量是指从制约进程发来的进程 Pi 的执行条件所需要的消息。与私有信号量相对应，进程互斥的信号量称为公用信号量(public semaphore)。

有了私有信号量的概念，可以方便地使用 P、V 操作实现进程间的同步。利用 P、V 操作实现进程间的同步可按三个步骤来考虑：首先为各并发进程设置私有信号量，然后为私有信号量赋初值，最后利用 P、V 操作和私有信号量为各进程设计执行顺序。

例 1　生产者每次生产一件物品(数据)存入缓冲区，消费者每次从缓冲区取一件物品消费。假定缓冲区只能存放一件物品。我们可为生产者进程和消费者进程设置相应的私有信号量 s_1, s_2，其中，s_1 表示生产者能否将物品存入缓冲区，s_2 表示生产者告诉消费者能否从缓冲区中取物品。开始时，缓冲区是空的。显然，s_1 初值为 1，s_2 初值为 0。于是生产者进程和消费者进程的程序描述如下：

```
semaphore s1, s2;
int B ;
s1.value = 1 ; s2.value = 0 ;
process producer
 {
   int data;
   生产一件物品并暂存在 data 中;
   P(s1);
   B = data ;
   V(s2);
  }
process consumer
 {
   int data;
   P(s2);
   data = B ;
   V(s1);
   消费 data;
  }
```

例 2　现有 m 个生产者和 n 个消费者，它们共享可存放 k 件物品的缓冲区。这是一个同步与互斥共存的问题。为了使它们能协调地工作，必须使用公用信号量 s，以限制它们对缓冲区的互斥存取，另用两个私有信号量 s_1 和 s_2，以控制生产者不往满的缓冲区中存物品，消费者不从空的缓冲区中取物品。各进程的程序描述如下：

```
int buffer[k];
semaphore s1, s2, s ;
int in, out ;
s.value =1 ; s1.value = k ; s2.value = 0 ;
in = 0 ; out = 0 ;
……
process produceri
 {
   int item;
   生产一件物品并暂存在 item 中;
   P(s1);
   P(s);
   buffer[in] = item ;
   in = (in+1) % k ;
   V(s2);
   V(s);
   }
process consumerj
 {
   int item;
   P(s2);
   P(s);
   item = Buff[out] ;
   out = (out+1) % k ;
   V(s1);
   V(s);
   消费 item;
  }
 ……
```

在这个同步与互斥共存的问题中，对私有信号量和公用信号量的 P 操作使用次序是有一定要求的。若把生产者进程的两个 P 操作使用次序交换一下，即程序如下：

```
process produceri
 {
   int item;
   生产一件物品并暂存在 item 中;
   P(s);
   P(s1);
   Buff[in] = item ;
   in = (in+1) % k ;;
   V(s2);
   V(s);
  }
```

那么，当缓冲区中存满了 k 件物品时，此时 s.value =1，s_1.value = 0，s_2.value = k，生产

者又生产了一件物品，它欲向缓冲区存放时将在 $P(s_1)$ 上等待，但它已经占有了使用缓冲区的权利(现在 s.value =0)。这时，消费者欲取物品时将由执行 P(s)而被挂起，它得不到存取缓冲区的权利。从而导致生产者等待消费者取走物品，而消费者却在等待生产者释放缓冲区，这种相互等待永远也无法结束，故产生了死锁现象，关于死锁问题，将在 3.5 节中介绍。

所以在用 P、V 操作实现同步与互斥共存的问题时，应特别小心 P 操作的次序，而 V 操作的次序无关紧要。一般来说，私有信号量的 P 操作应在前执行，而用于互斥的公用信号量 P 操作应在后执行。

3.4 进程通信

3.4.1 进程通信的类型

在一个计算机系统中，为了提高资源的利用率和作业的处理速度，常常把一个作业分成若干个可并发执行的进程，这些进程彼此独立地向前推进。但由于它们都是合力地完成一个共同的作业，所以必须保持一定的联系，以便协调地完成任务。这种联系就是指在进程间交换一定数量的信息。我们把一个进程将一批信息发送给另一进程的过程称为进程通信。例如：前面介绍的通过信号量和 P、V 操作交换一些控制信息来实现交往的并发进程的协同工作情形，也可以看成是一种进程通信，不过这种通信交换的信息量有限，通常仅是一些控制信息，所以把这种通信称为低级的进程通信。有时进程之间还需要交换更多的信息，例如，一个输入输出操作请求，要求一个进程把一批数据直接传输给另一个进程，这种大信息量的信息传输过程可称为高级的进程通信。实现这种信息传输的方式称为通信机制。这种信息常以一种信件的格式来描述，进程通信即进程间用信件来交换信息。一个正在执行的进程可以在任何时刻向另一个正在执行的进程发送一封信件；一个正在执行的进程也可以在任何时刻向另一个正在执行的进程请求一封信件。如果一个进程在某一时刻的执行依赖于另一进程的信件或接收进程对信件的回答，那么通信机制将紧密地与进程的阻塞和释放相联系。这样的进程间的通信就进一步扩充了并发进程间对数据的共享。

进程通信不仅用于一个作业的诸进程之间交换信息，而且还用于共享有关资源的进程之间及客户/服务器的进程之间交换信息。随着信息技术的快速发展，以及多机系统、网络系统和分布式系统的普及应用，进程间的通信正变得越来越重要、越来越广泛。进程通信机制可分为三大类：共享存储器系统、消息传递系统和管道通信。

1. 共享存储器系统

在共享存储器系统中，相互通信的进程共享某些数据结构或存储区域，进程之间通过共享的存储区域进行通信。

进程通信前，向系统申请共享存储区域，并指定该共享区域的名称，若系统已经把该共享区域分配给其他进程，则将该共享区域的句柄返回给申请者。申请进程把获得的共享区域连接在本进程上之后，便可以像读写普通区域一样对该共享存储区域进行读写操作，从而达到传递大量信息的目的。

2. 消息传递系统

在消息传递系统中，进程间的数据交换以消息为单位。用户通过使用操作系统提供的一组消息通信原语来实现信息的传递。消息传递系统是一种高级通信方式，它因实现方式不同又可以分为直接通信方式和间接通信方式。

(1) 直接通信方式。发送方直接将消息发送给接收方，接收方可以接收来自任意发送方的消息，并在读出消息的同时得知发送者是谁。

(2) 间接通信方式。在这种方式中，消息不是直接从发送方发送到接收方，而是发送到临时保存这些消息的队列，这个队列通常也被称为信箱。因此，两个通信进程，一个给一个合适的信箱发消息，另一个从信箱中获得这些消息。

3. 管道通信

所谓管道，是指用于连接一个读进程和一个写进程，以实现进程之间通信的一种共享文件，又称为 Pipe 文件。向管道提供输入的是发送进程，或称为写进程，它负责向管道送入数据，数据的格式是字符流；而接收管道数据的接收进程称为读进程。由于发送进程和接收进程是利用管道来实现通信的，所以被称为管道通信。管道通信始创于 UNIX 系统，因它能传送大量的数据，且很有效，故目前许多的操作系统，如 Windows 2000、Linux、OS / 2 都提供管道通信。

为了协调双方的通信，管道通信机制必须提供以下几个方面的协调能力。

(1) 互斥。当一个进程正在对管道进行读或写操作时，另一个进程必须等待。

(2) 同步。管道的大小是有限的。所以当管道满时，写进程必须等待，直到读进程把它唤醒为止。同理，当管道没有数据时，读进程也必须等待，直到写进程将数据写入管道后，读进程才被唤醒。

(3) 对方是否存在。只有确认对方存在时，方能进行通信。

3.4.2　消息传递

消息传递系统是一种高级通信方式，它因实现方式不同又可以分为直接通信方式和间接通信方式。本节主要介绍这两种高级通信方式的实现技术。

1. 直接通信

所谓直接通信是指发送进程把信件直接发送给接收进程。在这种通信方式下，发送进程必须指出信件发给哪个进程，接收进程也指出从哪个进程接收信件。可采用两个不可分操作 send 原语和 receive 原语实现这种通信方式。这两个原语定义如下：

send(P，信件)：表示把一封信件发送给进程 P。

receive(Q，信件)：表示从进程 Q 处接收一封信件。

在这种通信方法中，两进程 P 和 Q 通过执行这两条原语自动建立了一种通信链，并且这一种通信链仅仅发生在这一对进程之间。这种方案在指名方面具有对称性，即发送者和接收者都必须指出对方的名字进行通信。

直接通信的另一种实现方式是非对称指名通信方式。仅仅发送者指出接收者，而接收者不必指出发送者，如信件缓冲就是这样的一种实现方式。在这种方式中，操作系统统一管理一个由缓冲区组成的缓冲池，其中每个缓冲区存放一封信件。当发送进程要发送信件时，先向系统申请一个缓冲区，将信件存入缓冲区，然后把该缓冲区链接到接收进程PCB 的信件缓冲队列上，若接收进程正在等待信件，则将接收进程唤醒使它接收信件。当接收进程欲接收信件时，就从信件缓冲队列中接收一封信件，若信件缓冲队列中无信件，则阻塞在信件缓冲队列的信号量上。发送和接收信件过程如图 3-1 所示。由于多个进程可同时给一个进程发信，并且在发信和收信时，均要对信件缓冲队列操作，因此还必须要设置一个互斥信号量以保证信件缓冲队列的互斥访问。因此，所采用的数据结构和通信原语算法如下。

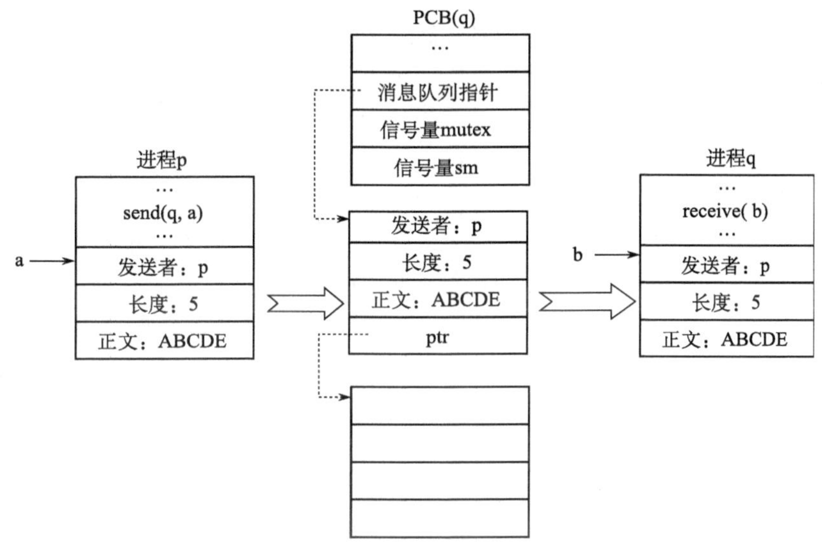

图 3-1　发送和接收信件过程

1) 数据结构

信件——每封信件至少包括信息：接收进程 Id，发送进程 Id，信件长度和正文。

信件缓冲区——每个信件缓冲区包括的数据项有：发送进程 Id，信件长度，正文和用于形成信件缓冲队列的链指针。

信件缓冲队列——为信件缓冲区的链表结构，其头指针保存在接收进程的进程控制块 PCB 中。队列可按先进先出或优先级的原则来组织。

信号量 sm——信件缓冲队列的信号量。

信号量 mutex——信件缓冲队列操作互斥信号量。

2) 通信原语算法

```
send(接收进程 Id，信件)
{
        向系统申请一个信件缓冲区；
        将信件存入该信件缓冲区；
        据接收进程 Id 找到其 PCB；
        P(mutex) ;
```

```
        把信件缓冲区链接到接收进程 PCB 的信件缓冲队列的尾部；
        V(mutex);
        V(sm) ;
}
receive(信件)
{
        P(sm) ;
        P(mutex) ;
        从信件缓冲队列中摘取第一个缓冲区；
        V(mutex);
        将该缓冲区中的信息复制到信件的存储区域中；
        释放该缓冲区；
        V(mutex);
   }
```

2. 间接通信

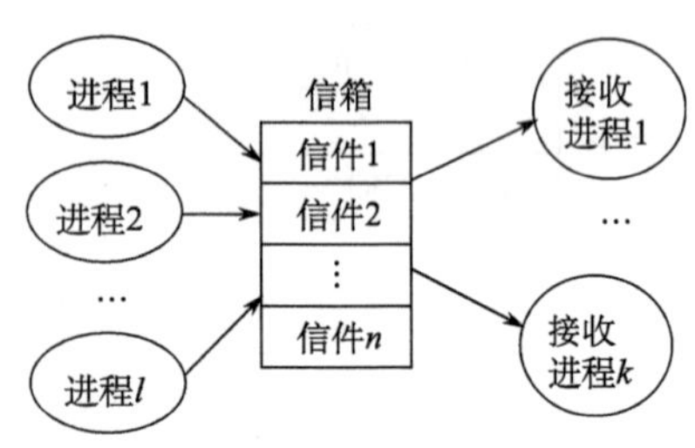

图 3-2 进程间接通信

间接通信是指发送信件进程不是把信件直接发送给接收进程，而是把信件发送到一个共享的数据结构——信箱(mailbox)中，接收进程也到信箱去取信件，即进程间发送或接收信件均通过信箱来进行。当两个进程有一个共享的信箱时，它们就能通信。一个进程也可以分别与多个进程共享多个不同的信箱，因此，一个进程可以同时和多个进程通信。间接通信方式如图 3-2 所示。在间接通信方式中，发送和接收原语的形式如下：

send(B，信件)：把一封信件传送到信箱 B 中。

receive(B，信件)：从信箱 B 中接收一封信件。

信箱是可以存放多封信件的存储区域，每个信箱结构分为信箱特征和信箱体两部分。信箱特征描述信箱容量、指针和信件格式等；信箱体是存放信件的区域，信箱体分成若干个区，每个区存放一封信。

多个发信进程和收信进程对信箱中信件的存放和收取操作，类似于生产者与消费者问题，也必须考虑同步与互斥问题。对 send 和 receive 原语的设计可采用 P、V 操作或管程的方法。在此就不一一介绍了，请读者自己练习。

直接通信常用于进程间关系比较密切的情形，而间接通信则用于联系不十分紧密的进程之间通信。另外，间接通信具有较大的灵活性。其灵活性表现在发送进程和接收进程之间的关系可以有一对一、一对多、多对一和多对多的多种关系，以及进程与信箱的关系可以是静态的，也可以是动态的。

“一对一”关系主要用于两个进程间建立私用的通信连接，可以不受其他进程的干扰和影响。“一对多”关系是指一个发送者和多个接收者的通信关系，这种关系可用于一个发送者进程向一组中多个接收进程以广播的方式发送一封或多封信件的应用场合。而“多对一”关系主要用于现代操作系统中的客户/服务器模式下客户进程和服务器进程之间的通信情形。例如，许多客户进程可以向一个打印服务进程发信件请求打印信息。在这种情况下，我们可以把信箱称为端口(port)。

一个信箱可以由一个创建信箱者所拥有，如创建者用系统提供的 mailbox 说明并创建一个信箱，而其他知道这个信箱名字的进程都可成为它的用户。当拥有信箱的进程执行结束时，它的信箱也就消失，这时必须把这一情况及时通知该信箱的用户。进程与信箱的关系可以是静态的，即固定不变的，长期安排给特定进程使用，直到使用进程或创建进程撤销。进程与信箱的关系也可以是动态的，如在有多个发送者时，多个发送进程与信箱的关系就可以是动态的。为了实现信箱动态链接的目的，系统提供链接(connect)和解除链接(disconnect)原语。在进程通信之前，发送进程调用链接(connect)原语，建立起进程和信箱的链接关系。通信完毕，可用解除链接原语撤销这种链接关系。

3.4.3　进程通信的有关问题

1. 缓冲问题

用于存放信件的区域称为缓冲区，在间接通信方式下，这个缓冲区就是信箱体。缓冲区的容量是指缓冲区中存放信件的数量。我们可针对缓冲区容量的三种情况来讨论进程通信的情形。

1) 缓冲区容量为 0

这是无信箱或无缓冲区的情形，前面介绍的指名式的直接通信就是这种情形。在这种情形下，发送者必须等待接收者接收到它所发送的信件后，或者获得了接收者的回答消息后，才能继续执行。

2) 缓冲区容量有界

前面介绍的间接通信就是这种情形。例如，缓冲区容量为 n，那么缓冲区至多能存入 n 封信件。当缓冲区有空时，发送进程直接发送信件无须等待；当缓冲区满时，发送进程将等待缓冲区有空时再发送信件。对接收进程而言，当缓冲区有信件时，就直接从缓冲区中收取信件，否则将等待，直到缓冲区有信件时再执行接收信件操作。

3) 缓冲区容量无界

在这种情况下，缓冲区可存放无限多封信件，因而，发送进程永远无须等待缓冲区。但是，由于内存的有限性，这种方法是无法真正实现的。

2. 并行性问题

当一个进程发送一封信件后，它的执行可分成两种情况。一种是等待收到接收者的回答消息后才继续往下执行，接收者进程在接收到消息前也须等待，直到接收到消息后再向发送者进程发送一个回答消息，这种也称为“双向通信”。另一种是发送信件后立即继续往下执行，直到某个时刻需要接收者进程送来的回答消息时，才对回答消息进行处理。显然，后一种情况并行性要高一些，但是它需要增加两条原语：

answer(P, result)：向进程 P 发送回答消息 result。

Wait(Q, result)：等待接收进程 Q 的回答消息 result。

3.5 死　锁

3.5.1 死锁的概念

在引入进程管理的背景和介绍生产者与消费者问题的时候，我们已经初步接触过“死锁”问题了，即如果多个交往的进程程序设计的不恰当的话，会造成一组进程相互等待对方所占有的资源，最终各个进程谁也无法继续执行，形成一组进程处于永远等待的现象。该现象实际上就是本节所介绍的“死锁”现象。

死锁问题首先是由 Dijkstra 于 1965 年在研究银行家问题时提出来的，而后 Havender, Lynch 等人也分别于 1968 年、1971 年相继取得共识并加以发展。实际上死锁问题是一种具有普遍性的现象。不仅在计算机系统存在，而且在日常生活和其他领域也是广泛存在的。

所谓死锁是指一组并发进程彼此相互等待对方所占有的资源，而且这些进程在得到对方的资源之前不会释放自己所占有的资源，从而造成这组进程都不能继续向前推进的状况。我们称这组进程处于死锁状态。具体地说，是存在一组进程 $P_1, P_2,\cdots, P_n$，其中 P_1 占有资源 R_1 同时又申请 R_2, P_2 占有资源 R_2 同时又申请 $R_3,\cdots$, P_{n-1} 占有资源 R_{n-1} 同时又申请 R_n, P_n 占有资源 R_n 同时再申请 R_1，如图 3-3 所示。我们就说系统中出现了死锁现象，P_1, $P_2,\cdots, P_n$ 这组进程处于死锁状态。

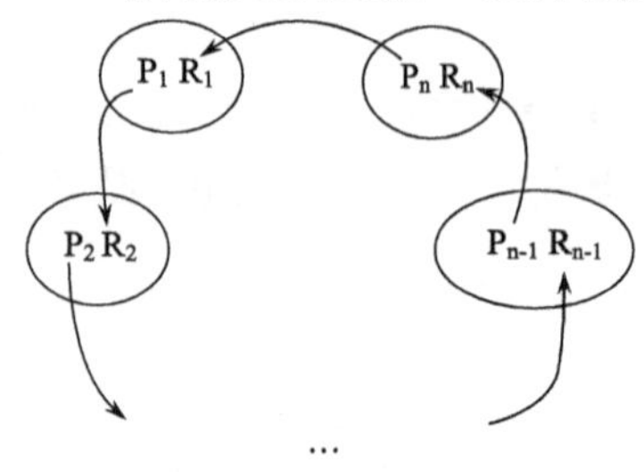

图 3-3　死锁现象

例如，再看 3.3.2 节例 2 中的生产者与消费者问题。假设我们把互斥信号量(mutex)的 P(mutex)操作放在同步信号量 $P(s_1)$ 操作前面。生产者、消费者进程并发运行时，若生产者超前了，以至于某一时刻，生产者已将缓冲区存满物品，此时又有一个生产者生产了物品欲往缓冲区存放，无人与它竞争缓冲区，它将获得缓冲区的使用权，即执行 P(mutex)操作能顺利通过，但缓冲区已满且 $s_1=0$，再执行 $P(s_1)$ 时将被挂起阻塞在信号量 s_1 的等待队列中。而以后再有消费者进程欲到缓冲区中取物品时，应该有物品可取，但由于缓冲区的使用权已被刚才的生产者占有，它们将在缓冲区的互斥信号量上等待。同样其他的生产者也因得不到缓冲区的使用权，而在缓冲区的互斥信号量上等待。这样，这组生产者与消费者进程就进入了死锁状态。

又如，系统中有 m 个进程均需要使用若干的某类资源，该类资源共有 n 个，而每一个进程最多可使用该类资源的数目为 k 个，这里的 $k\leqslant n$ 且 $k.m>n$。若对该类资源的分配不加限制的话，也会出现一组进程处于死锁状态。设 m=4, n=4, k=2，4 个进程同时先申请一个时，系统均给予分配，之后它们又各自再提出申请 1 个该类资源，此时已无该类资源可分配，因此，各进程均被置成等待该类资源的状态，而各进程已占有的资源均不释放，故这 4 个进程就相互等待，从而进入了死锁状态。

再如，对临时性资源(如信件)的使用不加限制也会出现死锁现象。比如：系统中现有 3 个进程 P_1, P_2, P_3，进程 P_1 在收到进程 P_3 发来的信件 m_3 之后，再给 P_2 发信件 m_1，进程 P_2 在收到进程 P_1 发来的信件 m_1 之后，再给 P_3 发信件 m_2，进程 P_3 在收到进程 P_2 发来的信件

m_2之后，再给 P_1 发信件 m_3。它们对信件的处理过程如图 3-4 所示。显然，进程 P_1, P_2, P_3 均处于死锁状态。

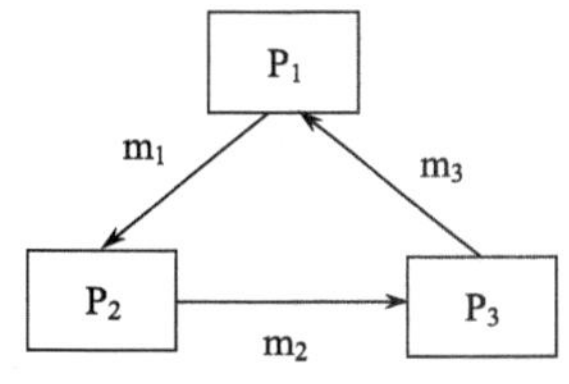

图 3-4 信件的处理过程

综上所述，我们可以看到，死锁是由于资源的使用不加合理的控制而引起的。这里的资源包括永久性资源和临时性资源，上述的信件、消息就是一种临时性资源，而永久性资源是指所有的硬资源和可再入的纯代码过程。因此，必须从资源的性质、资源分配的方法方面来考虑解决死锁问题。

3.5.2 死锁的必要条件

Coffman、Elphick 和 Shoshani 于 1971 年总结了产生死锁的四个必要条件：

(1) 互斥条件 (mutual exclusion)：一个资源一次只能由一个进程使用，如果有其他进程申请使用该资源，申请进程必须等待直到所申请的资源被释放。

(2) 部分分配条件 (hold and wait)：一个进程已占有一定资源后，执行期间又再申请其他资源。

(3) 不可抢占条件 (no preemption)：一个资源仅能由一个占有它的进程来释放，而不能被其他进程抢占使用。

(4) 循环等待条件 (circular wait)：在系统中存在一个由若干进程申请使用资源而形成的循环等待链，其中每一个进程占有若干资源，同时又在等待下一个进程所占有的资源。

要防止死锁问题，其根本的办法就是要使得上述四个条件之一不存在。破坏其中之一的必要条件。下面我们来分析一下破坏这些条件的可能性。

第一个可能的途径是破坏条件 (1)，即破坏互斥条件，允许多个进程同时访问资源。但这受到资源本身的使用性质所确定，有些资源必须互斥访问，不能同时访问。例如公用数据的访问必须是互斥的，才能保证数据的完整性。又如打印机资源也必须互斥使用，否则几个进程同时使用，一个进程各打印一行，这种输出信息的方式显然是不能被用户接受的。因此，要考虑破坏互斥条件来防止死锁是不切实际的。

第二个可能的途径是破坏条件 (3)，即破坏不可抢占条件，强迫进程把占有的资源暂时让给其他进程使用。但这种强迫进程让出资源的方法目前也只能适用于 CPU 和主存这类资源的管理，不能用于大多数的资源管理。即使对于像 CPU 和主存这类资源，可以抢占使用，但也会为抢占付出较大的代价，不但要增加资源在进程间转移的时间开销，而且还会降低资源的有效利用，所以还须小心加以控制。

第三个可能的途径是破坏条件 (2)，即破坏部分分配条件，一次性为进程分配所有应使用的资源。

第四个可能的途径是破坏条件 (4)，即破坏循环等待条件，使运行期间不存在进程循环等待现象。

后两种办法都是可行的，而且也被某些系统所采用。下面我们介绍防止死锁的具体方法。

3.5.3 死锁的防止

死锁的防止主要是通过破坏部分分配条件和破坏循环等待条件，从而达到使死锁不发生的目的。其主要方法有：资源的静态分配法和资源的层次分配法。

1. 资源的静态分配法

资源的静态分配法是破坏部分分配条件的防止死锁的方法，它是指一个进程必须在执行前就申请它所需的全部资源，并且直到它所需的资源得到满足后才能开始执行。当然，所有并发执行的进程要求的资源总和不超过系统拥有的资源数。采用静态分配后，进程在执行中不再申请资源，因而不会出现进程占有某些资源又再等待另一些资源的情况，从而能防止死锁的产生。

这种策略实现简单，因而早期的许多操作系统常采用这种方法，例如 IBM OS/360。但这种分配策略资源利用率低。因为在每个进程所占有的资源中，有些资源是在进程执行后的较长一段时间后才使用，有时甚至有些资源仅在例外的情况下才被使用。这样，就可能是一个进程占有一些几乎不用的资源，而其他想用这些资源的进程又必须等待，无法投入系统运行。一种改进的策略是，把程序分成几个相对独立的“程序步”来运行，并且资源分配以程序步为单位来进行，而不是以整个进程为单位来静态分配。这样可以较好地提高资源的利用率，减少资源浪费现象，但却增加了应用系统的设计与执行的开销。

2. 资源的层次分配法

这种资源分配策略将阻止循环等待条件的出现。这种资源的层次分配法的思想是：把资源分成多个层次，一个进程得到某一层的一个资源后，它只能再申请较高一层的资源；当一个进程要释放某层的一个资源时，必须先释放所占有的较高层的资源；当一个进程获得了某一层的一个资源后，它想再申请该层中的另一个资源，则必须先释放该层中的已占有的资源。

这种策略的简化方式是资源的按序分配法。它是把系统中所有的资源按一个全序的顺序进行排列，例如，系统共有 m 个资源，每个资源都分给一个唯一的序号，用 r_i 表示第 i 个资源，于是这 m 个资源的排列是：$r_1, r_2, \cdots, r_m$。规定任何进程只能在占有资源 r_i 后再申请资源 r_j（$1 \leqslant i<j \leqslant m$），而占有资源 r_j 后不得再申请资源 r_i（$1 \leqslant i<j \leqslant m$）。显然，由于对资源的请求做了这种限制，在系统中就不可能形成几个进程对资源请求的循环等待链。因而这种资源的按序分配法可以防止死锁。

资源的层次分配法是基于资源的动态分配的一种方法，与资源的静态分配法相比资源的利用率有了较大的提高。但是还要特别小心地安排资源所处的层次，把各进程经常用到的、比较普遍的资源安排在较低的层次上，把那些比较贵重或稀少的资源安排在较高的层次上，便有可能较大限度提高最有价值的资源的利用率。而低层次的资源，在进程即使暂时不使用的情况下，但由于进程需要使用高层次的资源，所以在进程请求分配高层次的资源时，也不得不提前同时申请以后需要的低层次的资源，会造成低层次的资源空闲等待的浪费现象。

该策略虽然已经在许多操作系统中使用，但也存在着如下一些缺陷：

(1) 各类设备的资源层次一经排定，不可经常随意改动。若系统要添加一些新设备，就必须重新改写已经存在的程序和系统。

(2) 资源层次的安排要大体反映大多数进程使用资源的顺序。对资源使用与此层次相匹配的进程，资源能得到有效的利用，否则，资源的浪费现象将仍然存在。

3.5.4　死锁的避免

资源的分配不采用防止死锁的方法时，如果能掌握并发进程与每一个进程有关的资源申请情况，仍然可以避免死锁的发生。这只需在为申请者分配资源前先测试系统的资源状况，若把资源分配给申请者会产生死锁的话，则拒绝分配，否则接受申请并为它分配资源。这就是死锁避免方法的基本思想。

死锁的避免与死锁的防止的区别在于，死锁的防止是严格地破坏死锁的必要条件之一，使之不在系统中出现，而死锁的避免就不那么严格地限制必要条件的存在，因为死锁的必要条件成立，系统未必就一定发生死锁。因此，为了提高系统的资源利用率，只有当测到死锁有可能出现时，才加以小心避免这种情况的最终发生。著名的避免死锁的方法是银行家算法。

银行家算法首先是由 Dijkstra 于 1965 年提出的。银行家问题的直观含义是：一个银行家如何将其总数一定的现金，安全地贷给若干顾客，使这些顾客既能满足对资金的需求又能完成其业务，也使银行家可以收回自己的全部资金，不至于产生死账而破产。也就是说，一个银行家在考虑若干顾客向他贷款时，要求每一位顾客提前说明所需贷款总额，假如该顾客将要贷款的总额不超过银行家现存的资金总数，银行家就接受该顾客的要求，否则拒绝其要求。

银行家的运作思想也可应用于系统中的资源分配管理中，形成一种资源分配的银行家算法。其基本思想是：检查申请者对各类资源的最大需求量，如果系统现存的各类资源可以满足它的最大需求量时，就满足当前的申请。换句话说，仅仅在申请者获得资源最终能运行完毕，无条件地归还它所申请的全部资源时，才分配资源给它。

假如系统能使当前的全部申请资源者在有限的时间内执行完毕，并归还它所申请的资源，那么当前的状态是安全的，反之当前的状态是不安全的。显然，银行家算法是从当前的状态 S 出发，逐个检查各申请者中，谁获得资源能完成其工作，然后假定其完成工作且归还全部资源，再进一步检查谁又获得资源能完成其工作，……，若所有申请者均能完成工作，则系统状态是安全的。

例如，假设系统现有 3 个进程 P, Q, R，系统只有一类资源共 10 个，每个进程使用该资源的总数都小于 10，目前分配情况如表 3-1 所示。

表 3-1　各进程已占有资源和还需申请资源的情况

进程	已占有资源数	还需申请数
P	4	4
Q	2	2
R	2	7

目前系统仅剩余 2 个资源。根据银行家算法，先检查各进程还需申请的总数，发现只有 Q 的申请系统剩余的资源能满足其最大需求，Q 有申请就为其分配资源，而 P, R 的申请均应拒绝，Q 获得资源后就能执行完毕并归还其全部资源，系统中剩余的资源数为 4，再检查 P, R 两进程，只有 P 的申请系统的剩余资源能满足其最大需求，P 的申请可得到满足，

而 R 的申请均拒绝，P 获得资源后就能执行完毕并归还其全部资源，才再为 R 分配资源，最后 R 执行完毕并归还其全部资源。因此，在这种分配状态下，系统状态是安全的。而其他的任何形式的分配，将会导致系统剩余的资源无法满足任何一个进程的资源需求，从而发生死锁现象，所以在其他的分配情形下系统状态均是不安全的。

银行家算法可以避免死锁，但它是十分保守的，采用这种算法分配资源时，资源的利用率还比较低；而且这种算法还需要考虑每个进程对各类资源的申请情况，系统需花费较多的时间；此外，进程难以确切知道它所需的最大资源需求量，进程的数目也不固定，随时在变化中，所以在操作系统中采用这种方法也很难有效地对资源分配进行控制。

3.5.5　死锁检测与恢复

由上面的介绍可以看到，对资源的分配加以限制可以防止和避免死锁的发生，但这些方法都不利于各进程对系统资源的充分共享。实际上，在一个系统中，死锁现象并不是经常出现的，有的系统通常不进行死锁的防止和避免，而是采用“死锁检测与恢复”的方法来解决死锁问题。这种方法对资源的分配不加限制，但系统必须定时或不定时地运行一个“死锁检测”程序，判断系统内是否出现死锁，若检测到死锁则采取相应的办法解除死锁，并以尽可能小的代价恢复相应的进程运行。

对于死锁检测算法，在此我们仅考虑每类资源只有一个实例的情形。对于每类资源具有多个实例的情形，算法会更加复杂一些，它还必须与资源分配算法结合起来，可参阅 Coffman 等提出的每类资源具有多个实例的死锁检测算法。

对于所有资源只有一个实例的情形，死锁检测算法可基于等待图(wait-for graph)来检测。等待图是从资源分配图(resource-allocation graph)中得到的。资源分配图是这样的一个图：其中方形结点表示资源，圆形结点表示进程，从方形结点指向圆形结点的有向边表示某资源被某进程占有，从圆形结点指向方形结点的有向边表示某进程申请某资源。从资源分配图中移去资源结点并合并相应的有向边，即可得到等待图。在等待图中，P_i 到 P_j 的边意味着进程 P_i 正在等待进程 P_j 释放进程 P_i 所需的资源。在等待图中存在一条边 $P_i \rightarrow P_j$ 当且仅当相应的资源分配图在某资源结点 R_q 上包括两条边 $P_i \rightarrow R_q$ 和 $R_q \rightarrow P_j$。资源分配图和相应的等待图如图 3-5 所示。

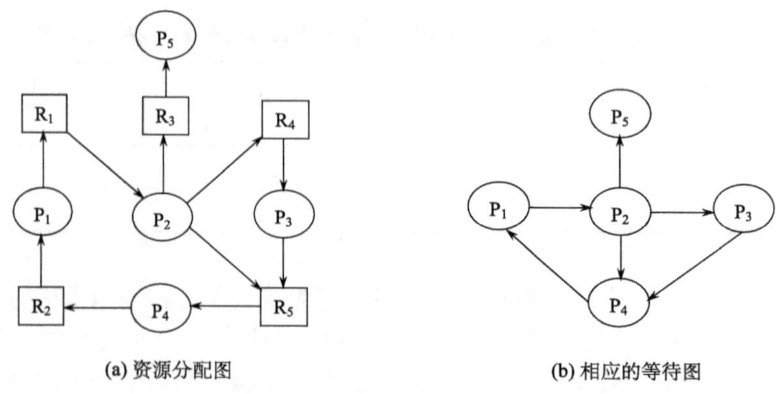

图 3-5　资源分配图和等待图

这样死锁检测算法只要检测出等待图中存在一个环时，就意味着检测到了一个进程循环等待链，因此检测到系统中存在死锁。为了检测死锁，系统必须维护一个等待图的数据结构和定期地在该图中调用寻找环的算法，寻找环的算法所需的时间复杂度为 $O(n^2)$，n 表示等待图中的结点数即进程数。

系统何时进行死锁检测呢？这将依赖于死锁出现的频度和当死锁出现时将影响多少个进程等因素来确定。若死锁经常出现，检测算法应经常被调用。一种可能的方法是当进程申请资源得不到满足就进行检测。但死锁检测过于频繁，系统开销大，而检测的间隔时间太长，卷入死锁的进程又会增多，使得系统资源及 CPU 的利用率大为下降。一个折中的办法是定期检测，如每一小时检测一次，或在 CPU 的利用率低于 40%时检测。

当死锁检测算法检测出系统中存在死锁时，一种可能的方法是通知操作员哪些进程处于死锁状态，并让操作员手工处理死锁问题；另一种方法是操作系统自动解除死锁并在适当时机恢复相应进程运行。操作系统可有两种方法来解除死锁：一种是撤销进程法，另一种是剥夺资源法。

采用撤销进程法时，可有两种形式来撤销进程。一种是撤销所有卷入死锁的进程。该方法代价巨大，因为有些进程已运行很长时间了，撤销后其中间结果均消失。另一种是一次撤销一个进程直到死锁消失。该方法的开销也可观，因为撤销一个进程后，死锁检测算法还必须继续检测是否还有进程处于死锁状态，此外按什么原则撤销进程也是必须认真考虑的。通常应基于成本来选择撤销进程，选择的原则是：

(1) 选择使用处理器时间最少的进程。

(2) 选择输出工作量最少的进程。

(3) 选择具有最多剩余时间的进程。

(4) 选择分得资源最少的进程。

(5) 选择具有最小优先级的进程。

采用剥夺资源法时，是从一个或多个卷入死锁的进程中强占资源，再把这些资源分配给卷入死锁的其他进程，以解除死锁。剥夺的顺序可以是以花费最小资源数为依据。每次剥夺资源后，也需要再次调用检测程序。资源被剥夺的进程为了再次得到该资源，必须重新提出资源申请，这样必须返回到分配资源前的某一点处重新执行。

设立检查点是一种恢复进程重新运行的有效方法，这样当进程需要恢复执行时，就可以从该检查点开始重新执行，使得不必前功尽弃且尽可能多地利用已执行的结果，从而提高系统效率。

3.6　经 典 问 题

3.6.1　读者-写者问题

1. 问题描述

一个数据对象若被多个并发进程所共享，且其中一些进程只要求读该数据对象的内容，而另一些进程则要求写操作，对此，把只想读的进程称为“读者”，而把要求写的进程称为“写者”。在读者-写者问题中，任何时刻要求“写者”最多只允许有一个，而“读者”

则允许有多个。因为多个“读者”的行为互不干扰，它们只是读数据，而不会改变数据对象的内容，而“写者”则不同，它们要改变数据对象的内容，如果它们同时操作，则数据对象的内容将会变得不可知。所以对共享资源的读写操作的限制条件是：

(1) 允许任意多的读进程同时读。

(2) 一次只允许一个写进程进行写操作。

(3) 如果有一个写进程正在进行写操作，禁止任何读进程进行读操作。

2. 用信号解决读者-写者问题

用信号量解决读者-写者问题。为了解决该问题，只需解决“写者与写者”和“写者与第一个读者”的互斥问题即可，为此引入一个互斥信号量 Wmutex。为了记录谁是第一个读者，可以用一个全局整型变量 Rcount 做一个计数器。而在解决问题的过程中，由于使用了全局变量 Rcount，该变量又是一个临界资源，对于它的访问仍需要互斥进行，所以需要一个互斥信号量 Rmutex。算法如下：

```
semaphore Wmutex, Rmutex=1;
 int Rcount=0;

void reader()     /*读者进程*/
{
  while  (true)
   {
      P(Rmutex);
      If  (Rcount==0)    P(wmutex);
      Rcount=Rcount+1;
      V(Rmutex);
      ……;
      read;      /*执行读操作*/
      ……;
      P(Rmutex);
      Rcount=Rcount-1;
      If  (Rcount==0)  V(&wmutex);
      V(Rmutex);
    }
 }


 void writer()     /*写者进程*/
 {
  while  (true)
    {
      P(Wmutex);
      ……;
      write;      /*执行写操作*/
      ……;
      V(Wmutex);
```

```
        }
    }
```

3. 思考问题

对于读者-写者问题，有以下三种优先策略。

(1) 读者优先，即当读者进行读时，后续的写者必须等待，直到所有的读者均离开后，写者才可进入。前面的程序隐含使用了该策略。

(2) 写者优先，即当一个写者到来时，只有那些已经获得授权允许读的进程才被允许完成它们的操作，写者之后到来的新读者将被推迟，直到写者完成。在该策略中，如果有一个不可中断的连续的写者，读者进程会被无限期地推迟。请读者思考如何修改前面的算法。

(3) 公平策略。以上两种策略，读者或写者进程中一个对另一个有绝对的优先权，Hoare 提出了一种更公平的策略，由如下规则定义。

规则 1：在一个读序列中，如果有写者在等待，那么就不允许新来的读者开始执行。

规则 2：在一个写操作结束时，所有等待的读者应该比下一个写者有更高的优先权。

对于该公平策略，请读者思考如何予以解决。

3.6.2　哲学家进餐问题

1. 问题描述

哲学家进餐问题是一个典型的同步问题，它由 Dijkstra 提出并解决。该问题描述有 5 个哲学家，他们的生活方式是交替地思考和进餐。哲学家们共用一张圆桌，围绕着圆桌而坐，在圆桌上有 6 个碗和 5 支筷子，平时哲学家进行思考，饥饿时拿起其左、右的两支筷子，试图进餐，进餐完毕又进行思考，如图 3-6 所示。这里的问题是哲学家只有拿到靠近他的两支筷子才能进餐，而拿到两支筷子的条件是他的左、右邻居此时都没有进餐。

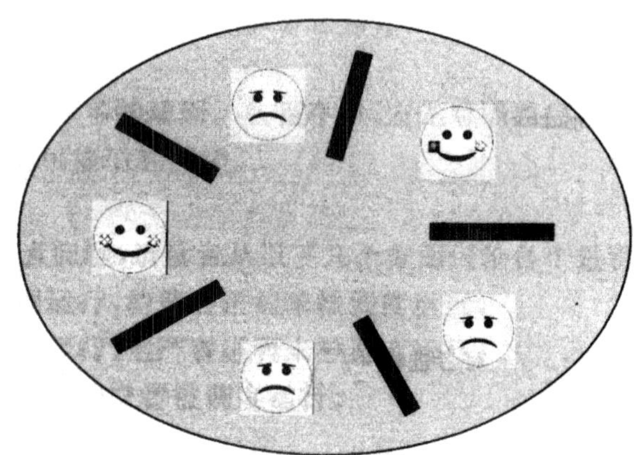

图 3-6　哲学家进餐问题

2. 用信号量解决哲学家进餐问题

由分析可知，筷子是临界资源，一次只允许一个哲学家使用。因此可以用互斥信号量来实现。其描述如下：

```
semaphore chopstick[5]={1, 1, 1, 1, 1};
void philosopher(int i)     /*哲学家进程*/
{
     while (true)
     {
         P(chopstick[i]);
         P(chopstick[(i+1)%5]);
         …;
         eat;      /*进餐*/
         …;
         V(chopstick[i]);
         V(chopstick[(i+1)%5]);
         …;
         think;     /*思考*/
         …;
       }
     }
```

3. 算法潜在的危险

在以上描述中，虽然解决了两个相邻的哲学家不会同时进餐的问题，但是有一个严重的问题，如果所有的哲学家总是先拿左边的筷子，再拿右边的筷子，那么就有可能出现这样的情况：5 个哲学家都拿起了左边的筷子，而他们想拿右边的筷子时，却因为筷子已被别的哲学家拿去，而无法拿到。此时所有的哲学家都不能进餐，就出现了死锁现象。

信号量在解决进程互斥和同步问题时是一个非常有效的工具，但是如果使用不当，可能引起死锁。

请读者思考，写出一个用信号量机制解决哲学家进餐问题的不产生死锁的算法。

3.6.3　打瞌睡的理发师问题

1. 问题描述

理发店有一名理发师，一把理发椅，还有 N 把供等候理发的顾客坐的普通椅子。如果没有顾客到来，理发师就坐在理发椅上打瞌睡。当顾客到来时，就唤醒理发师。如果顾客到来时理发师正在理发，顾客就坐下来等待。如果 N 把椅子都坐满了，顾客就离开该理发店去别处理发，如图 3-7 所示。要求为理发师和顾客各编写一段程序，描述他们的行为，并用信号量保证上述过程的实现。

2. 用信号量解决打瞌睡的理发师问题

为理发师和顾客分别写一段程序，并创建进程。理发师开始工作时，先看看店里有无顾客，如果没有，则在理发椅上打瞌睡；如果有顾客，则为等待时间最长的顾客理发，且等待人数减 1。顾客来到店里，先看看有无空位，如果没有空位，就不等了，离开理发店；如有空位，则等待，等待人数加 1；如果理发师在打瞌睡，则将其唤醒。

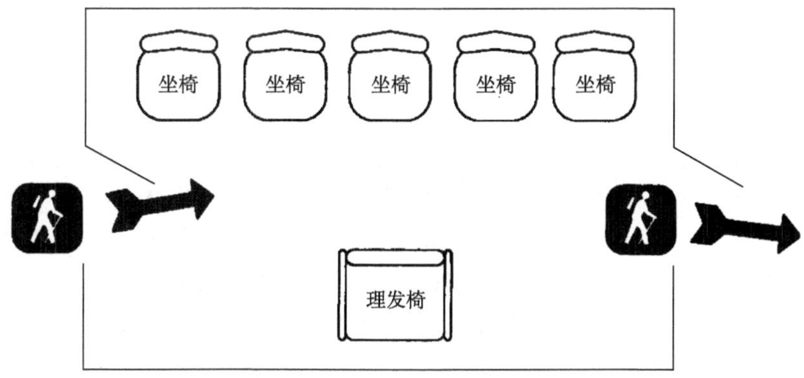

图 3-7　打瞌睡的理发师问题

为了解决上述问题，设一个计数变量 waiting，表示等候理发的顾客人数，初值为 0；设三个信号量：customers 用来记录等候理发的顾客数(不包括正在理发的顾客)；barners 用来记录正在等候顾客的理发师数(其值为 0 或 1)；mutex 用于互斥。程序描述如下：

```
#define CHAIRS 5    /*为等候的顾客准备的坐椅数*/
semaphore customers=0:
semaphore barners=0:
semaphore mutex=1:
int waiting;
void barber()     /*理发师进程*/
 {
   while (true)
   {
      P(customers);      /*如果没有顾客，理发师就打瞌睡*/
      P(mutex);      /*互斥进入临界区*/
      Waiting--;
      V(barners);      /*理发师准备理发了*/
      V(mutex);
      cut-hair();      /*理发*/
  }
}
void customer()     /*顾客进程*/
{
     P(mutex);
     if (waiting<CHAIRS)     /*如果有空位，则顾客等待*/
     {
        waiting++;
        V(customers);      /*如果有必要，唤醒理发师*/
        V(mutex);
        P(barners);      /*如果理发师正在理发，则顾客等待*/
        get-haircut();
      }
```

```
        else    /*如果没有空位，则顾客离开*/
          V(mutex);
    }
```

当有一个顾客来到理发店时，执行 customer()过程，首先获取信号量 mutex 进入临界区，如果不久另一个顾客到来，新到顾客只能等到释放 mutex 后才能进入。

进入临界区的顾客随后查看是否有椅子可坐，若没有，则释放 mutex 并离开；若有椅子可坐，则对计数变量加 1，之后执行 V(customers)操作唤醒理发师。当顾客释放 mutex 后，理发师获得 mutex，他进行一些准备后开始理发。理发完毕，顾客退出 customer()过程，离开理发店。

3. 思考问题

(1)为什么理发师进程中使用循环语句，而顾客进程却没有?

(2)程序中 waiting 的计数作用能否用信号量 customers 代替?

3.7　多核环境下的进程同步

多核环境带来的最大变化是进程的同步与调度。由于进程运行在不同的 CPU 或执行核上，其同步就不仅仅是线程的同步，而有可能是执行核或 CPU 之间的同步。

3.7.1　多核进程同步

在单核环境下，一个时候只可能有一个程序在执行。而在多核环境下，由于多个执行核或 CPU 的存在，多个程序可以真正地同时执行。因此，多核环境下的进程同步与单核环境下将有很大的不同。

先来看一下多核环境下的一个具体的同步问题。假定有两个处理器 CPU_0 和 CPU_1，而这两个处理器执行的程序均需要对内存地址%x 的内容进行加 1 的操作，程序代码如图 3-8 所示。

时间顺序	CPU_0	CPU_1
1.	Read (%x) to A	Read (%x) to A
2.	A=A+1	
3.		A=A+1
4.	Write A to (%x)	
5.		Write A to (%x)

图 3-8　程序代码

显然，如果 CPU_0 和 CPU_1 对这段程序的执行按照图 3-8 所示错开，则内存地址%x 里面的内容只被加了一次 1。而这与我们预期的结果不符。

要保证上述两段程序执行的正确性，我们需要在 CPU_0 执行其程序时，CPU_1 不会执行上述程序。或者 CPU_1 执行的时候 CPU_0 不会执行。这就需要采取措施保证一段程序的执行是原子操作。不过这里的原子操作与前面单核环境下的原子操作有所不同：它必须保证跨越 CPU 的原子性，即一个 CPU 执行时，必须让另一个 CPU 不执行某段程序。

那么如何做出这种保证呢?所有软件原语操作均是构建在硬件原子操作的基础上。没有硬件的原子操作，软件原语操作就是空中楼阁。这里也不例外，所有的多处理器原语操作也需要硬件的支持。下面我们看一下从处理器的操作上面提供了哪些原子操作。

3.7.2　硬件原子操作

在单核环境下，硬件提供的原子操作有：中断的启用与禁止、加载存入指令、测试与设置。而这三种操作除中断启用与禁止不工作外，其他两种在多核环境下均可使用。

对于加载存入原子操作来说，下面的操作均是原子操作：

(1) 读写一个字节。

(2) 读写一个按 16 位对齐的 16 位的字。

(3) 读写一个按 32 位对齐的 32 位的双字。

而测试与设置则需要针对共享内存单元进行。

3.7.3　总线锁

在多核环境下，还有一种硬件原子操作称为总线锁。总线锁就是将总线锁住，只有持有该锁的 CPU 才能使用总线。这样，由于所有 CPU 均需要使用共享总线来访问共享内存，而总线的锁住将使得其他 CPU 没有办法执行任何与共享内存有关的指令，从而保护数据的访问是排他的。

硬件提供的另外一种同步原语是所谓的交换指令，即 xchg (exchange)。该指令可以以原子操作完成在寄存器和内存单元之间的内容置换。该指令的语义可由下述程序片段表示：

```
int cmpxchg(addr, v1, v2){
int ret=0;
  /*停止所有内存活动并忽略所有中断*/
  if ( *addr==v1)  {*addr=v2; ret=1; }
    /*重启内存活动和回应中断，返回 ret; */
 }
```

3.7.4　多核环境下的软件同步原语

在硬件提供的同步原语基础上，就可以构建软件同步原语了。由于多核技术相对比较新，如何实现多 CPU 同步尚没有统一标准，这样造成不同的操作系统实现的软件同步原语不尽相同。下面我们看一下 Windows 和 Linux 内核里提供的一些原子的操作。

Linux 内核提供的原子操作包括如下几种：

(1) 总线锁：置换，比较与置换，原子递增操作。

(2) 原子算术操作：原子读、设置、加、减、递增、递减、递减与测试。

(3) 原子位操作：位设置、位清除、位测试与设置、位测试与清除、位测试与改变。

Windows 内核提供的原子操作包括如下几种：

(1) 互锁操作(Interlocked Operation)。

(2) 执行体互锁操作(Executive Interlocked Operation)。

这里需要注意的是，目前操作系统还没有为多核环境提供锁操作，因为这种操作代价比较大。除了一些特殊的类型，还可以对字位操作保证原子性。

3.7.5 旋锁

旋锁(spin lock)是几乎所有多核操作系统均会提供的一种 CPU 互斥机制，是操作系统内核用于多处理器互斥的机制，即用户程序不能使用旋锁来进行互斥。旋锁通常用于保护某个全局的数据结构，如 Windows 里面的 DPC(延迟过程调用)队列。这里的互斥指的是多个处理器或执行核之间的互斥，即两个处理器或核不能(物理上)同时访问同一个数据结构；而不是多线程之间的互斥。对于局部数据结构来说，则因为只在一个 CPU 下而不需要使用旋锁。例如，设备驱动程序需要通过旋锁来保证对设备寄存器和其他全局数据结构访问的排他性，即任何时候只能有设备驱动程序的一个部分，从某一个处理器，访问这些寄存器和数据结构。

旋锁通过获取和释放两个操作来保证任何时候只有一个拥有者。旋锁的状态有两种：闲置和占用。需注意，旋锁的拥有者是 CPU，而不是线程。因此，如果一个 CPU 获得一个旋锁，那么运行在该 CPU 上的所有的线程都可以访问该旋锁所保护的寄存器和数据结构。旋锁的使用与 Windows API 里面的 mutex 使用非常类似。

使用旋锁的过程如下：

(1) 等待旋锁变为闲置。

(2) 获得旋锁。

(3) 访问寄存器和全局数据结构。

(4) 释放旋锁。

例如，Windows 使用旋锁保护对 DPC 队列的访问过程，如图 3-9 所示。

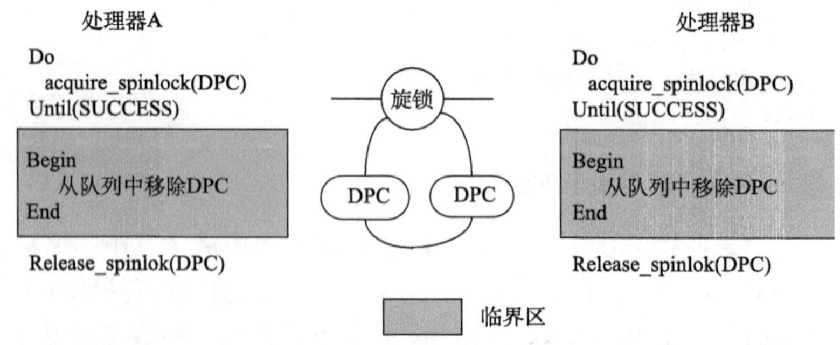

图 3-9　在 Windows 下使用旋锁保护 DPC 队列的过程

在图 3-9 中，两个处理器 A 和 B 均需要访问全局的 DPC 队列(DPC 是延迟过程调用的缩写，它主要用于在中断时将那些不需要高优先级执行的代码放进一个队列，等有空时再执行的机制)。因此用旋锁来进行处理器间的互斥。对于处理器 A 来说，如果要访问全局数据，就要先获得旋锁，直到成功，然后才访问。对于处理器 B 来说情况也一样。

1. 旋锁的实现

旋锁的实现也必须在硬件提供的原子操作上进行。多处理器环境下的硬件原子操作有加载与存入、测试与设置。这两种方法皆可以用来实现旋锁，而使用测试与设置更为简单。

在使用测试与设置来实现旋锁时，旋锁是一个特定的内存单元。这个特定的内存单元必须位于整个系统的共享内存里面。这是旋锁的物理载体。如果一个处理器要使用旋锁，就必须检查这个特定内存单元的值。如果为 0，则将其设置为 1，表示获得该旋锁。如果为 1，则表示该旋锁被其他处理器所占有，则在该旋锁上进行繁忙等待，即不停地循环，这也是为什么叫旋锁的缘故，如图 3-10 所示。

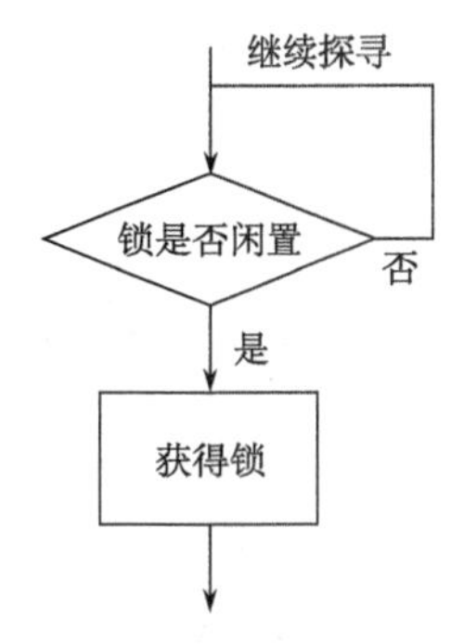

图 3-10 旋锁中的旋转

获得和释放旋锁的代码是用汇编语言写的。如果使用高级语言，有的动作就无法执行，即使能够执行，也很可能速度缓慢。而且体系结构的一些优点也只有汇编语言能利用。为了提高速度并且最大限度地利用底层处理器结构提供的各种锁机制，用来获取和释放旋锁的代码通常用汇编语言写成。

2. 旋锁的特点

有读者可能马上注意到旋锁的繁忙等待问题。如果一个 CPU 没有获得旋锁，就循环往复，繁忙等待。但在旋锁的情况下，繁忙等待并不会造成什么不良后果。这是因为，这里繁忙等待的主体是 CPU，而不是线程。

那么旋锁里的繁忙等待是否浪费时间？如果没有获得旋锁的 CPU 不进行繁忙等待，那又能干什么呢?CPU 要获取旋锁是因为 CPU 需要使用旋锁才能继续执行，它即使不等待旋锁，也无法做别的事情。因此，等待不会造成巨大浪费。另外，在旋锁上的繁忙等待时间通常较短，持有旋锁的 CPU 肯定在往前推进(而不像线程持有锁的情况，线程有可能没有推进)，会很快释放旋锁。锁的另外一个问题在旋锁上也不会发生。因为旋锁由 CPU 持有，而不是线程持有，因线程具有优先级关系而可能出现的优先级倒挂现象在旋锁上也不会出现。

那么旋锁有没有缺点呢?答案是肯定的。旋锁的问题是总线的竞争。因为，每个 CPU 在检查旋锁的状态时均需要使用系统总线来访问旋锁所在的共享全局内存单元。如果要测试并设置这个全局内存单元，就要使用内存总线。那么 CPU 不停地发送信号到总线上，会造成内存总线的竞争。这是非常浪费、效率非常低下的一种机制，也是旋锁的缺点。那么如何解决旋锁的总线竞争问题呢?方案就是队列旋锁。

3. 队列旋锁

队列旋锁的中心思想就是，需要旋锁的 CPU 不要到全局内存去 SPIN，而是到自己的局部内存去 SPIN。这样就可以排除对总线的竞争。在旋锁上设置一个队列，表示哪些 CPU 要使用这个旋锁，旋锁释放时就检查这个队列，交给队列里的第一个 CPU。

释放旋锁的 CPU 把局部变量改成释放状态。原则上别的 CPU 可以访问局部内存，但不能访问别人的内存，这样就不会有总线竞争，因为不会把内存信号发到总线上去。另外队列旋锁还提供了先进先出的语义，从而在某种程度上达到公平的效果，即使用同一旋锁的 CPU 具有类似的性能。

使用队列旋锁的一个优点是其扩展性好。由于每个 CPU 等在自己的本地内存单元上，此种机制几乎可以无限扩展。

3.8　进程同步与通信实例

3.8.1　UNIX 同步与通信

UNIX System V 中的进程通信分为三个部分：低级通信、管道通信和进程间通信(InterProcess Communication，IPC)。由于计算机网络的广泛应用，UNIX System V 的改进版中加进了计算机间通信用的 TCP/IP 协议，并提供了相应的系统调用接口。有关 TCP/IP 协议及相应的系统调用内容属于计算机网络的知识，在此不作介绍。

1. 低级通信

UNIX 的低级通信主要用来传递进程间的控制信号。实现控制信号传递的方法有两种：一种是利用睡眠原语 sleep 和唤醒原语 wakeup 实现进程间的同步与互斥。原语 sleep 使当前进程以指定的优先数在指定的队列上睡眠，而 wakeup 则唤醒在指定队列上睡眠的所有进程。sleep 和 wakeup 本身不携带任何信息，比 P、V 操作原语更低级。另一种是利用软中断信号实现同一用户的诸进程之间的通信。这种通信的目的是通知对方发生了异步事件。UNIX System V 中有 19 个软中断信号，具体说明请参考有关资料。

软中断是对硬件中断的一种模拟，发送软中断就是向接收进程的 proc 结构中的相应项发送一个信号。接收进程在收到软中断信号后，将按照事先的规定去执行一个软中断处理程序。但是，软中断处理程序不像硬中断处理程序那样，收到中断信号后立即被启动，它必须等到接收进程执行时才能生效。另外，一个进程自己也可以向自己发送软中断信号，以便在某些意外的情况下，进程能转入规定好的处理程序。例如，大部分陷阱都是由当前进程自己向自己发送一个软中断中断信号而立即转入相应处理的。

睡眠原语、唤醒原语以及软中断通信是几种非常有用的进程控制手段。例如，利用 sleep 和 wakeup 可以实现系统中对互斥资源的管理和进程间的同步。当进程要使用临界资源时，先检测相应的锁定标志，若锁定标志已置位，则调用 sleep 进入睡眠，直到其他进程退出临界区后释放了锁定标志。如果系统调用 wakeup 唤醒等待该资源的进程，该进程才有进入临界区的可能。

为了给用户进程也提供相应的同步、互斥和软中断通信功能，UNIX 系统提供了相应的系统调用和实用程序。用于同步的系统调用是 wait() 和 sleep(n)，wait() 用于控制父进程等待子进程的终止，而 sleep(n) 则是使当前进程睡眠 n 秒后自动唤醒自己。系统调用 kill(pid, sig) 和 signal(sig, func) 用来传递和接收软中断信号。一个进程可调用 kill(pid, sig) 向另一个标识号为 pid 的用户进程发送软中断信号 sig，而标识号为 pid 的进程则通过 signal(sig, func) 捕捉到信号 sig 之后，执行预先约定的动作过程 func，从而达到这两个进程的通信目的。

2. 管道通信

管道和有名管道是最早的进程间通信机制之一，管道可用于具有亲缘关系进程间的通信，有名管道克服了管道没有名字的限制，因此，除具有管道所具有的功能外，它还允许无亲缘关系进程间的通信。

管道具有以下特点。

(1) 管道是半双工的，数据只能向一个方向流动。管道只能用于父子进程或者兄弟进程之间（具有亲缘关系的进程）的通信。

(2) 单独构成一种独立的文件系统。对于管道两端的进程而言，管道就是一个文件，但它不是普通的文件，它不属于某种文件系统，而是“自立门户”，单独构成一种文件系统，并只存在于内存。

(3) 数据的读出和写入由管道的两端进行，一个进程向管道的一端写入的内容被管道另一端的进程读出。

3. 进程间通信

进程间通信（IPC）是 UNIX System V 的一个核心程序包，它负责完成进程之间的大信息量的数据传输工作。UNIX System V 的 IPC 程序包由三种机构组成：①消息（message）用于进程之间分类的格式化数据；②共享存储区（shared memory）可使得不同进程通过共享彼此的虚拟空间而达到互相对共享区操作和数据通信目的；③信号量（semaphore）机制用于进程之间的同步控制。信号量总是和共享存储区方式一起使用。由于三者是作为一个整体实现的，它们有以下共同的性质。

(1) 每种机制都用如下两种基本数据结构来描述该机制：

① 索引表——其中一个表项由关键字、访问控制结构及操作状态信息组成。每个索引表项描述一个通信实例或通信实例的集合。

② 实例表——一个实例表项描述一个通信实例的有关特征。

(2) 索引表项中的关键字是一个大于 0 的整数，它用于用户选择名字。

(3) 索引表的访问控制结构中含有创建该表项的用户 id 和用户组 id。由 control 类系统调用，为用户和同组用户设置读-写-执行许可权，从而起到通信的保护作用。

(4) 每种通信机制的 control 类系统调用可用来查询索引表项中的状态，以及置状态信息或从系统中删除表项。

(5) 每种通信机制还有一个 get 类系统调用，以创建一个新的索引表项或者用于获得已建立的索引表项的描述字。

(6) 对于每一种索引表项，核心使用下列公式从描述字找到索引表项的索引值。索引值=描述字 mod（表中表项数目）。

下面，简单介绍这三种通信机制的系统调用。

1) 消息机制

消息机制提供可为 msgget、msgctl、msgsnd、msgrev 四个系统调用，这些系统调用所需的数据结构和表格都在头文件<sys/types.h>、<sys.ipc.h>和<sys/msg.h>中描述。因此，在使用各种通信机制的系统调用之前，必须包括这三个头文件。

系统调用 msgget(key, msgflg) 返回一个消息描述字 msgqid，msgqid 指定一个消息队列以便其他三个系统调用使用。key 和 msgflg 具有获取的语义。key 可以等于关键字 IPC_PRIVATE，以保证返回一个未用的空表项，key 还可以被设置成一个不存在的表项描述字的表项号。这时，只要 msgflg&IPC_CREAT 为真，则系统会生成一个新的表项并返回描述字。

系统调用 msgctl(msgqid, cmd, buf)用来设置和返回与 msgqid 相关联的参数选择项，以及用来删除消息描述字的选择项。cmd 的取值范围为{IPC_STAT, IPC_SET, IPC_RMID}。其中，IPC_SET 表示将指针 buf 中的用户 id 等读入与 msgqid 相关联的消息队列表项中；IPC_STAT 表示将与 msgqid 相关联的消息队列表项中所有当前值读入 buf 所指的用户结构中；而 IPC_RMID 则表示 msgctl 调用删除 msgqid 所对应的消息队列表项。buf 是用户空间中用于设置或读取消息队列状态的索引结构指针。

系统调用 msgsnd(msgqid, msgp, msgsz, msgflg)用于发送一消息。其中，msgqid 是 msgget 返回的消息队列描述字；msgp 是用户消息缓冲区指针；msgsz 是消息正文的长度；而 msgflg 是同步标识，规定 msgsnd 发送消息时是发送完毕后返回还是不等发送完毕立即返回(此时 msgflg&IPC_NOWAIT 为真)。

系统调用 msgrev(msgqid, msgp, msgsz, msgtyp, msgflg) 用于接收一消息。该系统调用比 msgsnd 多了一个参数 msgtyp，它规定接收消息的类型。msgtyp=0 时，表示接收与 msgqid 相关联的消息队列上第一个消息；msgtyp>0 时，表示接收与 msgqid 相关联的消息队列上 msgtyp 类型的第一个消息；而 msgtyp<0 时，表示接收小于或等于 msgtyp 绝对值的最低类型的第一个消息。此外，msgflg 指示与 msgqid 相关联的消息队列上无消息时系统应怎么办。

2)共享存储区机制

进程能够通过共享虚拟地址空间的若干部分，然后对存储在共享存储区中的数据进行读写，实现直接通信。该机制也提供了 4 个系统调用。

系统调用 shmget(key, size, flag)是建立新的共享区或返回一个已存在的共享区描述字。其中，key 是用户指定的共享区号，size 是共享区的长度，flag 与 msgget 中的 msgflg 含义相同。

系统调用 shmat(shmid, addr, flag)是将一个共享存储区附接到进程虚拟地址空间中。其中，shmid 是 shmget 返回的共享区描述字；而 addr 是将一个共享存储区附接到其上的用户虚拟地址，当 addr 等于 0 时(默认)，系统自动选择适当地址进行附接；flag 规定对此区是否是只读的，以及核心是否应对用户规定的地址作舍入操作；shmat 返回系统附接该共享区后的虚拟地址。

系统调用 shmdt(addr)是进程从其虚拟地址空间中断接一个共享存储区。其中，addr 是 shmat 返回的虚拟地址。

系统调用 shmctl(shmid, cmd, buf)是查询及设置共享存储区的状态和有关参数。其中，shmid 是共享存储区的描述字，cmd 规定操作类型，而 buf 则是用户数据结构的地址，在这个数据结构中含有该共享存储区的状态信息。

3)信号量机制

信号量机制是基于 P、V 原语原理的。UNIX System V 中一个信号量由以下几个部分组成：

(1)信号量的值，为一个大于、小于或等于0的整数。

(2)最后一个操纵信号量的进程id。

(3)等待信号量值增加的进程数。

(4)等待信号量值等于0的进程数。

信号量机制提供了相应的系统调用对信号量进行创建、控制及P、V操作。

系统调用semget(semkey, count, flag)用于产生一个信号量数组或查找已创建的信号量数组的描述字。其中，semkey是用户指定的关键字，count规定信号量数组的长度，flag为操作标志。信号量数组如图3-11所示。例如，semid=semget(SEMKEY, 2, 0777|IPC_CREAT)；就为创建一个关键字为SEMKEY的含有两个元素的信号量数组。

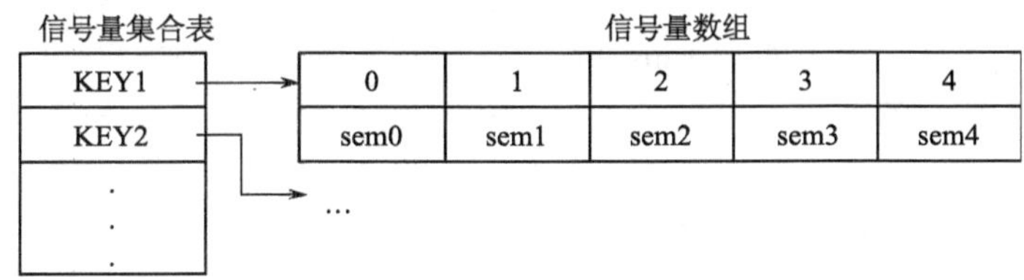

图3-11 信号量数组

系统调用semop(semid, oplist,count)用于进行P、V操作。其中，semid是semget返回的描述字，oplist是用户提供的操作数组的指针，count是该数组的大小。semop返回在该组操作中最后被操作的信号量在操作完成前的值。oplist中的每个元素包含三个内容：信号量序号、欲进行的操作值和标识。核心从用户地址空间读入信号量操作数组oplist，证实信号量序号是合法的以及进程有读或改变这些信号量的必要的许可权。核心根据欲进行的操作值改变信号量的值：

当操作值>0时，核心将该信号量增加这个值，并唤醒所有等待此信号量值增加的进程；

当操作值=0时，核心将检查该信号量的值，若不为0，则增加等待信号量值为0的睡眠进程数，并进入睡眠；否则继续下一个操作；

当操作值<0时，核心将检查该信号量的值，若大于或等于操作值的绝对值，则核心将操作值(一个负整数)加到信号量值之上；否则增加等待信号量值增加的进程数，并进入睡眠。

无论进程在信号量操作中的什么时候睡眠，它都将把已经操作了的信号量恢复到系统调用开始时的值，然后睡眠。当被唤醒时，它将重新开始执行该系统调用，这样，信号量操作是原子地完成的——或一次全部完成或完全不执行。

系统调用semctl(semid, number, cmd, arg)是对信号量进行控制操作。其中，semid是semget返回的信号量的描述字；number是对应于semid的信号量数组的序号；cmd是控制操作命令；arg是控制操作参数。系统根据cmd的值解释arg，并完成对信号量的删除、设置或读信号量的值等操作。

3.8.2 Linux进程通信

Linux支持的进程间通信手段有以下几种。

(1)管道(Pipe)及有名管道(Named Pipe)：管道可用于有亲缘关系进程间的通信，有名管道允许无亲缘关系进程间的通信。

(2) 信号(Signal)：用于一个进程通知另一个进程有事件发生。进程也可以给自己发送信号。

(3) 消息队列(Message)：消息的链接表。

(4) 信号量(Semaphore)：进程间的同步手段。

(5) 共享内存：可以使多个进程访问同一块内存空间。它是针对其他通信机制运行效率较低而设计的。

(6) 套接字(Sockets)：更为一般的进程间通信机制，可用于不同机器上的进程之间的通信。

Linux 进程通信的方式与 UNIX 系统进程通信方式大致相同。例如，在信号量机制下，Linux 在其内核中实现了信号量，使得 Linux 操作系统内核中的各个模块、驱动之间能够基于信号量进行同步和互斥。此外，Linux 对内核信号量进行了封装，为用户进程提供了信号量集的概念进行进程间的同步与互斥；系统调用格式与 UNIX 系统的调用格式相同，分别有 semget()、semctl() 和 semop() 用于信号量的操作。

其他几种方式的通信格式，读者可参照 UNIX 系统的系统调用格式，在此不再赘述。

3.8.3 Windows 同步与通信

1. Windows 2000/XP 的互斥与同步

Windows 2000/XP 中提供的进程和线程互斥和同步机制有互斥对象、信号量对象和事件对象，通过系统提供的系统调用可以使用这些对象。在使用时这些对象都有一个用户指定的对象名称，进程或线程通过对象名称来创建或打开对象，从而获得该对象的访问句柄，之后用对象句柄完成对这些对象的访问。

1) 互斥对象(Mutex)

任何时刻，互斥对象只能被一个进程或线程使用，用于进程或线程的互斥操作。相关 API 如下。

CreatMutex　创建一个互斥对象，返回一个对象句柄。

OpenMutex　打开并返回一个已存在的互斥对象句柄。

ReleaseMutex　释放对互斥对象的占用。

2) 信号量对象(Semaphore)

CreateSemaphore　创建一个信号量对象，在输入参数中指定初始值和最大值，返回一个对象句柄。

OpenSemaphore　打开并返回一个已存在的信号量对象句柄。

ReleaseSemaphore　释放对信号量对象的占用。

3) 事件对象(Event)

事件对象相当于触发器，通知线程某事件的出现。相关 API 如下。

CreateEvent　创建一个事件对象，返回一个对象句柄。

OpenEvent　打开并返回一个已存在的事件对象句柄。

SetEvent　设置事件对象为可用状态。

ResetEvent　指定事件对象为不可用状态。

PulseMutex　指定事件对象为可用状态。

WaitForSingleObject　在指定时间内等待对象为可用。

WaitForMultipleObject　在指定时间内等待多个对象为可用。

4) 临界区对象(Critical Section)

临界区对象只能用于一个进程中多个线程对临界区的互斥访问。将变量定义为 CRITICAL_SECTION 类型，对该变量的访问就可作为临界区使用。相关 API 如下。

InitializeCriticalSection　对临界区对象进行初始化。

EnterCriticalSection　等待占有临界区的使用权，得到使用权后返回。

TryCriticalSection　以非等待方式申请临界区的使用权，得到使用权后返回。

LeaveCriticalSection　释放临界区的使用权。

DeleteCriticalSection　删除与临界区有关的所有系统资源。

5) 硬件锁(Interlocked)

硬件锁相当于硬件指令，用于对整形变量的操作，可避免线程间的切换对操作连续性的影响。对硬件锁变量访问的 API 如下。

InterlockedExchange　进行 32 位数据的先读后写操作。

InterlockedCompareExchange　依据比较结果进行赋值的原子操作。

InterlockedExchangeAdd　先加后存结果的原子操作。

InterlockedDecrement　先减 1 后存结果的原子操作。

InterlockedIncrement　先加 1 后存结果的原子操作。

从本质上讲，这些互斥和同步工具的功能是相同的，区别是它们的适用场合和效率有所不同。

2. Windows 2000/XP 的进程通信

1) 消息传递机制

Windows 2000/XP 支持多个操作环境或子系统，应用程序可通过消息机制进行通信。Windows 2000/XP 的消息传递工具是本地过程调用(Local Procedure Call，LPC)，LPC 可以为同一计算机上的两个进程之间进行通信。Windows 2000/XP 使用端口对象，以建立和维护两个进程之间的连接。调用子系统的每个客户需要一个通信信道，该信道由端口提供且不能继承。Windows 2000/XP 使用两种类型的端口：连接端口和通信端口。它们事实上是相同的，但根据它们的应用场合不同而具有不同的名称。连接端口称为对象，进程可以使用该对象的一个方法来建立通信信道，以完成以下通信工作。

(1) 客户端打开子系统的连接端口对象的句柄。

(2) 客户端发送连接请求。

(3) 服务器创建两个私有通信端口，并返回其中一个句柄给客户端。

(4) 客户端和服务器使用相应端口句柄，以发送消息或句柄，并等待回答。

Windows 2000/XP 使用两种类型的端口消息传递技术，其中一个端口在客户端建立通信信道时指明。简单的消息传递技术用于中小消息的传递(最多可发送 256 字)，它使用端口消息队列来实现，它将消息从发送进程的地址空间复制到系统地址空间，再从系统地址空间复制到接受进程的地址空间；对于大消息，可通过文件映射(共享存储区)来完成。使用文件映射前，先发送一个小消息，其中包括文件映射的指针和消息的大小。使用文件映射方式传递消息比较复杂，但它避免了数据复制。

2) 文件映射

共享存储区是 Windows 2000/XP 支持的一种进程通信方式，进行通信的进程可以任意地读写共享存储区中的数据。需要注意的是，在使用共享存储区时，要用进程互斥和同步机制保证数据的一致性。在 Windows 2000/XP 中采用文件映射(File Mapping)机制来实现共享存储区。用户使用系统提供的 API 首先建立文件映射，然后在操作系统的帮助下将文件映射转换为用户进程虚拟空间的一部分，并返回该映射地址的首地址，当完成文件到进程地址空间的映射后，就可对该区域进行数据的读写操作，通过一个进程向共享存储区中写入数据，另一个进程从共享存储区读出数据，实现两个进程间大量的数据传递。具体 API 如下。

CreateFileMapping　为指定文件创建一个文件映射对象。

OpenFileMapping　打开一个文件映射对象。

MapViewOfFile　把文件映射到本进程的地址空间，返回映射地址空间的首地址。

FlushViewOfFile　把映射地址空间的内容写到物理文件中。

UnmapViewOfFile　拆除文件与本进程地址空间之间的映射关系。

CloseHandle　关闭文件映射对象。

3) 邮件槽

Windows 2000/XP 中的消息通信使用一种被称为邮件槽(Mailslot)的通信机制，该机制传递的消息不定长、不可靠，可连接本机或网络上的两个进程进行单向消息通信。由于发送消息时不需要接收方准备好，随时都可以发送，因此这种通信机制不是很可靠。邮件槽采用客户端-服务器模式，只能从客户端进程向服务器进程发送消息。邮件槽的创建由服务器进程负责，邮件槽建立后客户端进程可利用邮件槽的名字向它发送消息，而服务器进程通过从邮件槽读消息完成进程间的通信。需要注意的是，建立邮件槽是，服务器进程只能在本机上进行。具体的 API 如下。

CreateMailslot　服务器建立邮件槽，并返回对象句柄。

GetMailslotInfo　服务器查询邮件槽的信息，如消息长度、消息数目、读操作等待时限等。

SetMailslotInfo　服务器设置邮件槽的信息。

ReadFile　服务器读邮件槽中的信息。

CreateFile　客户端打开邮件槽。

WriteFile　客户端向邮件槽发送消息。

4) 管道通信

管道是一条在进程之间建立的以字节流的方式传送的通信信道。它是利用操作系统核心的缓冲区来实现的一种双向通信方式。Windows 2000/XP 中提供了无名管道和有名管道两种管道机制。

无名管道只能连接本机上的两个进程，通过一个进程向管道中写数据，另一个进程从管道中读数据完成进程间的通信。相关 API 如下。

CreatePipe　创建无名管道，并得到读句柄和写句柄。

ReadFile　用读句柄从无名管道中读出数据。

WriteFile　用写句柄向无名管道中写入数据。

有名管道采用客户端—服务器模式连接本机或网络上的两个进程，它与无名管道不同的是，它可以实现不同机器上的进程通信。有名管道的创建由服务器负责，它只能在本机上建立有名管道，有名管道建立后，客户端可以连接到其他计算机上的有名管道上。相关的 API 如下。

CreateNamedPipe　在服务器创建一个有名管道，并返回有名管道的句柄。

ConnectNamedPipe　服务器等待客户端进程对管道的访问请求。

CallNamedPipe　客户端进程建立与服务器进程的管道连接。

ReadFIle　以阻塞方式从有名管道中读出数据。

WriteFile　以阻塞方式从有名管道中写入数据。

ReadFileEx　以非阻塞方式从有名管道中读出数据。

WriteFileEx　以非阻塞方式从有名管道中写入数据。

5) 套接字

套接字 (Socket) 是一种网络通信机制，它通过网络在不同的计算机之间进行双向的信息通信。套接字可以实现不同的操作系统上进程之间的通信。为了实现不同操作系统上的进程通信，需要约定网络通信时不同层次的通信过程和通信格式，TCP/IP 协议就是一种被广泛使用的网络通信协议，大多数的操作系统都支持该协议。

BSD 套接字是基于 TCP/IP 协议的，UNIX 系统使用的就是 BSD 套接字，同时 UNIX 系统也提供了一组标准的系统调用命令来完成通信连接的维护和数据的收发。Windows 2000/XP 也提供了套接字，它除了支持标准的 BSD 套接字以外，还实现了一个真正与协议独立的应用程序编程接口，可支持多种网络通信协议。

本 章 小 结

并发进程的执行可能是无关的，也可能是交往的。交往的并发进程执行时必须进行合理的控制，否则就会出现与时间有关的错误：结果不唯一和永远等待。交往的进程主要表现在竞争资源和协作工作两方面。并发进程由于竞争资源而产生的间接制约，即互斥，并发进程由于协作工作而产生的直接制约，即同步。它们都是由于共享某些变量而引起的，这种与共享变量有关的程序段称为临界区。进程的互斥控制必须保证临界区的互斥执行。而互斥的实现可以采用软件的方法和硬件的方法，但都存在着“忙等待”的问题，影响系统的效率。从而提出了采用信号量和 P、V 操作原语的实现方法。P、V 操作可以解决互斥问题，也可以解决同步问题以及同步与互斥共存问题。必须注意，在解决同步与互斥共存问题时，对同步的私有信号量的 P 操作应安排在前执行，而对互斥的公用信号量的 P 操作安排在后执行，V 操作的顺序无关紧要。

进程通信有直接通信和间接通信两种方式。直接通信是指进程把信件直接发送给另一进程，而间接通信是指进程间通过信箱进行通信，它们均应使用相应的通信原语来实现。

死锁是由于一组进程相互等待对方所占有的资源，而出现的一种相互永远等待的现象。

死锁的四个必要条件是：互斥条件、部分分配条件、不可抢占条件和循环等待条件。死锁的解决办法有防止法(资源的静态分配法和层次分配法)、避免法(银行家算法)和死锁检测与恢复法(检测出死锁时，可采用撤销进程和剥夺资源两种方法来解决死锁问题)。

多核环境下进程同步较单核环境下较复杂，可以通过硬件锁和软件旋锁机制实现。

最后，介绍了流行的操作系统 UNIX、Linux、Windows 的进程间互斥、同步与通信技术。

拓展阅读环节：

1) Andress S. Tanenbaum, Albert S. Woodhull. Modern Operating Systems (4th Edition): 6 Deadlocks, 8 Multiple Processor Systems. Pearson, 2014.

2) William Stallings. Operating Systems: Internals and Design principles (7th Edition) : 5 Concurrency: Mutual Exclusion and Synchronization, 6 Concurrency: Deadlock and Starvation. Prentice Hall, 2012.

3) Daniel P. Bovet, Marco Cesati. 深入理解 Linux 内核：内核同步. 陈莉君，冯锐，牛欣源，译. 北京：中国电力出版社，2008.

4) John Lions. 莱昂氏 UNIX 源代码分析. 尤晋元，译. 北京：机械工业出版社，2000.

习　　题

1. 以下进程之间存在相互制约关系吗？若存在，是什么制约关系？为什么？

(1) 几个同学去图书馆借同一本书。

(2) 篮球比赛中两队同学抢篮板球。

(3) 果汁流水线生产中捣碎、消毒、罐装、装箱等各道工序。

(4) 商品的入库和出库。

(5) 工人做工和农民种粮。

2. 什么叫并发进程的执行产生与时间有关的错误？这种错误表现在哪些方面？试举例说明。

3. 什么叫临界区？对临界区的管理应符合哪些原则？

4. 传统的软件和硬件方法是可以解决临界区问题的，操作系统为什么还要提供解决临界区问题的控制机制呢？

5. 何谓进程互斥？何谓进程同步？进程互斥与进程同步的主要不同点是什么？

6. 在信号量 s 上进行 P、V 操作时，s 的值会发生变化，当 s 的值大于 0，s 的值等于 0，s 的值小于 0 时，其物理意义各是什么？

7. 若信号量 s 表示一种资源，则对 s 进行 P、V 操作的直观含义是什么？

8. 设有 N 个进程，共享一个资源 R，但每个时刻只允许一个进程使用 R。算法如下：

设置一个整型数组 flag[N]，其每个元素对应表示一个进程对 R 的使用状态，若为 0 表示该进程没有使用 R，为 1 表示该进程要求或正在使用 R，所有元素的初值均为 0。

```
process Pi
{
…
```

```
flag[i] = 1;
for (j=0; j<i; j++)
    do while (flag[i]) ;
for (j=i+1; j<N; j++)
    do while (flag[i]) ;
use resource R ;
 flag[i] = 0;
 …
}
```

试问该算法能否实现上述功能？为什么？若不能请用 P、V 操作改写上述算法。

9. 有三个进程 R, M, P，其中 R 负责从输入设备读入信息并传送给 M，M 将信息加工并传送给 P，P 将打印输出，写出下列条件下的并发进程程序描述。

(1) 一个缓冲区，其容量为 K。

(2) 两个缓冲区，每个缓冲区容量均为 K。

10. 假定一个阅览室最多可以容纳 100 人阅读，读者进入和离开阅览室时，都必须在阅览室门口的一个登记表上注册或注销。假定每次只允许一个人注册或注销，设阅览室内有 100 个座位。

(1) 试问：应编制几个程序和设置几个进程？程序和进程的对应关系如何？

(2) 试用 P、V 操作编写读者进程的同步算法。

11. 写一个用信号量解决哲学家就餐问题不产生死锁的算法。

12. 进程之间的关系如图 3-12 所示，试用 P、V 操作描述它们之间的同步。

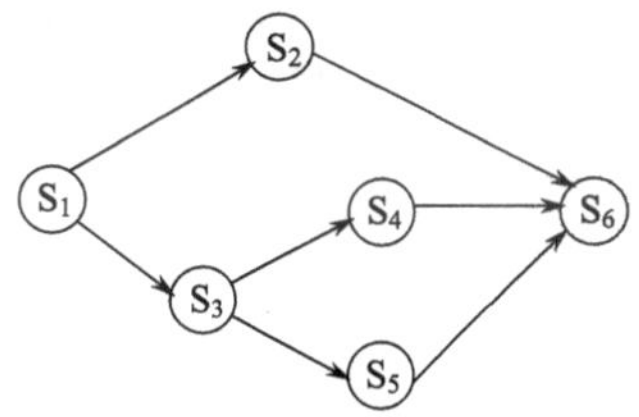

图 3-12　进程之间的关系

13. 何谓进程通信？

14. 进程通信机制中应设置哪些基本通信原语？

15. 简述两种通信方式。

16. 举例说明什么叫死锁？

17. 系统有输入机和打印机各一台，有两个进程都要使用它们，采用 P、V 操作实现请求使用和归还释放后，还会产生死锁吗？若不会，说明理由；若会，你认为应怎样来防止死锁。

18. 系统中有 5 个资源被 4 个进程所共享，如果每个进程最多需要 2 个这种资源，试问系统是否会产生死锁？

19. 若系统有同类资源 m 个，被 n 个进程共享，问：当 m>n 和 m≤n 时，每个进程最多可以请求多少个这类资源，使系统一定不会发生死锁？

20. 设系统有某类资源共 12 个，用银行家算法判断下列表 3-2 中的每个状态是否安全。如果是安全的，说明所有进程是如何能运行完毕的。如果是不安全的，说明为什么可能产生死锁。

表 3-2

状态 A			状态 B		
进程	占有资源数	最大需求	进程	占有资源数	最大需求
进程 1	2	6	进程 1	4	8
进程 2	4	7	进程 2	2	6
进程 3	5	6	进程 3	5	7
进程 4	0	2			

21. 多核系统带来的操作系统变化主要是什么？

22. 简要阐述旋锁的工作原理。

23. 进程间通信 IPC 包括哪几个部分？它们具有哪些共同性质？

24. UNIX 系统的实时控制信号的传递有哪几种方式？

25. 在 Windows 2000/XP 中若对一个临界区进行互斥访问，应使用哪个对象，又如何使用系统提供的 API？

26. Windows 2000/XP 提供了哪些进程通信工具？试述它们的适用场合。

实　　验

1. 编程模拟 P、V 操作解决生产者与消费者问题。

2. 编程实现进程之间的软中断通信。

第 4 章　处理器调度

知识要点：主要包括处理器调度层次、调度准则、常用的单处理器短程调度算法(包括：先来先服务、时间片轮转法、最短进程优先、优先级调度以及多级反馈队列轮转法)。同时介绍了多处理器调度方法，并以 UNIX、Linux 和 Windows 作为实例介绍了现代操作系统中的处理器调度方法。

预习准备：了解中断的概念和计算机中的中断系统的职能，回顾和思考自己使用的计算机中多个任务的执行情况。

兴趣实践：从模拟仿真和系统分析两个实践角度深入理解和设计操作系统的处理器调度算法，具体方式为：①在 Windows 环境下，设计并实现进程调度算法的模拟程序；②分析 Linux 操作系统的源码中处理器调度的内核函数，并修改该内核函数中的调度策略，最终通过编写用户态程序体会处理器调度策略修改后的效果。

探索思考：现代计算机多为多处理器系统，如何在保证进程并发性的同时提高系统资源的利用率？如何保证资源有效利用的同时，减少系统开销？

操作系统的重要任务之一是确保用户能充分、有效地利用系统的各类资源，而在计算机系统中，最宝贵的资源是处理器，所以操作系统要充分利用处理器的处理能力。在多道程序环境下，可能同时有数百个作业存放在磁盘的作业队列中，或者有数百个终端与主机相连接，这样一来内存和处理器等资源便供不应求。如何从这些作业中挑选进程进入主存运行、如何在进程之间分配处理器时间，无疑是操作系统资源管理中的一个重要问题。这就要求操作系统解决处理器的分配调度策略、处理冲突和资源回收等问题。由于处理机是最重要的计算机资源，提高处理机的利用率及改善系统性能(吞吐量、响应时间等)，在很大程度上取决于处理机调度性能的好坏。因此，处理机调度便成为操作系统设计的核心问题之一。

本章首先介绍处理器调度的类型，进而分别介绍单处理器、多处理器调度和实时调度的功能、标准以及单处理器和多处理器系统中典型的调度算法，最后对 UNIX、Linux 以及 Windows 系统中采用的调度算法进行分析。

4.1　处理器调度层次

处理器调度的目的是为了满足系统的运行目标(如响应时间、吞吐率、处理器效率等)，把进程按照一定的策略分派到一个或者多个处理器上运行。在许多系统中，处理器调度分为三个级别：长程调度、中程调度和短程调度。

图 4-1 给出了三级调度功能与进程状态转换的关系。长程调度发生在新进程的创建中，它决定一个进程能否被创建，或者是创建后能否被置成就绪状态，以参与竞争处理器资源

获得运行；中程调度反映到进程状态上就是挂起和解除挂起，它根据系统的当前负荷情况决定停留在主存中的进程数；短程调度则是决定哪一个就绪进程或线程占有 CPU 运行。在三级调度中，短程调度是各类操作系统必须具有的功能；在纯粹的分时或实时操作系统中，通常不需要配备长程调度；在分时系统或具有虚拟存储器的操作系统中，为了提高内存利用率和作业吞吐量，专门引进了中程调度。

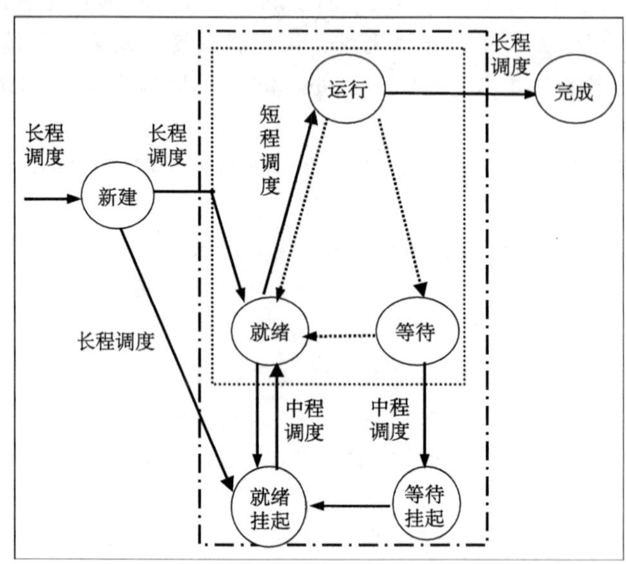

图 4-1　处理器调度层次与进程状态转换关系图

4.1.1　长程调度(Long-Term Scheduling)

长程调度也叫高级调度、宏调度或作业调度，其主要功能是根据作业控制块中的信息，按照某种原则从外存上的后备队列中选取一个或几个作业调入内存，并为它们创建进程、分配必要的资源，然后再将新创建的进程插入就绪队列。在批处理系统中有长程调度，在分时系统中一般无长程调度一说。在批处理操作系统中，作业首先进入系统在辅存上的后备作业队列等候调度，因此，长程调度是必须的，它执行的频率较低，并与到达系统的作业的数量和速率有关。长程调度的对象是作业。

4.1.2　中程调度(Medium-Term Scheduling)

中程调度又称中级调度。中程调度负责内外存之间的进程对换，以解决内存紧张的问题，即它将内存中处于等待状态的某些进程调到外存对换区，以腾出内存空间，再将外存对换区中已具备运行条件的进程重新调入内存准备运行。引入中程调度的主要目的是为了提高内存利用率和系统吞吐量。通常用“挂起”和“解挂”命令达到短期调整系统负荷的作用。所以，一个进程在运行期间可能多次从内存调进调出。

4.1.3 短程调度(Short-Term Scheduling)

短程调度也称为低级调度或进程调度，它所调度的对象是进程(或内核级线程)。它决定就绪队列中哪个进程或线程将获得处理器，并实际执行将处理器分配给该进程或者线程的工作。执行短程调度功能的程序是进程调度程序，进程调度程序的执行频率很高，典型情况几十毫秒一次，所以它必须常驻内存。进程调度是操作系统中最基本的调度，在批处理、分时和实时操作系统中都必须配置它。

1. 短程调度的功能

进程调度是由调度程序来实现的，一旦转入进程调度程序，它将执行以下功能：

(1) 保护当前正在执行进程的现场，将程序状态寄存器、指令计数器及所有通用寄存的内容放到特定单元保留起来。

(2) 查询、登记和更新进程控制块(PCB)中的相应表项，根据表项中的内容和状态，并按一定的算法，如优先权高者优先被调度的算法，从就绪进程中选择一个，并把 CPU 分配给它。

(3) 恢复被调度到的进程的原来现场(假定该进程曾占用 CPU)，从而使它按上次放弃 CPU 时的状态继续运行。

2. 短程调度的方式

调度的方式是指把 CPU 分配给进程后，它能占用多长时间。通常有两种方式：剥夺式和非剥夺式。

1) 剥夺式，又称抢占式

在这种方式下，当一个进程正在执行时，系统可以基于某种原则强行将 CPU 的控制权从当前进程转给其他进程。剥夺原则有：

(1) 优先级原则。优先级高的进程可以剥夺优先级低的进程的执行。

(2) 短进程原则。短进程到达后可以剥夺长进程的执行。

(3) 时间片原则。一个时间片用完重新调度。此调度方式用于实时、分时系统和需要及时响应的系统中。虽然剥夺式调度方式很灵活，它可以使某些紧迫的进程很快执行，但这样做显然增加了系统的开销，OS/2、Windows NT、UNIX 操作系统都采用这种方式。

2) 非剥夺式，又称非抢占式

在该方式下，进程对处理器的控制权具有独占性，除非该进程主动出让 CPU 控制权，否则其他进程不可能有机会运行。这种调度方式的优点是简单，系统开销小。但它却可能会导致系统性能的恶化，主要表现为：一个紧急任务到达时，不能立即投入执行，以致延误时机；若干个后到的短进程需要等待长进程执行完毕，致使进程的周转时间增长。

4.2 调度准则

无论是哪一个层次的处理器调度，都由操作系统的调度程序(scheduler)实施，而调度程序所使用的算法称为调度算法(scheduling algorithm)，不同类型的操作系统，其调度算法通常不同。不同的调度算法具有不同属性，且可能对某些进程更为有利。为了选择算法以适应特定情况，必须分析各个算法的特点。下面列举了比较处理器调度算法的许多准则，这些准则包括如下几个。

(1) 资源利用率——使得 CPU 或其他资源的使用率尽可能高且能够并行工作。

CPU 的利用率=CPU 有效工作时间/CPU 总的运行时间；

CPU 总的运行时间=CPU 有效工作时间+CPU 空闲等待时间。

(2) 平衡资源——调度策略应保持系统中所有资源都处于繁忙的状态，负担较重且使用资源较少的进程应受到照顾。该准则也可用于中程调度和长程调度。

(3) 响应时间——交互式进程从提交一个请求(命令)到接收到响应之间的时间间隔称响应时间。使交互式用户的响应时间尽可能短，或尽快处理实时任务，这是分时系统和实时系统衡量调度性能的一个重要指标。

(4) 周转时间——一个进程从提交到完成之间的时间间隔称周转时间，包括实际执行时间加上等待资源(包括 I/O 资源和处理器资源等)的时间。这是批处理系统衡量调度性能的一个重要指标，应使作业周转时间或平均作业周转时间尽可能短。

(5) 吞吐率——调度策略应使得每个单位时间完成的进程数最多。它取决于一个进程的平均执行长度，同时也受调度策略的影响。这个指标主要用于度量计算机可以执行多少工作。

(6) 公平性——确保每个用户每个进程获得合理的 CPU 份额或其他资源份额，不会出现饿死情况。

当然，上述目标本身就存在着矛盾之处，操作系统在设计时必须根据其类型的不同进行权衡，以达到较好的效果。

4.3　短程调度算法

在下面的章节中，将分别对单处理器系统和多处理器系统的经典短程调度算法进行介绍。如果一个计算机系统只包括一个运算处理器，称之为单处理器系统。如果有多个运算处理器，则称之为多处理器系统。

4.3.1　单处理器短程调度算法

短程调度在选择就绪进程投入运行时，可能会发现有多个进程同时处于就绪状态，因此它应按一定的原则选择一个进程，以便把 CPU 分配给它，这个原则就是进程调度算法。确定调度算法是一个复杂问题，它直接影响到操作系统的适用环境和工作效率。因此，对于不同的系统及系统目标，应采用不同的调度算法，采用什么样的算法把 CPU 分配给进程这也是进程调度的核心问题。单处理器系统中进程调度的算法很多，这里介绍几种常用的算法。

1. 先来先服务调度

先来先服务调度算法(First Come First Served scheduling algorithm，FCFS)，也称先进先出(First-In-First-Out, FIFO)或者严格排队方案，是最简单的进程调度算法。采用这种方案，先请求处理器的进程先分配到处理器，直到该进程运行结束或发生等待。先来先服务调度算法可以用队列很容易地实现。当一个进程进入就绪队列，其 PCB 链接到队列的尾部。当处理器空闲时，被分配给位于队列头的进程，直到该进程执行完或者发生等待(等待 I/O 资源)，才从队列中删除该进程。先来先服务调度算法容易实现，但效率不高，只顾及到进程等待时间，而没考虑进程要求服务时间的长短，显然这不利于短进程而优待了长进程，或者说有利于 CPU 繁忙型进程而不利于 I/O 繁忙型进程。有时为了等待长进程的执行，而使短进程的周转时间变得很大。下面通过一个例子来说明：假设有一组进程，它们在时刻 0 到达，所需占用 CPU 运行时间按 ms 计算，如表 4-1 所示。

表 4-1　先来先服务调度所需 CPU 时间

进程	所需 CPU 时间(ms)
P1	22
P2	4
P3	5

如果进程按 P1、P2、P3 的顺序到达，且按先来先服务调度算法进行处理，则得到图 4-2 所示的结果。

图 4-2　FCFS 等待时间顺序图

进程 P1 的等待时间为 0ms，进程 P2 的等待时间为 22ms，进程 P3 的等待时间为 26ms。因此，平均等待时间为(0+22+26)/3=16ms。不过，如果进程按 P2、P3、P1 的顺序调度，那么等待的顺序图如图 4-3 所示。

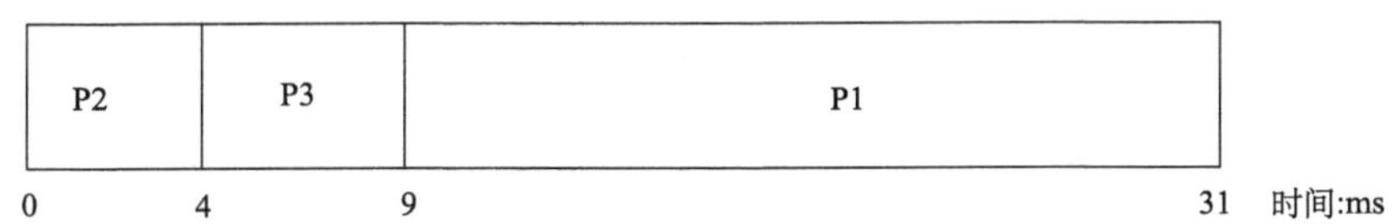

图 4-3　调整到达顺序后的等待时间顺序图

现在平均等待时间为(0+4+9)/3≈4.33 ms。这样一来大大减少了进程的平均等待时间。因此，采用先来先服务调度算法的平均等待时间比较长，且如果进程所需的 CPU 时间变化大，平均等待时间也会变化很大。此外，由于当进程在就绪队列里等待时，I/O 设备空闲，所以，先来先服务调度算法会导致 CPU 和 I/O 设备的使用率变得更低。

先来先服务调度算法是非抢占的，即一旦 CPU 被分配给了一个进程，该进程就会占有 CPU 直到程序终止或是请求 I/O，因此，先来先服务调度算法不适合分时和实时操作系统。

2. 时间片轮转法

时间片轮转法是把 CPU 根据时间片(一个较小的时间单元)按顺序赋予就绪队列中的每一个进程，即就绪队列中各进程轮流占用 CPU 执行一定的时间。若某个进程在规定时间片内未执行完毕，也必须释放 CPU，并把 CPU 分配给下一个就绪进程。轮转法是一种剥夺式调度。对于未完成执行的进程，释放 CPU 后回到就绪队列的末尾排对，等待下一轮时间片。这样一次又一次地执行，一次又一次地等待，直到该进程的任务完成。若进程由于 I/O 操作而阻塞，则应把它插入相应的阻塞队列，只有当它的 I/O 操作完成后，才能重返就绪队列的队尾继续排队，等待下一轮周期到来后再执行。时间片轮转调度算法特别适合于分时系统中使用，其难度和关键在于选择合理的时间片。

时间片轮转法的平均等待时间通常会相当长。例如：有一个进程组在时间 0 到达，每个进程所需的 CPU 时间给定，如表 4-2 所示。

表 4-2　时间片轮转法所需 CPU 时间

进程	所需 CPU 时间(ms)
P1	22
P2	3
P3	5

假设时间片的长度为 4ms，则进程 P1 获得第一个 4ms。因为 P1 需要另外的 18ms，所以在第一个时间片结束后它被抢占，CPU 被分配给队列中的下一个进程——进程 P2。因为进程 P2 不需要 4ms，所以它在时间片期满之前就退出了。然后 CPU 被分配给下一个进程——进程 P3。当每个进程都执行过一个时间片之后，CPU 返回给进程 P1。调度顺序如图 4-4 所示。

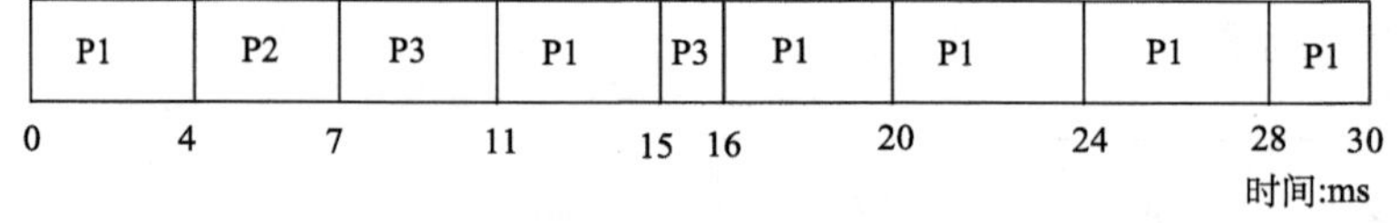

图 4-4　时间片轮转法调度示意图

平均等待时间是[(7+1)+4+(7+4)]/3=23/3 = 7.7 ms。

时间片轮转法和先来先服务调度算法非常相似，只是添加了进程间的抢占转换。时间片轮转法的性能很大程度取决于时间片的大小。如果时间片过长，时间片轮转法就变成了先来先服务调度算法，如果时间片过小，则系统会花费大部分时间用于上下文切换。事实上，绝大多数现代操作系统的时间片分配为 10 至 100ms ，上下文切换的时间一般少于 10us。因此，上下文切换的时间仅占时间片的一小部分。时间片大小设置的一个原则是系统中百分之八十的进程所需的 CPU 时间应该短于时间片的长度。

3. 最短进程优先调度

最短进程优先调度算法是一种非抢占的策略，其原则是下一次选择所需处理时间最短的进程占有 CPU 运行。因此，短进程将会跃过长进程，跳到队列的头部。最短进程优先调度算法克服了先来先服务调度算法偏爱长进程的缺点，易于实现，但效率也不高。

假设有一组进程，它们所需的 CPU 时间如表 4-3 所示，CPU 时间以 ms 计算。

表 4-3　最短进程优先调度所需 CPU 时间

进程	所需 CPU 时间(ms)
P1	6
P2	8
P3	7
P4	3

采用最短进程优先调度算法，得到如图 4-5 所示的调度顺序。

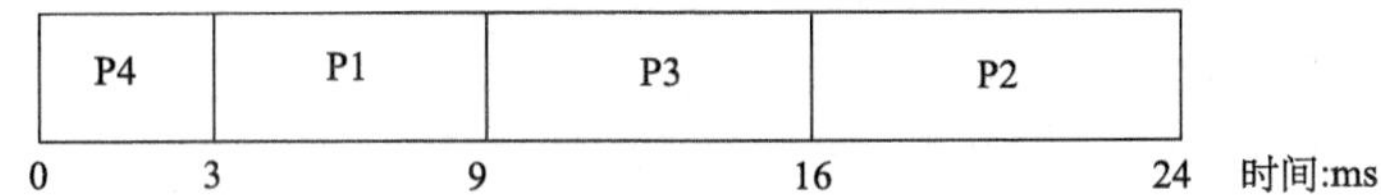

图 4-5　最短进程优先调度算法示意图

进程 P1 的等待时间是 3 ms，进程 P2 的等待时间为 16ms，进程 P3 的等待时间为 9ms，进程 P4 的等待时间为 0ms。因此，平均等待时间为(3+16+9+0)/4=7ms。如果使用先来先服务调度算法，那么平均等待时间为 10.25ms。

最短进程优先调度算法的主要弱点：一是需要预先知道进程所需的 CPU 时间，这个估计值很难精确，如果估计过低，系统就可能提前终止该进程；二是忽视了进程等待时间，由于系统不断地接受新进程，而进程调度又总是选择计算时间短的进程投入运行，因此，使进入系统时间早但计算时间长的进程等待时间过长，会出现饥饿现象；三是尽管减少了对长进程的偏爱，但由于缺少剥夺机制，对分时、实时处理仍然很不理想。

4. 优先级调度

优先级调度算法常用在批处理系统和实时系统中。它把处理器分配给就绪队列中具有最高优先级的进程，当具有最高优先级的进程有两个或者两个以上时，采用先来先服务调度算法进行调度。优先级通常是一些确定范围内的数字，比如：0～7 或 0～4095。然而，对于 0 是最高优先级还是最低优先级并没有一致的观点。有些系统使用小的数字来表示低优先级；其他的系统则使用小的数字表示高优先级。

优先级调度算法的关键在于如何确定进程的优先级，常用的有如下两种方法来确定进程的优先级。

1)静态优先级

静态优先级是在进程创建时即被确定的，在以后整个执行期间不再改变。确定进程优先级的主要依据如下。

(1)进程类型。进程的类型可分为系统进程和用户进程。通常系统进程的优先级要高于用户进程的优先级，特别是在某些系统中，某些系统进程必须赋予它一种特权，只要它需要处理器，应尽快得到满足。

(2) 进程对资源的需求。如估计执行时间、内存需要量、I/O 设备的数量等。

(3) 用户要求的优先级。根据用户作业的优先级，确定该作业所对应的进程优先级。

2) 动态优先级

动态优先级是指在进程的执行期间，按某种原则不断修改进程的优先级，优先级一般随进程的等待时间，占用 CPU 的时间的变化而变化。一般说来可根据以下原则来确定。

(1) 根据进程占用 CPU 时间的长短来确定。一个进程占用 CPU 时间越长，则在被阻塞之后再次获得调度的优先级就越低。反之就越大，这样做是防止一个长作业长期垄断处理器。

(2) 根据进程等待处理器时间的长短来决定。一个进程等待时间越长，它的优先级就越大。

由以上分析可以看出，静态优先级调度算法简单易行，但不精确。因为确定优先级所依赖的特性会随进程的推进而改变；另外，该算法可能使有些进程长期得不到处理器而处于等待状态。动态优先级调度算法虽可获得良好的调度性能，但需要系统经常计算更新进程的动态优先级，这样显然增加了系统的开销。

优先级调度算法的主要问题是会导致无穷阻塞 (indefinite blocking) 或饥饿 (starvation)。无穷阻塞是指某个低优先级进程无穷等待 CPU。通常无穷等待会发生两种情况：要么进程最终能在系统为轻负荷时运行，要么系统最终崩溃并失去所有未完成的低优先级进程。

低优先级进程无穷等待问题的解决之一是老化 (aging)。老化是一种技术，以逐渐增加在系统中等待很长时间的进程的优先级。例如，如果优先级为从 127 (低) 到 0 (高)，那么可以每 15 分钟递减等待进程的优先级的值。最终初始优先级值为 127 的进程会有最高优先级并能执行。这样，不超过 32 小时，优先级为 127 的进程会老化为优先级为 0 的进程。

5. 多级反馈队列轮换法

多级反馈队列轮换法就是把时间片轮转法中的单就绪队列改为双就绪队列或多就绪队列，并赋给每个队列不同的优先权。进程调度首先调用高优先权队列中的进程占用 CPU 并执行，当高优先权队列中的进程已全部完成或因其他事件而无进程可执行时，才能去处理低优先权队列中的进程。多级反馈队列轮换法调度的示意图如图 4-6 所示。多级反馈队列轮换法的组织特点是：

(1) 每个队列中的就绪进程按“先来先服务”的原则获得 CPU。

(2) 多个队列之间的关系是：获得 CPU 的优先权按序数上升而递减，而时间片的长度则按序数上升而递增。处于序数较小队列中的就绪进程，其获得 CPU 的优先权要比序数较大的队列中的就绪进程高，但获得 CPU 的时间片要比后者短。

(3) 每一个获得 CPU 的进程，当它用完对应时间片后，如果还未完成，则应强迫它释放 CPU，而且被排入下一级 (序数增加 1) 的就绪队列中，即它的优先权降低一级，但在下次获得 CPU 时，其时间片大小增加一级。

(4) 阻塞队列的进程转为就绪状态时，应将其安排在序数较小的就绪队列中。当分给它的 CPU 时间用完后，若还未完成，就强迫它释放 CPU，并到下一级的就绪队列中排队。

(5) CPU 空闲时，进程调度总是先调度序数较小队列中的进程，只有该队列中已无进程可调度时，才去调度序数较大的就绪队列中的进程，这样可进一步提高系统的服务质量。

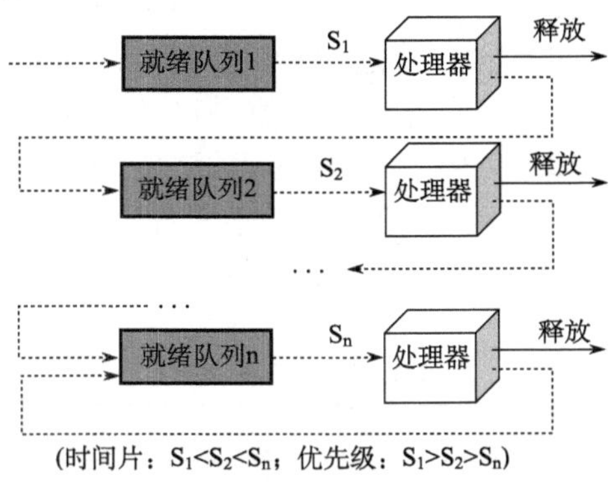

图 4-6　多级反馈队列轮换法调度示意图

多级反馈队列轮换法调度的定义使它成为最通用的 CPU 调度算法。它可被配置以适应特定的系统设计。不幸的是，由于需要一些方法来选择参数以定义最佳的调度程序，因此它也是最复杂的算法。

4.3.2　多处理器短程调度算法

一些计算机系统包括多个处理器，目前应用较多的、较为流行的多处理器系统有如下几种。

(1) 专门功能的处理器：有一个通用的主处理器，专用处理器受主处理器的控制，并为主处理器服务，如：I/O 处理器。

(2) 松散耦合多处理器系统：由一系列相对自治的系统组成，每个处理器拥有自己的主存和 I/O 通道，如：cluster。

(3) 紧密耦合多处理器系统：它由一系列共享同一个主存的一组处理器组成。

本节所关注的是紧密耦合多处理器系统，特别是与调度有关的问题。在介绍具体调度算法之前，先介绍几个相关的概念。

1. 同步的粒度

同步的粒度，就是系统中多个进程之间同步的频率，它是刻画多处理器系统特征和描述进程并发度的一个重要指标。一般来说，可以根据进程或线程之间同步的周期(即每间隔多少条指令发生一次同步事件)，把同步的粒度划分成以下 5 个层次：

(1) 细粒度(fine-grained)：同步周期小于 20 条指令。这类并行操作非常复杂，比线程中的并行更加复杂，类似于多指令并行执行。它属于超高并行度的应用，目前有很多不同的解决方案，本书不涉及这些解决方案，有兴趣的可以参见有关资料。

(2) 中粒度(medium-grained)：同步周期为 20～200 条指令。此类应用适合用多线程技术实现，即一个进程包括多个线程，多线程并发或并行执行，以降低操作系统在切换和通信上的代价。

(3) 粗粒度(coarse-grained)：同步周期为 200～2000 条指令。此类应用可以用多进程并发程序设计来实现。

(4) 超粗粒度(very coarse-grained)：同步周期为 2000 条指令以上。由于进程之间的交互非常不频繁，因此，这一类应用可以在分布式环境中通过网络实现并发执行。

(5) 独立(independent)：进程或线程之间不存在同步，如独立的作业或应用程序。

不同粒度的并行如表 4-4 所示。无论是有独立并行性的进程，还是具有粗粒度和超粗粒度并行性的进程，在多处理器环境中的调度原则和多道程序系统并没有太大的区别。但在多处理器环境中，一个应用的多个线程之间交互非常频繁，针对一个线程的调度策略可能影响到整个应用的性能。因此，在多处理器环境中，主要关注的是线程的调度。

表 4-4　同步粒度和进程

粒度大小	说明	同步间隔(指令)
细粒度	单指令流中固有的并行	<20
中粒度	在一个单独应用中的并行处理或多任务处理	20～200
粗粒度	在多道程序环境中并发进程的处理	200～2000
超粗粒度	在网络节点上进行分布处理，以形成一个计算环境	2000～1M
独立	多个无关进程	(N/A)

2. 处理器亲和性

处理器亲和性又称处理器关联，就是进程要在某个给定的 CPU 上尽量长时间地运行而不被迁移到其他处理器的倾向性。队列中的每一个任务(进程或线程)都有一个标签来指定它们倾向的处理器。在分配处理器的阶段，每个任务就会分配到它们所倾向的处理器上。

处理器亲和性利用了这样一个事实，就是进程上一次运行后的残余信息会保留在该处理器所指定的缓存中。如果下一次仍然将该进程调度到同一个处理器上，就能避免如缓存未命中等一些不好的情况发生，使得进程的运行更加高效。

调度算法对于处理器亲和性的支持各不相同。有些调度算法在它认为合适的情况下允许把一个任务调度到不同的处理器上。比如当两个计算密集型的任务(A 和 B)同时对一个处理器具有亲和性时，另外一个处理器可能就被闲置了。这种情况下许多调度算法会把任务 B 调度到第二个处理器上，使得多处理器的利用更加充分。

处理器亲和性能够有效地提高高速缓存的命中率，但却不能缓解负载不均衡的问题。而且，在异构系统中，处理器亲和性问题变得比较复杂。

3. 处理器的负载平衡

负载平衡(load balancing) 的思想是将工作负载平均地分配到系统中的所有处理器上，保持所有处理器的工作负载平衡，充分利用多处理器的优点，避免一个或多个处理器空闲，而其他处理器处于高工作负载状态，并有一系列进程在等待 CPU。值得注意的是，负载平衡通常只是对那些拥有自己私有的可执行进程的处理器而言是必要的。在具有共同就绪进程队列的系统中，通常不需要考虑负载平衡，因为一旦处理器空闲，它立刻从共同就绪进程队列中取走一个可执行进程。但在绝大多数支持对称多处理器的当代操作系统中，每个处理器都具有一个可执行进程的私有队列。因此有必要考虑这些系统中的负载平衡问题。

保证负载平衡通常有两种方法：推转移(push migration)和拉转移(pull migration)。推转移主要依靠一个特定的进程周期性地检查每个处理器上的负载，如果发现不平衡，即通过将进程从超载处理器推送到空闲或不太忙的处理器，从而平均地分配负载。当空闲处理器从一个忙的处理器上拉一个等待任务时，发生拉转移。

从前面的分析可以看出，负载平衡和处理器亲和性往往很难权衡。因此，在某些系统中，空闲的处理器常会从非空闲的处理器中拉进程，而在另一些系统中，只有当不平衡达到一定程度后才会移动进程。

4. 多处理器调度考虑的问题

多处理器调度涉及如下三个方面的问题：

(1) 如何为进程分配处理器。

(2) 是否在单个处理器上支持多道程序设计。

(3) 如何指派进程。

这三个问题的处理方法通常取决于应用程序的粒度等级和可用处理器的数目。

1) 如何把进程分配到处理器上

假定在多处理器系统中所有的处理器都是对等的，即对主存和 I/O 设备的访问方式相同，那么，最简单的调度方法就是将所有的处理器看作一个资源池，并按照要求将进程分配给相应的处理器。接下来的问题是分配的过程应该是静态的还是动态的？第一种分配策略是静态分配策略，把一个进程永久地分配给一个处理器，分配在进程创建时执行，每个处理器对应一个进程调度队列。这种分配策略的优点是调度的开销比较小，因为对于所有的进程，只进行一次处理器分配。这种方法的缺点是容易造成在一些处理器忙碌时另一些处理器空闲。第二种分配策略是动态分配策略，所有处理器共用一个就绪进程队列，当某一个处理器空闲时，就选择一个就绪进程占有该处理器运行，这样，一个进程就可以在任意时间在任意处理器上运行。对于紧密耦合的共享内存的多处理器系统来说，由于所有处理器的现场相同，因此，采用此策略时进程调度实现较为方便，效率也较高。

无论采取哪一种分配策略，操作系统都必须提供一些机制来执行分配和调度，那么，操作系统程序在多处理器系统中又是怎样分布呢？方法之一是采用主从式(master/slave)管理结构，操作系统的核心部分运行在一个特殊的处理器上，其他处理器运行用户程序，当用户程序需要请求操作系统服务时，请求将被传递到主处理器上的操作系统。显然这种方式实现较为简单，并且比多道程序系统的调度效率高，但也有两个缺点：①整个系统的稳定性与在主处理器上运行的操作系统程序关系过大；②主处理器极易成为系统性能的瓶颈。因此，还可以采用分布式(peer-to-peer)管理结构，在此种管理结构下，操作系统可以在所有处理器上执行，每一个处理器也可以自我调度。这种方式虽然比较灵活，但实现比较复杂，操作系统本身也需要同步。作为前面两种方法的折中，可以把操作系统内核分成几部分，允许分别放在不同的处理器上执行。

2) 是否要在单个处理器上支持多道程序设计

如果一个进程在整个生命周期中被静态地分配给了一个处理器，而该处理器又不支持多道程序设计的话，就会出现该进程因为等待 I/O 或者考虑到并发/同步而频繁地被阻塞，则会浪费系统资源。对于独立、超粗粒度和粗粒度并行性的进程来说，需要在单个处理器上支持多道程序设计，使得单个处理器能够在多进程间切换，以达到较高的资源使用率和更好的性能。但是对于中粒度并行性的进程来说，则不一定要在单个处理器上支持多道程序设计。当很多的处理器可用时，尽可能地使单个处理器繁忙不是那么重要，系统要追求的是如何给应用提供最好的平均性能，并非是让每个处理器都十分忙碌。

3) 如何指派进程

与多处理器调度相关的最后一个问题是选择哪一个进程运行。在单处理器的进程调度中讨论了很多复杂的调度算法，考虑因素全面的调度算法往往可以取得比较好的系统性能，但是在多处理器环境中这些复杂的算法往往不能取得好的效果，调度策略的目标是简单有效且实现代价低，线程的调度尤其是这样。

5. 多处理器调度算法

随着处理器数目的增多，调度原则的选择不像在单处理器中那么重要。因此，在大多数采取动态分配策略的多处理器系统中，进程调度算法往往采用最简单的先来先服务算法或优先数算法，就绪进程组成一个队列或多个按照优先级排列的队列。多处理器调度的主要研究对象是线程调度算法。下面讨论几种经典的调度算法。

1) 负载共享调度算法

负载共享调度(load sharing)算法的基本思想是：操作系统维护一个全局共享的就绪线程队列，同时还为每一个处理器维护一个本地的就绪线程队列，其中包括了一些临时绑定到该处理器上的就绪线程，处理器调度时首先检查本地就绪线程队列，选择绑定线程，如没有，才到全局就绪线程队列中选择未绑定线程，使得绑定的线程的优先级绝对高于未绑定的线程。负载共享调度算法是最简单的多处理器调度算法，可以直接引用单处理器环境中的调度算法。

Leutenegger 和 Vernon 分析了三种不同的线程负载分配算法：①先来先服务，用户进程到达时，它的所有线程被连续地排到就绪队列尾，依先后次序被调度执行；②最少线程数优先，共享就绪队列组织成一个优先级队列，如果一个用户进程包含的未被调度的线程数最少，则给它指定最高优先数，被优先调度执行；③有剥夺的最少线程数优先。刚到达的用户进程的线程数少于执行的进程的线程数时，前者有权剥夺后者。这类算法有如下优点：

(1) 把负载均分到所有的可用处理器上，确保当有工作可做时，没有处理器是空闲的，从而保证了处理器效率的提高。

(2) 不需要一个集中的调度程序，一旦一个处理器空闲，操作系统的调度程序就可以运行在该处理器上以选择下一个线程。

(3) 运行线程的选择可以采用前面介绍的各种单处理器进程调度策略(如：先来先服务、轮转法、优先级调度等)。

这类算法也有如下不足：

(1) 就绪线程队列必须被互斥访问，当系统包括很多处理器，并且同时有多个处理器同时挑选运行线程时，它将成为性能的瓶颈。

(2) 被抢占的线程可能不在同一个处理器上恢复运行，因此，当处理器带有高速缓存时，恢复高速缓存的信息会增加系统的开销，降低系统的性能。

(3) 如果所有的线程都被放在一个公共的线程池中的话，则一个程序的所有线程不可能都同时获得处理器。如果一个程序的线程间需要高度的合作，则所涉及的进程切换就会严重影响性能。

尽管有这样一些缺点，负载共享调度算法依然是多处理器系统使用最多的线程调度算法，如著名的 Mach 操作系统。

2)组调度算法

组调度(gang scheduling)算法的基本思想是：把一组进程在同一时间一次性调度到一组处理器上运行。它具有以下的优点：

(1)当紧密相关的进程并行执行时，同步造成的等待将减少，并且可能只需要很少的进程切换，使进程切换的开销减小。

(2)由于一次性同时调度一组处理器，一个决策可以同时影响许多处理器和进程，调度的开销也将减少。

(3)合作线程的同时调度还可以节省资源分配的时间，如：多个组调度的线程可以访问同一个文件，而不需要在执行定位、读、写操作时进行锁定和解锁的额外开销。

但是，组调度引发了对处理器分配的要求，如果有 N 个处理器和 M 个应用程序，每个应用程序有最多 N 个线程，那么，使用时间片，每个应用程序将被给予 N 个处理器中可用时间的 1/M，这个分配策略可能效率不高。如图 4-7 所示的两个应用程序，应用程序 A 有 4 个线程，应用程序 B 有 1 个线程。若使用统一的时间分配，每个应用程序可获得 50%的 CPU 时间，由于后一个线程运行时，有三个处理器是空闲的，于是浪费的 CPU 资源为 37.5%。如果采用另一种称为“线程数加权调度法”的统一时间分配方法，即给应用程序 A 分 4/5 的 CPU 时间，给应用程序 B 分 1/5 的 CPU 时间，则处理器时间浪费可降到 15%。从上面两个优点来看，组调度算法针对多线程并行执行的单个应用来说具有较好的效率，因此，它被广泛应用在支持细粒度和中粒度并行的多处理器系统中。

统一划分

	应用程序A	应用程序B
CPU1	应用程序A线程1	应用程序B线程1
CPU2	应用程序A线程2	空闲
CPU3	应用程序A线程3	空闲
CPU4	应用程序A线程4	空闲
	1/2	1/2

浪费37.5%

线程数加权调度法

	应用程序A	应用程序B
CPU1	应用程序A 线程1	应用程序 B线程1
CPU2	应用程序A线程2	空闲
CPU3	应用程序A线程3	空闲
CPU4	应用程序A线程4	空闲
	4/5	1/5

浪费15%

图 4-7　4 个线程和 1 个线程的组调度例子

3)专用处理器分配调度算法

专用处理器分配(dedicated processor assignment)调度算法的基本思想是：在一个应用程序执行期间，给一个应用专门指派一组处理器，一旦一个应用被调度，它的每一个线程被分配一个处理器并一直占有这个处理器运行直到整个应用程序运行结束。采用这一算法之后，这些处理器将不使用多道程序设计，即该应用程序的一个线程阻塞后，该线程对应的处理器不会被调度给其他线程，而将处于空闲状态。这种方法看上去很浪费处理器时间，但它是基于如下两个方面的考虑：

(1) 对于高度并行的计算机系统来说，可能包括几十或数百个处理器，每个处理器只占系统总代价的一小部分，处理器的使用率不再是衡量算法有效性的唯一标准。

(2) 在一个应用进程的整个生命周期中避免进程调度和切换会加快程序的速度。

这类调度算法追求的是通过高度并行来达到最快的执行速度，适用于高度并行的计算机系统的调度。

4.4 实时调度

实时系统在日常的生产和生活中发挥着越来越重要的作用，如：实时控制、空中交通管制、军事指挥和控制系统，电信系统以及自动驾驶汽车等。操作系统是实时系统中最重要的部分之一。它负责在用户要求的时限内进行任务的处理和控制。

4.4.1 实时调度算法的特点

实时系统和其他系统的主要区别在于，其处理和控制的正确性不仅仅取决于计算的逻辑结果，而且取决于计算和处理结果产生的时间。根据所处理的外部事件的时限要求，实时系统中处理的外部事件可分为硬实时任务(hard real time task)和软实时任务(soft real time task)。硬实时任务要求系统必须完全满足任务的时限要求。软实时任务则允许系统对任务的时限要求有一定的延迟，其时间要求只是一个相对条件。

实时系统要响应的事件可以进一步划分为周期性(每隔一段固定的时间发生)事件和非周期性(在不可预测的时间发生)事件。对于非周期性事件，存在一个开始处理或者完成的时限，而周期性事件只要求在周期 T 内完成或者开始去处理。

一般说来，实时系统具有如下 5 个特点：

(1) 有限等待时间(决定性)。与分时系统的多个进程并发执行相比，分时系统中并发执行的进程具有不确定性，其执行顺序和执行环境有关。而实时系统则不然，它要求所有的进程在处理事件时，都必须在有限的时间内开始处理。这一特性又被称为实时系统的决定性特性。

(2) 有限响应时间。实时系统的有限响应时间是指从系统响应外部事件开始，必须在有限时间内处理完毕。

(3) 用户控制。在分时系统中，用户不能参与对进程调度的控制。在实时系统中，用户可以控制进程的优先级并选择相应的调度算法，从而达到对进程执行先后顺序的控制。

(4) 可靠性高。实时系统主要是对外部事件进行处理和控制，因此不允许出现控制错误，也不能像分时系统那样，用户可以用重新启动计算机系统等措施来处理系统出错。

(5) 系统处理出错能力强。实时系统要求系统在出错时，既能够处理所发生的错误，又不能影响当时正在执行的用户应用程序。

实时系统上述特性要求它必须具有如下三个方面的处理能力。

1) 快速的进程和线程切换速度

进程或线程切换速度是实时系统设计的核心。与分时系统不同，公平性和最小平均响应时间等指标在实时系统中并不重要，实时系统中调度算法的设计原则是满足所有硬实时任务的处理时限和尽可能多地满足软实时任务的处理时限。

2) 快速的外部中断响应能力

为使在紧迫的外部事件请求中断时系统能及时响应，要求系统具有快速硬件中断机构，还应使禁止中断的时间间隔尽量短，以免耽误时机。

3) 基于优先级的随时抢先式调度策略

在含有硬实时任务的实时系统中，广泛采用抢占机制。当一个优先权更高的任务到达时，允许将当前任务暂时挂起，而令高优先权任务立即投入运行，这样便可满足该硬实时任务对截止时间的要求。但这种调度机制比较复杂。

对于一些小型实时系统，如果能预知任务的开始截止时间，则对实时任务的调度可采用非抢占调度机制，以简化调度程序和对任务调度时所花费的系统开销。但在设计这种调度机制时，应使所有的实时任务都比较小，并在执行完关键性程序和临界区后，能及时地将自己阻塞起来，以便释放出处理机，供调度程序去调度那种截止时间即将到达的任务。

4.4.2　实时调度算法的分类

可以按不同方式对实时调度算法加以分类，如根据实时任务性质的不同，可将实时调度的算法分为硬实时调度算法和软实时调度算法；而按调度方式的不同，又可分为非抢占调度算法和抢占调度算法；还可因调度程序调度时间的不同而分成静态调度算法和动态调度算法。这里，我们根据：①系统是否执行可调度性分析；②是静态的还是动态的；③是否会根据运行时分派的任务产生一个调度或计划，将实时调度算法分为 4 类。

1) 静态表格驱动类

这类实时调度算法对可能的调度条件和参数进行静态分析，并将分析结果作为实际调度结果。这类调度方法多用于调度处理周期性任务，其主要分析参数为周期、执行时间、周期性结束时限和任务优先级等。比如：最早时限优先法是比较典型的静态表格驱动算法(最早时限优先法是优先调度时限最早的任务获得处理器的一种调度方法)。

2) 静态优先级驱动抢占调度类

该类调度算法与非实时多通道程序设计系统中的优先级驱动的抢占式调度所用的机制相同，只是在实时系统中，优先级的分配与每个任务的时间约束相关。该类算法也进行静态分析，不过，它们的静态分析不直接产生调度结果，而只用来指定任务的优先级。频率单调调度算法就是一种静态优先级驱动的抢先式调度算法。

3) 基于动态规划调度的调度类

该类调度算法在调度任务执行之前排出调度计划，并分析计划的调度结果是否使得任务所要求的处理时限得到满足。如果能够满足，则按调度计划执行，否则修改调度计划。

4) 动态尽力调度类

当一个任务到达时，该系统根据任务的特性给它指定一个优先级，并使用某种形式的时限调度。一般情况下，这些任务是非周期性的，因此不可能进行静态分析。对于这类调度，直到到达最后期限或者直到任务完成，都不知道是否满足时间约束，这是这类调度算法的主要缺点，它的优点是易于实现。这类调度算法是当前许多商用实时系统常使用的方法。

4.4.3 常用的实时调度算法

目前已有许多用于实时系统的调度算法，其中有的算法仅适用于抢占式或非抢占式调度，而有的算法则既适用于非抢占式，也适用于抢占式调度方式。在常用的几种算法中，它们都是基于任务的优先权，并根据确定优先级方法的不同而又形成不同的实时调度算法。下面介绍几种典型的实时调度算法。

1. 频率单调调度算法

频率单调调度算法是目前被广泛用于多周期性实时处理的调度算法，其基本思想是：为每个进程分配一个与事件发生频率成正比的优先数，运行频率越高(运行周期越短)的进程其优先级就越高，系统优先调度优先级高的进程占有处理器运行。例如，周期为 20ms 的进程优先级为 50，周期为 100ms 的进程优先级为 10，运行时调度程序总是调度优先数最高的就绪进程，并采用抢占式分配策略。

2. 时限调度算法

时限调度算法是一种以满足用户要求的时限为调度原则的算法，其基本思想是：按用户的时限要求顺序设置优先级，优先级高者占据处理器，即时限要求最近的任务优先占有处理器。在实时系统中的用户要求时限有两种：处理开始时限和处理结束时限。时限调度算法可以使用任意一种时限。时限调度算法属于抢占式调度。抢占式时限调度算法必须把新到达的任务的时限要求和当前正在执行的任务的时限要求进行比较，如果新到达的任务的时限要求更近，则应执行新到达的任务。时限调度算法需要输入的信息包括如下 6 种：

(1) 任务就绪时间或事件到达时间：进程进入就绪状态，可以被调度执行的时间。对于周期性任务来说，该时间是可以预知的，因为时间间隔是周期性的。而对于非周期性的任务来说，这些时间大部分时候是不可预知的，需要事件发生来驱动。

(2) 开始时限：处理器必须开始对任务进行处理的时限。

(3) 完成时限：任务必须完成的时间。

(4) 处理时间：完成相关任务所需占用处理器的时间。

(5) 资源需求：除了处理器之外的其他软硬件资源。如果所处理的任务除了处理器之外还需要其他的软硬件资源，则调度算法会相应复杂很多。

(6) 优先级：优先级可由分析计算后获得，也可根据时限要求，由用户指定。

下面举例说明使用时限调度算法调度周期性实时任务的过程。设实时系统从两个不同的数据源 DA 和 DB 周期性地收集数据并进行处理，其中 DA 的时限要求以 30ms 为周期，DB 的时限要求以 75ms 为周期。设 DA 所需处理时限为 15ms，DB 所需处理时限为 38ms，则与 DA 和 DB 有关的进程的事件发生时限(就绪时限)、执行时限以及结束时限如表 4-5 所示。

表 4-5　周期性任务的预计发生、执行与结束时限

进程	事件发生时间	执行时限	结束时限
DA(1)	0	15	30
DA(2)	30	15	60
DA(3)	60	15	90
…	…	…	…
DB(1)	0	38	75
DB(2)	75	38	150
DB(3)	150	38	225
…	…	…	…

如果使用时限调度算法，并按照最近结束时间优先级最高的方法进行排列，可以给出如图 4-8 所示的进程的调度顺序和相对时间。从图 4-8 可以看出，在开始时，进程 DA(1)的结束时限最近，从而调度进程 DA(1)执行。DA(1)的结束时间为 15，小于 30 的时限要求接着进程 DB(1)被调度执行，执行到时间为 30ms 时，进程 DA(2)进入就绪状态。由于 DA(2)的结束时限为 60，比 DB(1)的结束时限 75 更近，从而 DB(1)被 DA(2)抢先。DA(2)的实际结束时间为 45，小于要求时限 60。DA(2)结束之后，DB(1)再次占有处理器继续执行，当 DB(1)执行到时间为 60ms 时，进程 DA(3)进入就绪状态。但是，由于 DA(3)的结束时限为 90，比 DB(1)的结束时限 75 远，因此 DB(1)继续执行。

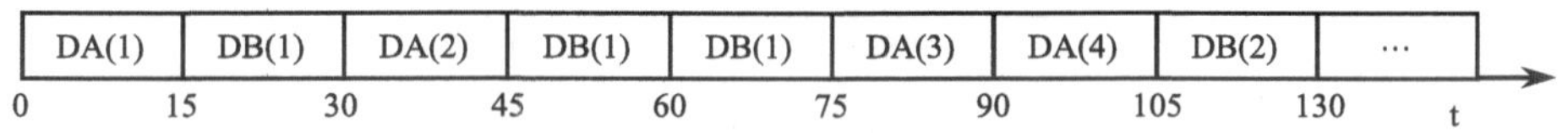

图 4-8　时限调度算法给出的调度顺序

以上是时限调度用于周期性任务调度的例子，时限调度算法同样可以用于非周期性的任务调度，这里就不再举例说明了。

3. *最少裕度法*

最少裕度法的基本思想是：首先计算各个进程的富裕时间，即裕度(laxity)，然后选择裕度最少的进程执行。计算公式为：裕度=截止时间–(就绪时间+计算时间)，裕度小说明很紧迫了，就绪后让它尽快运行。

4.5　传统 UNIX 单处理器调度方法

传统 UNIX 系统的进程调度采用多级反馈轮转调度法。这种调度方法的思想是：操作系统从就绪进程中选择优先级最高且就绪时间最长的进程投入执行，并分给进程一个时间片，当正在执行的进程因等待系统资源进入睡眠或执行完其时间片时，内核就将该进程反馈到若干优先级队列中的某一个队列，并调度下一个“合格”的进程执行。若没有合格的进程，内核则休闲(idle)，直到下次中断，下次中断最迟发生在下一个时钟中断时。在处理完中断后，内核再次调度一个进程执行。一个进程在它执行结束之前，可能需要多次通过"反馈轮转"，当内核进行进程切换和恢复一个进程的上下文时，该进程就从它原来被挂起的地方继续执行。

每个进程都有一个优先权域，在用户态下的进程的优先权是它最近使用 CPU 时间的函数，最近使用过较多 CPU 时间的进程优先权较低。进程优先权范围分为：用户优先权和核心优先权两种。每种优先权有若干优先权值(或称为优先数)，每个优先权都有一个逻辑上与它相关联的进程队列，如图 4-9 所示。具有用户级优先权的进程在它们从内核态返回到用户态时被抢先，而得到它们的用户级优先权；而具有内核级优先权的进程是在进入睡眠时得到内核级优先权的。用户级优先权低于某个阈值，而内核级优先权高于该阈值。内核级优先权又可进一步划分为不可中断优先权和可中断优先权。这里的"中断"是指中断进程的睡眠过程。进程在进入系统调用后会因为等待资源而睡眠，这时如果收到一个软中断信号，具有可中断优先权的进程可被唤醒，也就是说，可中断本次系统调用或资源等待，而具有不可中断优先权的进程却继续睡眠。

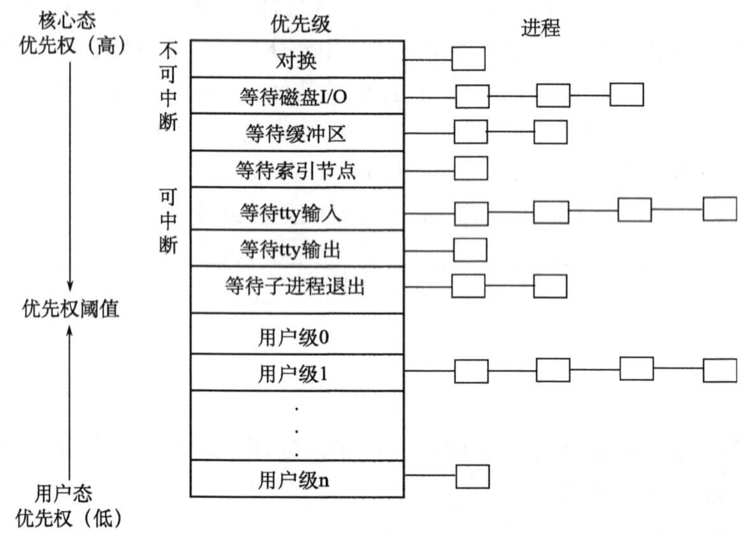

图 4-9　进程优先权范围示意图

内核遵循下列原则和进程状态计算一个进程的优先权如下：

(1) 内核根据睡眠的原因将一个固定的优先权值赋予一个即将进入睡眠的进程。较容易引起系统瓶颈的进程优先权高。例如：一个睡眠等待磁盘 I/O 的进程比等待一个缓冲区的进程具有较高的优先权。因为，等待磁盘 I/O 完成的进程已经有了缓冲区，当它醒来时，它就有机会做足够的处理，从而释放缓冲区和可能的其他资源。它释放的资源越多，其他进程等待资源的几率就越小。

(2) 内核调整内核态返回用户态的进程优先权。该进程以前可能经历了睡眠状态，其优先权已变到一个核心优先权，因此必须在返回用户态时被降低到用户级优先权。同时，为对其他进程公平起见，内核要降低该进程的优先权，因为它刚刚占用过宝贵的核心资源。

(3) 时钟处理程序以 1 秒钟的间隔调整用户态下的所有进程的优先权，同时运行调度程序，以防止某个进程垄断 CPU 的使用。

4.6　Windows 2000/XP 处理器调度方法

Windows 2000/XP 处理器调度的对象是线程，也称为线程调度。Windows 2000/XP 被设计成在高度交互环境中或者作为服务器尽可能地响应单个用户的需求，它采用了一种优先级驱动的抢占式调度策略，具有灵活的优先级系统。在每一优先级上都包括了轮转调度方法，在某些级上，优先级可以基于当前的线程活动而动态变化。系统总是运行优先级最高的就绪线程。一般情况下，线程可在任何可用的处理器上运行，也可限制某线程只能在某处理器上运行。

4.6.1　线程优先级

Windows 2000/XP 调度程序采用 32 级优先级方案以确定线程执行的顺序，包括多个优先级层次，在某些层次线程的优先数是固定的，在另一些层次线程的优先数将根据执行的情况动态地调整。它的调度策略是一个动态优先数多级反馈队列，每个优先数都对应于一个就绪队列，而每一个进程队列中的进程按照时间片方式轮转调度。

优先级的范围从 0 到 31。它们被分成三大类型，如图 4-10 所示。

(1) 实时优先级(优先数从 31～16)：用于实时任务。当一个线程被赋予一个实时优先数，在执行过程中这一优先数是不可变的，一旦一个就绪线程的实时优先数比运行线程高，它将抢占处理器运行。

(2) 可变优先数(优先数从 15～1)：用于用户提交的交互式任务。具有这一层次优先数的线程可以根据执行过程中的具体情况动态地调整优先数，但是不能超过 15，也就是说可变线程的优先级不能升到实时类的任何级中。

(3) 系统线程优先级(0)：用于内存管理，即对系统中空闲物理页面进行清零的零页线程。

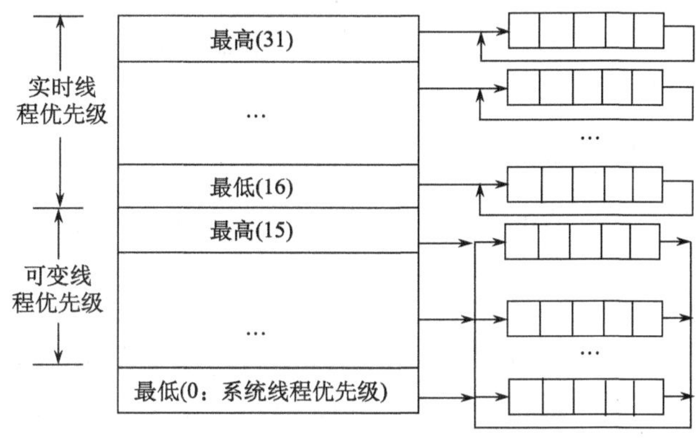

图 4-10　Windows 线程调度优先级

调度程序为每个调度优先级创建一个队列，从高到低检查队列，直到它发现一个线程可以执行。在 Windows 2000/XP 系统中，具有实时优先级的线程优先于其他线程。在单处理器系统中，当一个线程就绪时，如果它的优先级高于当前正在执行的线程，那么低优先级的线程被抢占，具有更高优先级的进程占有处理器。

对于可变优先级所对应的线程，它最初的优先级是由两个因素确定的：进程的基本优先级和线程的基本优先级。进程的基本优先级可以取 0～15 的任意值。线程的基本优先级是指该线程相对于它的进程的基本优先级，它的值可以等于它的进程的基本优先级，或者比进程的基本优先级高 2 级或低 2 级，即线程的基本优先级的取值范围为[进程的基本优先级–2，进程的基本优先级+ 2]；线程的动态优先级的取值范围为 [进程的基本优先级–2, 15]。

一旦一个可变优先级中的线程被激活，则它的实际优先级称为该线程的动态优先级，可以在给定的范围内波动。动态优先级永远不会低于该线程的基本优先级的下限，也永远不会超过 15。如图 4-11 的例子所示，一个进程对象的基本优先级属性值为 4，与这个进程对象相关联的每个线程对象的最初优先级一定在 2 和 6 之间。每个线程的动态优先级可以在 2～15 的范围内波动。如果一个线程由于使用完它的当前时间片而被中断，则 Windows 调度程序会降低它的优先级；如果一个线程为等待一个 I/O 事件而被中断，则 Windows 调度程序会提高它的优先级。因此，受处理器限制的线程趋向于比较低的优先级，受 I/O 限制的线程趋向于比较高的优先级。对于受 I/O 限制的线程，调度程序为交互式等待(如：等待键盘或显示器)而提高的优先级要比为其他 I/O 类型(如：磁盘 I/O)提高的优先级的幅度大。因此，在可变优先级中，交互式线程具有较高的优先级。

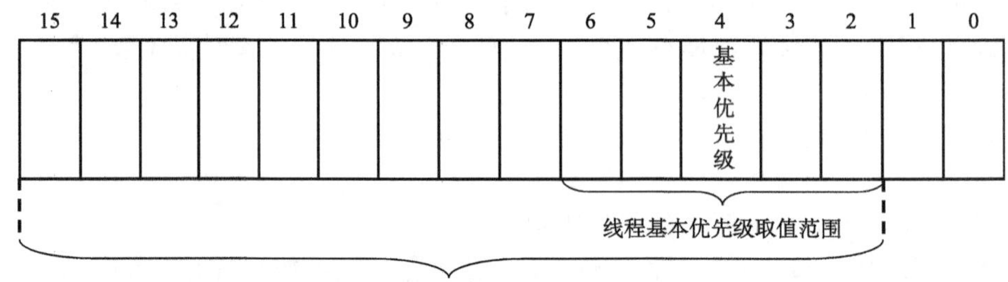

图 4-11　Windows 优先级关系的例子

4.6.2　对称多处理器上的线程调度

当线程进入运行状态时，Windows 2000/XP 首先试图调度该线程到一个空闲处理器上运行。如果有多个空闲处理器，线程调度器的调度顺序为：首先是线程的首选处理器(即线程运行时的偏好处理器)，其次是线程的第二处理器(线程第二个选择的运行处理器)，最后是当前执行处理器(即正在执行调度程序代码的处理器)。如果这些处理器都不是空闲的，系统将依据处理器标识从高到低扫描系统中的空闲处理器状态，选择找到的第一个空闲处理器。

如果线程进入就绪状态时所有处理器都处于繁忙状态，系统将检查它是否可抢先一个处于运行状态或备用状态的线程。检查的顺序如下：首先是线程的首选处理器，其次是线程的第二处理器。如果这两个处理器都不在线程的亲和掩码中，Windows 2000/XP 将依据活动处理器掩码选择该线程可运行的编号最大的处理器。注意，线程的亲和掩码与首选处理器、第二处理器的设置是相互独立的，首选和第二处理器由系统在创建线程时指定，而亲和掩码由用户选择。线程的亲和掩码是描述该线程可在哪些处理器上运行。线程的亲合掩码是从进程的亲合掩码继承得到的。缺省时，所有进程(即所有线程)的亲合掩码为系统上所有要用处理器的集合。

如果被选中的处理器已有一个线程处于备用状态(即下一个在该处理器上运行的线程)，并且该线程的优先级低于正在检查的线程，则正在检查的线程取代原处于备用状态的线程，成为该处理器的下一个运行线程。如果已有一个线程正在被选中的处理器上运行，Windows 2000/XP 将检查当前运行线程的优先级是否低于正在检查的线程；如果正在检查的线程优先级高，则标记当前运行线程为被抢先，系统会发出一个处理器中断，以抢先正在运行的线程，让新线程在该处理器上运行。

4.7　UNIX 多处理器调度与实时调度方法

本节将以 UNIX SVR4 系统为例介绍 UNIX 的多处理器调度与实时调度方法，UNIX SVR4 的调度算法同传统 UNIX 相比有了较大变动，其设计目的是优先考虑实时进程，次优先考虑内核模式进程，最后考虑用户模式进程(又称分时进程)。与传统的 UNIX 调度策略相比较，UNIX SVR4 对调度算法的主要修改包括如下几点。

(1) 增加了基于静态优先数的抢占式调度，包括 3 类优先级层次，160 个优先级。

(2) 插入了抢占点。由于 UNIX 的基本内核不是抢占式的，它只能被划分成一系列的处理步骤，这些处理步骤必须一直运行直到结束，中间不能被中断。在这些处理步骤之间，存在着一个称为抢占点的安全位置，此时内核可以安全地中断处理过程并调度新进程。每个安全位置被定义成临界区，从而通过信号量加锁保证内核数据结构被一致性地修改。

在 UNIX SVR4 中，必须将每一个进程定义成属于三类优先级中的一类，并为其分配一个优先数。优先级层次和优先数的划分如下：

(1) 实时优先级层次(优先数为 159～100)：这一优先级层次的进程在内核优先级层次和分时优先级层次的进程之前被选择运行，实时进程能利用抢占点抢占内核进程和用户进程。

(2) 内核优先级层次(优先数为 99～60)：这一优先级层次的进程先于分时优先级层次进程执行，但迟于实时优先级层次进程运行。

(3) 分时优先级层次(优先数为 59～0)：最低的优先级层次，一般用于非实时的用户应用程序。

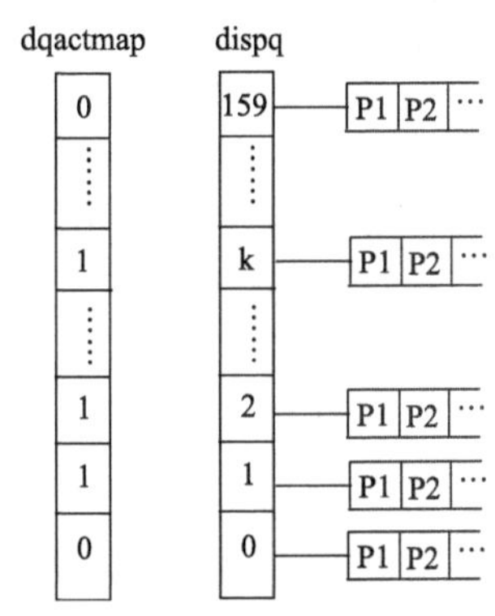

图 4-12　UNIX SVR4 调度队列示意图

图 4-12 给出了 UNIX SVR4 是如何实现调度的。每个优先级层次都关联一个调度队列，对于一给定的优先级层次则按循环方式调度。它事实上是一个多级反馈队列，每一个优先数都对应于一个就绪进程队列并由 dispq 指示，每一个进程队列中的进程按照时间片方式轮转调度。位向量 dqactmap 用来标志每一个优先数就

绪进程队列是否为空(若为 1，对应队列非空)。当一个运行进程由于阻塞、时间片用完或剥夺等原因让出处理器时，调度程序首先查找 dqactmap，发现一个较高优先级的非空队列，指派一个进程占有处理器运行。另外，当执行到一个定义的抢占点时(内核允许产生处理器转让的位置)，内核将检查一个叫做 kprunrun 的标志位，如果发现它被置位，则表明至少有一个实时进程处于就绪状态，如果当前进程的优先数低于优先数最高的实时就绪进程，则内核剥夺当前进程，调度具有最高优先级的实时就绪进程运行。

对于分时优先级层次，进程的优先数是可变的，当运行进程用完了时间片，调度程序将降低它的优先数，而当运行进程阻塞后，调度程序则将提高它的优先数。分配给分时进程的时间片取决于它的优先数，其范围从 100ms 到 50ms，优先数 0 分配的时间片为 100ms，然后优先数每增加 1 时间片就减少 1，直到给优先数 59 分配的时间片为 50ms。每个实时进程的优先数和时间片长都是固定的。

4.8 Linux 处理器调度方法

在 Linux 2.5 版本之前，Linux 内核运行传统的 UNIX 调度算法。但传统的 UNIX 调度算法不支持对称多处理器系统。在 Linux 2.5 中，新的调度程序增加了对对称多处理器系统和实时系统的支持，包括处理器亲和性和负载平衡，以及提供了对公平及交互式任务的支持。

Linux 把进程分为普通进程和实时进程，实时进程的优先级要比普通进程的要高，Linux 总是优先调度实时进程，以便满足实时进程对响应的要求。Linux 使用三种调度策略，动态优先数调度 SCHED_OTHER，先来先服务调度 SCHED_FIFO 和轮转法调度 SCHED_RR。其中动态优先数调度策略用于普通进程，后两种调度策略用于实时进程。进程可以通过 sched_setscheduler() 系统调用选择适合自己的调度策略。如果选择了两种实时调度中的任何一种，该进程就转变为一个实时进程。进程的调度策略保存在进程描述符中，并且被子进程所继承，所以实时进程的子进程仍然是一个实时进程。

4.8.1 实时调度

Linux 系统中存在如下三种类型的调度：

(1) 先来先服务调度 SCHED_FIFO：属于实时调度，先来先服务调度策略调度最早进入就绪队列的进程，该进程一直运行，直到具有更高优先级的进程进入就绪队列或当前进程结束或阻塞。如果此进程被抢占，它继续处于其优先级队列的首部，如果阻塞的话，当它再次成为就绪进程，将被添加到它所处的优先级队列的尾部。

(2) 时间片轮转调度 SCHED_RR：属于实时调度，在时间片轮转策略中，进程只执行一个时间片，时间片轮转到的时候，该进程就被加入到它所处的优先级队列的尾部。

(3) 分时调度 SCHED_OTHER：属于非实时调度。对通常的分时进程，Linux 采用了一种区分优先次序的基于优先数(credit-based)的调度算法。每个进程拥有一个确定的调度 credit；如果需要选择一个新任务运行，那么拥有最高 credit 的进程被选中。每次计时器中断发生时，当前运行进程的 credit 减 1；当它的 credit 为 0 时，它就被暂停，系统选择另一个进程。

在每一类的线程中都设置了多优先数，实时类的优先数高于 SCHED_OTHER 类。一般情况下，默认设置为：实时优先级类的优先数的范围是 0～99(包含 99)，SCHED_OTHER 类的范围是 100～139。优先数越小，优先级越高。

SCHED_RR 和 SCHED_FIFO 的不同点如下：

(1) 当采用 SCHED_RR 策略的线程的时间片用完，系统将重新分配时间片，并将其置于就绪队列尾。放在队列尾保证了所有具有相同优先级的任务调度的公平性。

(2) 而采用 SCHED_FIFO 策略则线程一旦占用 CPU 则一直运行，直到有更高优先级任务到达或自己放弃。如果有相同优先级的实时进程已经准备好，也必须等待该进程主动放弃后才可以运行这个优先级相同的任务。而采用 SCHED_RR 可以让每个任务都执行一段时间。

SCHED_RR 和 SCHED_FIFO 的相同点：

(1) 都只用于调度实时任务。

(2) 创建时优先级大于 0(1～99)。

(3) 按照可抢占优先级调度算法进行。

(4) 就绪态的实时任务立即抢占非实时任务。

系统中既有分时调度，又有时间片轮转调度和先进先出调度时，调度规则如下：

(1) SCHED_RR 调度和 SCHED_FIFO 调度的进程属于实时进程，以分时调度的进程是非实时进程。

(2) 当实时进程准备就绪后，如果当前 CPU 正在运行非实时进程，则实时进程立即抢占非实时进程。

(3) SCHED_RR 调度策略和 SCHED_FIFO 调度策略都采用实时优先级作为调度的权值标准，SCHED_RR 调度策略是 SCHED_FIFO 调度策略的延伸。采用 SCHED_FIFO 调度策略时，如果两个进程的优先级一样，则这两个优先级一样的进程具体执行哪一个是由其在队列中的位置决定的。

图 4-13 给出的例子说明了 SCHED_RR 和 SCHED_FIFO 的区别。假设有一个进程含有 4 个线程，共有三种优先级，优先级分配情况如图 4-13(a)所示。假设在当前线程等待或者终止时，所有等待线程都准备执行，并假设当一个线程正在执行时，没有更高优先级的线程被唤醒。图 4-13(b)显示了采用 SCHED_FIFO 策略时的所有线程流，线程 D 优先级最高，它优先执行直到它等待或者终止。尽管 B 和 C 具有相同的优先级，但是由于线程 B 等待的时间比线程 C 长，因此线程 B 先开始执行。线程 B 执行直到它等待或者终止，线程 C 才开始执行直到它等待或者终止。最后，线程 A 执行。图 4-13(c)显示了采用 SCHED_RR 策略时的线程流。线程 D 优先执行直到它等待或者终止，接下来线程 B 和线程 C 具有相同的优先级，它们按照时间片轮流执行，最后执行线程 A。

A	45
B	30
C	30
D	25

(a) 线程相对优先数

D ⟶ B ⟶ C ⟶ A

(b) 先来先服务算法调度顺序

D ⟶ B ⟶ C ⟶ B ⟶ C ⟶ A

(c) 轮转法算法调度顺序

图 4-13　Linux 实时调度的例子

最后一种调度类是 SCHED_OTHER。只有当没有实时线程运行就绪时，才可以执行这个类中的线程。在 SCHED_OTHER 类中使用的是传统的 UNIX 调度算法。

4.8.2 非实时调度

Linux 非实时调度的目标是不论系统负载和处理器数目如何变化，选择一个合适的进程并分配给一个处理器的时间是恒定的。

在 Linux 系统中，系统为每个处理器维护如下两套调度用的数据结构：

(1) 140 个活动队列：就绪的进程被放入合适的活动优先级队列，并被赋予一个合适的时间片。用一个 140 比特的位图数组来表示，其中的每个比特表示对应优先级的活动队列是否为空。

(2) 140 个过期队列：完成时间片的任务被放入合适的过期优先级队列，并被赋予一个新的时间片，和活动队列一样，也采用一个 140 比特的位图数组来表示，其中的每个比特表示对应优先级的过期队列是否为空。

初始化的时候，位图都被设置为 0 并且所有的队列都为空，当一个进程就绪的时候，将它放到合适的优先级队列，队列具有活动队列结构并且被赋予了合适的时间片。如果一个进程在它完成它的时间片之前被抢占，则它将会返回到活动队列。当完成了它的时间片后，则它将会进入合适的过期队列并被赋予新的时间片。所有的调度都发生在活动队列的进程中。当活动队列为空的时候，执行指针赋值操作对活动队列和过期队列进行转换，调度继续进行。

每一个非实时进程都被分配一个[100, 139]之间的初始优先级，默认值是 120。这是任务的静态优先级并由用户指定。随着进程的执行，动态优先级根据静态优先级和执行行为进行计算。一般情况下，大部分时间在睡眠状态的进程应该拥有较高的优先级。

时间片分配的范围是 10ms 到 200ms。和一般的调度策略不同，Linux 系统中具有较高优先级的任务分配的时间片也较大。

对一个给定的处理器。调度器选择具有最高优先级的非空队列。如果队列中有多个任务，任务将会以轮转方式进行调度。

本 章 小 结

CPU 是计算机系统中一个十分重要的资源，本章主要介绍单处理器系统，多处理器系统以及实时系统的处理器调度目标、策略以及评价方法，并对 UNIX、Linux 以及 Windows 系统的处理器调度方法进行了分析。

根据调度对象的不同，操作系统的调度分为三个级别：长程调度、中程调度和短程调度。长程调度确定何时允许一个新进程进入系统。中程调度是交换功能的一部分，它确定何时把一个程序的部分或全部调进主存，使得该程序能够被执行。短程调度确定哪一个就绪进程下一次被处理器执行。本章主要集中讨论与短程调度相关的问题。

在设计短程调度器时使用了各种各样的准则。一些准则是面向用户的，如：响应时间，而其他的准则则是面向系统的，主要是考察系统在满足所有用户的需求时的总效率，如周转时间，资源利用率等。一些准则是定性的，一些准则是定量的。从用户的角度看，响应时间是系统最重要的特性，而从系统的角度看，吞吐量和资源使用率是最重要的衡量指标。

为所有进程的短程调度已经开发了许多经典的算法，包括：先来先服务调度、最短进程优先调度、轮转法调度、优先级调度以及多重反馈队列轮换法调度。

对于紧耦合的多处理器系统，多个处理器可以共享同一个主存。在这种环境中，调度结构比单处理器系统更加复杂。一个进程在它的生命周期中可以分配到同一个处理器中，也可以当它每次进入运行状态时，分派到任何一个不同的处理器上。在多处理系统中，不同调度算法之间的差别没有像单处理器系统那么重要。

实时进程为了保证正确、有效地与外部环境交互，必须满足一个或者多个最后期限。实时操作系统是指能够管理实时进程的操作系统。在实时操作系统中，传统的调度算法不再适用，要考虑的关键因素是满足最后期限。在很大程度上依靠抢占和对最后期限较近的进程优先响应的调度算法。

在现代的操作系统 UNIX、Linux 和 Windows 系统中，调度策略都已经考虑了对多处理器和实时进程的处理。

拓展阅读环节：

1) 曹先彬，陈兰香. 操作系统原理与设计. 北京：机械工业出版社，2009.

2) 孟庆昌. 操作系统原理. 北京：机械工业出版社，2010.

3) Andress S. Tanenbaum, Albert S. Woodhull. Modern Operation Systems (4th Edition). Pearson, 2014.

4) 斯托林斯(William Stallings). 操作系统：精髓与设计原理. 蒲晓蓉，周瑞，改编. 北京：电子工业出版社，2013.

习　　题

1. 长程调度与短程调度的主要任务是什么？为什么要引入中程调度？

2. 试说明短程调度的主要功能。

3. 在抢占调度方式中，抢占的原则是什么？

4. 在选择调度方式和调度算法时，应遵循的准则是什么？

5. 在批处理系统、分时系统和实时系统中，各采用哪几种进程(作业)调度算法？

6. 何谓静态和动态优先级？确定静态优先级的依据是什么？

7. 试比较先来先服务和最短进程优先两种进程调度算法。

8. 在时间片轮转法中，应如何确定时间片的大小？

9. 多处理器调度应该考虑哪些问题？

10. 通过一个例子来说明通常的优先级调度算法不能适用于实时系统？

11. 为什么说多级反馈队列调度算法能较好地满足各方面用户的需要？

12. 多级反馈队列调度对哪种类型的进程有利，是受处理器限制的进程还是受 I/O 限制的进程？请简要说明原因。

13. 一个使用轮转调度和交换的交互式系统，试图按照如下方式对普通的请求给出有保证的相应：在所有就绪进程完成一次轮转循环后，系统通过用最大响应时间除以需要服务的进程数目，确定在下一个循环中分配给每个就绪进程的时间片。请问这是否是合理的策略？

14. 为什么在实时系统中，要求系统(尤其是 CPU)具有较强的处理能力？

15. 在交互式操作系统中，最重要的性能要求是什么？

16. 按调度方式可将实时调度算法分为哪几种？

17. 有一组周期性的任务(3 个)，表 4-6 给出了它们的时限要求表，请给出关于这组任务的调度顺序图。

表 4-6　习题 18 进程时限要求表

进程	到达时间	执行时间	完成最后期限
A(1)	0	10	20
A(2)	20	10	40
…	…	…	…
B(1)	0	10	50
B(2)	50	10	100
…	…	…	…
C(1)	0	15	50
C(2)	50	15	100
…	…	…	…

18. 考虑如表 4-7 所示的一组非周期性任务，请给出这组任务的调度顺序图。

表 4-7　习题 19 进程时限要求表

进程	到达时间	执行时间	完成最后期限
A	10	20	100
B	20	20	30
C	40	20	60
D	50	20	80
E	60	20	70

第 5 章　存储器管理

知识要点：主要包括存储管理的功能、存储分配形式、静态和动态重定位、存储的覆盖与交换，以及常用的存储管理方法，如分区存储管理、页式存储管理、段式存储管理、段页式存储管理和虚拟存储器等原理和实现方法；同时包括 UNIX、Linux、Windows 的存储管理实例概况。

预习准备：了解自己使用的计算机的存储器情况，回顾程序设计中对存储空间的使用情况，接着可思考和预览存储管理的任务和功能概况，再预览各知识点的基本概念和其功能实现的基本思想。

兴趣实践：设计实现动态分区的存储分配与回收算法，设计实现位视图法(bit map)的页框分配和回收算法，设计实现 FIFO、LRU、NRU 和 Clock 页面置换算法，以及在 UNIX、Linux 系统中，设计动态申请内存和设置共享存储区使用的应用程序。

探索思考：现代计算机存储空间都很大，如何高效实现存储的分配和回收？如何有效保证多进程间对存储空间使用的一致性和保护各进程信息的隐私性？

主存储器(又称内部存储器、内存、主存)的管理一直是操作系统最主要的功能之一。在现代计算机系统中，尽管主存容量已经很大，价格已相当便宜，但主存储器依然是四大硬件资源中最关键、最紧张的“瓶颈”资源。任何程序和数据及各种控制用的数据结构都必须占用一定的存储空间。因此，能否合理、有效地使用主存储器，在很大程度上反映了操作系统的性能，并直接影响到整个计算机系统作用的发挥。本章将主要介绍几种常用的存储管理方法，如分区存储管理、页式存储管理、段式存储管理、段页式存储管理和虚拟存储器等原理和实现方法，最后介绍 UNIX、Linux、Windows 的内存管理实例。

5.1　存储管理的功能

5.1.1　计算机系统的多级存储结构

为了更多地存放和更快地处理用户信息，目前许多计算机把存储器分为三级：外部存储器、主存储器和高速缓冲存储器，如图 5-1 所示。外部存储器(简称外存)用来存放不立即使用的程序和数据，当用户的程序运行需要它们时，再从外存把它们读入到主存储器。一个程序的运行总是存放在主存中，以便处理器的访问。由于处理机的运算部件和控制部件比主存的存取速度快得多，为了使处理机的处理速度和到存储器中存取的速度得到较好的匹配，就引入了高速缓冲存储器，由硬件机构自动控制主存信息块与高速缓冲存储器信息块的交换，这样处理机读取指令和存取数据就在高速缓冲存储器中进行，从而平滑了主存与处理机的

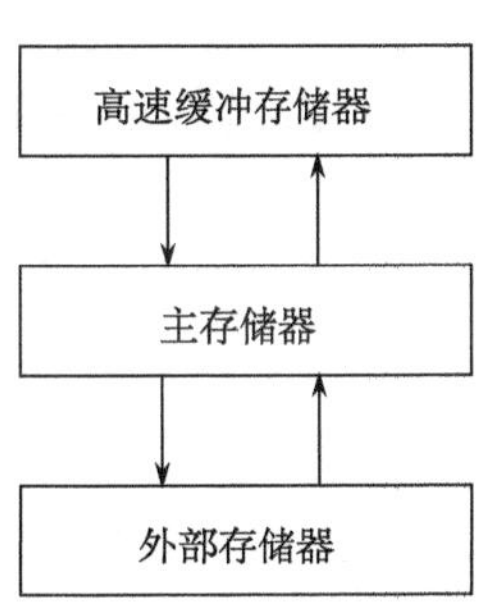

图 5-1　多级存储结构

信息流动。从外部存储器到高速缓冲存储器，其存取速度越来越快，容量越来越小，而价格越来越昂贵。高速缓冲存储器不参与指令的编址，它仅仅提高了计算机的处理速度。

本章主要介绍主存储器空间的管理原理和实现技术。

5.1.2 存储管理的任务和功能

为了对主存储器进行合理有效的管理，一般将主存空间分为系统区和用户区两大部分。系统区主要存放操作系统常驻主存部分和一些系统软件常驻主存部分以及相关的系统数据；用户区主要用来存放用户的程序和数据。操作系统存储管理主要是针对用户区进行的，在多用户系统中，需要将存储空间划分成更多的区域，以便同时存放多个用户的作业。那么，合理、有效的存储器管理机制，必将大大提高操作系统的性能。

存储管理的主要任务如下：

(1) 为多道程序的并发提供良好的环境，使每道程序都能在不受干扰的环境中运行。

(2) 提高存储器利用率，尽量减少空闲的及不可利用的主存储器区域，使得有限的主存能更好地为多个用户程序服务。

(3) 逻辑上扩充主存空间，使大程序能在小主存中运行。

(4) 方便用户使用存储器，用户无须考虑存储器的分配、回收和保护等工作，这些工作对于用户来说是“透明”的，完全由操作系统进行管理。

为了完成上述任务，要求存储管理必须具备以下几个功能。

1. 存储空间的分配和回收

操作系统中的存储管理能将记录每个存储区(分配单元)的状态作为主存分配的依据。当用户提出申请时，实施存储空间的分配管理，并能及时回收系统或用户释放的存储区，以供其他用户使用。为此，这种存储分配机制应能完成如下工作：

(1) 记住每个存储区域的状态，哪些是已经分配的，哪些还可以用作分配。保存每个存储区域的状态的数据结构称为主存分配记录表。

(2) 实施分配。在系统程序或用户提出申请时，按所需的量给予分配，并修改相应的主存分配记录表。

(3) 接收系统或用户释放的存储区域，并相应地修改主存分配记录表。

2. 地址映射

程序设计人员在进行程序设计中，用来访问信息时所用到的一系列地址单元的集合称为逻辑地址。而存储空间是主存中物理地址的集合。在多道程序环境下，程序不是事先约定存放位置，而是在执行过程中可以动态浮动，故程序的逻辑地址和物理地址是不一致的，因此需要存储管理机制提供地址映射与重定位功能，把程序地址空间中的逻辑地址转换为主存空间中对应的物理地址。

3. 存储共享与保护

由于主存区域为多个用户程序共同使用，所以存储共享有两方面的含义：①是指多个用户程序共同使用存储空间，各个程序使用各自不同的存储区域；②是指多个用户程序共同使用主存中的某些程序和数据区，这些共享程序和数据区称为共享区。因此存储管理必须研究如何保护各存储区中的信息不被破坏和偷窃，同时当多个程序共享一个存储区时，也要对共享区进行保护，确保信息的完整性和一致性。

4. *主存扩充*

计算机在实际的应用中，常常出现小主存无法满足大程序的要求。同时，主存单元的容量受到实际存储单元的限制。因而，存储管理机制必须提供相应的技术，来达到主存单元逻辑上的扩充。现在采用的一般是虚拟存储技术或其他自动覆盖和交换技术。

5.2　存储分配的几种形式与重定位

5.2.1　存储分配的几种形式

存储分配所要解决的问题是多道程序之间如何共享主存的存储空间，即存储管理在什么时候采用什么样的方式将一个程序运行时所需要的信息分配到主存中，并使这些问题对用户来说尽可能是“透明”的。

解决存储分配问题有如下三种方式。

1. *直接存储分配方式*

程序设计人员在程序设计过程中，或汇编程序对源程序进行编译时，所用的是实际物理存储地址，以确保各程序所用的地址之间互不重叠。

显然，直接存储分配方式要求存储器的可用空间已经确定，这对于单用户计算机系统来说是不成问题的。在多道程序设计发展初期，通常将存储空间划分成若干个固定的不同大小的分区，并对不同的作业指定不同的分区。对于程序设计人员或编译系统而言，存储器的可用空间是已知的。这样，不仅用户感到不方便，而且存储器的利用率也不高。

2. *静态存储分配方式*

采用静态存储分配方式时，用户在编写程序或由编译系统产生的目的程序中采用的地址空间为逻辑地址。当连接程序对它们进行装入、连接时，才确定它们在主存中的相应位置(物理地址)，从而产生可执行程序。这种分配方式要求用户在进行装入、连接时，系统必须分配其要求的全部存储空间，若存储空间不够，则不能装入该用户程序。同时，用户程序一旦装入到主存空间后，它将一直占据着分配给它的存储空间，直到程序结束时才释放该空间。再者，在整个运行过程中，用户程序所占据的存储空间是固定不变的，也不能动态地申请存储空间。

显然，这种分配方式不仅不能实现用户对存储空间的动态扩展，而且也不能有效地实现存储器资源的共享。

3. *动态存储分配方式*

动态存储分配方式是一种能有效使用存储器的方法。用户程序在存储空间中的位置，虽然也是在装入时确定的。但是，它不必一次性将整个程序装入到主存中，可根据执行的需要，一部分一部分地动态装入。同时，装入主存的程序不在执行时，系统可以收回该程序所占据的主存空间。再者，用户程序装入主存后的位置，在运行期间可根据系统需要而发生改变。此外，用户程序在运行期间也可动态地申请存储空间以满足程序需求。动态存储分配通常可采用覆盖与交换技术实现。

由此可见，动态存储分配方式在存储空间的分配和释放上，表现得十分灵活，现代的操作系统常采用这种存储方式。

5.2.2　重定位

为了实现静态、动态存储分配方式，必须把逻辑地址和物理地址分开，并将逻辑地址定位为物理地址。为此，首先要弄清地址空间和存储空间这两个概念。

1. 地址空间和存储空间

用户在编写程序时，是通过一些符号名称来调用、访问子程序和数据的，这些符号名与存储器地址无任何直接关系。源程序经过编译或是汇编以后，产生了目标程序，而编译系统总是从零号地址单元开始，为目标程序指令顺序分配地址。这些地址被称为相对地址，或者逻辑地址。相对地址的集合称为逻辑地址空间，简称地址空间。

所谓存储空间是指主存中一系列存储信息的物理单元的集合。这些物理单元的编号称为物理地址或绝对地址。因此，存储空间的大小是由主存的实际容量决定的。

显然，逻辑地址空间是逻辑地址的集合，是相对于用户或程序设计人员的，是一个“虚”的概念，而存储空间是物理地址的集合，是系统管理和维护的对象，是一个“实”的物体。用户设计好的一个程序是存在于它自己的地址空间中的，只有当它要在计算机上运行时，系统才将它装入到存储空间中。

2. 重定位的概念

在一般情况下，用户的一个程序在装入时所分配的存储空间和它的地址空间是不一致的，因此，用户程序在 CPU 上执行时，其所要访问的指令和数据的物理地址和地址空间中的相对地址是不同的，如图 5-2 所示。显然，如果用户程序在装入或执行时，不对有关地址进行修改，则将会导致错误的结果，这种由于用户程序的装入而引起的地址空间中的相对地址转化为存储空间中的绝对地址的地址变换过程，称为地址重定位，也称地址映射。

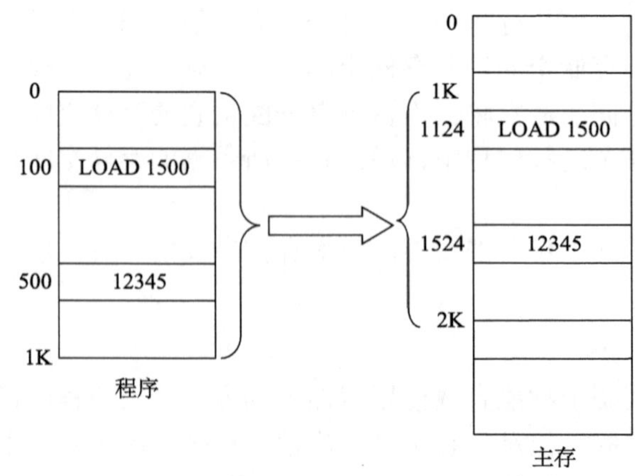

图 5-2　程序由地址空间装入存储空间

实现地址重定位或地址映射的方法有两种：静态地址重定位和动态地址重定位。

1) 静态地址重定位

静态地址重定位是指用户程序在装入时由装配程序一次完成，即地址变换只是在装入时一次完成，以后不再改变，如图5-2中，LOAD 1,500→LOAD 1524。这种重定位方式实现起来比较简单容易，在早期多道程序设计中大多采用这种方案，但是，它也存在不少缺点：

(1) 用户程序必须分配一个连续的存储空间。

(2) 难以实现程序和数据的共享。

2) 动态地址重定位

动态地址重定位是在程序执行的过程中，当CPU要对存储器进行访问时，通过硬件地址变换机构，将要访问的程序和数据地址转换成主存地址。地址重定位机构至少需要一个重定位寄存器BR和一个相对地址寄存器VR。指令或数据的主存地址MA与逻辑地址的关系：MA＝(BR)＋(VR)，如图5-3所示。

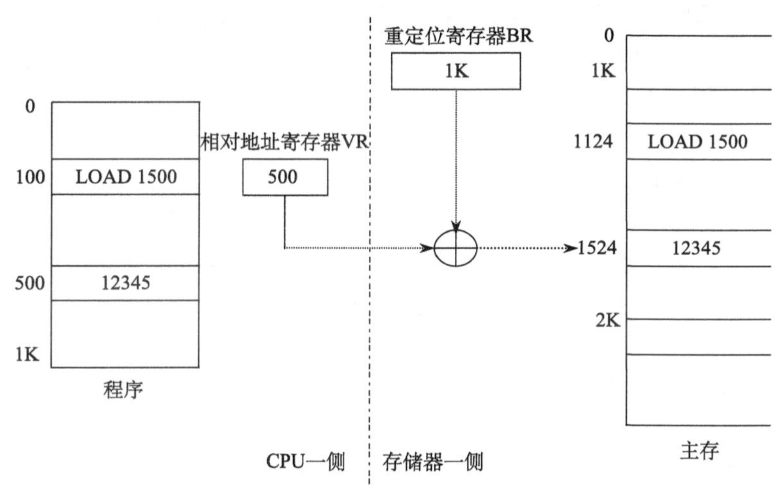

图5-3　动态重定位过程

其具体过程如下：

(1) 设置重定位寄存器BR，相对地址寄存器VR。

(2) 将程序段装入主存，且将其占用的主存区起始地址送入BR中，如：(BR)＝1K。

(3) 在程序执行过程中，将所要访问的相对地址送入VR中，如：(VR)＝500。

(4) 地址变换机构把VR和BR的内容相加，得到实际访问的物理地址。

动态地址重定位的优点如下：

(1) 执行时程序可以在主存中浮动，对于移动后的程序，只需按程序存放的起始单元地址来修改重定位寄存器BR的值，程序又可继续执行，有利于提高主存的利用率和存储空间使用的灵活性。

(2) 有利于程序段的共享实现。当系统提供多个重定位寄存器BR时，规定某些或某个重定位寄存器作为共享程序段使用，就可实现主存中的相应程序段为多个程序所共享。

(3) 为实现虚拟存储管理提供了基础。有了动态地址重定位的概念和技术，程序中的信息块可根据执行时的需要分配在主存中的任何区域，还可以覆盖或交换不在使用状态的区域，使得程序的逻辑地址空间可比实际的物理存储空间大，从而实现了虚拟存储管理功能。

动态地址重定位的缺点如下：

(1) 实现存储器管理的软件比较复杂。

(2) 需要附加的硬件支持。

5.2.3　覆盖与交换

覆盖与交换是从逻辑上扩充主存的两种方法，主要解决在较小主存空间中如何执行大程序的问题。

1. *覆盖技术*

在单 CPU 系统中，每一时刻 CPU 只能执行一条指令，而且一个用户程序并不需要一开始就将它的全部程序和数据装入主存中。因此，可以把程序划分为若干个功能相互独立的程序段，并且让那些不会同时被 CPU 执行的程序段共享同一个主存区。通常，这些程序段被保存在外存中，当 CPU 要求某一程序段执行时，才将该程序段装入主存中覆盖以前的某一程序段。对于用户看来，主存好像扩大了，这便是覆盖技术。

覆盖技术要求程序员提供一个清楚的覆盖结构。程序员在设计过程中必须完成把一个程序划分成不同的程序段，并规定好它们的执行和覆盖顺序的工作。操作系统根据程序员提供的覆盖结构来完成程序段之间的覆盖，这在无形中给程序员增加了负担。

例如，某一用户程序由 A、B1、B2、C1、C2 和 C3 这 6 个程序段组成，它们之间的关系如图 5-4 (a) 所示，程序段 A 调用程序段 B1 和 B2，程序段 B1 调用程序段 C1，程序段 B2 调用程序段 C2 和 C3。

由图 5-4 可知，程序段 B1 和 B2 之间不会相互调用，因此，可以将程序段 B1 和 B2 共享一个主存区，其分配的主存大小为 B1 和 B2 中所需主存的较大者，即 60KB。同理可知，程序段 C1、C2 和 C3 也可共享一个主存区，主存分配大小为 50KB。这样，我们可以按照图 5-4 (b) 的形式来划分覆盖结构。同时，我们还可以看到，用户程序所要求的主存空间为：A(20KB)＋B1(60KB)＋B2(30KB)＋C1(30KB)＋C2(20KB)＋C3(50KB)＝210KB，但采用了覆盖技术后，只需要 20KB＋60KB＋50KB＝130KB 的主存空间，大大提高了主存的利用率。

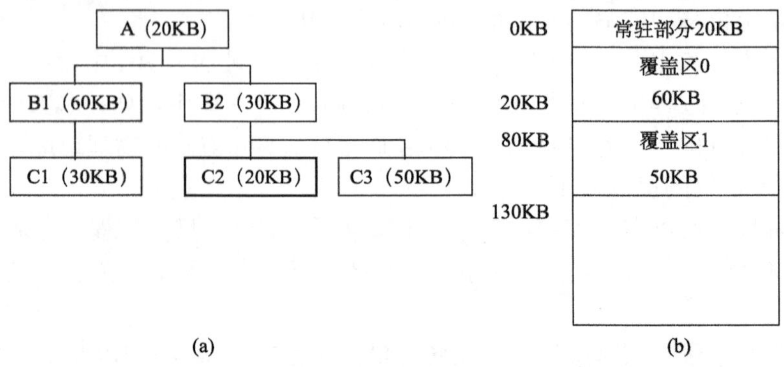

图 5-4　覆盖示例

2. 交换技术

所谓交换技术就是将系统暂时不用的程序或数据部分或全部从主存中调出，以腾出更大的存储空间，同时将系统要求使用的程序和数据调入主存中，并将控制权转交给它，让其在系统上运行。实际上这种技术是通过在主存与外存之间不断地交换程序和数据，以实现用户在较小的存储空间中完成较多作业的执行。这样，从用户角度上(逻辑上)看，主存容量得到了扩充。

与覆盖技术相比，交换技术不要求程序设计人员给出程序段之间的覆盖结构，它主要是在进程或作业之间进行，而覆盖技术则主要是在同一个进程或作业之间进行。交换技术的运用，可以在较小的存储空间中运行较多的作业或进程，覆盖技术的运用，可以在较小的存储空间中运行比其容量大的作业或进程。

5.3　单道环境下的存储管理

在单道环境下，一般采用单一连续区存储管理，此方式存储空间除了被系统占用外，其他剩余空间全部被一个用户程序所占用，因此管理起来较为简单。单一连续区存储管理一般将存储空间划分为三个区域：系统区、用户区和剩余空闲区，如图 5-5 所示。

图 5-5　单一连续区存储管理主存分配

单一连续区主要指主存只有一个用户程序使用。如果系统资源能够满足用户程序要求，则系统分配主存资源给该用户程序，否则，若系统资源不能满足用户程序要求，那么系统无法执行该程序，同时给出相应的提示信息。

单一连续区存储管理主要采用静态存储分配方式，即用户程序一旦调入主存后，必须等到该程序执行结束后才能释放主存空间。单一连续区的主存分配与回收方法如图 5-6 所示。

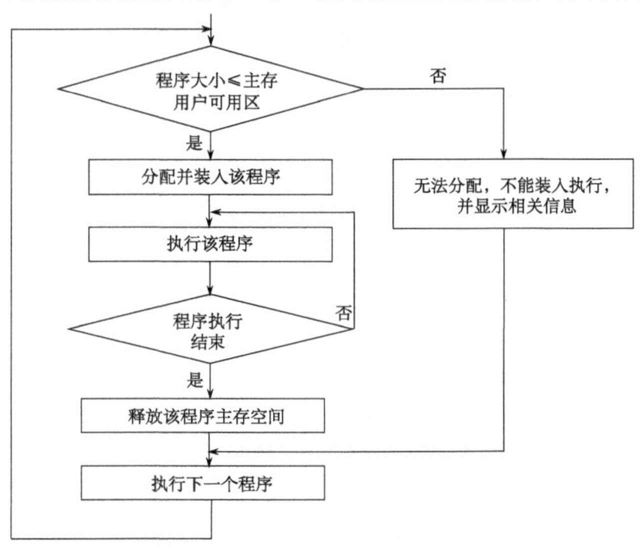

图 5-6　单一连续区存储管理主存分配与回收

单一连续区存储管理的存储保护也是很容易实现的。采用静态重定位时，由装入程序检查程序的绝对地址是否在用户区内，若是，该程序可装入；否则，产生地址错，不能装入。因此，一个被装入的程序执行时，总是在用户区域内进行，不会破坏系统区的信息。采用动态重定位时，在程序执行中由硬件地址转换机构根据逻辑地址和定位寄存器的值产生绝对地址，且检查该绝对地址是否在用户区内，若是，该程序继续执行；否则，产生地址错，不许访问该单元中的信息。

单一连续区存储管理的主要优点是管理简单，只需要很少的软件和硬件支持，并且便于用户了解和使用。但是它也存在着几个明显的缺点：

(1) 由于一个用户程序所要求的存储空间不会正好等于主存的可用空间，因而系统的存储空间浪费较大。

(2) 当正在执行的程序因等待某个事件，如，等待外部设备输入数据，处理器就处于空闲状态。

(3) 单一连续区存储管理方式限制了用户程序和系统程序的可重入性，因而主存中的程序和数据不能被共享。

(4) 系统的外围设备也只有一个程序使用，因此外部设备利用率低。

在 20 世纪 70、80 年代，由于当时的小型计算机和微型计算机的主存容量不大，因此，这些计算机大多采用单连续存储管理方式。例如：IBM7094 FORTRAN 监督系统、IBM1130 磁盘监督系统，以及微型计算机 Cromenco 的 CDOS 系统、Digital Research 和 Dyhabyte 的 CP/M 系统、早期的 Microsoft DOS 系统等均采用单一连续区存储管理。

5.4　分区存储管理

分区存储管理方式是将主存的用户可用区划分成若干个大小不等的区域，每一个进程占据一个区域或多个区域，从而实现多道程序设计环境下各并发进程共享主存空间。分区管理根据分区的时机不同，分为固定分区和动态分区两种方法。

5.4.1　固定分区法

固定分区是指系统在初始化时，将主存空间划分为若干个固定大小的区域。用户程序在执行过程中，不允许改变划分区域的大小，只能够根据各自的要求，由系统分配一个存储区域。

为了实现这种固定分区的分配方式，系统需要建立一张分区说明表，如表 5-1 所示。在这个分区说明表中，指出了系统的分区个数以及每个分区的大小、起始地址和分配状态。当一个新的进程需要分配存储空间时，系统根据分区说明表中的信息，找出一个足够大的未分配的分区分配给它，然后用静态重定位装配程序将该进程调入主存中。若找不到合适的分区，则给出提示信息，中止该进程的运行。图 5-7 表示在某一时刻，进程 A 和 B 分别被分配到第 2 和第 3 两个分区中，第 1 和第 4 分区尚未分配。

表 5-1 分区说明表

分区号	大小	起始	状态
1	16KB	20KB	未分配
2	64KB	36KB	已分配
3	80KB	100KB	已分配
4	128B	180KB	未分配

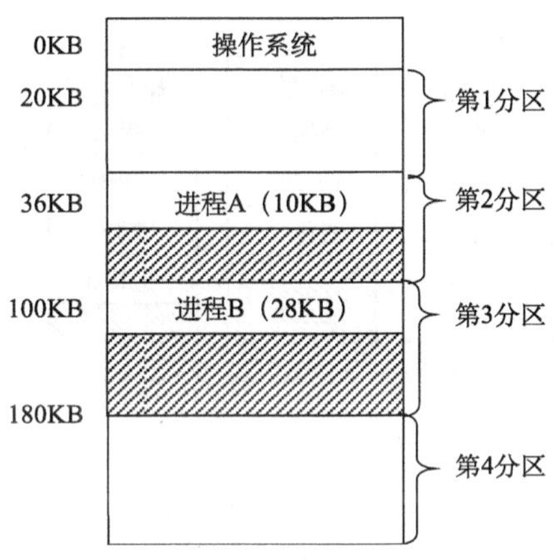

图 5-7 固定分区的存储分配存储空间分配情况

固定分区存储分配技术，虽然可以使多个作业在同一时刻共享存储区，但它不能充分利用存储器资源。因为一个作业占据主存的大小，只有当它在调入主存时，由调度程序分析才能确定，而分区的大小是在系统初始化时进行划定的。由于用户作业占据的主存空间不可能刚好等于某个分区的大小，所以，在已分配的分区中，通常都有一部分未被进程占用而浪费的主存空间，这一部分空间称为存储器的“碎片”或“内零头”。

固定分区分配是最简单的多道程序的存储方式，它用于 20 世纪 60 年代的 IBM/360 的 MFT 操作系统中。由于它仍然存在着“碎片”的现象，因此现在已经很少将它用于通用的计算机操作系统中；但在某些控制系统中，由于控制程序和数据是一定的，故仍采用固定分区存储方式，因为它特别简单。

5.4.2 动态分区法

1. 动态分区的基本概念

在固定分区分配方式中，由于存在“碎片”问题，所以存储器浪费现象比较严重。为了解决这一问题，引进了动态分区分配方式(又称可变分区分配方式)。采用动态分区分配方式，在系统初启时，除了操作系统中常驻主存部分以外，只存在一个空闲分区。随后，分配程序将该区依次划分给调度程序选中的进程，并且分配的大小可随用户进程对主存的要求而改变，如图 5-8 所示。显然，这种分配方式不会产生“碎片”现象，从而大大提高了主存的利用率。与固定分区法相同，动态分区也要使用分区说明表等数据结构来对主存进行管理。但由于系统在运行的过程中，无法确定分区的个数和分区的大小等情况，使得分区说明表的大小也难以确定。因而，在动态分区分配方式中，是采用将主存中的空闲区单独构成一个可用分区表或可用分区自由链表的形式以描述系统主存管理。此外，请求主存资源的作业或进程也构成一个主存资源请求表。图 5-9 给出了可用分区表、自由链表和请求表的例子。

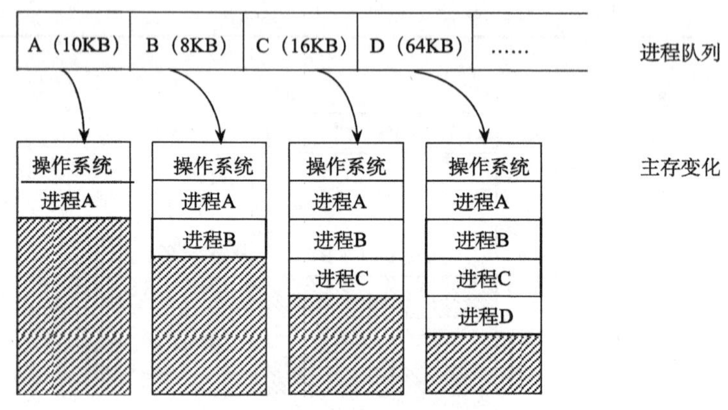

图 5-8　主存分配情况

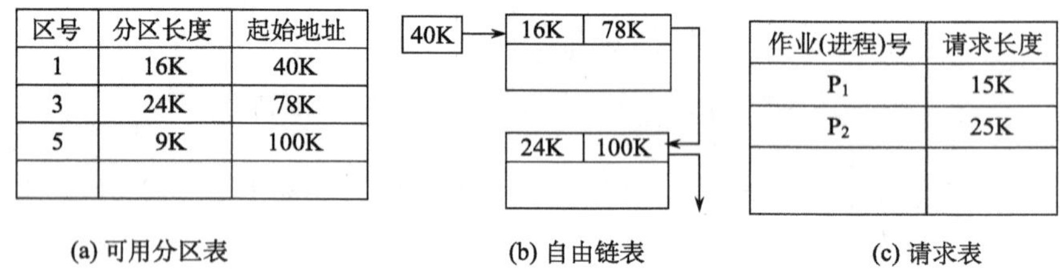

区号	分区长度	起始地址
1	16K	40K
3	24K	78K
5	9K	100K

作业(进程)号	请求长度
P_1	15K
P_2	25K

(a) 可用分区表　　(b) 自由链表　　(c) 请求表

图 5-9　可用分区表、自由链表和请求表

可用分区表的每个表目记录一个空闲区，其主要参数由区号、分区长度和起始地址组成。采用表格结构来管理空闲区比较直观，管理算法也简单，但表格的大小难以确定。

自由链表是利用每个空闲区的开始几个存储单元来存放本空闲区的大小及下一个空闲区的起始地址，从而将所有的空闲区都链接起来。然后，系统再设置一个自由链表首指针，让其指向第一个空闲区。这样，存储管理程序可以通过自由链表的首指针查找到所有的空闲区。

请求表的每个表目登记着请求主存资源的作业或进程号以及所需的主存大小。

必须注意，无论采用可用分区表还是自由链表方式，表中的各项都要按照一定的规则排列以利于查找和回收。以下进一步讨论动态分区的分配与回收问题。

2. 动态分区的分配与回收

1) 动态分区的分配方式

所谓动态分区的存储分配方式是指如何从可用分区表或自由链中寻找满足条件空闲区分配给相应的作业。通常有三种方式：最先适应法、最佳适应法、最坏适应法。

(1) 最先适应法是将作业分配到主存的第一个足够装入它的可用空闲区中。采用这种算法实施分配时，找到的第一个适合要求的空闲区，其大小不一定正好等于作业所要求的大小。因此，该空闲区会分为两个区：一个是已分配区，其大小正好等于作业所要求的大小；另一个仍为空闲区，并保留在可用分区表或自由链表中。

这种算法的缺点是可能将大的空闲区域分割成一个小区，不利于大作业的装入与运行。改进的方法是，把空闲区按地址从小到大排列在可用分区表或自由链表中，分配时，尽可能地利用存储器的低地址部分的空闲区，而尽量保留高地址部分为大的空闲区，以便满足当作业要求较大主存空间时的要求。

(2) 最佳适应法是将作业分配到主存中与它所需大小最接近的一个可用空闲区中。采用这种算法要求可用分区表或自由链表按照空闲区从小到大的次序排列。当用户作业申请一个空闲区时，存储器管理程序就从可用分区表或自由链表的头部开始查找，当找到第一个满足条件的空闲区时，停止查找，进行存储区的分配。

这种算法的优点是从空闲区中挑选一个能满足作业要求的最小分区，这样可以保证不会去分割一个更大的空闲区，便于今后大作业的装入运行。其缺点是由于空闲区通常不可能正好和作业所要求的大小相等，因而要将其分割成两部分，这往往使剩下的空闲区非常小，以至几乎无法使用。随着系统的运行，这种小空闲区也逐步增多，造成了主存空间的浪费。故有些系统往往还采用与之相反的分配算法，即最坏适应法。

(3) 最坏适应法是把一个作业分配到主存中最大的空闲区中。采用这种算法同样要求可用分区表或自由链表按照空闲区从大到小的次序排列。当用户进程申请一个空闲区时，存储管理系统分析可用分区表或自由链表中的第一个空闲区是否满足用户作业要求，若满足要求，则将第一个空闲区分配给它；否则分配失败。

这种分配方式看起来十分荒唐，但是经过分析后发现，最坏适应算法也有很强的直观性。其原因是：在大空闲区中装入作业后，剩下的空闲区常常也很大，于是也能满足以后较大的作业的要求。该算法对中、小作业的运行是很有利的。

2) 动态分区的回收

实际上，在每一种存储分配方案中，都包含一定程度的浪费。在动态存储分配中，也存在着这种的现象。由图 5-10 可知，系统将进程队列中的进程逐步装入到主存中，但随着系统的运行，进程陆续完成，它们将释放掉所占用的主存空间，在主存中形成一些空白区。这些空白区可以被其他进程使用，但由于空白区和调入主存的进程要求的大小不是正好相等，因而会出现更小的空白区，这些小的空白区容量无法满足其他进程的需要而白白浪费。同时，随着系统运行的时间加长，这些小的空的区的数量也将会增多。为了避免这种浪费现象，系统提供了相应的回收程序，将释放的分区与它相邻的空闲分区进行合并，形成一个更大的空闲分区。

通常，分区的回收有以下四种情况：

(1) 释放区与上下两个空闲区相邻。在这种情况下，将三个空闲区合并为一个空闲区。新空闲区起始地址为上空闲区的起始地址，大小为三个空闲区之和。同时，修改可用分区表或自由链表中的表项目。

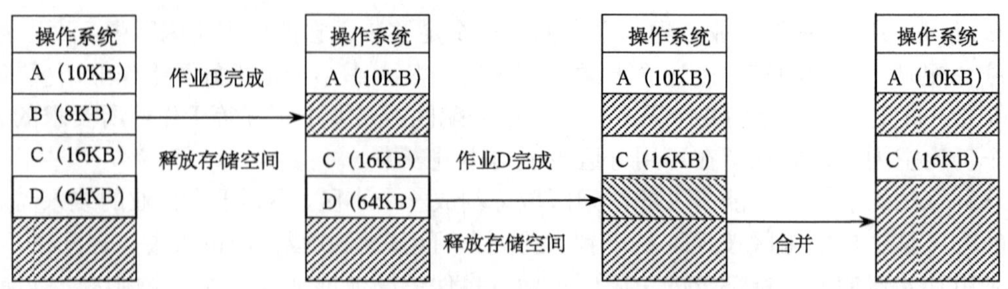

图 5-10　动态分区方式中存储区的释放和回收

(2) 释放区与上空闲区相邻。在这种情况下，将释放区与上空闲区合并为一个空闲区，其起始地址为上空闲区的起始地址，大小为释放区和上空闲区之和。同时，修改可用分区表或自由链表中的表项目。

(3) 释放区与下空闲区相邻。在这种情况下，将释放区与下空闲区合并为一个空闲区，其起始地址为释放区的起始地址，大小为释放区和下空闲区之和。同时，修改可用分区表或自由链表中的表项目。

(4) 释放区与上下两个空闲区都不相邻。在这种情况下，释放区作为一个新的空闲可用区插入到可用分区表或自由链表中。

5.4.3　地址转换与存储保护

对动态分区方式应采用动态重定位装入作业，当作业执行时由硬件地址转换机构完成地址转换。硬件机构必须设置两个专用的特权寄存器：基址寄存器和限长寄存器。基址寄存器存放分配给作业使用的分区的最小绝对地址值；限长寄存器存放作业占用的连续存储空间的长度。

当作业装入到所分配的区域后，操作系统把该区域的始址和长度送入基址寄存器和限长寄存器，启动作业执行时由硬件机构根据基址寄存器和限长寄存器进行地址转换，从而得到绝对地址，地址转换过程如图 5-11 所示。

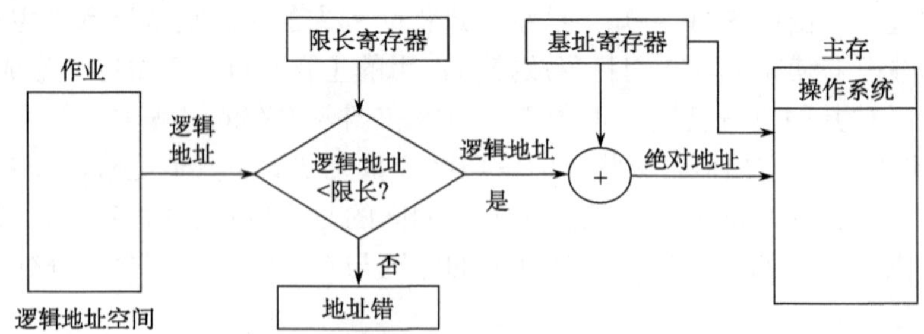

图 5-11　地址转换过程

当逻辑地址小于限长值时，则逻辑地址加基址寄存器值就可得到绝对地址；当逻辑地址大于限长值时，表示作业欲访问的地址超出了所分得的区域，这时就产生地址越界中断，终止程序执行，报告地址出错信息，从而起到存储保护的作用。

即使在多道程序设计系统中，仍然也只需一对基址/限长寄存器。基址/限长寄存器的内容为正在执行的程序的现场内容之一。某作业在执行过程中出现等待时，操作系统必须把基址/限长寄存器的内容随同该作业的其他信息，如：PSW、通用寄存器等一起保存起来。当作业被选中执行时，则把选中作业的基址/限长值再送入基址/限长寄存器中。

5.4.4　分区的共享

在分区管理方式中，如果每个作业只能占用一个分区，那么就不允许各道作业存在公共的共享区域。这样，当几道作业都要使用某个例行程序时就只好在各自的存储区域内各放一套了，这种方式显然降低了主存的使用效率。所以有些计算机系统提供了多对基址/限长寄存器，允许一个作业占用多个分区。系统可以规定某对基址/限长寄存器限定的区域是共享的，用来存放共享的程序和常数。对共享区的信息也必须规定只能执行或读出，而不能写入，若某作业要想往该共享区域写入信息时，则将遭到系统的拒绝，并产生保护中断。因此，几道作业共享的例行程序或数据就可存放在一个共享的分区中，只要让各道作业的共享存储区域部分有相同的基址/限长值，就可实现分区共享。

5.4.5　移动技术

当存储分配程序在可用分区表或自由链表中找不到一个足够大的空闲区来装入作业时，可以采用移动技术改变主存中的作业存放区域，同时修改它们的基址/限长值，从而使分散的小空闲区汇集成一个大的空闲区，有利于作业的装入。移动分配的示例如图 5-12 所示。

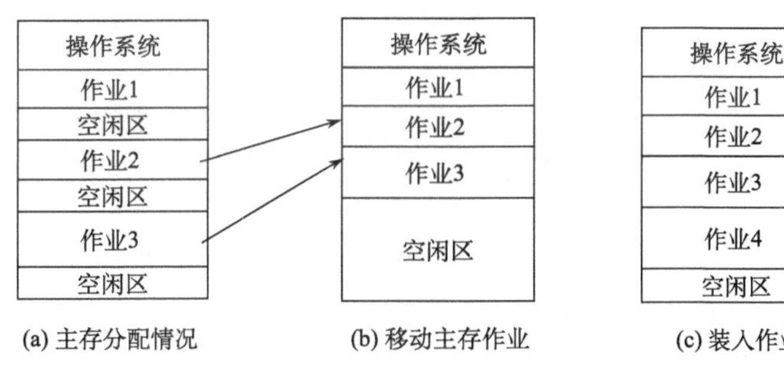

图 5-12　移动分配示例

移动的好处是可使分散的“碎片”或小空闲区汇集成一个大的空闲区，但它却增加了系统的开销，此外，也不是任何时候都能对一个作业进行移动的。例如：当某道作业正在与外部设备交换信息时，I/O 控制机构总是按已经确定的主存绝对地址完成信息的传输的。若这时移动该作业，则交换信息将出错。所以当一道作业正在与外部设备交换信息时往往不能移动。由于移动增加了系统的开销，故应尽量设法减少移动。比如，当要装入一道作业时总是先挑选不经移动就可装入的作业；在不得不移动时也力求移动的道数最少。

移动技术也为作业执行过程中扩充主存提供了方便。一道作业在执行中若要增加主存容量时，只需要适当移动邻近的作业就可增加它所占用的连续区域的长度。所有被移动后的作业基址值与该作业扩大后的限长值都应作相应的修改。当然，允许作业在执行过程中动态扩充主存，有时还会出现死锁问题。可以考虑将相应卷入死锁的某个或一些作业调出主存，存到辅助存储器中，然后，让留在主存的那些作业获得主存资源并继续执行下去，直到它们归还主存后，再将送出去的作业逐个调回来，满足它们的主存需求，继续执行。

5.4.6 分区存储管理的优缺点

分区存储管理主要有如下几个优点：

(1) 实现了多道程序设计，从而提高了系统资源的利用率。

(2) 系统要求的硬件支持少，管理简单，实现容易。

分区存储管理也存在如下几个主要缺点：

(1) 由于作业在装入时的连续性，导致主存的利用率不高。采用移动技术可以提高主存的利用率，但增加了系统的开销，同时也带来了其他一些较为棘手的问题，如与外部设备交换信息的出错问题、动态主存扩充的死锁问题等。

(2) 主存的扩充只能采用覆盖与交换技术，无法真正实现虚拟存储。

5.5 页式存储管理

5.5.1 概述

由分区管理可知，尽管分区管理从实现方法来看比较简单，但由于分区管理方式要求进程占用主存的一个或多个连续的存储区域，这样会导致整个计算机存储系统存在如下一系列问题：

(1) 当连续空闲区不能满足进程的要求时，即使系统中所有空闲区之和大于进程对主存的要求，但仍然不能装入进程。

(2) 存储区中仍然存在“碎片”的现象，使主存利用率不高，采用移动技术将分散的“碎片”合并成一个较大的可用区域，但“碎片”的合并需要占用 CPU 的时间，并且合并也不是随时都能进行的。

(3) 分区管理方式无法有效地实现虚拟存储技术，即：使进程的逻辑地址空间大于实际的主存物理空间，从而使有限的主存运行较大、较多的程序。

为了克服分区管理的这些缺点，20 世纪 60 年代，人们提出了页式存储管理体系。其基本思想是将作业分配在不连续的大小相同存储区域中，实现主存“见缝插针”式的分配，同时又要保证作业的连续执行。页式存储管理的基本思想如下。

页式存储管理取消了存储分配的连续性，它能够将用户进程分配到不连续的存储单元中连续执行。操作系统在初始化时，按照一定的原则，将存储空间划分为大小相等的块或页框(page frame)，通常页框的大小总是 2 的整数次幂。同时，用户进程在调入主存之前，操作系统将进程的地址空间划分成与页框相等的片，称之为页面(page)。经系统划分后，作业的地址空间一般由页号和页内偏移两部分组成。例如，一个页长为 2KB，占有 512 页的存储空间的地址结构，如图 5-13 所示。

页号 (19–11)	页内偏移 (10–0)

图 5-13 分页系统的地址结构

然后，系统将用户进程的每一个页面分配到主存的页框中。分配时，要求用户进程在页框内是连续的，但页框与页框之间不一定要连续。

与分区管理相比，我们可以看到页式存储管理方式的优越性主要体现在两个方面：其一是实现了连续存储到非连续存储的飞跃，为实现虚拟存储打下了基础；其二是解决了主存中的“碎片”问题，因为从分配思想上看，已不存在空闲的页框不可利用的问题，尽管每个进程的最后一页不一定占满整个页框，这部分未占满页框的存储区域称为“内碎片”或“内零头”，任意一个“内碎片”或“内零头”都不会大于整个页框的大小，从而提高了主存的利用率。

页式存储管理根据作业装入主存的时机不同，一般分为静态页式存储管理和虚拟页式存储管理。下面将具体介绍这些存储管理方法。

5.5.2　静态页式存储管理

静态页式存储管理是指用户作业在开始执行以前，将该作业的程序和数据全部装入到主存中，然后，操作系统通过页表和硬件地址变换机构实现逻辑地址到物理地址的转换，来执行用户程序的存储。

1. 主存页框的分配与回收

静态页式存储管理首先要为要求主存的作业或进程分配足够的页框。这就需要系统建立存储页框表、请求表和页表等数据结构，依据这些数据结构完成主存的分配和回收工作。

1) 页表

由于页式存储管理实现了程序的连续存储到非连续存储的飞跃，但是如何保证该程序能在非连续的存储空间里正确地运行呢？这就要求在执行每条指令时，要将程序中的逻辑地址变换为物理地址，即进行动态重定位。在页式存储管理系统中实现这种地址变换的数据结构称为页面映像表，简称页表。

页表占用主存的一块固定的存储区，它是在作业装入主存创建其相应进程时，由操作系统根据主存的分配情况建立的。页表中需要两个信息，一个是页号，另一个是页面对应的页框，记录着该进程的每个页面分配到主存的哪些页框中。如图 5-14 所示，作业 1 和作业 2 通过页表指出了在主存中的分配情况。显然，每个进程至少拥有一张页表。

2) 请求表

当系统有多个作业或进程时，系统必须知道每个作业或进程的页表起始地址和长度，才能进行主存分配和地址变换。请求表就是用来确定作业或进程的虚拟地址空间的各页表在主存中的实际对应位置。整个系统设置一张请求表，请求表的内容包括：进程号、请求页面数、页表始址、页表长度和状态等，如表 5-2 所示。

表 5-2　请求表

进程号	请求页面数	页表始址	页表长度	状态
1	20	1024	20	已分配
2	30	1044	30	已分配
3	21			未分配
⋮	⋮	⋮	⋮	⋮

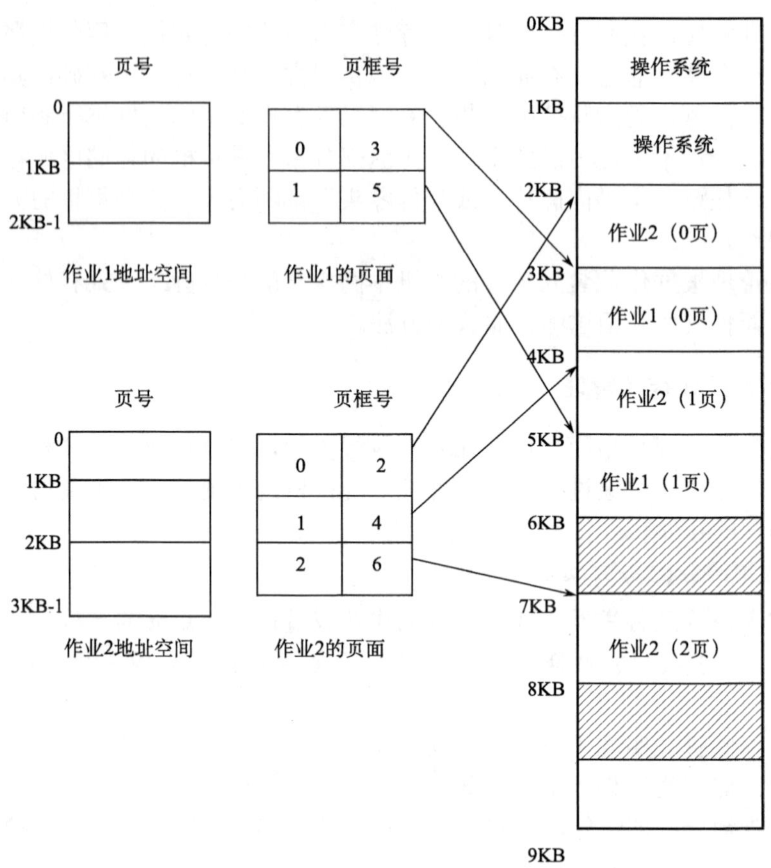

图 5-14　静态页式存储管理主存分配映像

3) 存储页框表

为了描述主存空间的分配情况，系统也设置一张存储页框表。存储页框表指出了主存各页框是否已被分配，以及未被分配的页框总数。存储页框表的形式有两种。其中一种是在主存中划分出一个固定的区域，该区域中每个单元的每个位表示一个页框的分配或空闲状况，若该位为 1，代表所对应的页框已分配，若该位为 0，代表所对应的页框空闲。这种存储页框表称为位示图。如图 5-15 所示。

0	1	2	3	4	……	27	28	29	30	31
0	1	1	0	0	……	1	1	0	1	1
0	0	1	1	1	……	0	1	1	1	0
1	0	0	1	1	……	1	1	0	1	0

图 5-15　位示图

位示图要占用一部分主存容量，一个划分为 2048 页框的主存，如主存单元长度为 32 位，则位示图就占据 2048/32=64 个主存单元。

存储页框表的另一种形式是采用空闲页框链的方法。在空闲页框链中，对首页框的第一单元和第二单元分别存放空闲页框的总数和指向下一个空闲页框的指针，其他页框的第一单元则分别存放指向下一个空闲页框的指针。空闲页框链的方法由于使用了空闲页框本身的存储单元来存放空闲页框链的指针，因此不占据额外的主存空间，是一种较为经济的存储页框表的组织法。

4) 页框分配与回收算法

为作业或进程分配页框时，首先，从请求表中查出作业或进程所要求的页框数。然后，由存储页框表检查是否有空闲页框(块)，若没有，则本次无法分配。如果有，则分配并设置页表，并填写请求表中的相应表项(页表始址、页表长度和状态)，之后，再按一定的查找算法，搜索出所要求的空闲页框(块)，并将对应的页框(块)号填入页表中。

页框(块)的回收算法也较为简单，当进程执行完毕时，根据进程页表中登记的页框(块)号，将这些页框(块)插入到存储页框表中，使之成为空闲页框(块)。最后，拆除该进程所对应的页表即可。

2. 页式地址变换

为了保证在非连续的存储区中正确地执行程序，操作系统必须提供一套地址变换机构，来完成逻辑地址到物理地址的转换。

下面以图 5-16 为例，介绍页式地址变换过程。

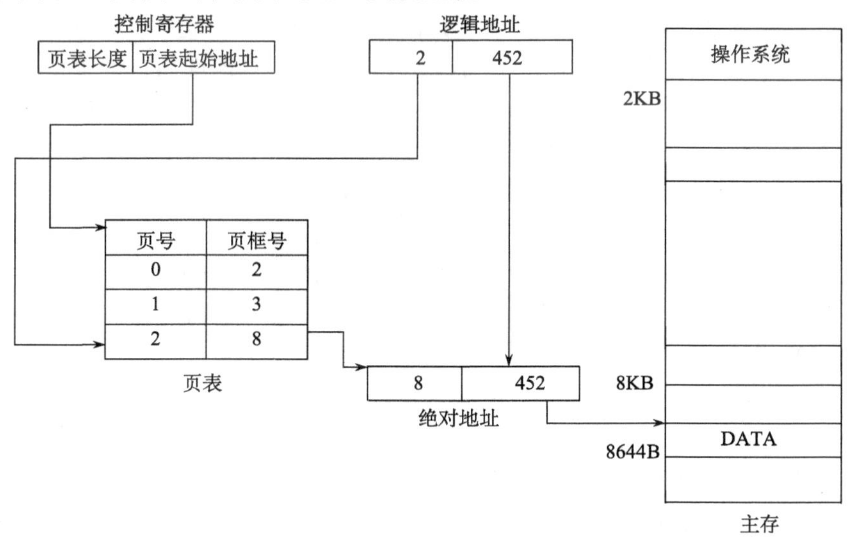

图 5-16　地址变换

首先用户作业提出存储分配的要求，此时操作系统根据主存页框的大小(1KB)将进程要求的存储空间分成相应的页面。

(1) 根据主存的实际情况，将进程的每个页面分配到主存空闲页框中，同时，系统分配并设置页表的内容(通常一个进程具备一个页表)。此时，系统完成用户进程的存储器分配。

(2) 当用户进程开始执行时，系统首先设置控制寄存器的内容，控制寄存器包括页表长度和页表起始地址两项。

(3) 为了对逻辑地址进行变换，由硬件组成的地址变换机构必须将其分成两部分：页号和页内偏移(即 2 和 452)。

(4) 根据逻辑地址中提供的页号在页表中找到相对应的页框号(2 → 8)。

(5) 将页表中的页框号和逻辑地址中的页内偏移分别写入绝对地址中的相应位置上(即 8 和 452)。

(6) 然后根据绝对地址提供的页号和页内偏移计算出存储空间的物理地址(1KB=1024，8×1024＋452＝8644)。此时，用户进程便可以访问主存中的绝对地址，取出数据或取出指令执行。

综上所述，页式存储管理的地址变换机构简洁、清楚。但由于页表是存储在主存的某个固定的区域中，而每一个访问主存的绝对地址又必须通过页表变换才能得到。因此执行一条访问主存的指令都要访问主存两次：一次访问页表得到所要访问指令的绝对地址，另一次根据绝对地址访问实际所需的单元。这样，执行速度下降了一半。

3. 快表

为了尽量减少访问主存的次数，提高地址变换的速度，可在地址变换机构中增设一个具有并行查寻能力的特殊高速缓冲存储器，用来存放页表的一部分。存放在高速缓冲存储器中的页表称为“快表”，“快表”中的每一个表项内容除了来自页表的相应表项内容外，还需增加有利于组织“快表”的项目，如增加了有效位等。这种高速缓冲存储器又称为“相连存储器”(associate memory 或 translation look aside buffer)。“相连存储器”实际上是一组硬件寄存器，它的存取速度比主存要快，具备一定的逻辑判断能力，可以实现按内容检索。

加入快表机构后，地址变换过程如下：CPU 在给出逻辑地址后，地址变换机构首先根据页号在快表中进行检索，若存在相应的页号，则直接从“快表”中读出该页号对应的页框号，形成物理地址；否则，需要再访问主存中的页表，从页表中读出相应的页框号，形成物理地址，同时将找到的页表项登记到“快表”中。当“快表”填满后，又要在“快表”中登记一个新的页表项时，则需采用一定的淘汰策略在“快表”中淘汰一个老的、已被认为不再需要的页表项。淘汰策略可以采用“先进先出——FIFO”或“最近最少用淘汰法——LRU”等，这些算法与后面介绍的页面置换(淘汰)算法相似，这里不再赘述。具有快表的地址变换过程如图 5-17 所示。

由于成本的关系，快表不可能做得很大，通常只能存放 64～256 个页表项，这对中、小型作业来说，已有可能把全部页表项放在快表中，但对于大型作业，则只能将一部分页表项放入其中。由于对程序和数据的访问往往带有局部性，因此，采用一定的快表项淘汰策略后，据实际运行统计从快表中能找到所需页表项的几率(命中率 hit ratio)可达 90%以上，这使得由于增加了地址变换机构而造成的速度损失，可减少到 10%以下，达到了可接受的程度。

整个系统只有一个控制寄存器和一个相联存储器，只有占有处理器进程才占用控制寄存器和相联存储器。在多道程序系统中，某一进程让出处理器时，应同时让出控制寄存器和相联存储器。解决的办法是控制寄存器内容可作为进程的现场内容加以保护和恢复，而相联存储器的内容，为了使之与运行的进程一致，可采用两种方法来维护。一种最简单的办法是：在启动一个新的进程时，执行一条特定的机器指令使相联存储器的内容无效，即清除所有的有效位，这样，新的进程就可以使用相联存储器了。这种办法不利于提高快表的命中率。另一种解决办法是为相联存储器扩充一个进程或上下文标识符的域，同时为机器增加一个寄存器以保存当前进程的标识符。这样，硬件在查看快表时，不但要比较页号，也要比较进程标识符，是当前进程的表项将被采用，不是当前进程的表项将被忽略。这种方法要增加额外的硬件，但节省了上下文切换的时间，因为，如果相联存储器很大，把相联存储器也作为上下文进行切换，时间是相当可观的。

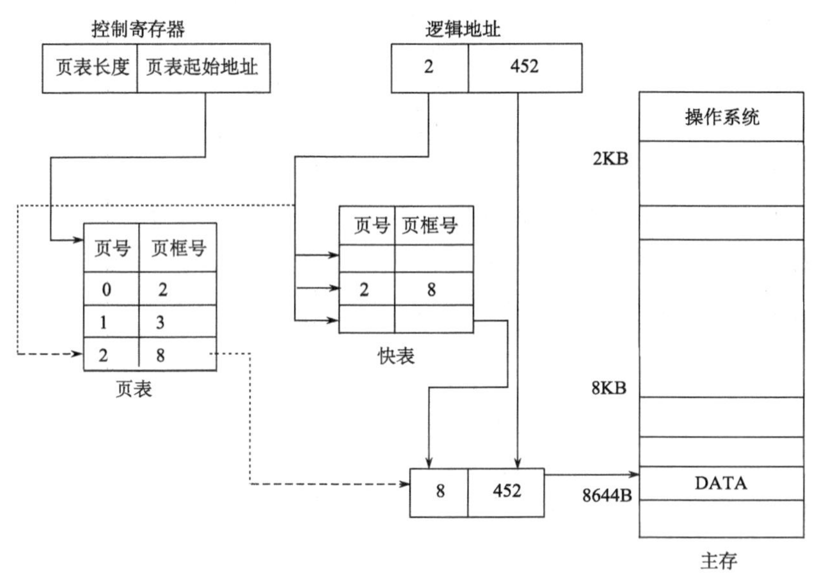

图 5-17 快表实现地址变换

4. 页的共享与保护

页式存储管理能方便地实现多个作业共享程序和数据。在多道程序系统中，编译程序、编辑程序、解释程序、公共子程序、公共数据块等都是可以共享的，这些共享信息在主存中只要存放一个就行了。这些供共享信息在主存中就形成了共享的页面。页的共享可大大提高主存空间的利用率。

在实现共享时，对数据的共享和程序的共享必须分别对待。实现数据共享时，可允许不同的作业对共享数据页使用不同的页号，只要让各自页表中的相关表目指向共享的数据信息块(页框)就可以了。而实现程序共享时，由于页式存储结构要求逻辑地址空间是连续的，共享程序必含有转移指令，这些转移指令的转移地址是确定的，所以情况就不同了，在程序运行前共享程序的页号必须是确定的。例如：假定有一个共享程序 EDIT，其中含有转移指令，转移指令中的转移地址必须指出页号和偏移，如果是转向本页，则页号与本页页号相同。现若有两个作业共享这个 EDIT 程序，假定一个作业定义它的页号为 3，另一个作业定义它的页号为 5，而在主存中只有一个 EDIT 程序，它要为两个作业以同样的方式服务，这个 EDIT 程序一定是可再入的(纯代码的)，于是转移指令中的页号是不能按作业的要求随机地改成 3 或 5。所以，对共享程序必须规定一个统一的页号。当然，对共享程序规定一个统一的页号是不自然的，实现起来也有一定的困难。

实现信息的共享必须解决共享信息的保护问题。可以在页表中增加一个保护权限域，用来指出该页的信息为：可读/写、只读、只执行和不可访问等，指令执行是进行操作权限核对，若不合法，则停止执行，产生保护中断。例如，一指令要想向只读数据块写入信息，则指令将停止执行，产生中断。

另一种保护的方法是采用保护键法。系统为每道作业设置一个保护键，为作业分配主存时，根据它的保护键在相应的页表中建立键标志。程序执行时将程序状态字中的键和访问页的保护键进行核对，相符时才可访问该页框。为了使某些页框能被各程序访问，可规定保护键为“0”，此时不做核对工作。操作系统有权访问所有页框，可让操作系统程序的程序状态字中的键为“0”，规定程序状态字中的键为“0”也不进行核对。

静态页式存储管理解决了分区管理时的碎片问题。但是，由于静态页式存储管理要求作业在装入时必须一次性整体全部装入主存，如果当时系统中可用的页框数小于用户要求时，该作业只好等待，即作业的大小仍受主存中可用页框数的限制。为解决这些问题，可采用虚拟页式存储管理技术来实现。

5.5.3 虚拟页式存储管理

随着现代计算机技术迅速发展，用户程序的容量也随之增大。当系统在运行时，经常会出现主存容量不能满足用户程序的要求。例如：有的作业的逻辑地址空间很大，它要求的主存空间已超过了主存的总容量，作业不能全部装入主存中，致使该作业无法执行；有的系统运行时作业很多，主存无法一次将全部作业装入主存中，因而只能装少量的作业，其他大量的作业留在外存中等待。显然，为了解决这一问题，通常最好的方式是从物理上扩充主存的容量，但是这必然将提高系统的成本，使用户无法接受；另一种方法是从逻辑上扩充主存的容量，这便是虚拟存储技术。

1. 虚拟存储管理的基本思想

1) 常规存储管理方式的特征

(1) 整体特性——用户作业在运行以前，必须将全部的内容一次装到主存中，这必然会导致主存容量不够；而且在大多数情况下，系统运行时并不要求使用用户作业的全部程序，因而造成了主存空间的浪费。

(2) 驻留特性——用户作业在装入主存运行过程中，将一直占据着主存的部分空间，即使是等待资源分配(例如因为 I / O 而长期等待)，或有些程序只运行一次，但它并不会释放所占据的主存空间，一直要等到用户作业运行结束。

由上面两个特性我们可以看到，在系统运行时，存在着大量不用或暂时不用的程序或数据占据了主存的空间，使一些需要运行的程序无法装入主存中。下面我们来看一下如何解决这一问题。

2) 局部性原理

早在 1968 年 Denning 就提出过，程序的执行呈现出局部性规律，即在一较短的时间里，程序的执行仅局限在某个部分，相应地，它访问的存储空间也局限在某个区域。同时，他提出了以下几个论点：

(1) 程序在执行时，除了少部分的转移和过程调用指令外，在大多数情况下仍是顺序执行的。

(2) 过程调用将会使程序的执行轨迹由一部分区域转至另一部分区域，但是经研究可看出，过程调用的深度在大多数情况下并不是很远。这就是说，程序将会在一段时间内都局限于某一范围内运行。

(3) 程序中存在许多循环结构，它们虽由少数指令构成，但多次执行。

(4) 程序中还包括许多对数据结构的处理，如对数组进行操作，它们都往往局限于很小范围内。

通常，局部性又表现为时间局部性和空间局部性。

时间局部性表现在如果程序中某一条指令一旦执行，则在不久以后还可能被继续执行；同样，若某一个数据被访问后不久，还可能被继续访问。其典型的情况是程序中存在着大量的循环。

空间局部性表现在如果程序访问了某一个存储单元，其附近的存储单元则在不久也会被访问，即程序在一段时间内访问的地址，可能集中在一定的范围内。其典型的情况是程序顺序执行。

3) 虚拟存储器的基本思想

当用户作业要求的存储空间很大，不能被装入主存时，基于局部性原理，系统可以把当前要用的程序和数据装入主存中启动程序运行，而暂时不用的程序和数据驻留在外存中。在执行中需要用到不在主存中的信息时，通过系统的调入、调出功能和置换功能将暂时不用的程序和数据调出主存，腾出主存空间让系统调入要用的程序和数据。这样，系统便能很好地运行该用户作业了。从用户角度上看，系统具备了比实际主存容量大得多的存储器，人们把这样的存储器称为虚拟存储器。

虚拟存储器是存储管理的核心概念。现代计算机系统中的物理存储器分为主存和外存，用户程序是放在主存中运行的。但由于主存价格较高，不可能一味地扩充主存空间来满足用户程序的需要。因此提出了虚拟存储器的概念，这使存储空间的逻辑容量可以由主存和外存容量结合起来，其运行接近主存的速度，成本却没有大的增加。可见虚拟存储技术是一种性能非常优越的存储器管理技术，故被广泛地应用于大、中、小型机器和超级微型机中。

4) 虚拟存储器的特征

(1) 多次性——用户程序在运行前，并不是一次将全部内容装入到主存中，而是在程序的运行过程中，系统不断地对程序和数据部分地调入、调出，完成程序的多次装入工作。

(2) 对换性——程序在运行期间，允许将暂时不用的程序和数据调出主存(换出)，放入外存的对换区中，待以后需要时再将它调入主存中(换入)，这便是虚拟存储器的换入、换出操作，即对换性。

虚拟存储的多次性和对换性必须建立在离散分配的基础上。因为多次性允许将一个程序或数据分多次调入主存。如果要求把它们装入一个连续主存区，必须事先就为它们申请足够大的主存空间，其中相当一部分空间都是空闲的，显然是对主存资源的极大浪费；而采用离散分配方式时，仅在需要调入某部分程序或数据时，才为其申请主存空间，这样就不会造成对主存的浪费。这就是把虚拟存储器建立在离散分配基础上的原因。

2. 用页式存储管理技术实现虚拟存储器

1) 数据结构

虚拟页式存储管理系统中所需要的主要数据结构是页表，一种典型的页表如表 5-3 所示，它是在页式存储管理系统的页表基础上增加了如下几项：

(1) 状态位：用于指示该页是否已调入主存，如用 1 表示在主存，0 表示不在主存。

(2) 访问字段：用于记录本页在一段时间内被访问的情况，提供给置换机构参考。

(3) 修改位：表示该页在调入主存后是否被修改过，由于主存中的每一页都在外存上保留一份副本，因此，若未被修改，在置换该页时就不需将该页写回到外存上；若已被修改，则必须将该页重写到外存上，以保证外存中所保留的始终是最新副本。

(4) 保护权限：说明该页允许什么类型的访问。它指出了该页的信息可能为：可读/写、只读、只执行和不可访问等。

(5) 外存地址：指出该页在外存上的地址，供调入该页时使用。

表 5-3　虚拟页式存储管理系统中的页表

页框号	状态位	访问字段	修改位	保护权限	外存地址

现代计算机系统中程序的逻辑地址空间很大，因此，页表可能也非常大。以 Windows NT 为例，它使用了 32 位虚拟地址，每个进程的可以有 2^{32}=4GB 的虚拟地址空间，使用 2^{12}=4KB 的页面，这就意味着一个进程最多可以使用多达 2^{20}=1M(100 多万)个页面。如果每个页表表目占 4Bytes，那么每个进程的页表所占的空间是 2^{22}=4MB，占去了相当大主存空间，显然这样大的页表是不能全放在主存中的。为此对页表本身也采用分页措施，即把页表本身按固定大小分成为一个个页面，每个小页表形成的页面中可以存放 2^{10}=1K 个页表表目，共有 2^{10}=1K 个小页表。为了对这 1K 个小页表进行管理和索引查找，设置了一个页表目录或页目录，该页表目录称为顶级页表，它包含有 1K 个页表表目，分别指出每一个次级小页表所在物理页框号和其他状态信息。这样，每个进程将有一个页目录，它的每个表目指向一个页表。页目录本身大小恰好是一个页面大小。页目录是一级页表，而每一个小页表就是二级页表。具有二级页表的地址变换过程如图 5-18 所示。

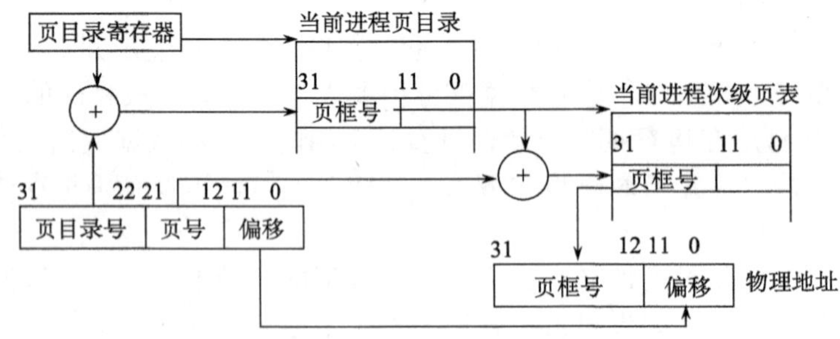

图 5-18　二级页表的地址变换

通过二级页表地址映射访问主存存取数据需要三次访问主存：一次访问页目录，一次访问页表，最后才访问数据所在的物理地址，这显然影响了存取速度。当系统虚拟地址为 64 位时，还可以组成三级或四级页表，但性能的影响是不可忽视的。

随着 32 位、64 位机的出现，程序的虚拟地址空间很大，而物理页框数相对来说是较少的，因此有些系统(如 IBM RS/6000, HP Spectrum)就不以虚存而以物理主存来组织页表。这种页表的第 i 个表项记录着当前占用页框 i 的页面信息，表中的表项号与物理主存的页框号相等，而与虚存的页号无关，该页表称为反向页表(inverted page table)。如表 5-4 所示。在这种系统中，当进程给出虚地址后，存储管理单元(MMU)通过一个哈希函数转换为一个哈希值，以该值为索引指向反向页表中的一个表目，若表目中的内容与该进程的虚页号相一致，即形成绝对地址，否则再到链指针中查找。

表 5-4　反向页表

	页号	进程标识	标志位	链指针
页框 0	34	P_1	1	
页框 1	23	P_2	0	
页框 2	78	P_1	1	
⋮	⋮	⋮	⋮	⋮

2) 虚拟页式存储管理的工作流程

虚拟存储器的实现必须依靠一定的物理基础，即硬件环境，这些包含如下几方面：

(1) 具有一定容量主存，用于存放一个的操作系统，以及每个进程的部分程序、数据和相应的页表表项。

(2) 相当容量外存，用于存放每个进程未装入主存的部分、后备作业以及大量的文件。

(3) 地址变换机构，用于将用户程序地址空间中的逻辑地址变换为主存的物理地址。

(4) 缺页中断机构，当发现所要访问的页不在主存时，应立即发出缺页中断信号，以请求操作系统将所缺之页调入主存。

这里必须注意，缺页中断是一种特殊的中断，它与一般中断的区别在于：

(1) 在指令执行期间产生和处理中断信号。通常 CPU 都是在一条指令执行完后检查是否有中断请求到达，若有，便去响应，否则继续执行下一条指令。然而缺页中断是在指令执行期间发现所要访问的指令或数据不在主存时产生和处理的。

(2) 一条指令在执行期间，可能产生多次缺页中断。例如采用多级页表时，页表也是作为动态调入的，地址翻译过程就可能出现访问页表的缺页中断，最后才产生所要访问的页的缺页中断。

虚拟页式存储管理总的工作流程是：首先，为用户作业或进程分配主存工作区并填写相应的页表项目；接着，由进程调度程序调度用户进程执行。进程在执行中访问某页时，硬件地址转换机构先查看快表，若在快表中命中，则立即形成绝对地址，否则再查看页表，若该页对应的状态位为 1，表明该页已在主存，即根据页表内的页框号形成访问主存的绝对地址，将该页的信息登记到快表中。若该页对应的状态位为 0，表明该页不在主存，则由硬件产生一个缺页中断。操作系统内核必须处理这个缺页中断，处理的办法是先查看主存是否有空闲的页框，若有则按该页在外存的地址将该页读出并装入主存，在页表中填上它占用的页框号且修改状态位。若主存已没有空闲页框，则必须调出已在主存中的页，再将所需的页装入，对页表和存储页框表作相应修改。为了提高系统效率，在访问某页时，若是执行写指令，则在页表中相应页的修改位上置1。这样选择某页调出时，必须看其修改位是否为1，若修改位为1，那么就将该页写回外存中，否则不必把该页重新写回外存中。如图5-19所示。

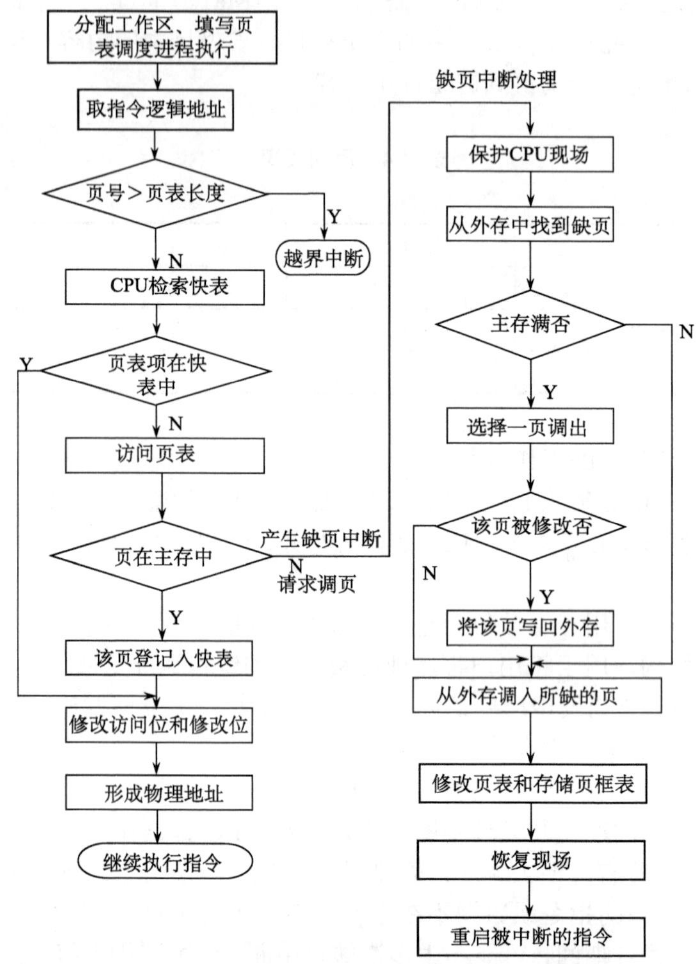

图5-19　分页式虚拟存储管理工作流程

由于产生缺页中断时，一条指令并未执行完，所以操作系统内核在进行缺页中断处理后，应重新执行被中断的指令。当重新执行该指令时，可能由于要访问的页已经装入主存，所以就可以正常执行下去了。

3. 页面置换

1) 调页策略

在上面介绍的虚拟页式存储管理工作流程中，系统必须动态地将所需的页面调入到主存中。那么，系统应在何时及采用什么策略将进程所需的程序和数据页面调入主存呢？目前有两种调度页面的策略：预调页策略和请求调页策略。

(1) 预调页策略。

预调页策略的优点在于当在外存上查找一页时需经历较长时间，如果进程的许多页是存放在外存的一个连续区域中，一次调入若干相邻的页，要比每次调入一页更高效。但如果调入的一批页面中的大多数都未被访问，则又是低效的。可见，该策略应以预测为基础，只将那些预计不久后便会被访问的程序或数据所在的页面预先调入主存。如果预测较准确，这种预调页策略是可取的。但遗憾的是，目前预调页的成功率为 50%。故该策略主要用于进程的首次调入，这时程序员必须指出应该先调入哪些页。在有的操作系统中，也将预调页策略用于请求调页存储中，例如在 VAX 计算机的 VMS 操作系统中，采用了一种称为群集式调页策略，当系统将进程所请求的页面调入主存时，也同时将其相邻的几个页面调入主存。

(2) 请求调页策略。

当进程运行中需要访问某部分程序和数据，而其所在页面又不在主存时，立即提出请求，由系统将其所需页面调入主存。请求调页策略比较易于实现，故在目前的页式虚拟存储系统中，大多采用此策略，该类系统也称为请求分页系统。但这样需较大的系统开销，因为每次请求后只调入一页。

一个程序被调入系统后，其所需信息目前如果不能驻留在主存，则必须存储在外存中。那么系统应从外存的何处将所需页面调入，视以下不同情况而定：

① 从硬盘文件区调入。因为进程的程序和数据原来都是作为文件而放在文件区的，因此，对于凡是从未运行过的页面，都应从文件区调入。

② 从硬盘对换区调入。对于曾经运行但是又被换出(调出)的页面，是被放在对换区的，当需要再次将它调入时，显然应从对换区调入。

③ 向主存中的页面缓冲池索取。由于页面可能是共享的，则进程所请求调入的页有可能已经被调入主存，显然这时可直接从页面缓冲池中找出该页并取出，这样，不仅提高了调页的速度，也可避免仅为该页启动磁盘。

2) 分配策略

在请求分页系统中可采取以下两种分配策略：

(1) 固定分配策略——基于进程的类型(交互型或批处理型等)，或根据程序员、系统管理员的建议，每个进程分配一固定页数的主存空间，在整个运行期间不再改变。采用该策略时，如果进程运行中发现缺页，则只能从该进程在主存的几个页面中选出一页调出，然后再调入一页，以保证分配给该进程的主存空间不变。这种分配方式的困难在于：应为每个进程分配多少个页框的主存难于确定。若太少，会频繁地出现缺页中断，降低了系统的吞吐量；若太多，主存中能驻留的进程数目必然减少，可能造成 CPU 空闲或其他资源空闲的情况，而且在实现进程对换时，会花费更多的时间。

(2) 可变分配策略——同样基于进程的类型或根据程序员的要求，为每个进程分配一定数量的主存空间，如果该进程在运行过程中频繁地发生缺页中断，则系统再为该进程分配若干附加的物理页框，直至进程减到适当的缺页率为止；反之，若一个进程在运行过程中的缺页率特别低，则此时可适当减少分配给该进程的物理页框，但不应引起其缺页率明显增加。

3) 页面置换算法

进程在运行过程中，若其所访问的页面不在主存而需将它调入主存，但主存已无空闲空间时，为了保证该进程能继续运行，系统必须从主存中调出一页程序或数据到磁盘的对换区中，这一工作称为页面置换或页面调度。页面置换实际上是确定淘汰哪一页的问题。但应将哪个页面调出(淘汰)呢？从理论上讲，应该将那些以后不会再访问的页面调出，或将在较长时间内不再访问的页面调出。但是，要实现这样一个调度算法确实是很难的。目前存在着许多种置换(调度)算法，它们都试图更靠近这个理论上的目标。因此，选择一个好的置换(调度)算法是很重要的，如果选用了一个不合适的算法，就会出现这样的现象，刚被淘汰的页面又立即要用到，因此又要把它调入，而调入不久再被淘汰，淘汰不久又再被调入。如此反复，使得整个系统的页面置换非常频繁，以至于大部分时间都花费在来回调度上。这种现象称作“抖动”或“颠簸”(thrashing)。

为了衡量置换算法的优劣，一般均是在页面固定分配策略的前提下考虑各种置换算法的。算法好坏的一个重要衡量指标是缺页中断率。何谓缺页中断率呢？我们可以这样给它下一个定义：假定作业 P 共计有 n 页，而系统分配给它的主存只有 m 个页框(m,n 均为正整数，且 1≤m≤n)，即最多只能容纳 m 页。如果作业 P 在运行中访问的页在主存(成功的访问)的次数为 S，不成功的访问次数为 F(即缺页中断次数)，则缺页中断率为：

$$f=F/(S+F).$$

下面分别介绍几种典型的页面置换算法，并约定这些算法均是在请求调页策略下进行的。

(1) 优化算法(OPTimal replace algorithm，OPT)。

这是一种理论化的算法，其所选择的被淘汰的页将是永不使用的页，或者是在最长时间内不再访问的页。要真正做到这一点是困难的，故它也不是很实际的算法。但可将该算法作为衡量其他各种实际算法的标准。

(2) 先进先出算法(First In First Out，FIFO)。

这是最早出现的置换算法。该算法总是淘汰最先进入主存的页面，即选择主存中驻留时间最久的页面予以淘汰。该算法实现简单，只须把一个进程已调入主存的页面，按先后次序链接成一个队列，并设置一个指向最老页面的替换指针即可。但该算法是基于 CPU 按线性顺序访问地址空间的假设上的。实际上，很多时候，CPU 并不是按线性顺序访问地址空间的，如在进程执行循环语句时。因此，那些在主存中驻留时间最长的页往往也是经常被访问到的。所以，该算法与进程实际运行的规律不一定相适应。

FIFO 算法的另一个缺点是会出现一种奇异现象——Belady 现象。一般情况下，对于一个作业如果分配给它的主存页框越多，缺页中断率就越低，反之就越高。但是，对 FIFO 算法来说，在未给作业分配足够满足它要求的页面数时，有时会出现分配的页框数增多，而缺页中断率反而增高的奇异现象，这种现象称为 Belady 现象。

下面我们举例来说明 FIFO 算法的正常调页情形和出现的 Belady 现象。

设作业 P 共有 8 页，主存分配 3 个页框给它使用，程序访问页面的顺序为：7，0，1，2，0，3，0，4，2，3，0，3，2，1，2，0，1。作业 P 执行过程中主存的页面号及缺页中断时，淘汰的页面号如表 5-5 所示。

表 5-5　FIFO 算法执行情况

访问次序	7	0	1	2	0	3	0	4	2	3	0	3	2	1	2	0	1
主存页号	7	7	7	2	2	2	2	4	4	4	0	0	0	0	0	0	0
		0	0	0	0	3	3	3	2	2	2	2	2	1	1	1	1
			1	1	1	1	0	0	0	3	3	3	3	3	2	2	2
淘汰				7		0	1	2	3	0	4			2	3		

由表 5-5 可以看出，作业 P 在执行过程中发生了 12 次缺页中断(包括在主存有空闲时的 3 次缺页中断)。此时，缺页中断率为：12/17≈70.6%。

如果给作业 P 分配 4 个页框，则作业 P 执行过程中主存的页面号及缺页中断和淘汰的页面号如表 5-6 所示。

表 5-6　FIFO 算法执行情况

访问次序	7	0	1	2	0	3	0	4	2	3	0	3	2	1	2	0	1
主存页号	7	7	7	7	7	3	3	3	3	3	3	3	3	3	2	2	2
		0	0	0	0	0	0	4	4	4	4	4	4	4	4	4	4
			1	1	1	1	1	1	1	1	0	0	0	0	0	0	0
				2	2	2	2	2	2	2	2	2	2	1	1	1	1
淘汰						7		0			1			2	3		

由表 5-6 可以看出，作业 P 在执行过程中发生了 9 次缺页中断(包括在主存有空闲时的 4 次缺页中断)。此时，缺页中断率为：9/17≈52.9%。

以上是 FIFO 算法正常调页的情形。下面我们再来看另一种访问顺序的情况。设作业 P 访问顺序为：1，2，3，4，1，2，5，1，2，3，4，5。当进程 P 分配 3 个页框时，作业 P 执行过程中主存的页面号及缺页中断和淘汰的页面号如表 5-7 所示。

由表 5-7 可以看出，作业 P 在执行过程中发生了 9 次缺页中断(包括在主存有空闲时的 4 次缺页中断)。此时，缺页中断率为：9/12=75%。

当进程 P 分配 4 个页框时，作业 P 执行过程中主存的页面号及缺页中断和淘汰的页面号如表 5-8 所示。此时，作业 P 在执行过程中共发生了 10 次缺页中断，缺页中断率为：10/12≈83.3%。

表 5-7　FIFO 算法的 Belady 现象(1)

访问次序	1	2	3	4	1	2	5	1	2	3	4	5
主存页号	1	1	1	4	4	4	5	5	5	5	5	5
		2	2	2	1	1	1	1	1	3	3	3
			3	3	3	2	2	2	2	2	4	4
淘汰				1	2	3	4			1	2	

表 5-8　FIFO 算法的 Belady 现象(2)

访问次序	1	2	3	4	1	2	5	1	2	3	4	5
主存页号	1	1	1	1	1	1	5	5	5	5	4	4
		2	2	2	2	2	2	1	1	1	1	5
			3	3	3	3	3	3	2	2	2	2
				4	4	4	4	4	4	3	3	3
淘汰							1	2	3	4	5	1

FIFO 算法产生 Belady 现象的根本原因是它没有考虑到程序执行的动态特征。

(3)最近最少用置换算法(Least Recently Used，LRU)。

该算法要求淘汰的页面是在最近一段时间里较久未被访问的那一页。它是根据程序执行时所具有的局部性来考虑的，即那些刚被访问过的页面可能马上要用到，而那些在较长时间里未被访问的页面，一般说来，可能不会马上使用到。

为了比较准确地淘汰最近最少使用的页面，可以采用堆栈的方法来实现。栈中存放当前主存中的页号，每当访问一页时就调整一次栈，使栈顶总是指出最近访问的页，而栈底就是最近最少使用的页号。于是，发生缺页中断时总是淘汰栈底所指示的页。

例如，给作业 P 固定分配 4 个主存页框，作业的虚拟地址空间有 7 页，其执行期间访问的页面号顺序也为：7，0，1，2，0，3，0，4，2，3，0，3，2，1，2，0，1。作业 P 执行过程中主存的页面号及缺页中断和淘汰的页面号如表 5-9 所示。

表 5-9　堆栈的方式 LRU 算法执行情况

访问次序	7	0	1	2	0	3	0	4	2	3	0	3	2	1	2	0	1
主存页号				2	0	3	0	4	2	3	0	3	2	1	2	0	1
			1	1	2	0	3	0	4	2	3	0	3	2	1	2	0
		0	0	0	1	2	2	3	0	4	2	2	0	3	3	1	2
	7	7	7	7	7	1	1	2	3	0	4	4	4	0	0	3	3
淘汰						7		1						4			

由表 5-9 可以看出，作业 P 在执行过程中发生了 7 次缺页中断(包括在主存有空闲时的 4 次缺页中断)。此时，缺页中断率为：7/17≈41.2%。

由该例可以看出，堆栈的方式的 LRU 算法，淘汰的页面确实是较长时间以后才使用到的，该例的 LRU 算法执行性能已经达到了 OPT 算法的性能，故 LRU 算法是一种较为有效的页面置换算法。但调整堆栈是非常费时的，所以有些系统常常采用一些特殊的硬件实现这种算法。

一种硬件的实现办法是采用一定位数的计数器，它每执行完一条指令后就计数器上加 1，每一个页表必须设置一个能容纳该计数器值的域—访问字段，在每次访问主存后，就把当前计数器的值保存到访问字段中。一旦发生缺页，系统就检查页表中所有访问字段值，找出该值最小的页，把该页淘汰，该页就是最久未使用的页。

另一种硬件实现办法是：假设主存有 n 个页框，硬件就维持一个 n×n 位的矩阵，开始时所有的位都是 0。当访问到页 k 时，硬件首先把 k 行的位都置成 1，再把 k 列的位都置成 0。当发生缺页时，就选择该矩阵中二进制最小的行所对应的页淘汰。显然，该页也是最久未使用的页。

(4) 最近未用置换算法(Not Recently Used，NRU)。

这是 LRU 算法的一种退化算法，该算法要求页表中有一个访问位和一个修改位。当某页被访问时，访问位被自动置 1，若执行的指令是写指令，则修改位也被置 1。系统周期性地(设周期时间为 T)将所有访问位置 0。在选择一页来淘汰时，总是选择其访问位为 0 且修改位也为 0 的页淘汰。若无修改位为 0 的页，就选访问位为 0 且页号最小的页淘汰。由此可见，该算法不但希望淘汰的页是最近未使用的页，而且还希望被淘汰的页是在主存驻留期间其页面内容未被修改过。这种算法实现代价小，但系统对访问位清 0 的间隔时间 T 的确定是很关键的。如果间隔时间 T 太大，可能所有页的访问位均已成为 1，无法选择淘汰的页面。如果间隔时间 T 太小，则可能很多页的访问位均是为 0，同样也很难有效地确定淘汰的页面。

(5) 最少使用置换算法(Least Frequently Used，LFU)。

该算法要求为每一页表项配置一个一定位数的计数器作为访问字段，开始时所有的计数器均为 0。一旦某页被访问时，其页表项中的计数器值加 1。系统每过一段时间 T 就将所有的页表项计数器清 0。在需要选择一页置换时，便比较各计数器的值，总是选择其计数值最小的页面淘汰，显然它是最少被使用的页面。该算法实现也较容易，但代价较高，而且合适的间隔时间 T 的选择也是难题。

(6) 第二次机会算法(Second Chance)。

该算法思路的基本出发点是淘汰不但是“老”的，而且还是最近“没用”的页面。

该算法实现原理如下：

① 用链表来表示各页的建立时间先后，新来的放到表尾，表头就是最“老”的(同 FIFO)，页面装入或被访问时设 R=1。

② 选择淘汰页面时，若表头页面的 R 位(访问位)是 0，则淘汰之，否则将其 R 位设为 0，并把它放到表尾，然后继续从表头搜索。如图 5-20 所示，开始选择时，页面 A 的 R 位被置 1，并被放在表尾。

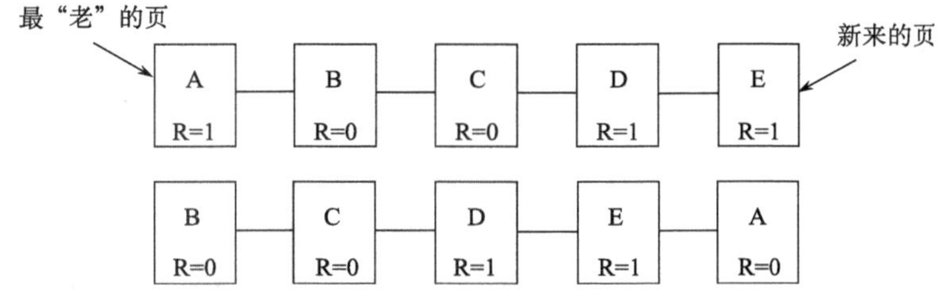

图 5-20　链表结构

(7) 时钟算法(Clock)。

基本思想是用环形链表实现第二次机会算法，达到淘汰最“老”并且最近“没用”的页面的目的。

该算法的要点如下：

① 用环形链表来表示各页的建立时间先后，表头表尾相邻，因此选择淘汰页面过程只需要移动链表指针。

② 该算法性能近似 LRU，实现开销小。

例如：某进程调入页面 27 前在内存的各页面状况如图 5-21(a)所示，由于链表指针所指的前 2 个页面(页面 25 和 91)R 位均为 1，不能将其淘汰，应将其 R 位均置为 0，而接下来的页面 56 其 R 位为 0，可将其淘汰并置换为页面 27，并置 R 位为 1。置换后的链表情形如图 5-21(b)所示。

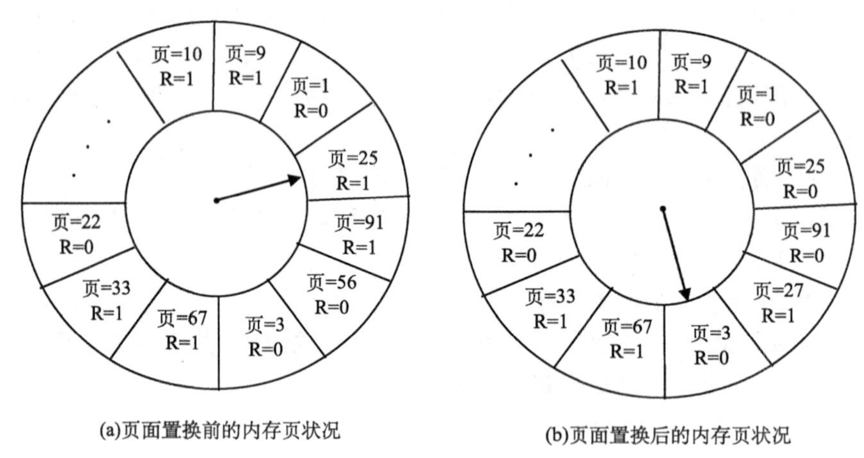

图 5-21　在内存的页面环形链表

(8) 基于 Clock 的 NRU 算法。

该算法用位 R 表示页面的访问状况，用位 M 表示页面的修改状况，它要淘汰并置换的页面不仅是最“老”且最近“没用”的页面，而且也是最近“没修改过”的页面。

该算法的要点如下：

① 从指针位置开始扫描链表，扫描过程中不改变 R 位。淘汰遇到的第一个 R＝0&M=0 的页面。

② 若第①步失败，则再次扫描，淘汰遇到的第一个 R＝0&M＝1 的页面。每个页面检查过后将 R 设为 0。

③ 若第②步失败，可再次重复①和②。

4. *虚拟页式存储管理系统的性能分析*

虚拟页式存储管理系统摆脱了主存实际容量的限制，能使更多更大的作业同时多道运行，从而提高系统的效率。但这类系统必须进行缺页中断处理，而缺页中断处理是要付出相当的代价的，不仅由于页面的调入、调出要花费较多的 I/O 时间，而且影响了系统的执行效率。因此，虚拟页式存储管理系统应尽量降低缺页中断率。由前面介绍的页面置换算法可知，缺页中断率与置换算法、分给进程使用的主存页框数有密切关系，实际上缺页中断率还与程序编制的质量、页面大小等有关。

为了降低缺页中断率，提高系统性能，虚拟页式存储管理系统的实现方法都要求主存中应能存入不低于一定限度的程序和数据页，而且它们必须是那些正在被使用或即将被使用的部分。这就使得缺页中断次数减少到最低程度。

根据程序执行的局部性，Denning 认为在某段时间内较好地确定正在被使用或即将被使用的页面是可能的，因此，他提出了工作集理论。所谓工作集，简单地说，就是进程在某段时间内实际上要访问的页的集合。Denning 认为一个程序要高效地运行，其工作集必须在主存中。但是，如何确定一个进程在某个时间的工作集呢？计算机是无法预知用户程序的行为的，因此，系统仍然要依据程序的过去行为来估计它未来的行为，这种估计依据就是程序行为的局部性特征，决定了工作集的变化是缓慢的。所以，把一个运行进程在 t-w 到 t 这个时间间隔内所访问的页的集合称为进程在时间 t 的工作集，记为 WS(t, w)。并把变量 w 称为工作集窗口大小，把工作集中所包含的页面数目称为工作集大小，记为 | WS(t, w) | 。

正确地选择工作集窗口的大小对工作集存储管理策略的有效工作是有很大影响的。若 w 过大，甚至会把整个作业的地址空间都包含在内，这样就失去了虚存的意义，若 w 过小，则将引起频繁缺页，降低系统效率。所以不少学者认为：程序的工作集大小可粗略地看成对应于“缺页间隔时间——主存页框数”曲线的拐点，如图 5-22 所示。这样就可确定出 w，只要在某时刻 t_1 起，将所有页面的访问位全清 0，然后访问一页时，置该页访问位为 1，到时刻 $t_2=t_1+w$ 时，所有访问位为 1 的页的集合就是时刻 t_2 的工作集。

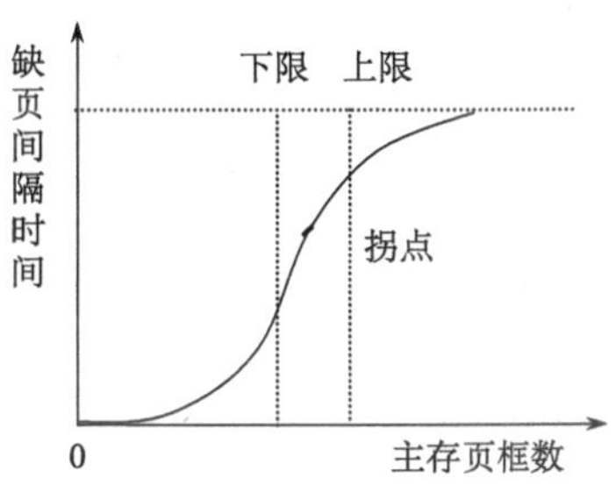

图 5-22　缺页间隔时间—主存页框数曲线

为了提高系统效率，即降低缺页中断率和提高系统的吞吐量，应使缺页间隔时间保持在一个合理的水平。若间隔时间过小时，应增加分配给进程的页框数。若过大则减少分配给进程的页框数，增加运行程序的道数。

许多系统都采用工作集概念来确定进程驻留主存的页框数，以进行页框分配工作，并以工作集概念来监视和控制运行进程的缺页中断率。

程序的局部性对降低缺页中断率，提高系统的效率也是很重要的。一般说来，要求编制的程序具有较高的局部化程度，如程序编制成结构化程序，对数据的组织和处理采用线性结构、成片处理等。这样，程序在执行时可经常集中在几个页面上进行访问，减少缺页中断次数。

设计虚拟页式存储管理系统时，页面的大小也是一个值得关注的问题。页面大所需的页表较小，这样页表占用的主存就少，页表查找速度快，此外缺页中断次数也相应的少些。但是，在页面调度时，一次换页的时间较长，页内零头空间浪费的可能性较大。页面小时，它的利弊正好相反。一般说来，页面大小应根据实际情况来确定，它和计算机的性能、程序设计技术及用户的要求都有关系。特别是现代计算机系统引入了面向对象的程序设计技术和多线程机制，使得进程访问主存具有较大的分散性，因而局部性下降了。若还采用小页面，则进程执行时，在快表中的命中率和访问主存的成功率将下降。一种折中的办法是：增加页面大小。所以，现代计算机系统大多使用较大的页面，如使用 4K、8K 的页面等。

综上所述，要使虚拟页式存储管理系统有较好的性能，必须选择有效的页面置换算法，合理地控制分配给进程使用的主存页框数，切合实际地设计页面大小，同时也要求用户编制的程序有较高局部性。

5.5.4　页式存储管理的优缺点

由于页式存储管理有效地解决了存储器的零头问题，因而能同时为更多的作业提供存储空间，能在更高的程度上进行多道程序设计，从而相应地提高了存储器和 CPU 的利用率。页式存储管理系统具备如下优点：

(1) 解决主存的零头问题，能有效地利用主存。

(2) 方便多道程序设计，并且程序运行的道数增加了。

(3) 可提供大容量的虚拟存储器，作业的地址空间不再受实际主存大小的限制。

(4) 更加方便了用户，特别是大作业的用户。当某作业地址空间超过主存空间时，用户也无须考虑覆盖结构。

同时也必须指出，页式存储管理系统也存在如下很多缺点：

(1) 要求有相应的硬件支持，如需要动态地址变换机构、缺页中断处理机构等，增加了计算机的成本。

(2) 必须提供相应的数据结构来管理存储器，而这些数据结构不仅占用了部分主存空间，同时它们的建立和管理要花费 CPU 的时间。

(3) 虽然解决了分区管理中区间的零头问题，但在页式存储管理系统中页内的零头问题仍然存在。

(4) 对于静态页式存储管理系统，用户作业要求一次性装入主存，将给用户作业的运行带来一定的限制。

(5) 在请求页式存储管理中，需要进行缺页中断处理，特别是请求调页的算法若选择不当，还有可能出现抖动现象，增加了系统开销，降低系统效率。

5.6　段式及段页式存储管理

5.6.1　段式存储管理

1. 段式存储管理概述

在分页式存储管理中，要求用户程序的逻辑地址空间是连续的。这就要求编译程序对用户源程序进行编译、连接时，必须把主程序、子程序、数据块等按线性空间的一维地址顺序装配起来。因此，装配好的程序段和数据块的存储空间是确定的，在执行中是无法动态增长和收缩的，这就造成了用户程序设计的不灵活、不方便。此外，由于对各子程序和数据段的顺序装配，分页时，无法做到页与逻辑意义完整的子程序或数据段的唯一对应，增大了其信息共享实现的难度。再者，从连接的角度上看，分区管理和分页管理只能采用静态连接。通常，一个大的程序可能包含数百甚至上千个程序模块，而执行时，可能仅用到其中的一部分模块，许多模块并不需要访问。静态连接必须对这些众多模块一次性地连接装配，不仅花费了大量的 CPU 时间，而且也浪费了许多主存空间(至少多浪费了一些页表空间)。

为了克服页式存储管理的上述不足，因此，人们提出了采用分段(segmentation)的存储管理思想：把程序按逻辑含义或过程(函数)关系分成段，每段都有自己的名字，这个名字称为段名。用户程序可用段名和入口指出调用一个段的功能，程序在编译或汇编时，再将段名定义一个段号。每段逻辑地址均是以 0 开始进行顺序编址。这样用户作业或进程的地址空间就形成了一个二维线性地址空间，任意一个地址必须首先指出段号，其次再指出段内偏移地址。段式存储管理程序以段为单位分配主存，然后，执行时通过地址转换机构把段式逻辑地址转换成主存物理地址。

2. 段式存储管理实现原理

段式存储管理把用户作业按逻辑意义分成若干段，每段均是从 0 开始编址，段内地址是连续的。而段与段之间的地址不连续。因此，进程的逻辑地址形式为：

段号	段内地址

一旦地址结构确定了，那么这个系统中一个作业允许的最多段数和每段的最大长度就确定了。例如：某系统段地址结构为 32 位，其中段号占 12 位，段内地址占 20 位，则在该系统中一个作业最多可有 4K 个段，每段的长度可达 1MB。

段式存储管理为每个作业的每一段分配一个连续的主存空间，而各段之间可以不连续，这种分配方式类似于动态分区管理的多个作业的分配。主存的分配与回收算法类似于动态分区管理的分配与回收算法，在此就不再叙述。

为了登记各作业的主存分配情况，每个作业必须建立一张段表，由它指出每段在主存中的起始地址和长度。如图 5-23 指出了一个作业各段在主存中的分配情况。

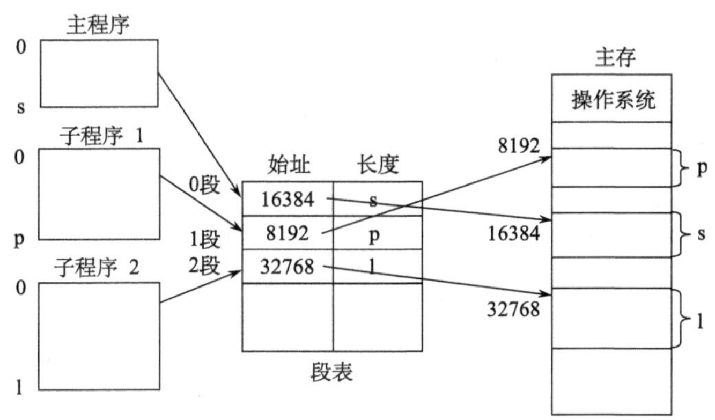

图 5-23　一个作业各段在主存中的分配

段表表目实际上起着基址/限长寄存器的作用，一个作业执行时，通过段表即可将逻辑地址转换成绝对地址。类似于页式存储管理，系统中也设置了一个段表控制寄存器，用来存放当前占用处理器的作业的段表始址和长度。其地址转换过程如图 5-24 所示。

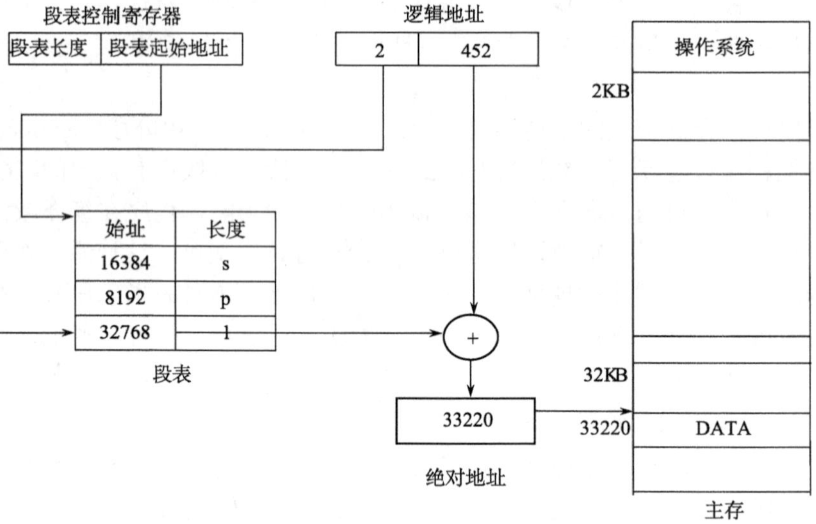

段表控制寄存器

段表长度	段表起始地址

逻辑地址

2	452

段表

始址	长度
16384	s
8192	p
32768	1

\+

33220

绝对地址

主存：操作系统，2KB，32KB，33220 DATA

图 5-24　段式存储管理的地址变换

与页式存储管理相同，段式存储管理的一次访问主存也必须经过两次以上访问主存的操作。为了提高访问速度，也需要将高速相连存储器引入，把部分段表存入其中，形成段式快表。地址转换时，先查快表，若快表命中，则立即形成绝对地址，否则再通过段表进行慢地址翻译，并将该段信息填入快表中。

段式存储管理可方便地实现主存信息共享和保护。

如果用户作业需要共享主存中的某段程序或数据时，只要用户使用相同的共享段名，系统在建立段表时，只需在相应的段表栏目上填入已在主存的段的始址和长度，即可实现段的共享，从而提高系统主存的利用率。

在实现段的共享时，必须采取一定的保护措施。可在段表中增设一个存取权限域。存取权限可分为：只执行(共享程序段)、只读(共享数据段)和可读/写(私人段)。访问段时，通过存取权限核对，即可实现存取保护。此外，通过段表中的长度信息，在地址转换时，将长度与段内地址比较，就可进行地址越界保护。

由上面的地址转换过程可以看出段式与页式存储管理是很相似的。但必须注意这两者在概念上的不同。分段是信息的逻辑单位，是用户可见的，段的大小是用户程序决定。而分页是信息的物理单位，分页对用户来说是不可见的，页的大小是事先固定的。

5.6.2　段式虚拟存储管理

1. 段式虚拟存储管理实现原理

段式也可实现虚拟存储管理，为用户提供比主存实际容量大的存储空间。段式虚拟存储系统的基本思想是：把作业的所有分段的副本都存放在外存上，当作业被调度投入运行时，首先把当前需要用的一段或几段装入主存，在执行过程中，访问到不在主存的段时，再通过缺段中断机构把它从外存上调入。

因此，段表必须在静态段式存储管理的基础上加以扩充。如在段表中必须附加说明哪些段已在主存，哪些段不在主存，各段在外存中的起始地址，相应的段是否已被修改过，段是否可移动、可扩充，段能否共享等。一个典型的段表格式如表 5-10 所示。

表 5-10　段表

0 段	特征位	存取权限	标志位	扩充位	访问位	主存始址	长度	外存始址
1 段								

表 5-10 所示的段表中，特征位可用两位表示相应的段是否在主存，是否可共享；存取权限用两位表示相应段只执行、只读或可读/写的权限；标志位用两位表示相应段是否已被修改过和能否移动；扩充位用一位表示相应段是固定长还是可扩充；访问位用来表示段的活动状况，作为淘汰段时参考；主存始址表示该段在主存中的开始地址，长度指出了该段的地址单元数；外存始址登记该段在外存中副本的起始地址。

在作业执行中访问某段时，由硬件地址转换机构查快表和段表，若快表命中或该段在主存，应核对存取权限，若存取合法，则按静态段式存储管理的地址转换办法得到绝对地址；若存取违法，则发保护中断，报告存取违法并停止程序执行。若该段不在主存，则由硬件产生一个缺段中断，操作系统内核处理这个中断时，查看可用分区表或自由链表，找出一个足够大的连续区域装入该分段。如果找不到足够的一个分区，则检查空闲区的总和，若空闲区的总和能满足该分段的要求，那么就采用移动技术进行适当的主存移动，合并一个空闲区将该分段装入主存。若空闲区的总和不能满足该分段的要求，则可能调出一个或几个段到外存上，再将该分段装入。段的调出算法也可采用类似于页面的一些调度算法。

在程序执行中，若由于处理数据的需要而要扩大该数据段的空间时，段式虚拟存储管理系统也能较容易实现这个分段的扩展。它允许用户在可扩充的段中使用超过该段长的地址空间。若程序访问的地址超过原有的段长，硬件就产生一个越界中断。操作系统内核处理这个中断时，先检查该段的扩充位信息。若该段是不可扩充的，则越界中断处理就只能报告地址错，同时停止用户程序执行。若该段是可扩充的，则为该段增加长度。增加该段长度时，先看是否有空闲区与该段后相邻及相邻的空闲区是否满足其扩展的要求，若是则该段就直接往后扩展并调整段表与空闲区表，否则应移动或调出一个或几各分段以足够让该段扩展，同时调整段表与空闲区表。

有关整个地址翻译流程包括缺段中断、越界中断、保护中断的处理流程，读者可作为练习，自行画出。

2. 段的动态连接

段式虚拟存储管理系统还可实现“动态连接装配”功能。所谓动态连接装配是指在程序运行中对它所用到的子程序段或数据段进行连接装配，节省连接装配时间和程序所占的空间。

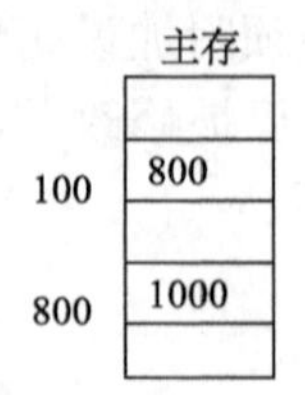

图 5-25　主存情况

实现动态连接系统应增加两个功能：间接编址和连接障碍指示。间接编址是指指令中的地址单元的内容仍作为地址。例如：主存信息如图 5-25 所示，有一条指令 LOAD 1，100，在直接编址时，表示将 100 单元的内容(800)装入到 1 号寄存器，而在间接编址时，表示将 800 单元的内容(1000)装入到 1 号寄存器。

采用间接编址时，间接地址指示的单元内容称间接字。间接字中应包含连接障碍指示位，如约定第 0 位为障碍指示位，以 L 表示。当 L=1 时，表示需要动态连接，取该地址内容时，将产生连接中断，转 OS 内核处理，进行连接工作。当 L=0 时，表示不要连接，其内容即为直接地址。间接字的格式为：

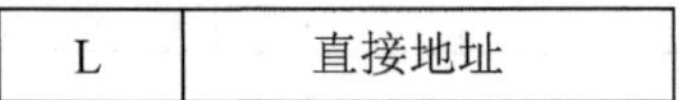

如图 5-26 所示，当分段 3 要对另一段产生符号形式的调用时，如 LOAD 1, [X]|<Y>，经编译或汇编程序处理就产生一个间接编址的指令(如 LOAD*表示间接型指令)来代替，且将间接字中的障碍指示位置成 1，直接地址指向代表符号调用的字符串(7“[X]|<Y>”)的所在位置。

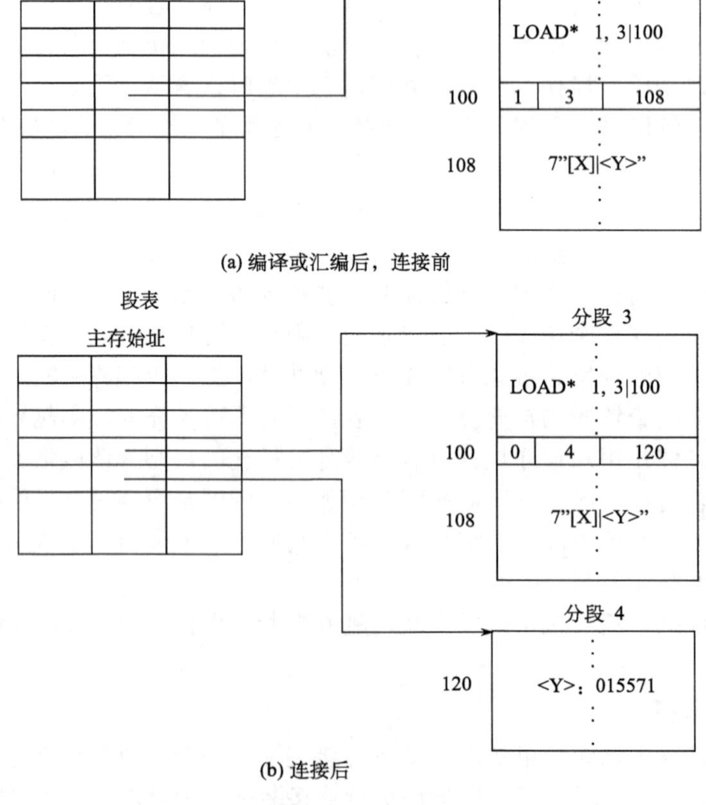

图 5-26　段的动态连接

当程序执行到分段 3 的 LOAD* 1, 3|100 指令时，就产生连接中断。OS 内核按如下过程处理该连接中断：

(1) 从 3 段 100 单元取出间接字，获得直接地址 3 段 108 单元；

(2) 按直接地址取出要连接的符号名[X]|<Y>，按定义给它分配段号(如这里假定[X]=4，<Y>=120)；

(3) 查[X]段是否在主存，若不在则从外存上把它装入，修改空闲区表和登记段表，若已在则根据[X]段在主存的状况修改本程序的段表；

(4) 修改间接字，置障碍指示位为 0，且使直接地址为连接的分段地址，即 4 段 120 单元；

(5) 恢复现场，重新启动被中断的指令执行。

当 LOAD* 1, 3|100 指令重新执行时，由于间接字已无障碍指示，于是就按直接地址(4 段 120 单元)读出所需的数据 015571，装入到 1 号寄存器。

5.6.3　段页式虚拟存储管理

由于段式虚拟存储管理严格按程序的逻辑结构分配连续存储空间，方便程序和数据的共享与保护，同时也便于程序及数据段的扩充和动态连接。但是，该类系统存在着明显的问题是：一个段的长度不能大于实际的主存容量，而且为了解决碎片问题，提高主存的利用率，必须采用移动技术，移动主存信息需要较大的系统开销。为了克服这些缺点，可在分段的基础上再进行分页，兼用分段和分页的方法，构成段页式虚拟存储管理系统。

在该系统中，每个作业按逻辑分段，然后对每一段又分成若干页。这样，每一段不必占用连续的主存空间，而是按页存放在不一定连续的主存页框中，并且当主存页框不够时只将一段的部分页面放在主存，用到不在主存中的页面时再将之调入。段页式虚拟存储管理系统早先在大中型机器(如 IBM 370, Honeywell 6180)中得到应用，如今由于硬件的快速发展，在工作站或微机上已被采用，如 Intel Pentium 也提供了段页式虚拟存储管理技术。段页式的逻辑地址必须由三部分组成：段号、页号和页内偏移。例如，硬件提供了如下的地址结构：

0　　　　12	13　　　19	20　　　31
段号	页号	页内偏移

则系统为每个作业提供了 8192 个分段，每段最多可以有 128 页，每页长度可达 4KB。

段页式存储管理系统必须为每个作业设立一张段表和若干张页表。段表中应指出每段的页表始址和长度及其他特征信息。页表长度可由段长和页面大小决定。段表、页表以及它们的关系如图 5-27 所示。

在进行地址转换时，根据逻辑地址中的段号查段表得相应段的页表始址，然后根据页号查页表得到对应的主存页框号，由页框号和页内偏移就可形成欲访问的绝对地址。由此可以看出，要存取一次信息，必须经历三次访问主存操作、一次访问段表、一次访问页表，最后才能按绝对地址存取信息，这样就降低了指令执行的速度。为了加快地址转换，也采用相连存储器来存放快表，快表中应指出段号、页号和主存页框号。有了快表后地址转换过程如图 5-28 所示。

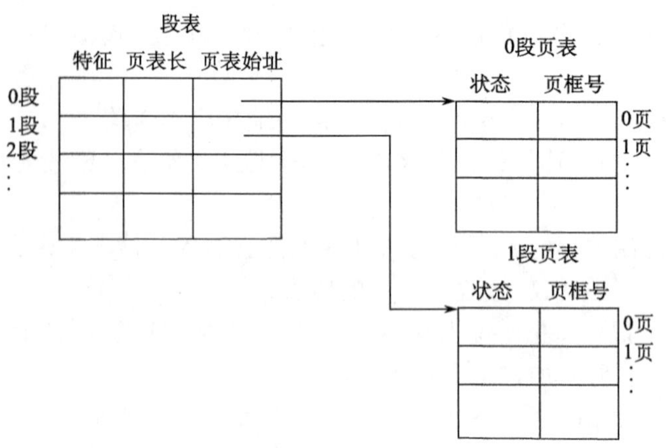

图 5-27　段页式存储系统的段表与页表

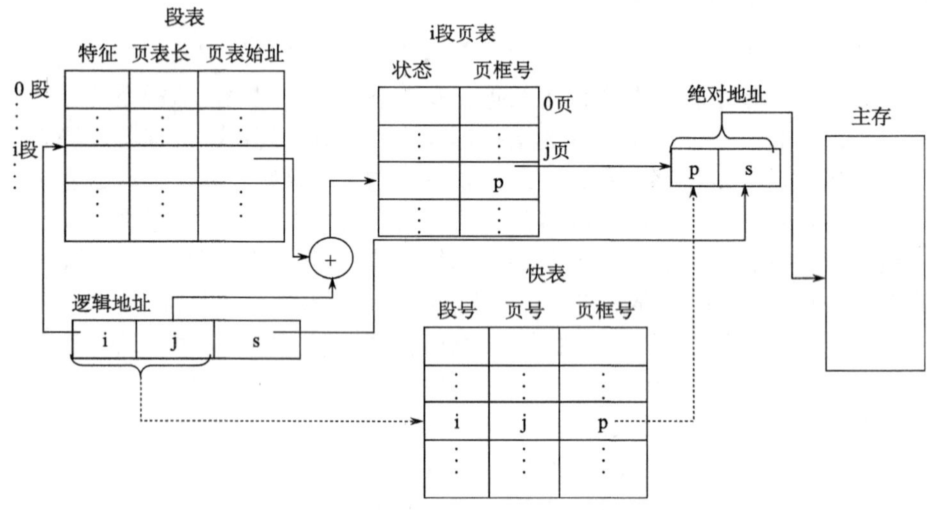

图 5-28　段页式存储管理系统地址转换

由于段中分页，段页式虚拟存储管理系统不必像分段式虚拟存储系统那样每次都要把整段信息全部装入主存，而只须把当前要使用的某段中的若干页装入即可。因此，必须在段表和页表中分别指出对应的段或页是否已在主存。硬件在执行指令和进行地址转换时，可能会引起缺段中断、越界中断、保护中断、缺页中断和连接中断等情形。一个典型的地址转换处理流程如图 5-29 所示。

这些中断的处理思想如下：

(1) 缺段中断：为该段建立一张页表，填写该段页表始址和长度及其他必要的信息。

(2) 越界中断：当该段可扩充时，应增加页表表目，修改段表中的页表长度。当该段不可扩充时，报出错信息，停止用户程序执行。

(3) 保护中断：报告存取违法并停止程序执行。

(4) 缺页中断：找出一个主存的空闲页框或调出一页，装入所需的页面，修改相应表格(如页表、存储页框表等)。

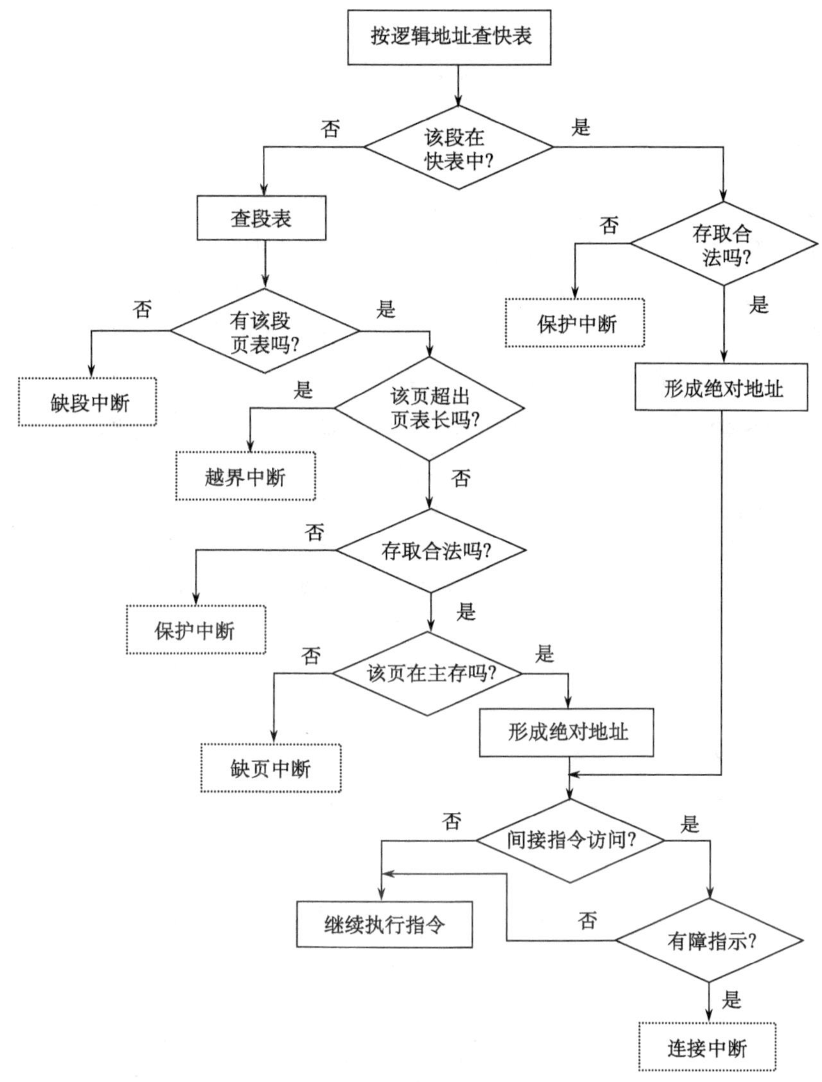

图 5-29　段页式虚拟存储管理地址转换处理流程

(5)连接中断：为该段分配一个段号，若该段已连接过，则根据该段的状况填写这个段表表项，否则可按缺段中断一样进行处理，最后，根据段号、页号与页内偏移形成无障碍指示的一般间接地址。

除了越界中断和保护中断外，其他中断在处理后，均应重新启动被中断的指令执行。

段页式虚拟存储管理系统具有了段式和页式的全部优点，但是需要更多的硬件支持和中断处理，增加了系统的成本和复杂性。因此，是否采用段页式虚拟存储管理方式，应视具体的硬件性能和实际的应用对象而定。

5.7　内存管理实例

5.7.1　UNIX 内存管理

UNIX System Ⅴ采用交换技术和请求页式策略进行存储管理。交换技术与请求页式策略的主要区别在于：交换技术换进换出整个进程(proc 结构和共享正文段除外)，因此，一个进程的大小受到物理存储器的限制；而请求页式策略在内存和外存之间来回传递的是存储页而不是整个进程，从而使得进程的大小比可用的物理存储空间大得多。

1. 进程的虚拟空间描述

在 UNIX System Ⅴ中一个进程由三个逻辑段组成：正文段、数据段和堆栈段。因此，一个进程的虚拟地址空间也被分成三个逻辑区来存放上述三个逻辑段。区是进程的虚拟地址空间上的一个连续区域，它是被共享、保护及进行内存分配和地址变换的独立实体。

为了管理每个进程中的各区，系统设有一个被称为区表的数据结构，每个在系统中存在的区都在该表中占有一个表项。区表包括下列内容：

(1) 区的类型：指明该区存放正文段、数据段或私有数据和堆栈段。

(2) 区的长度。

(3) 区所对应页表的内存地址。

(4) 区的状态：包括是否已被调入内存，是否正在调入内存过程中，是否被锁住，以及是否正在被请求调入内存等。

(5) 共享位：给出共享该区的进程数。

(6) 文件指针：指向外存中与该区对应的数据文件。

区表如表 5-11 所示。

表 5-11　系统区表

区号	类型	长度	内存始址	状态	共享位	文件指针

在系统创建新进程时，核心将从区表中分配相应的表项给所创建的进程。

为了把区表和进程联系起来，当进程中的某个逻辑段在区表中分得表项并填写了相关栏目之后，将把该表项的内存地址返回到进程的 proc 结构中。proc 结构中与区表项有关的还有该段在虚拟存储空间的起始地址、内存中的页表地址及页表长度等。

把区表和进程 proc 结构分开的原因之一是便于共享。因为每个逻辑区在不同的进程中对应的虚拟地址是不同的，但它们却可以通过区表而对应变换到同一物理内存空间中。区表和进程 proc 结构的关系如图 5-30 所示。

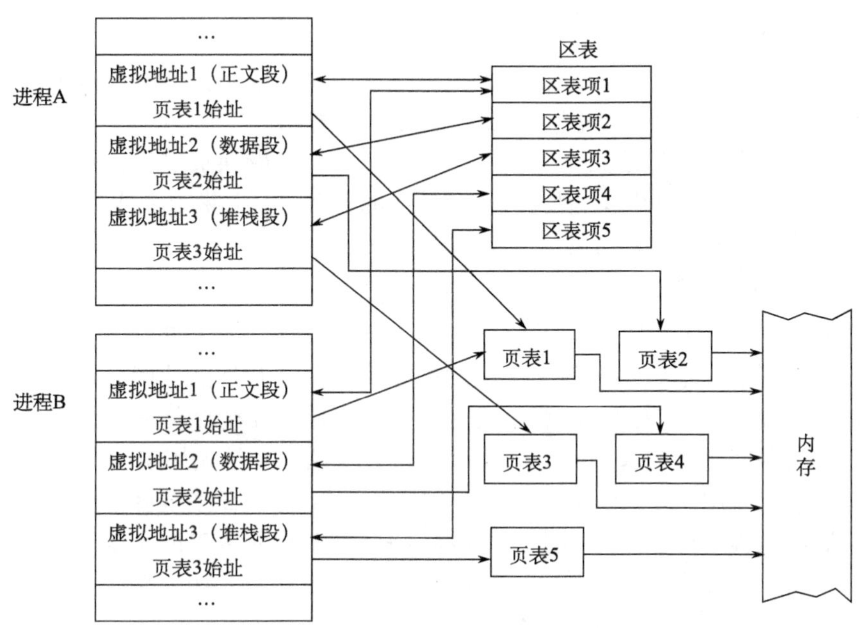

图 5-30　区表和进程 proc 结构

在系统创建一个进程或让一个进程共享其他进程的某个逻辑段时，在分配区表项后或在改变有关区表项共享计数位后，就把区表项与有关进程连接起来。对于新进程的连接是在创建 proc 结构时填写区表项地址、该区表项对应逻辑段的虚拟地址、所需页表的内存始址、逻辑段长度等。对于共享段的连接只要填写区表项地址、页表的内存始址、逻辑段长度即可。但是，共享段的虚拟地址在不同的进程中是不一样的。

注意：UNIX System Ⅴ中的区和段页式存储管理中的段非常相像。但它们是有区别的，段页式存储管理中的虚拟地址空间是二维的，而 UNIX System Ⅴ中的各进程的分区虚拟地址空间仍是一维的。另外，UNIX System Ⅴ中的各进程的分区并不是由用户按照逻辑功能独立定义的，而是由系统设计人员预先设置好的。

2. 进程交换与请求页式页面置换

1）进程交换

UNIX 系统为了缓解内存资源紧张的局面，将内存中处于睡眠状态的某些进程各区所在的内存副本调到外存交换区中，而将交换区中处于就绪的进程重新调入内存。系统内核提供了交换空间管理、进程换出和进程换入 3 个功能，从而实现进程交换策略。

为了实现快速的内外存的交换，进程在外存交换区的存储分配是采用连续空间分配法。进程的换出功能是，当内核选定一个进程换出时，先将该进程的各区的引用计数减 1，然后选择其值为 0 的区换出，同时对该进程加锁，直至该进程的内存副本拷贝到交换区中，最后，释放该进程所占的内存。进程换入功能是，每当睡眠进程被唤醒去执行换入操作时，内核就找出“就绪且换出”状态的进程，把其中换出时间最久的进程作为换入进程，并根据该进程的大小，为其申请内存，若内存申请成功，直接将该进程换入，否则还要考虑将内存中的某些进程换出，以腾出足够的空间再将该进程换入。

2）请求页式页面置换

UNIX 系统设置了一个核心进程称为换页进程，实现请求页式页面置换功能。换页进程的工作原理近似于“最近最少用（LRU）”页面置换算法。

每当内存空闲页框数低于某个规定的下限时，内核唤醒换页进程，换页进程检查内存中每一个活动的、非上锁的区，增加所有有效页的年龄，当进程访问某页时将该页的年龄置 0，换页进程选择年龄最大的页，并将其换出。

3. 进程的虚拟空间管理操作

UNIX System Ⅴ中进程可以使用系统调用 sbrk 来改变一个区的大小。当扩展区时，核心要保证扩展的区的虚地址不与另一个区的虚地址重叠，并且区的增大不应引起进程的大小超过所允许的最大虚存空间。注意正文区和共享存储区在初始化后不能再被扩展。提供给用户进行动态存储分配的库函数 malloc()就是通过调用系统调用 sbrk 来实现的。

进程通过系统调用 shmget 创建一个共享存储区时，核心在系统区表中为该区建立一个区表项。此后，进程可以使用系统调用 shmat 将此共享存储区映射到本进程的虚空间中，称为附接（attach），核心将为该进程建立相应的本进程区表项。如果该区是首次附接到一个进程，核心还要为附接区分配和初始化页表。

进程使用系统调用 fork 产生一个子进程时，核心要为子进程复制父进程的所有区。如果某个区是共享的，核心就不必物理地复制该区，而是增加该区的共享进程数，允许父、子进程共享该区。如果某个区不是共享的核心就必须物理地复制该区，这需要分配一个新的区表项、页表以及物理存储空间。

进程可使用系统调用 exec 改变本进程的虚空间映象，核心将释放进程虚空间中现有的所有区，然后把指定的可执行文件装入到该进程的虚空间中，建立相应的区，如正文区、数据区和堆栈区。这里所说的装入不是实际的装入，而只是建立相应的页表项，页表项中填的不是物理存储页地址，而是磁盘块号。可执行文件内容的实际调入要推迟到发生页面失效时，核心才分配一个物理存储页，按照页表项中的设备号和磁盘块号，把访问到的指令或数据读入此页面中，并在相应的页表项中填入此页面的物理地址。

5.7.2　Linux 内存管理

Linux 将存储管理分为物理内存管理、内核内存管理、虚拟内存管理、内核虚拟内存管理与用户级内存管理。

1. 物理内存管理

物理内存管理以页为单位，记录、分配和回收物理内存，物理内存管理使用 Buddy（伙伴）算法。

1）空闲物理内存单元的管理

Linux 物理内存管理使用 Buddy 算法实现。其算法思想是：把内存中所有页面按照 2^n 划分，其中 n=0～10，每个内存空间按 1 个页面、2 个页面、4 个页面、8 个页面、16 个页面、32 个页面……1 024 个页面进行 11 次划分。划分后形成了大小不等的存储块，称为页面块，简称页块。包含 1 个页面的页块称为 1 页块，包含 2 个页面的称为 2 页块，依此类推。每种页块按前后顺序两两结合成一对 Buddy。系统按照 Buddy 关系把具有相同大小的空闲页面块组成页块组，即 1 页块组、2 页块组……1 024 页块组。每个页块组用一个双向循环链表进行管理，共有 11 个链表，分别为 1，2，4，…，1 024 页块链表，分别挂到 free_area[] 数组上。同时采用位图数组标记内存页面使用情况，每一组每一位表示比邻的两个页面块的使用情况。当一对 Buddy 的两个页面块中有一个是空闲的，而另一个全部或部分被占用时，该位置 1。当两个页面块都是空闲，或都被全部或部分占用时对应位置 0。Buddy 算法的内存管理示意图如图 5-31 所示，其中物理块 0，2，6，7，13 已被使用。

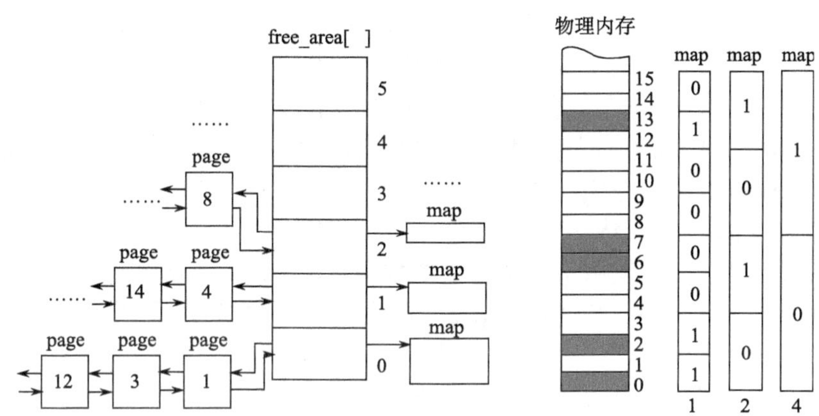

图 5-31　Buddy 算法的内存管理

2) 物理页的分配

内存分配时，按照 Buddy 算法，根据请求的页面数在 free_area[]对应的空闲页块组中搜索。若请求页面数不是 2 的整数次幂，则按照大于请求数的 2 的整数次幂的值搜索相应的页面块组。当相应页块组中没有可使用的空闲页面块时就查询更大一些的页块组，在找到可用的空闲页面块后，分配所需页面。当某一空闲页面块被分配后，若仍有剩余的空闲页面，则根据剩余页面的大小把它们加入到相应页块组中。

3) 物理页的释放

当内存页面释放时，系统将其作为空闲页面看待，并检查是否存在与这些页面相邻的其他空闲页块，若存在，则合为一个连续的空闲区，按 Buddy 算法重新分组。这样避免存在大量的小页块组。

2. *内核内存管理*

内核内存管理主要负责为各种内核数据结构分配空间，其大小一般较小。如果使用以页为单位的物理内存管理则浪费较大，为此 Linux 专门提供了使用 Slab 算法的内核内存管理。

Slab 算法的思想是：对象的申请和释放通过 Slab 分配器来管理。Slab 分配器有一组高速缓存(cache)，每个高速缓存保存同一种类型的对象，如 i 节点、PCB 等，此外，还有一些通用对象，如 32B, 64B, …, 128KB 等。内核从它们各自的缓存中分配和释放对象。每种对象的高速缓存由一连串 Slab 构成，每个 Slab 由一个或者多个连续的物理页面组成。这些页面中包含了已分配的缓存对象，也包含了空闲对象。

3. 虚拟内存管理

在物理内存管理的基础上，使用请求调页机制和交换机制，页面置换采用近似的“最近最少用(LRU)”算法，为系统中的每个进程都提供高达4GB(i386平台)的虚拟内存空间。

1)页表的管理

一个页表条目标识一个物理页，如标识物理页的页框号、该页是否有效、该页的读写权限等。为了操作系统的可移植性，Linux使用三级页表来存储虚拟地址转换为物理地址映射关系。一级页表只占用一个页，其中存放了二级页表的入口指针，记为PGD；二级页表中存放了三级页表的入口的指针，记为PMD；在三级页表中每个项都是一个页表条目。在Linux的X86版本中，只使用了两级页表，即第一级和第三级，在Intel系列CPU中，一个物理页面大小是4KB，而每个页表条目大小是4字节，其中高的20位存放页框号，低的10位标识页面属性。因此，每个物理页面可以包含1 024个页表项，则每个进程的虚拟地址空间为1 024*1 024*4KB=4GB大小。

2)虚拟存储空间的管理

在Linux系统中，主要使用了3个层次的数据结构：page、vm_area_struct和mm_struct来表示进程的虚拟地址空间。最底层的page结构描述了一个物理页框及其页内消息的相关属性和链接指针，包括标志位、引用计数等。

vm_area_struct结构是中间层次，它描述了一个虚拟内存区域(即一段连续的虚拟地址空间)的属性。其中，包括虚拟内存区域的开始、结束地址、访问权限、页目录、映射文件和链接指针。

mm_struct是描述进程虚拟地址空间的最高层的数据结构，一个mm_struct就代表一个独立进程的虚拟内存空间。该结构中记录了实现任务管理的进程模型所需要的内存管理相关的全部信息，如：进程的页目录的位置，进程的代码、数据、堆栈、堆、环境变量、入口参数等在虚拟地址空间中的存储位置，进程占用的物理页框数目、进程的LDT(局部描述符表)、引用计数，进程的虚拟地址空间的虚拟内存区域链表的链接信息和一些统计信息。

3)虚拟地址空间的创建

进程虚拟地址空间的创建分为两个步骤。首先，复制父进程的地址空间；然后，根据可执行映像的要求，创建新的内存地址空间。

4)虚拟地址空间的复制

为了减少开销，Linux对于调用fork，使用了COW技术，同时也提供系统调用vfork，使用系统调用vfork创建的进程完全和父进程共享同一个地址空间。在Linux中，也使用系统调用vfork实现线程管理。

5)虚拟地址空间的重建

系统调用fork返回后，子进程已经通过虚拟内存复制，创建了自己的地址空间。此后，当进程调用系统调用exec，希望执行新的程序时，将根据新的执行映像，为该进程创建新的虚拟地址空间。通常将这个过程叫做虚拟地址空间的重建。

在Linux中采用内存映射机制来处理映像文件的装入。在vm_area_struct结构中，由一个file结构的vm_file域和一个无符号长整型类型的vm_pgoff域分别表示该内存区域映射文件的文件指针和偏移值。实际上内存映射机制正是使用这两个域描述了某段内存空间对应的内容在文件中的位置。这样，在重建虚拟地址空间时，只需要建立一系列的数据结构，描述某段内存区域内容在可执行映像中的位置，只有当进程真正使用该区域时，才将其装入内存。使用这种机制就避免了将映像中并不使用的部分也装入了内存中。

4. 内核虚拟内存管理与用户级内存管理

Linux 将每个进程的 4GB 虚拟内存分为用户区(0～3GB)和内核区(3～4GB)。内核虚拟内存管理负责内核区虚拟内存的管理。

内核态的程序有时需要申请大片的内存，如用于交换、内核模块、I/O 缓冲等，则采用申请虚地址空间连续、物理页面不连续的方法。可分配的虚拟空间在 3G+high_memory+HOLE_8M 以上高端，由 vmlist 链表管理。申请与释放分别调用系统调用 vmalloc()和 vfree()用户任务空间的管理，即用户级进程的内存空间管理，一般提供 C 库函数，用户应用库函数编程实现用户级内存的管理。

5.7.3 Windows 内存管理

Windows NT 采用基于平面(线性)32 位地址空间的虚拟内存系统。32 位的地址空间转化成 4GB 的虚拟内存。在大多数系统中，Windows NT 将该地址空间的一半(2GB)分配给进程，作为它们唯一的专用存储区，而将另一半留给它自己，作为受保护的操作系统内存。但 Windows NT Server 企业版在 x86 系统上有一个引导时选项，它给进程分配 3GB 的专用存储区，留 1GB 给操作系统。该选项允许如数据库服务器这样的应用程序在进程地址空间内保留数据库的大部分，这样就降低了对映射数据库子集视图的要求。

Windows 采用分页式虚拟存储管理技术，其页表的组织采用多级页表结构实现。

1. 内存地址空间布局

图 5-32 给出了 Windows NT 中内存地址空间的布局。表 5-12 和表 5-13 分别给出了 Windows NT 用户进程地址空间的布局和 x86 系统的系统内存地址空间布局。

表 5-12　Windows NT 用户进程地址空间布局

范围	大小	功能
0x0 到 0xFFFF	64KB	拒绝访问区域，用于帮助程序员避免引用错误的指针；试图访问这个区域地址的操作将会导致访问侵犯
0x10000 到 0x7FFEFFFF	2GB 减掉至少 192KB	专用进程地址空间
0x7EFDE000 到 0x7EFDEFFF	4KB	用于第1个线程的线程环境块(TEB)。系统会在这一页的前面创建附加的 TEB(从地址0x7FFDD000开始向上)
0x7FFDF000 到 0x7FFDFFFF	4KB	进程环境块(PEB)
0x7FFE0000 到 0x7FFE0FFFF	4KB	共享的用户数据页，这个只读方式的页面被映射到系统空间中包含系统时间、时钟计数和版本号信息的一个页面。这个页面的存在使数据在用户态下可以直接读取而不必请求核心态转换
0x7FFE1000 到 0x7FFEFFFF	64KB	拒绝访问区域(共享用户数据页面以后剩余的 64KB)
0x7FFF0000 到 0x7FFFFFFF	64KB	拒绝访问区域，用于防止线程跨越用户/系统空间边界传送缓存区。在 MmUserProbeAddress 中包含此页的起始地址

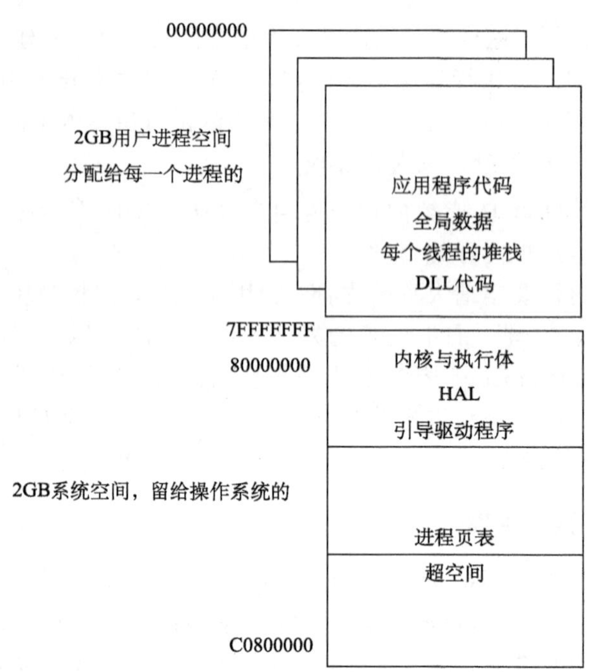

图 5-32　Windows NT 中内存地址空间的布局

表 5-13　x86 系统的系统内存地址空间布局

范围	大小	功能
0x80000000 到 0x9FFFFFFF	512MB	启动系统的系统代码（NTOSKRNL.EXE、HAL.DLL 和启动驱动程序）和非页交换区的初始部分。在有 2GB 系统空间和 32MB 或更多 RAM 的 x86 系统中，前 4MB 是用一个 x86 大页面 PTE 映射的
0xA0000000 到 0xA2FFFFFF	48MB	用于系统映射视图的空间（目前用于映射 Win32 子系统的核心态部分 Win32k.sys，以及它所用的核心态图形驱动程序）
0xA3000000 到 0xBFFFFFFF	464MB	大多数 Windows NT 系统不使用
0xC0000000 到 0xC03FFFFF	4MB	进程页表（页目录在 0xC0300000，大小为 4KB）。这是映射到系统空间内的每一个进程的数据
0xC0400000 到 0xC07FFFFF	4MB	工作集表和超空间。这是映射到系统空间内的每一个进程的数据
0xC0800000 到 0xC0BFFFFF	4MB	未使用
0xC0C00000 到 0xC0FFFFFF	4MB	系统工作集表
0xC1000000 到 0xE0FFFFFF	512MB（最大值）	系统高速缓存（启动时计算它的大小）
0xE1000000 到 0xECFFFFFF	192MB（最大值）	页交换区（启动时计算它的大小）
0xEB000000 到 0xFFBDFFFF	331.875MB	系统 PTE 和非页交换区（启动时计算它的大小）
0xFFBE0000 到 0xFFFFFFFF	4.125MB	故障转储结构和专用 HAL 数据结构

2. 页面调度策略

Windows NT 内存管理器使用按需页面调度算法及“集群”方法把页面装入内存。当线程收到页错误时，内存管理器把出错页面和它附近的一些页面装入内存。这个策略试图把线程引发的页面调度 I/O 的数量减少到最小。因为有一些程序，特别是一些大的程序，它在任何给定的时间内，都只在它们地址空间的小的区域内执行，因此加载几簇虚拟页面会减少读取磁盘的次数。

在多处理器 x86 系统和所有 Alpha 系统上，Windows NT 实现局部(进程内)FIFO 替换策略的变化形式。在单处理器 x86 系统上，Windows NT 采用“时钟算法”(clock algorithm)实现页面置换。Windows NT 分配给每个进程一定数量的(动态调节的)页框，称为“进程工作集”(process working set)。由于来自其他进程对物理内存的请求，当工作集达到它的界限或工作集需要被修整时，内存管理器将从工作集中删除页直到它确认有足够的空闲页面。

本 章 小 结

本章首先介绍了存储管理的任务和功能；接着介绍存储分配的几种形式和重定位概念。存储分配常有三种形式，即：直接存储分配、静态存储分配和动态存储分配。动态存储分配是现代操作系统常用的方式。静态重定位是在程序执行前由装配程序一次性完成，而动态重定位是程序执行中由硬件地址转换机构完成。覆盖与交换技术是从逻辑上扩充主存的两种方法，覆盖技术要求程序员提供一个覆盖结构，它用于同一进程之间，而交换技术对程序员无任何要求，它可用于进程之间。

其次，介绍了单一连续存储管理、固定分区和动态分区存储管理。前两者管理方式简单，但存储利用率低，而动态分区法存储利用率可提高，但分配与回收算法复杂且需考虑移动、合并等问题，增加了系统的开销。

再次，重点讲述目前流行的存储管理方式——页式和段式存储管理，这两种存储管理均较容易实现虚拟存储技术，解决共享与保护等问题。页式存储管理将主存划分成大小相等的页框(块)，进程地址空间相应地分成页，页到页框的分配可非连续分配，从而解决主存碎片问题，采用快表后使地址转换的效率能被人接受。页式虚拟存储系统使用户程序不受主存容量的限制，但要使系统获得较好的性能必须很好地控制缺页中断率，因此页面置换算法的选择是很重要的。常用的页面置换算法有 FIFO、LRU、NRU、LFU、Clock 等。OPT 算法是无法实现的，但可作为衡量其他算法优劣的标准。段式存储管理是按程序的逻辑模块来考虑主存分配的，它类似于动态分区法，地址转换过程又类似于页式存储管理，它更加方便程序和数据的共享与保护，同时可实现动态连接，但解决碎片问题系统开销大。为了能结合页式和段式的优点，提出了段页式存储管理方法，即程序按逻辑结构分段，段内按页框大小分页，最终实现非连续存储分配。

最后，简要介绍了流行的操作系统 UNIX、Linux、Windows 等存储管理技术。

拓展阅读环节：

1）Andress S. Tanenbaum, Albert S. Woodhull. Modern Operating Systems（4th Edition）:

3 Memory Management. Pearson, 2014.

2) Daniel P. Bouet, Marco Cesati. 深入理解 Linux 内核：内存管理、进程地址空间. 陈莉君，冯锐，牛欣源，译. 北京：中国电力出版社，2008.

3) John Lions. 莱昂氏 UNIX 源代码分析. 尤晋元，译. 北京：机械工业出版社，2000.

习　　题

1. 存储器管理的主要功能是什么？

2. 存储分配有哪几种形式？

3. 什么是重定位？重定位有哪几种方法？

4. 简述什么是覆盖技术和交换技术？它们之间有什么区别？

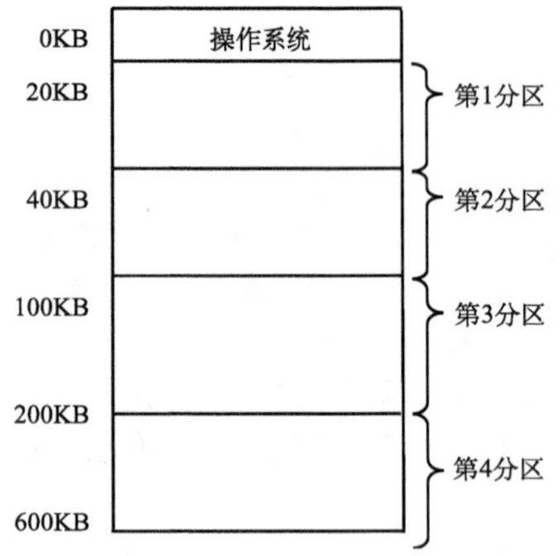

图 5-33　主存分配情况

5. 在固定分区管理中，当有 1K、9K、33K 和 121K 四个进程要求进入系统时，试分析主存空间的分配情况(主存初始状态如图 5-33 所示)，并说明主存的浪费有多大。

6. 在动态分区管理中，当有 1KB、9KB、33KB 和 121KB 四个进程要求进入系统时，试分析主存空间的分配情况。

7. 为什么要进行存储保护？分区管理中通常有哪几种保护方法？

8. 给出一种动态分区的分配算法，写出主存分配和回收(去配)的流程图。

9. 何谓主存移动？采用移动法分配主存有什么优缺点？移动一道程序时操作系统应做哪些工作？

10. 一道程序被移动或调出时，有限制条件吗？为什么？

11. 对页式存储器进行存储分配时，应设置相应的存储分配表，请你设计一个满足这种存储分配的数据结构，并给出分配和回收的算法。

12. 如果存放页表的区域被分成大小相等的块(页框)，每个作业的页表可存放在一块或几块中，当某个作业的页表要占用多块时，应怎样构造页表？

13. 何谓页式存储器的内零头？它与页面大小有什么关系？

14. 为什么在页式存储器中实现程序共享时，必须对共享程序给出相同的页号？

15. 分页管理有哪几种形式？它们之间有什么区别？

16. 什么是虚拟存储器？虚拟存储器有哪些优点？

17. 叙述实现虚拟存储器的基本原理。

18. 采用页式存储器就是虚拟存储器吗？为什么？实现虚拟存储器硬件与软件应增加什么功能？

19. 虚拟存储器的容量可以大于主存容量加外存容量的总和吗？

20. 简述请求分页虚拟存储中页表有哪些数据项，每项的作用是什么？

21. 请求分页虚拟存储系统中有哪几种置换策略？它们是如何实现的？

22. 如果一个作业在执行过程中，按下列的页号依次访问主存：1，2，3，4，2，1，5，6，2，1，2，3，7，6，3，2，1，2，3，6。作业固定占用 4 个主存页框(块)，试问分别采用 FIFO、LRU、Clock 和 OPT 算法时，各产生多少次缺页中断？并计算相应的缺页中断率，同时写出在这四种调度算法下产生缺页中断时淘汰的页面号和在主存的页面号。

23. 什么是扩充主存？如何进行扩充主存管理？

24. 段式存储管理有什么优缺点？它与页式存储管理的主要区别是什么？

25. 在段式存储器中实现程序共享时，共享段的段号是否一定要相同？

26. 叙述段页式虚拟存储管理的优缺点。

27. UNIX 怎样组织管理进程的虚拟存储空间？

28. 请叙述 Linux 的内存空间的管理思想。

29. 请叙述 Windows NT 内存管理的思想。

实　　验

1. 编程模拟实现页式存储管理地址转换过程。

2. 编程模拟实现 FIFO、LRU 和 Clock 页面置换算法。

第6章　文 件 管 理

知识要点：主要包括文件的分类、文件属性、文件存取方法和文件逻辑结构，文件目录结构，文件共享与保护，文件存储空间的管理，文件分配；同时包括 UNIX、Linux、Windows 的文件管理实例概况。

预习准备：了解操作系统中文件的命名规则、文件分类、文件目录、文件共享和保护，以及文件的操作，在此基础上思考文件管理与存储管理有何不同?辅助存储器管理与内存管理有何不同？如何解决辅助存储器空间利用率和快速查找问题？以及如何解决共享与保护问题？

兴趣实践：设计实现磁盘空间的分配与回收算法，包括位示图方法、链表方法和基于索引节点方法。阅读与分析 Linux 系统中文件系统的源程序。

探索思考：海量数据的存储需要大容量的磁盘，如何有效地管理大容量的磁盘空间?如何有效解决存储与快速查找问题，特别是跨设备和基于网络的访问？如何解决共享与保护问题？

由于内存容量有限，并且存在易失性，计算机系统中的大量数据和程序不可能长期保留在内存中，必须以文件的形式保存在外存上。为了满足对文件管理的需要，所有操作系统都有一个专门负责文件信息管理的子系统，即文件系统。

文件系统负责文件的存储、检索、共享与保护，以及文件存储空间的组织与管理、分配与回收。本章将从文件、文件目录管理、文件的共享与保护、文件存储空间管理、分布式文件系统，以及 UNIX、Linux 和 Windows 操作系统的文件系统实例等方面进行讲述。

6.1　文　　件

文件是一组逻辑上相互关联的信息的集合，是计算机系统中信息的一种组织结构。为了区别和使用文件，必须给每一个文件起一个名字，叫文件名。

6.1.1　文件命名

文件命名规则因系统不同而不尽相同，但一般由文件名和扩展名组成。文件名用于标识文件，通常由 1～8 个字符组成，有的系统规定不多于 255 个字符(如 Windows 系统)；扩展名用于标识文件类型，通常由 1～3 个字符组成，两者之间用一个圆点“.”隔开。文件名和扩展名可以由字母、数字及一些特殊字符组成。有的系统字母的大小写没有区分(如 Windows 系统)，有的系统把大小写字母看成是不同的字符(如 UNIX 系统)。特殊字符因文件系统的不同而不同，但下划线字符“_”一般都是有效字符。因此，如 file.txt，1.dat，test_1.c 等都是合法的文件名。绝大多数中文操作系统也允许用中文命名文件名，如中文 Windows

系统中允许“简历.doc”这样的文件名。

在文件系统中，为了对文件进行有效管理，用目录来管理文件，并把目录也作为文件看待，称为目录文件。

6.1.2 文件类型

很多操作系统支持多种文件类型，如 UNIX 和 Windows 中有普通文件和目录文件。UNIX 还有设备文件，即字符特殊文件(character special file)和块特殊文件(block special file)。目录文件是存储文件目录管理信息的系统文件，将在 6.2 节讨论。字符特殊文件用于串行 I/O 类设备，如键盘、打印机和网络等；块特殊文件用于磁盘类块设备。把设备看成文件的好处在于：文件和设备的输入输出便于统一；文件名与设备名有相同的文法和意义；文件和设备服从统一保护机制。

普通文件存储文件内容信息，可分为 ASCII 文件和二进制文件。ASCII 文件又称文本文件，由多行正文组成，每行以回车或换行结束。ASCII 文件可显示、打印和编辑，易于用户识别与理解，源程序和编辑文件一般都是 ASCII 文件。二进制文件有一定的内部结构，使用特定程序才能解析其结构，因此，二进制文件不能直接打印与显示。目标文件、执行文件一般都是二进制文件。

一般可对普通文件类型进一步细化，可通过文件扩展名来区分文件类型。系统可通过文件扩展名来区分文件类型，甚至系统可根据文件扩展名寻找对应的应用程序。Windows 系统就可根据文件扩展名寻找对应的应用程序，如扩展名为 DOC 或 DOCX 的，系统可将其关联到 WORD 字处理软件，如表 6-1 所示。

表 6-1 常见文件扩展名及其代表的文件类型

文件类型	文件扩展名	功能
可执行文件	exe, com, bin 或无	可执行机器语言程序
目标文件	obj, o	已编译，机器语言，未链接
源文件	c, cpp, cc, java, pas, asm, bas, perl	各种语言的源程序
标记	xml, html, tex, txt	文本数据，文档
批处理文件	bat, sh	发送给命令解释器的命令
文字处理文件	doc, docx, wps, rtf	各种文字处理格式
库文件	lib, dll, a, so	为程序员提供的库文件
打印或视图文件	gif, pdf, jpg	用于打印或视图的 ASCII 或二进制文件
档案文件	rar, zip, tar	一个文件或相关的几个文件压缩成一个压缩文件
多媒体文件	mpeg, mov, rm, mp3, mp4, avi	音频或视频的二进制文件

6.1.3 文件属性

文件除了文件内容外还包含文件属性信息。文件属性用于标识和描述文件，如文件名、文件创建时间、文件长度、文件的物理地址、存取权限等信息。不同系统的属性差别很大，表 6-2 中列出了一些可能的属性。

表 6-2　一些可能的文件属性

域	含　义
文件名	文件的名字
文件物理地址	指明文件内容在存储设备的具体位置
保护	谁能访问该文件，以何种方式访问
口令	访问该文件所需口令
创建者	文件创建者的 id
所有者	当前文件的所有者
只读标志	0 表示读 / 写，1 表示只读
隐藏标志	0 表示正常，1 表示不在列表中显示
系统标志	0 表示正常文件，1 表示系统文件
存档标志	0 表示已备份过，1 表示需要备份
ASCII / 二进制标志	0 表示 ASCII 文件，1 表示二进制文件
随机存取标志	0 表示只能顺序存取，1 表示随机存取
临时标志	0 表示正常，1 表示在进程退出时删除文件
锁标志	0 表示未锁，非零表示已锁
记录长度	一条记录的字节数
关键字位置	每条记录中关键字偏移
关键字长度	关键字域的字节数
创建时间	文件创建日期和时间
最后存取时间	文件最后存取日期和时间
最后修改时间	文件最后修改日期和时间
当前长度	文件字节数
最大长度	文件最大允许字节数

表 6-2 中的保护、口令、创建者和所有者 4 个属性与文件保护有关，决定了用户对文件的存取权限。

标志是一些位或者短域，用来禁止或者允许某些特定性质。例如，通过标志位可使隐藏文件不出现在文件的显示列表中。存档标志位记录文件是否备份过。由备份程序清除该标志位，在文件修改后，操作系统设置存档标志位。这样，备份程序可以区分哪些文件需要备份。临时标志位表示在创建该文件的进程终止后，它被自动删除。

记录长度、关键字位置和关键字长度等域只出现在那些能够用关键字查找记录的文件之中，它们提供了查找关键字所需信息。

各个时间域记录了文件的创建时间、最近存取时间以及最近修改时间等。它们可用于不同目的，例如，在相应的目标文件生成后修改过的源文件需要重新编译，这些域提供了必要的信息。

当前长度域给出了文件当前的大小。文件创建时，需要指明文件最大长度，以便操作系统事先保留一定的存储空间。工作站和个人计算机的操作系统则无需指明这一点。

6.1.4　文件存取方法

文件存取方法是研究存储空间上物理文件的访问方法。常见的文件存取方法有顺序存取方法、直接存取方法和索引存取方法。

1. *顺序存取方法*

顺序存取方法是指严格按照数据记录的排列顺序依次存取，即若要访问放在文件中的第 1 条记录，则要从文件第一条记录开始，再访问文件的第二条记录，依次下去，直到第 1 条记录为止。顺序存取方法既可用于顺序存取设备(如磁带)，又可用于直接存储设备(如磁盘)，如图 6-1 所示。

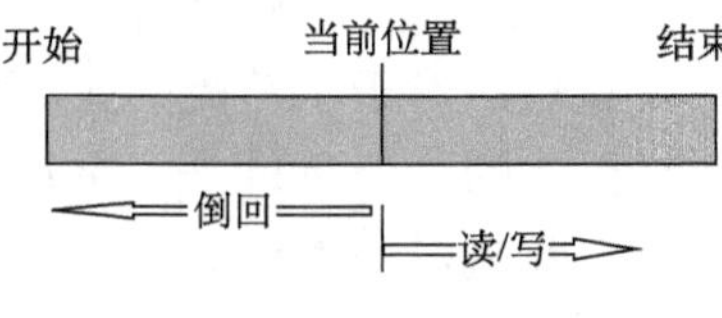

图 6-1　顺序访问文件

2. *直接存取方法*

直接存取方法是指允许用户随意读写文件的任意一条记录，而不管上次读写到哪条记录。直接存取方法适用于直接存取设备。对于流式文件，直接存取方法必须先定位到所要读写的位置，然后才能进行读写。对于定长记录式文件，则可以直接定位到某条记录进行读写。对于变长记录式文件，则无法直接定位到某条记录进行读写，而是通过对文件进行索引组织后，对索引表进行直接存取来定位所要读写的某条记录。

3. *索引存取方法*

索引存取方法建立在直接存取方法之上，需要创建文件索引。查找文件中的记录时，需要先根据记录的关键字搜索文件索引得到对应记录块的指针，再根据指针直接存取文件获得所需记录。

6.1.5　文件操作

文件系统为用户提供了一系列文件操作接口，典型的文件操作如下：

(1) 创建：定义一个新文件，同时分配一个文件结构。

(2) 删除：删除文件结构，释放相关资源。

(3) 打开：进程通过“打开”操作打开一个已经存在的文件，以允许进程对该文件进行操作。

(4) 关闭：进程使用“关闭”操作将关闭已经打开的文件，关闭后该进程将不能对该文件进行操作。

(5) 读：进程读取文件的部分或全部数据。

(6) 写：进程将数据添加到文件中或更新文件中对应的内容。

6.1.6　文件的逻辑结构

文件的逻辑结构是用户所观察到的文件组织形式，是用户可见结构。逻辑文件从结构上分成两种形式：一种是无结构的流式文件，是指对文件内信息不再划分单位，它是依次地一串字符流构成的文件；另一种是有结构的记录式文件，是用户把文件内的信息按逻辑上独立的含义划分信息单位，每个单位称为一个逻辑记录(简称记录)。所有记录通常都是描述一个实体集的，有着相同或不同数目的数据项，记录的长度可分为定长和不定长记录两类。

在文件系统设计时，选择何种逻辑结构才能更有利于用户对文件信息的操作呢?

一般情况下，选取文件的逻辑结构应遵循下述原则：

(1) 当用户对文件信息进行修改操作时，给定的逻辑结构应能尽量减少对已存储好的文件信息的变动。

(2) 当用户需要对文件信息进行操作时，给定的逻辑结构应使文件系统在尽可能短的时间内查找到需要查找的记录或基本信息单位。

(3) 应使文件信息占据最小的存储空间。

(4) 便于用户进行操作。

显然，对于字符流的无结构文件来说，查找文件中的基本信息单位，如某个单词，是比较困难的。但反过来，字符流的无结构文件管理简单，用户可以方便地对其进行操作。所以，那些对基本信息单位操作不多的文件较适于采用字符流的无结构方式，如源程序文件、目标代码文件等。除了字符流的无结构方式外，记录式的有结构文件可把文件中的记录按照各种不同的方式排列，构成不同的逻辑结构，以便用户对文件中的记录进行修改、追加、查找和管理等操作。

记录是一个具有特定意义的信息单位，它由该记录在文件中的逻辑地址(相对位置)与记录名所对应的一组键、属性及其属性值所组成。

对记录式文件可以多种不同的方式组织这些记录，目前常用的有：堆文件、顺序文件、索引顺序文件、索引文件和哈希文件(直接文件)。

1. 堆文件

对于多条大小和结果不同的记录，可采用堆(pile)文件来组织。堆文件是按照记录到达的时间顺序组织的，记录之间用界定符隐式地区分或显式地指定每一记录的起始位置和长度来区分。如图 6-2 所示。

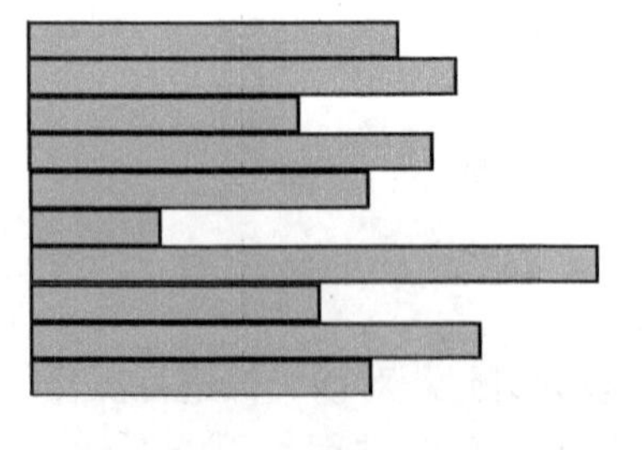

图 6-2　堆文件

对于堆文件中记录的访问只能顺序进行，查找特定记录需要遍历它之前的所有记录。

堆文件适合组织记录大小和结构不同的文件，图 6-2 中，每行代表一条记录，从图 6-2 中可以看出每条记录的长度不尽相同。一般情况下，文件中的记录是一致的，这时用堆文件来组织文件的逻辑结构，其效率不高。

2. 顺序文件

顺序(sequential)文件是最常用的文件组织形式。在这类文件中，每条记录格式相同、长度相同，并且由相同数目、长度固定的域按照特定的顺序组成。每个域的域名和长度是该文件结构的属性。每条记录都有一个特殊的域用于唯一标识该记录，称为关键域(key field)。不同记录的关键域值是不相同的。此外，所有记录按关键字顺序组织成文件。如图 6-3 所示，每一行代表一条记录，其中某一列是关键字，如第一列，所有记录结构相同、长度相同。

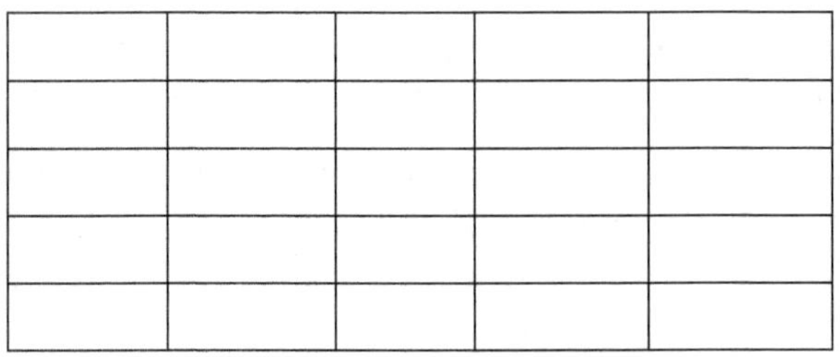

图6-3 顺序文件

顺序文件的主要优点是顺序存取速度快，适用于顺序存取和成批处理多条记录的场合。如果涉及所有记录的处理，顺序文件是最佳的。顺序文件是唯一容易同时适应在磁带和磁盘中存储的文件结构组织。

但在交互式应用场合，由于涉及对单个或少数几条记录的查询或更新，顺序文件将表现出较差的性能。此时，每查询一条记录，需要顺序搜索文件，对文件中的记录逐个进行关键字匹配操作。如果文件很大，就需要多次访问外存，造成很大的时间延迟。而在添加记录时，为了保证文件的顺序结构，需要对文件进行大量的插入和移动操作。为了解决这个问题，可以将新记录放在一个单独的堆文件中，称为日志文件(log file)或事务文件(transaction file)。周期性地执行一批更新操作，把日志文件合并到主文件中，形成一个更新后的顺序文件。另一种解决方法是把顺序文件组织成链表形式。每个物理块存储一个或多个逻辑记录，并且每个物理块含有指向下一个物理块的指针。这样，新纪录的插入仅涉及指针的修改操作而不再要求新纪录占用特定物理块的更新操作。但这是以增加了额外开销和处理为代价的。

3. 索引顺序文件

索引顺序文件保留了顺序文件按照记录的关键域的顺序组织的关键特性，通过增加两个支持直接访问的新的特征，改进了顺序文件的不足。这两个新的特征是：文件索引和溢出(overflow)文件。

1)文件索引

将顺序文件中的所有记录分为若干组(关键字按组排序)，为所有组建立一张索引表，每一组在索引表中有一个表项，该表项包含该组的第一条记录的关键字值和指向该记录的指针。由此可见，索引提供了快速接近目标记录的查找能力。索引顺序文件组织模型如图6-4所示。

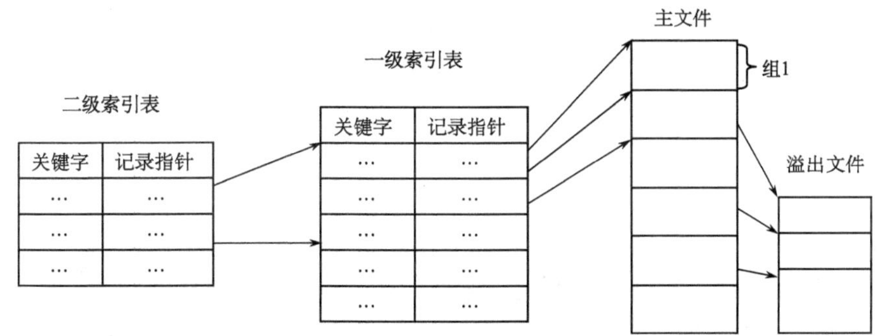

图6-4 索引顺序文件

索引可以进行多次，分别称为一级索引、二级索引和多级索引。一级索引顺序文件是最简单的索引顺序文件。在一级索引顺序文件中，为查找特定目标记录，首先利用用户所提供的目标关键字以及某种检索方法(如二分法)搜索索引表，找到该关键字所在记录组中第一条记录的表项，从而得到该索引指针所指的主文件中的位置。然后，再利用某种搜索方法在主文件中查找所要求的记录。

2)溢出文件

溢出文件用于添加新纪录，类似于顺序文件中的日志文件，但溢出文件中的记录可以根据主文件中它前面记录的指针进行定位。

在这种情况下，主文件中的每条记录包含一个附加指针域，该指针用来指向溢出文件的某一位置，如图 6-4 所示。因此，当向文件插入一条新记录时，该新记录被添加到溢出文件中，然后修改主文件中逻辑顺序位于这条新记录之前的记录，使其附加指针域指向溢出文件中该新记录的位置。如果新记录逻辑顺序前面的那条记录也在溢出文件中，则修改这条记录的指针。在对主文件检索过程中，若遇到一个指向溢出文件的指针，则到溢出文件中查找，直至遇到一个空指针，然后返回到主文件中继续检索。在删除记录时，只须找到待删除的记录，在其存储位置上做删除标记即可。在经过多次的增删后，溢出文件可能有大量记录，而主文件中又浪费很多的空间，因此，与顺序文件一样，索引顺序文件也要定期将溢出文件合并到主文件中。

4. 索引文件

索引顺序文件和顺序文件都是基于关键字进行处理的，当需要用其他属性来检索记录时，还需要顺序遍历整个文件。为此，需要采用一种多索引的结构，为每种可能成为搜索条件的属性构建相应的索引表，在这种情况下，称按关键字建立的索引表为主索引表(或称完全索引)，它包含主文件中每条记录的索引表项；而按其他属性建立的索引表为辅助索引表(或称部分索引)。此时，主文件中的记录不再要求顺序性，记录也可以是变长记录。当往主文件中添加记录或从主文件中删除记录时，与之对应的所有索引都必须更新。为了提高检索速度，可将索引组织成顺序文件。

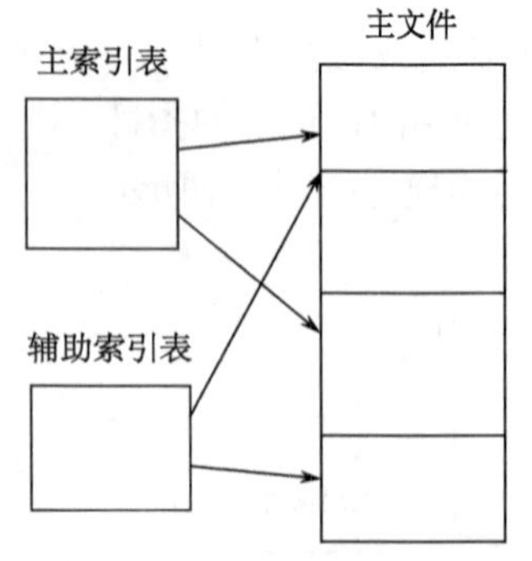

图 6-5　索引顺序文件

例如，对单位职工档案文件，可以对职工编号为关键字建立主索引表，而对感兴趣的职工姓名这个数据域作为一个辅助关键字建立辅助索引表，辅助索引表也按辅助关键字顺序排列。辅助索引表中的表项也由两部分组成：辅助关键字和指向主文件的指针。图 6-5 为索引文件组织模型。

索引文件支持随机直接访问，多用于对信息处理及时性要求较高的场合，如飞机订票系统。

5. 直接文件

直接文件也称为哈希文件或散列文件，是用散列技术组织成的文件，其组织方式类似于散列表，但存储介质是外存储器。直接文件具有直接访问磁盘中任何一个地方已知块的能力。与顺序文件以及索引顺序文件一样，直接文件使用基于关键字的散列。

直接文件中的记录通常是成组存放的。若干条记录组成一个存储单位，称之为桶。假设一个桶存放K条记录，则K条互为同义词的记录将存放在同一个地址的桶中，只有出现第 K+1 个同义词时，才会出现“溢出”现象。通常将发生溢出的记录放在另一个桶中，称该桶为溢出桶，而前K条同义词所放置的桶，则称为基桶。图6-6为直接文件组织模型。

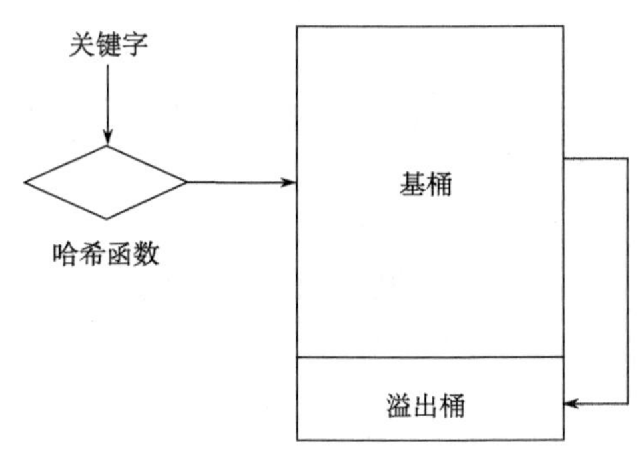

图6-6　直接文件

直接文件具有随机存取、记录不需排序、插入删除方便、存取速度快、不需要索引区和节省存储空间等优点，但直接文件不能顺序存取。直接文件常在要求快速访问时使用，并且记录的长度是固定的，通常一次只访问一条记录，如目录、价格表、调度和名字列表。

6.2 文 件 目 录

为了有效地管理文件，以便快速、准确地找到指定文件，实现“按名存取”，文件系统通常有文件目录。文件目录具有将文件名转换为该文件在外存的物理位置的功能。在许多系统中，目录本身也是文件。对文件目录的管理通常有以下几个要求。

(1) 实现“按名存取”。这是文件目录管理中最基本的功能，其含义是用户只须提供文件名，系统就可对该文件进行存取，而不必关心文件的具体存放位置。

(2) 提高对文件目录的检索速度。这是设计文件系统时所追求的主要目标，即要合理组织文件目录结构。

(3) 文件共享。在多用户系统中，通过文件共享，不仅方便用户使用文件，而且节省大量的磁盘存储空间，维护文件内容的一致性。

(4) 允许文件重名。目的是方便不同用户按照自己的习惯命名和使用文件。

6.2.1　文件目录内容

从用户的角度来说，文件目录在文件名与文件自身之间提供一种映射。因此，为了能对文件进行正确的存取，必须提供用于描述文件和控制文件信息的数据结构，称为文件控制块(File Controlling Block，FCB)。每一文件有一个与之对应的文件控制块，文件系统中所有文件的 FCB 按一定方式组合在一起就构成了文件目录表，每一 FCB 对应目录表中的一个目录项。

1. FCB

1) 基本信息

(1) 文件名：由创建者(即用户或程序)标识文件的符号名，该符号名必须在一个目录中唯一。

(2) 文件类型：诸如文本文件、二进制文件、普通文件和特殊文件等。

(3) 文件组织：文件的逻辑组织和文件的物理组织。

2) 文件的地址信息

(1) 卷：文件所存放的设备。

(2) 起始地址：文件在辅存中存放的起始物理地址(如磁盘柱面号、磁头号和扇区号)。

(3) 文件使用大小：文件的当前大小。

(4) 文件分配大小：分配文件的最大尺寸。

3) 访问控制信息

(1) 文件的所有者：被指定为控制该文件的用户，也称为文件主。

(2) 访问信息：每个授权用户的用户名和口令，即用户的访问权限的信息。

(3) 许可的行为标记：文件属性标记(表 6-2 中的标志位或短域)，它控制文件读、写、执行以及网上传送等行为。

4) 使用信息

(1) 文件建立日期：文件第一次放置在文件目录中的日期。

(2) 上一次读日期：到目前为止最后一次读文件的日期。

(3) 上一次读用户名：到目前为止最后一次读文件的用户。

(4) 上一次修改日期：到目前为止最后一次修改文件的日期。

(5) 上一次修改用户名：到目前为止最后一次修改文件的用户。

(6) 上一次备份日期：到目前为止最后一次备份文件到另一个存储介质的日期。

(7) 当前文件活动状态：有关当前文件的活动信息，如文件是否在主存已经修改但还没有存入磁盘、文件的使用者个数等。

2. 索引结点

实际上，FCB 可以进一步被划分为文件名和除文件名之外的其他信息部分。引入索引结点或 i-结点(index node)，将除文件名之外的其他信息放在索引结点中，在文件目录表中仅放文件名和与之对应的索引结点位置信息，每一文件对应一个索引结点，这样可使文件目录瘦身，减少目录加载内存的开销，从而提高目录检索的速度。一个文件在创建后，将立即有与之对应的一个磁盘索引结点。若该文件被调入内存，将立即有对应的一个内存索引结点。UNIX 和 Linux 就采用了这种做法。

6.2.2　文件目录结构

文件目录结构的选择，应考虑到在目录上要执行什么类型的操作。对目录的操作，各文件系统各不相同，通常有如下几种。

(1) 创建目录：在某个目录下，创建一个新的目录。

(2) 删除目录：删除用户不需要的目录。

(3) 修改目录：修改目录的名称及其属性。

(4) 显示目录：显示用户请求的某个目录下所有文件及其子目录，以及每个文件的某些属性。

(5) 搜索目录：通过搜索目录找到相应文件的入口地址。

(6) 创建文件：当创建一个新文件时，必须在相应的目录中增加一个文件入口。

(7) 删除文件：当删除文件时，必须在相应的目录中删除该文件的入口。

最早的也是最简单的文件的目录结构是单级目录结构；其次是两级目录结构；当前操

作系统使用的主要目录结构是树型目录结构，即多级目录结构。

1. 单级目录结构

单级目录结构是指为系统中所有文件建立一个目录，即为所有文件建立一张目录表，每个文件的FCB占有目录表中的一个目录项，如图6-7所示。

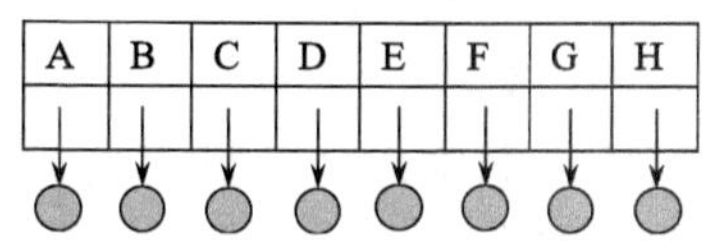

图6-7　单级目录结构

单级目录结构简单，使用方便，易于实现。但随着文件数量的增加和系统用户的增加，这种结构的局限也显现出来，主要表现在以下三个方面。

(1)重名问题。由于系统只有一个目录表，每个文件对应一个目录项，要实现“按名存取”，文件名就成为目录表中的关键字，因此，文件名不允许重名，否则无法实现文件名和文件之间的一一对应关系。但在系统有大量文件或多用户系统情况下，难以实现，对用户来说也极不方便。

(2)搜索效率低。当文件数量很大时，文件目录表项数就很多，查找时间就会较长。

(3)难于实现文件共享。如果允许不同用户使用不同文件名来共享一个文件，就要求这个共享文件具有不同的名字，这在单级目录中是很难实现的。

为了解决上述问题，操作系统往往采用两级或多级目录结构，使得每个用户有各自独立的文件目录。

2. 两级目录结构

两级目录是文件系统为每个用户建立一个文件目录，称为用户文件目录(User File Directory,UFD)或叫第二级目录，以解决单级目录中各用户之间存在的同名问题；再为所有的用户文件目录建立一个高层目录，称为主文件目录(Main File Directory,MFD)或叫第一级目录，如图6-8所示。主文件目录的目录项包含系统接受的用户名及该用户文件目录的地址。在用户文件目录表中该用户的每个文件对应一个目录项，其内容与单级目录的目录项相同，每一用户只允许查看自己的文件目录。

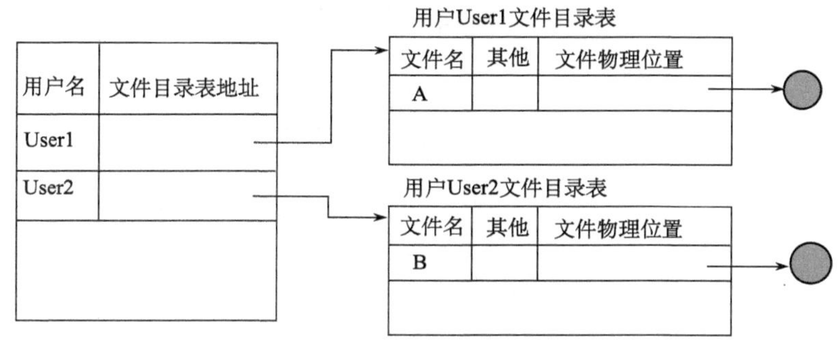

图6-8　二级文件目录结构

当一个新用户作业进入系统执行时，系统为其在主文件目录表中添加一目录项，登记其用户名，准备一个存放这个用户文件目录的区域，并将该区域的地址填入主文件目录中对应的目录项中。当用户需要访问某个文件时，系统根据用户名从主文件目录中找出该用户的文件目录的物理位置，其余的工作与单级文件目录类似。

采用两级目录管理文件时，因为任何文件的存取都通过主文件目录，于是可以检查访问文件者的存取权限，避免一个用户未经授权就存取另一个用户的文件，使用户文件的私有性得到保证，实现了对文件的保密和保护。特别是不同用户具有同名文件时，由于各自有不同的用户文件目录而不会导致混乱。对于文件的共享，原则上只要把对应目录项指向同一物理位置的文件即可。

两级目录结构与单级目录结构相比具有以下优点：

(1) 解决了不同用户之间的重名问题。由于不同用户具有不同的用户目录，因此，不同用户可以取相同的文件名，只需要保证用户自身目录下文件名唯一即可。

(2) 提高了检索速度。在单级目录结构中需要在整个文件范围内检索，而在两级目录结构中只要在用户自身文件范围内检索即可，缩小了检索范围，提高了检索速度。如果系统有 m 个用户，每个用户有 n 个文件，那么，在单级目录结构中的检索复杂度为 O(mn)，而在两级目录结构中的检索复杂度为 O(m+n)。

(3) 允许不同用户之间的文件共享。不同用户可以通过不同的文件名共享存取系统中的同一文件。

采用两级目录结构将不同用户的文件隔离开来，其好处是可有效实现文件保护，但也限制了用户之间的协作与文件共享。

3. 树型多级目录结构

在两级目录结构的基础上，允许用户创建子目录，这就形成了多级目录结构，即树型目录结构(Tree Structured Directory,TSD)。多级目录结构是一棵倒向的有根树，树根是根目录(主文件目录)，根目录中的每个目录项可以对应一个文件，也可以对应一个子目录；从根向下，每一个树枝是一个子目录，子目录结构与根目录结构类似。数据文件称为树叶，根目录为根结点，子目录为树的中间结点，每一级目录既可包含文件也可包含子目录，树叶可出现在任何一级，如图 6-9 所示。

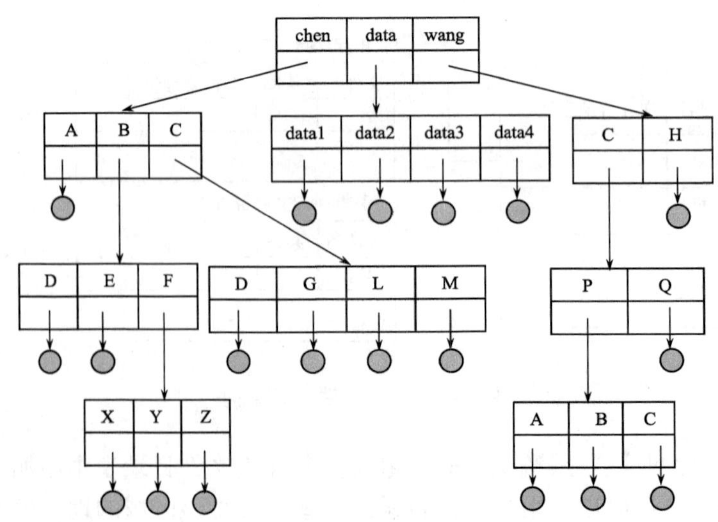

图 6-9 树型多级目录结构

树型多级目录有许多优点：较好地反映现实世界中具有层次关系的数据集合和较确切地反映系统内部文件的分支结构；不同文件可以重名，只要它们不是在同一末端的子目录中；易于规定不同层次或子树中文件的不同存取权限便于文件的保护、保密和共享等。

在树型目录结构中，查找一个文件是根据该文件的路径完成的。文件的路径分为绝对路径和相对路径。

1) 绝对路径(absolute path)

在树型目录结构中，从根目录到任何数据文件或目录文件之间，只存在一条通路。将从根目录出发，一直到所要找的数据文件或目录的通路上经过的目录名或数据文件名用“/”连起来，就形成了可用来访问该数据文件或目录的路径名，称为绝对路径。如图 6-9 中的文件 Z 的绝对路径为/chen/B/F/Z。

2) 相对路径(relative path)

当一个文件系统含有多级目录时，每访问一个文件都要从根目录开始，直到树叶的数据文件为止，包括各中间结点(目录)名的全路径名。这样做非常费时，而且在很多情况下是不必要的。因为在一段时间内进程所访问的文件，大多仅局限在某个范围内如某个子目录下，此时可为进程设置一个“当前目录”，又称为“工作目录”(current directory)。进程对文件的访问都相对于当前目录而进行。此时只需要从当前目录开始，逐级经过中间的目录文件，最后到达要访问的数据文件，把这条从当前目录开始直到数据文件为止所构成的路径称为相对路径。如图 6-9 中，如果当前目录为 B，那么文件 Z 的相对路径为 F/Z。进程可以通过系统调用来改变工作目录。很多系统还支持两种特殊的路径分量：第一个路径分量是“.”，它代表当前工作目录；第二个分量是“..”，它代表当前工作目录的父目录(或上一级目录)。

4. 无环图目录结构

树型目录结构限制了文件和目录的共享，通过将树型目录结构改进为无环图(acyclic graph)目录结构可克服这一局限。在无环图目录结构中，同一文件或子目录可出现在不同目录中，如图 6-10 所示，其中，/C/data 和/Pascal/data 指向同一个文件，/C/Test1 和/Pascal/Test2 指向同一目录。

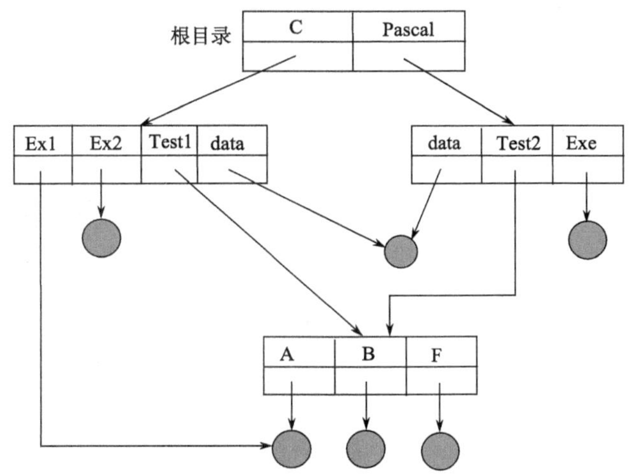

图 6-10 无环图多级目录结构

无环图目录结构比树型目录结构更加灵活，但也更加复杂。现在一个文件可能有多个绝对路径名，会出现不同文件名表示同一文件的现象。因此，在文件查找、文件数量的统计、备份和删除等方面与树型目录结构相比有其特殊性。特别是在文件或目录的删除上需要注意以下两方面：

(1) 当某个用户删除共享文件或目录，并释放其所占的磁盘空间时，其他共享该文件或目录的指针就出现悬空或指向其他文件（被释放的磁盘空间被分配给其他文件）。采用与访问其他非法文件名或目录名一样处理的方法来解决，即当用其他共享该文件或目录的指针访问该文件或目录时，做访问文件或目录不存在或已被替换处理，并删除该链接指针。

(2) 删除共享文件或目录的另一种处理办法是：保留被删除的共享文件或目录直到删除所有共享指针为止。为了实现这种方法，需要为每个共享文件或目录保留一个引用列表，当删除共享文件或目录时，仅删除引用表中对应的目录项，直到引用列表空时才删除文件或目录本身。

5. 通用图目录结构

在无环图目录结构中，进一步允许子目录对上层目录的引用，就产生了通用图目录结构。如图 6-11 所示，/C/Test/C 就是一个有环子图，从而使无环图变成了有环的通用图。

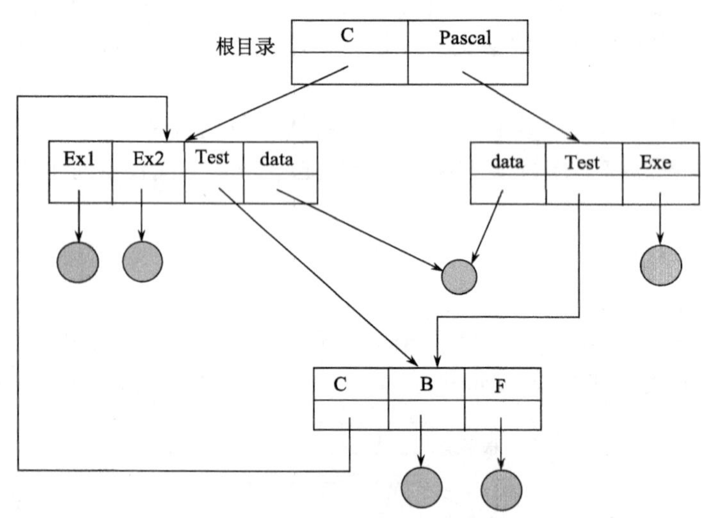

图 6-11　通用图多级目录结构

通用图目录结构的主要优点是：可用简单的算法来遍历图并确定是否存在文件引用。

通用图目录结构在使用时面临的难点有如下几个。

(1) 由于图中存在环，在搜索某个子目录时要避免无穷地循环搜索。这个问题可以通过限制访问目录的次数来确定。

(2) 在判断一个文件是否可删除时，由于存在文件的自我引用，所以不能简单地通过引用计数是否为 0 来判断是否可被删除。

6.3　文件共享与保护

6.3.1　文件共享

文件共享是指一个文件被若干用户或进程共同使用。例如，两个工作在同一课题中的程序员，往往把与该课题有关的文件单独放在一个子目录中，并都想把它置于自己的用户目录的管辖之下，因此这个公共子目录就应该是可共享的。文件系统的一个重要任务就是为用户提供共享文件的手段，这样，避免了系统复制文件的开销，并节省文件占用的存储空间。实现文件共享的常用方法有以下几种。

1. 利用符号链接实现共享

用符号链接(symbolic linking)实现共享采用无环图目录结构，如图 6-10 所示。在图 6-10 中，假设用户 Pascal 是文件 data 的文件主，用户 C 要共享文件 data，则由系统在用户 C 中创建一个 LINK 类型的新文件。在新文件中写入被链接文件 data 的路径名，将新文件登记在用户 C 的用户目录中，以实现 C 的目录与文件 data 的链接，称这样的链接方式为符号链接。新文件的路径名，则只被看成是符号链，当 C 要访问被链接的文件 data 且正要读 LINK 类型新文件时，被操作系统截获，操作系统根据新文件的路径名去读该文件，于是实现了用户 C 对文件 data 的共享。

在利用符号链接方式实现共享时，只有文件主才拥有指向其索引结点的指针，而共享该文件的其他用户，只有该文件的路径名，而没有指向索引结点的指针。这样就不会发生在文件主删除共享文件后留下悬空指针的问题。在文件主删除共享文件后，其他共享用户若要访问该文件，将因找不到文件而返回错误，这时就会自动删除该 LINK 类型文件。符号链接方式类似于 Windows 系统中的快捷方式。

符号链接方式的优点是能够用于链接计算机网络上的任何地点中的文件，此时只需要提供该文件所在机器的网络地址及该机器中的文件路径名即可。其不足之处是访问共享文件时，系统根据给定的路径名，逐个分量地去查找目录，可能需要多次访问磁盘，时间开销较大，也要占用一定磁盘空间。

2. 基于索引结点的共享方式

基于索引结点的共享方式也是采用无环图目录结构，如图 6-10 所示。其思想是对要共享的文件，引入一个索引结点，将文件中诸如文件的物理地址及其文件属性等信息，不放在文件目录表中，而是放在索引结点中，可参阅 6.2.1 节内容。在文件目录中只设置文件名及其指向相应索引结点的指针，如图 6-12 所示。此时，由任何用户对文件进行追加或修改文件等操作所引起的相应结点内容的改变，如增加了新的盘块号和文件长度等，都对其他用户可见，从而实现了多用户共享文件。在索引结点中还应有一个链接计数器，用于表示链接到索引结点的用户数量，即共享文件的用户数量。当用户创建文件，链接计数器的值为 1，并且文件主为创建该文件的用户。当其他用户要共享该文件时，在对应的用户目录表中增加一个目录项，并使该目录项指向该共享文件的索引结点，链接计数器的值增 1，而共享文件的文件主不变。如图 6-13 所示，A 和 B 共享文件，但文件主是 A，count 为链接到索引结点的用户数量。

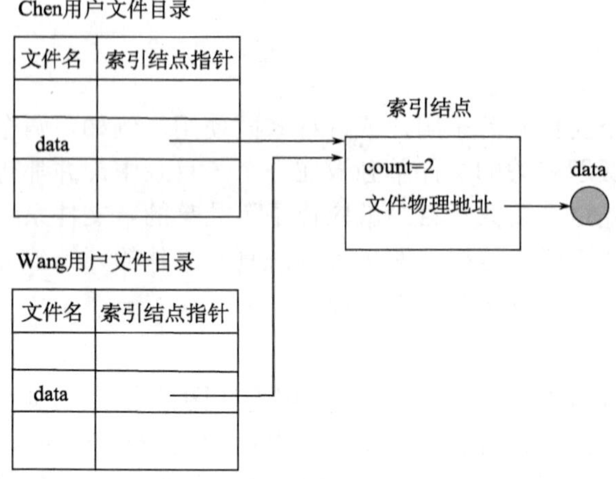

图 6-12　基于索引结点的共享方式

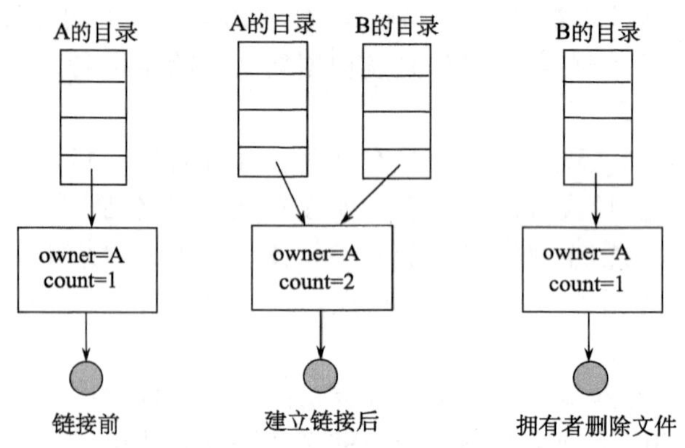

图 6-13　进程 B 链接前后的情况

删除共享文件时可能会出现指针悬空的问题，如图 6-13 中，文件主 A 删除共享文件，那么与之对应的索引结点也一并删除，这就造成其他共享用户的指针悬空问题，如 B 用户的链接指针就出现悬空问题。解决办法是，只有文件主才可删除共享文件，但保留索引结点，并使链接计数器减 1。由于共享文件已被删除，需要修改索引结点中的文件指针为一个特殊值，当其他链接到该索引结点上的用户访问该共享文件时，发现文件已被删除，从而删除链接指针，并使链接计数器减 1。当链接计数器为 0 时，删除索引结点。

基于索引结点的共享方式也称为硬链接共享方式，与符号链接方式本质区别是不能实现跨文件系统和跨设备的共享，特别是不能基于网络的共享。因为不同设备上有各自的文件系统，每一文件系统下有自己的文件目录和索引结点表，而文件的目录仅与自身的索引结点表关联，因此，基于索引结点的共享方式不能实现跨文件系统的共享。

3. 利用基本文件目录实现文件共享

前面已经知道一个文件目录表项包含常用的四种信息。在检索目录时，为了找到所需要的目录表项，需要将存放目录文件的多个物理块，逐块地读入内存进行查找，因此检索速度很慢。实际上，在目录检索时只使用文件符号名进行查找，而与目录表项的其他信息无关。因此，常常利用把目录表项进行分解的办法来加快检索速度，同时也便于实施文件的共享。

目录分解就是把一个目录表项分解为两部分：基本文件目录(Basic File Directory, BFD)部分与符号文件目录(Symbolic File Directory, SFD)部分。其中BFD表项包含除了文件符号名以外的全部信息，并赋予一个唯一内部标识符；SFD表项只包含文件符号名以及相应的文件内部标识符ID，如图6-14所示。系统把ID等于0，1和2的目录表项分别作为基本文件目录BFD、空闲文件目录(Free File Directory, FFD)和主文件目录(Main File Directory, MFD)的唯一标识符。

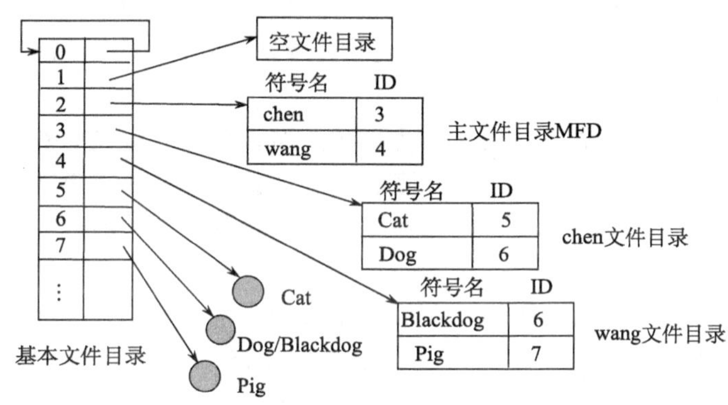

图6-14　利用基本文件目录实现文件共享

利用基本文件目录实现文件共享的方法是在自己的相应符号文件目录中开辟一个表项，填上自定义的符号名和共享文件的唯一标识符ID，而共享文件在基本文件目录中的相应表项基本不变，有的系统要求将标志共享的“用户计数”进行加1。如图6-14中，用户chen要共享用户wang的ID=6的文件Blackdog，则只要在用户chen的符号文件目录表中增加一个表项，填上符号名Dog和ID，则在用户chen中就可以用符号名Dog直接访问用户wang的文件Blackdog了。

6.3.2　文件保护

文件系统包含用户大量珍贵资料、数据和程序，因此，文件系统必须提供安全可靠的保护与保密措施，以防止文件信息被有意或无意地破坏或偷窃。

在现代操作系统中，文件的保护通常和操作系统的安全性结合在一起实施，其主要目的是实现文件的保密性、完整性和可用性。具体的实现技术包括以下几种。

(1)用户认证：使用加密的口令和物理身份鉴别等技术。

(2)文件保护机制：使用保护域、存取矩阵(如存取控制表、权能表)等技术。

(3)数据备份：包括全量备份和增量备份。

具体实现技术将在第8章中结合操作系统的安全性讲述。

6.3.3　文件系统的一致性

许多文件系统读取磁盘块，进行修改后，再写回磁盘。如果在修改过的磁盘块全部写回之前，系统崩溃；那么文件系统可能出现不一致。如果一些未被写回的块是 i-结点块、目录块或者包含空闲表的磁盘块时，这个问题尤为严重。

为了解决文件系统的不一致问题，许多计算机都带有一个实用程序以检验文件系统的一致性，系统初启时，特别是在崩溃之后重新启动，可以运行该程序。下面讲述在 UNIX 中，这个实用程序是如何工作的。在其他系统中，其工作原理类似。这些文件系统检验程序可以独立地检验各个文件系统(磁盘)的一致性。

一致性检查分为两种：块的一致性检查和文件的一致性检查。在检查块的一致性时，该程序建立两张表。在每张表中，每块对应一个计数器，初始值设为 0。第一张表的计数器记录了每块在文件中出现的次数，第二张表的计数器记录了每块在空闲块链表(或空闲块位图)中出现的次数。

检验程序读取所有的 i-结点，从 i-结点开始，可以建立相应文件中使用的所有块的块号表。每当读到一个块号时，该块在第一张表中的计数器加 1，接着这个程序检查空闲块链表或位图，查找所有未使用的块。每当在空闲表中找到一个块时，它在第二张表中的计数器加 1。

如果文件系统一致，则每个块要么在第一张表中为 1，要么在第二张表中为 1，如图 6-15(a)所示。可是系统崩溃后，这两张表可能如图 6-15(b)所示。在图中，磁盘块 2 不出现在任何一张表中，这时报告块丢失。尽管块丢失不会造成损害，但却浪费了磁盘空间，减少了磁盘容量。解决块丢失问题是很简单的，文件系统检验程序只需要把它们加到空闲表中。

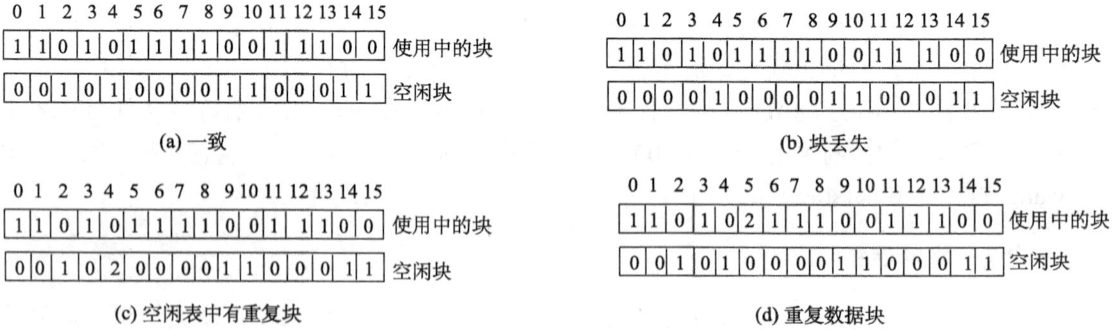

0	1	2	3	4	5	6	7	8	9	10	11	12	13	14	15	
1	1	0	1	0	1	1	1	1	0	0	1	1	1	0	0	使用中的块
0	0	1	0	1	0	0	0	0	1	1	0	0	0	1	1	空闲块

(a) 一致

0	1	2	3	4	5	6	7	8	9	10	11	12	13	14	15	
1	1	0	1	0	1	1	1	1	0	0	1	1	1	0	0	使用中的块
0	0	0	0	1	0	0	0	0	1	1	0	0	0	1	1	空闲块

(b) 块丢失

0	1	2	3	4	5	6	7	8	9	10	11	12	13	14	15	
1	1	0	1	0	1	1	1	1	0	0	1	1	1	0	0	使用中的块
0	0	1	0	2	0	0	0	0	1	1	0	0	0	1	1	空闲块

(c) 空闲表中有重复块

0	1	2	3	4	5	6	7	8	9	10	11	12	13	14	15	
1	1	0	1	0	2	1	1	1	0	0	1	1	1	0	0	使用中的块
0	0	1	0	1	0	0	0	0	1	1	0	0	0	1	1	空闲块

(d) 重复数据块

图 6-15　文件系统状态

另一种可能出现的情况见图 6-15(c)。可以看到，磁盘块 4 在空闲表中出现了 2 次(只有在空闲表是一张真正意义上的链表时，才会出现重复，在位图中这种情况不会发生)。它的解决方法也是很简单的：我们只需要重新建立空闲表。

最糟糕的情况是，同一个数据块在两个或多个文件中出现，如图 6-15(d)中的磁盘块 5。如果删除任何一个文件，磁盘块 5 会加到空闲表中，导致一个磁盘块同时出现在文件和空闲表中。两个文件都删除后，这个磁盘块会在空闲表中出现两次。文件系统检验程序可以这样来处理，先分配一个空闲块，把磁盘块 5 中的内容拷贝到空闲块中，然后把它插到其中一个文件之中。这样，文件中的内容未改变，而文件系统的结构保持了一致。这一错误应该报告出来，以便用户检查。

除了检查每个磁盘块外，文件系统检验程序还应检查目录系统。这时也要用到一张计数器表，每个计数器对应于一个文件。检验程序从根目录开始，沿着目录树递归下降，检查文件系统中的每个目录。对每个目录中的文件，其 i-结点对应的计数器加 1。

当全部检查完成后，得到一张表，对应于每个 i-结点号。表中给出了指向这个 i-结点的目录数目，然后，检验程序把这些数字与存储在文件 i-结点中的链接数目相比较。在一致的文件系统中，这两个数目相吻合。

但是，有可能出现两种错误，i-结点中的链接数偏多或偏少。如果 i-结点的链接数大于指向 i-结点的目录项个数，这时，即使所有的文件都被移除，文件链接数仍然为非 0 值，文件 i-结点不会被删除。这一错误并不严重，但浪费了磁盘空间。我们可以把 i-结点中的文件链接数设置成正确的值来改正这一错误。

另一种错误则是一种潜在的灾难。如果两个目录项都链接到同一个文件，但其 i-结点的文件链接数只为 1，如果删除任何一个目录项，i-结点链接数变为 0。文件系统将该 i-结点标志为“未使用”，并释放该文件的所有磁盘块。这将导致一个目录指向一个未使用的 i-结点，而其磁盘块很可能马上分配给其他文件。同样，纠正方法是把 i-结点中的链接数设置为目录项的实际数目。

6.4 文件存储空间的管理

文件系统的一个重要任务就是负责文件存储空间的管理，也就是为新建文件分配存储空间。其解决方法与内存的分配方式有许多相似之处，既可采取连续分配方式也可采用离散分配方式。前者具有较高的文件访问速度，但可能产生较多的外存零头；后者能有效地利用外存空间，但访问速度较慢。不论哪种分配方式，存储空间的基本分配单位都是磁盘块而非字节。

为了给文件分配存储空间，文件系统必须记住存储空间空闲块的分布情况，建立为管理空闲块而需要的数据结构。系统还必须具有如何按需要给一个文件分配存储空间以及如何回收一个被撤销文件所占用的存储空间功能。下面介绍几种常用的文件存储空间管理方法。

6.4.1 空闲表法

空闲表法属于连续分配方式，与内存的动态分配方式类似，为每个文件分配一块连续的存储空间。为此，把存储介质中一个连续的未分配区域称为“空闲区”。系统为存储介质上的所有空闲区建立一张空闲表，每一个空闲区对应表中的一个表项，其内容包括：空闲区起始盘块号、该空闲区的盘块总数等信息。将所有空闲区按起始盘块号的大小排列，如表 6-3 所示。

表 6-3　空闲表

序号	首块号	空闲块数
1	6	20
2	36	15
3	100	30
⋮	⋮	⋮

空闲区的分配与内存的动态分配类似，同样可采用最先适应分配算法、最佳适应分配算法和最坏适应分配算法。例如，在系统为某新建的文件分配空闲块时，依次扫描该空闲表中的各表项，直到找到一个其大小能满足要求的空闲区为止，再将空闲区分配给用户(进程)，同时修改空闲表。当某用户删除一个文件时，系统回收空间的办法与内存的回收方法类似，即要考虑回收区是否与空闲区表中插入点的前区和后区相连接，对相邻接者予以合并。

空闲表法适用于连续分配文件，管理方法简单，但当空闲区过多时，将大大影响使用效率。

6.4.2　空闲链表法

空闲链表法是将所有的空闲盘区拉成一条空闲链。根据构成链的基本元素的不同，可以有两种链表形式：空闲盘块链和空闲区链。

1. 空闲盘块链

空闲盘块链是指将磁盘上所有空闲区，以盘块为基本元素拉成一条链。当用户因创建文件而请求分配存储空间时，系统从链首开始，依次摘下适当数目的空闲盘块分配给用户。当用户删除文件时，系统将回收的盘块依次链入空闲盘块链的链尾。该方法的优点是：分配与回收一个盘块的过程非常简单。该方法的缺点是：空闲盘块链可能很长，影响效率。

2. 空闲区链

空闲区链是指将磁盘上所有的空闲区(每个空闲区可能包含若干个盘块)拉成一条链。在每个空闲区上含有用于指示下一个空闲区的指针和标有该空闲区大小的信息。分配与回收同内存的动态分区管理类似。其优点是空闲区链较短，缺点是分配与回收的过程较复杂。

6.4.3　位示图法

位示图法是使用较多的一种管理盘块的方法。该方法的基本思想是利用一个二进制位来表示存储空间中一个盘块的使用状态，当某位的值为“0”时，表示相应的盘块为空闲，当为“1”时，表示已经分配。每个存储空间都有一张由连续的二进制位组成的图，称该图为位示图，如图 6-16 所示。用于磁盘空间的位示图常称为盘图，盘块的分配与回收是在内存中进行的。

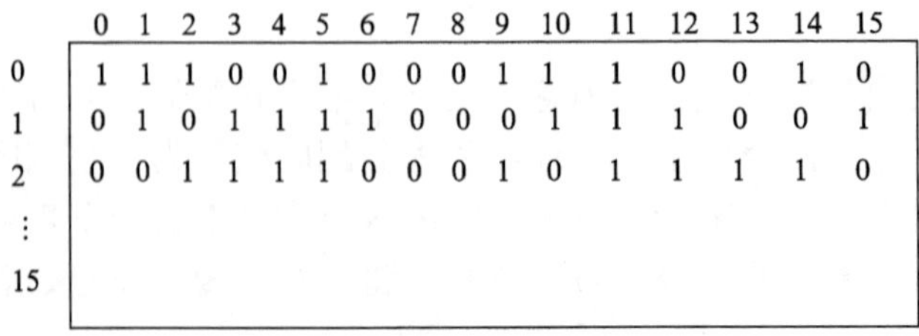

图 6-16　位示图

设存储空间中可用的盘块数为 T 块，用 m 个 n 位长的字来构成位示图，则 T=m∗n，可表示为二维数组 Map:array[0..m-1,0..n-1] of bit。

当分配一个盘块时，从位示图中找到一个其值为“0”的二进制位，设该二进制位于图中的第 i 行第 j 列的位置，则它对应的盘块号为 b=n∗i+j 。然后令 map[i,j]=1，表示 b 号盘块已分配出去了。当回收一个盘块时，又须将盘块号 b 变换成相应的行号 i 和列号 j。换算公式如下：

```
i=b div n
j=b mod n
```

然后令 map[i,j]=0，表示第 b 盘块号为空闲状态。

由于位示图所占空间小，并在文件使用期间存放在内存中，所以使用方便、速度较快。

6.4.4 链接索引表法

链接索引表法也叫成组链接法，其基本思想是使用若干个空闲盘块作为索引表块，来指出存储空间中所有空闲盘块。如图 6-17 所示，设一个盘块大小为 1KB，而每个表项占 16 位，则每个盘块可设置 512 个表项。每个表项指向一个空闲盘块。

每个索引表块的第 0 个表项作为指向下一个索引表块的指针。

链表的头指针在超级块中，超级块(也叫基本块)是一个特殊的盘块，它的内容主要包括结构和管理两方面的信息，它在空闲盘块的分配与回收中表现为栈的功能。

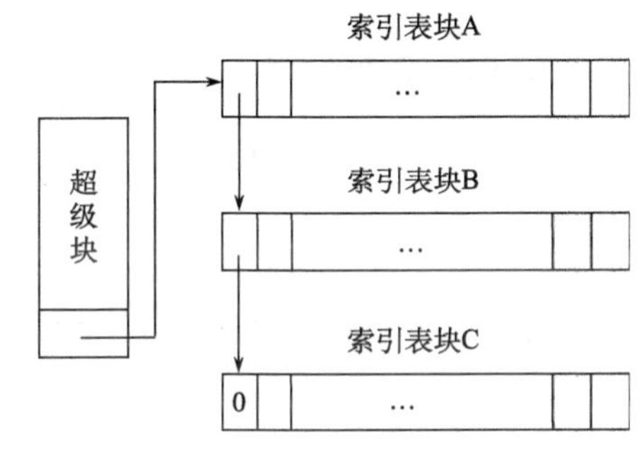

图 6-17　索引链接法

当为文件分配空闲盘块时，系统从链表头的索引表块(如图 6-17 中的索引表块 A)的尾部开始分配。如果该索引表块已经到了第 0 个表项，则将该表项指针(图 6-17 中的索引表块 B 的指针)读入超级块中作为索引链表表头指针，并将该盘块(索引表块 A)分配给请求空闲盘块的文件。当用户回收文件释放的空闲盘块时，系统将释放的空闲盘块填加到索引链表头指出的索引表块的空闲表项中(链表中只有头指针指出的索引表块是不满的，其他索引表块全是满的)。

6.5　文 件 分 配

文件分配是指如何分配空白块来存放文件中的内容，也叫文件的物理组织，即文件在文件存储空间上的存储结构。文件分配是从管理者的角度来研究分配方法问题的。分配方法的优劣，将直接影响对文件的操作和文件系统的性能。在文件分配中将涉及以下几个方面的问题：

(1) 采用静态分配(预分配)还是动态分配？静态分配是指创建一个文件时就给文件一次性

分配所需的最大文件存储空间；动态分配是指随文件动态增长动态分配所需的文件存储空间。

(2) 分区大小应该是多少？分区大小的选择不仅应该考虑单个文件的效率，而且还要考虑整个系统的效率。一般来说有两种选择：一是可变的大连续分区；二是块(或簇)。

(3) 文件空间的管理，即采用什么数据结构来描述分配给文件的分区信息，一般采用文件分配表(File Allocation Table，FAT)来进行管理。FAT 的表项内容主要有：文件名、文件分区的起始块号和分配给文件的文件存储空间块的个数(即文件长度)。

(4) 文件分配方法。在实现文件存储中最重要的问题是如何记录各个文件分别用到哪些磁盘块，这种记录各个文件分别用到哪些磁盘块的方法就称为文件分配方法，主要有三种分配方法：连续分配、链接分配和索引分配。

总之，如何才能有效地利用文件存储空间、如何提高对文件的访问速度是文件存储空间分配时要考虑的主要问题。

对于如何记录各个文件分别用到哪些磁盘块的问题，不同操作系统采用不同的方法，下面讨论其中一些常用的方法。

6.5.1　连续分配

连续分配是指在创建文件时，给文件分配一组连续的物理盘块。因此，一组盘块的地址定义了磁盘上的一段线性空间。例如，给文件分配的第一块号为 B，则第二块号为 B+1，依次类推。在具有 1K 大小块的磁盘上，50K 的文件要分配 50 个连续的块。在采用连续分配方法时，可把逻辑文件中的记录，顺序地存储到邻接的各物理盘块中，这样形成的物理文件称为顺序文件(或称连续文件)，如图 6-18 所示。

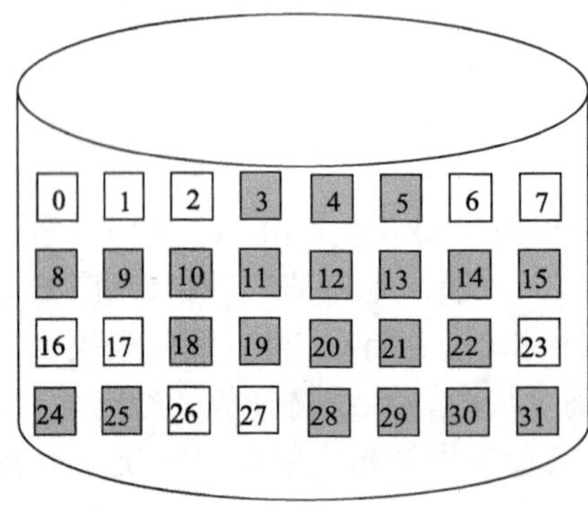

文件目录表

文件名	起始地址	长度
Cat	3	3
Dog	8	8
Tiger	18	5
Pig	24	2
Sheep	28	4
⋮	⋮	⋮

图 6-18　文件的连续分配

连续分配使用静态分配策略，因此，用户必须在分配前说明文件的大小。

连续分配方法有如下两大优点。首先，该方法简单且容易实现。记录每个文件用到的磁盘块仅需记住一个数字即可，也就是第一块的磁盘地址。从单个顺序文件角度看，从第一盘块号开始，可顺序地、逐个盘块地访问所有盘块，因此，顺序访问容易。同时，连续分配也支持直接存取，即检索一个块也是非常容易的。例如，已知起始盘块地址从 B 开始，若要求文件的第 I 块，则可直接访问 B+I–1 号块。其次，顺序访问速度快，性能较好，在一次操作中，就可以从磁盘上读出整个文件。在那些文件数据一次性写入的系统中，连续分配的优点可以得到充分利用。

不过连续分配方案也有两大不足。首先，除非在文件创建时就知道了文件的最大长度，否则这一方案是行不通的。不知道文件的最大长度，操作系统也就无法确定要保留多少磁盘空间。其次，该分配方案会造成磁盘碎片，使得很难找到足够连续的磁盘空闲块，造成辅存利用率降低。如果采用定期压缩的方法来消除碎片，其代价往往很高。

6.5.2 链接分配

存储文件的第二种方法是为每个文件构造磁盘块的链接表，如图6-19所示。每个块的第一个字用于指向下一块的指针，块的其他部分存放数据，这种给文件分配辅存空间的方法称为链接分配方法，由此形成的物理文件称为链接文件。

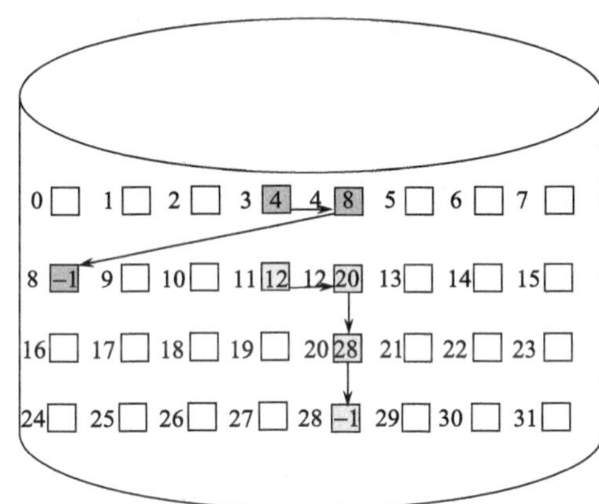

文件目录表

文件名	起始地址	长度
Cat	3	3
Dog	11	4
⋮	⋮	⋮

图6-19 文件的链接分配——隐式链接

链接分配方法又可分为隐式链接和显式链接。

1. 隐式链接

在采用隐式链接分配方法时，在文件目录的每个目录表项中，都必须含有指向链接文件的第一盘块的指针和文件长度(或最后一个盘块的指针)，如图6-19所示。

隐式链接的主要不足是：它只适应顺序访问，对随机访问效率很差；此外，可靠性较差。

为了提高检索速度和减小指针所占用的存储空间，可以将几个盘块组成一个簇(cluster)。比如，一个簇可包含4个盘块，在进行盘块分配时以簇为单位进行分配。在链接文件中的每个元素也以簇为单位。这样将会成倍减小查找指定块的时间，而且也可减小指针所占用的空间，但却增大了内部碎片。

2. 显式链接

显式链接是指把用于链接文件的各物理地址指针，显式地放在内存的一张链接表中。该表在整个磁盘中仅设置一张，如图6-20所示。表的序号是物理盘块号，从0开始直至盘块总数减1。在每个表项中，存放指向下一个盘块号的指针。在该表中，凡属于某一文件的第一个盘块号，或说是每一个链的链首指针所对应的盘块号，均作为文件地址被填入相应文件的目录表项的物理地址字段中。由于查找记录是在内存中进行的，因而不仅提高了速度，而且大大减少了访问磁盘的次数。

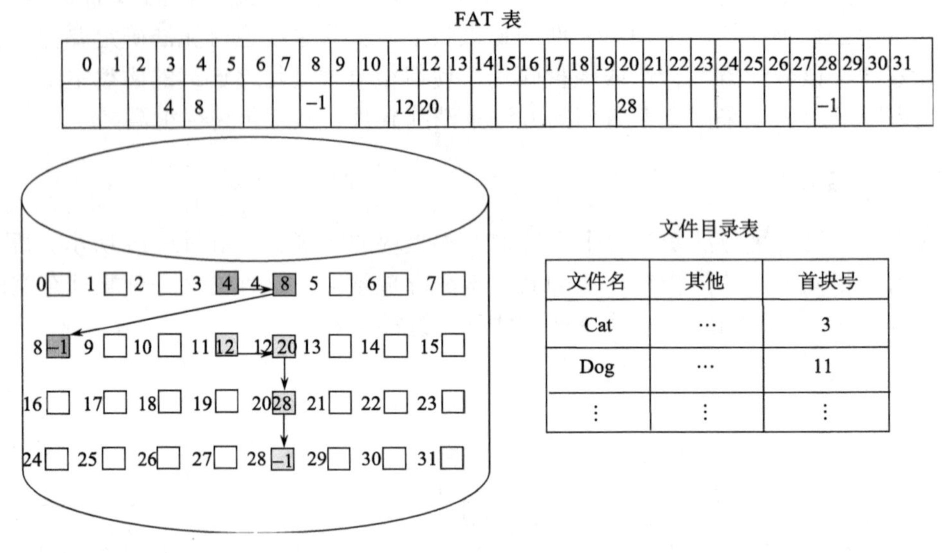

图 6-20　文件的链接分配——显式链接

总之，链接分配与连续分配方案不同，这种方法中每个磁盘块都被利用了，不会因为磁盘碎片而浪费存储空间(最后一块(簇)的内零头除外)。同样，在目录表项中，只需要存放第一块的磁盘地址，文件的其他块可以根据这个地址来查找。

然而，在链接分配方法中，尽管顺序读取文件非常方便，但是随机存取却相当缓慢。此外，因为指针占去了一些字节，每个磁盘块存储数据的字节数不再是 2 的幂，虽然这个问题并不足以致命，但它确实降低了系统的运行效率，因为大多数程序都是以长度为 2 的幂来读写磁盘块的。为了消除链接分配方法的不足，可以采用索引链接分配方法。

6.5.3　索引链接分配

链接分配方法虽然解决了连续分配存在的问题，但由于一个文件所占用的盘块号是随机地分布在文件分配表中的，局部性原理不再适用。所以链接分配方法又产生新的问题：不能支持高效地直接存取；文件分配表需占用较大的内存空间。

索引链接分配解决了连续分配和链接分配的许多问题。索引链接分配又可根据文件的大小采用一级索引链接分配(或称单级索引链接分配)、多级索引链接分配等。索引链接分配是文件逻辑组织中索引组织的物理实现。

1. 一级索引链接分配

一级索引链接分配的思想是为每个文件分配一个索引表块，把分配给该文件的所有盘块号，都记录到该索引表块中，因而该索引表块就是一个含有许多盘块号的数组。在建立一个文件时，必须在该文件的目录表项中，填上指向该索引表块的指针，如图 6-21 所示。

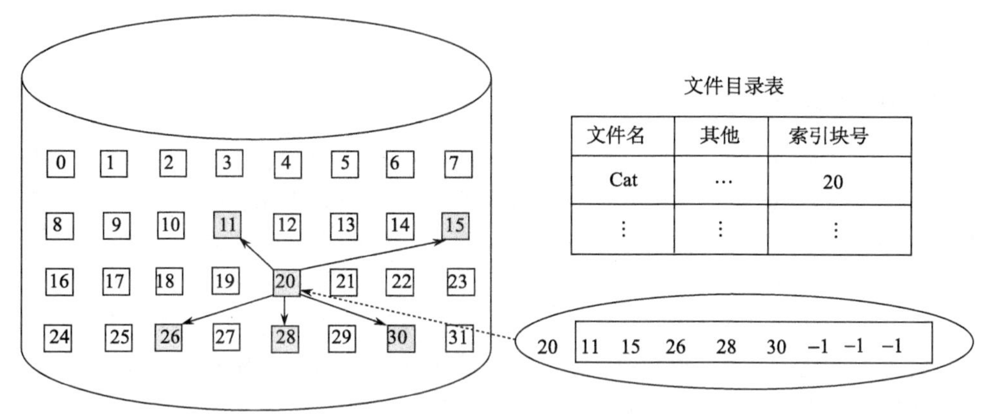

图 6-21　文件的索引链接分配

索引链接分配支持直接访问。如要读文件的第 I 个盘块时，可以方便地直接从索引表块中找到第 I 个盘块的盘块号；此外，索引分配方式也不会产生外部碎片。当文件较大时，索引分配方法明显优于链接分配方法。由于索引分配方法需占用辅存空间作为索引表块，因此，当文件较小时，索引表块大部分空间未被使用上，造成索引表块的利用率低。

2. 多级索引链接分配

对大文件来说，分配给文件的索引表块数量较多，各索引表块之间也必须用链接指针链接起来，当检索第 I 块时，需将该文件的所有索引表块读入内存，然后进行检索，因此，检索效率大大下降。此时，可把索引表块看作一个文件，并通过另一级索引来查找它，这样就形成了二级索引。如此类推，对于更大的文件，还可以引入三级索引或四级索引。例如，若一个索引表块可存放 N 个索引表项(索引号从 0 到 N−1)，设文件需要的盘块数为 K 个，并满足 $N<K<N^2$,则可以采用二级索引。第一级索引(主索引)的表项指向二级索引(次级索引)所在的盘块号，而第二级索引的表项则指向相应数据记录所在的物理盘块号。若设一条记录对应一个盘块，用户要求访问文件中第 L 个数据记录(记录范围从 0 到 K-1，并且 $L<K$)，则以 I=L div N 为索引，在主索引表块中找到第 I 的表项，从中得到对应二级索引的盘块号，再在二级索引中，由 J=L MOD N 为索引，找到第 L 个数据记录所在的盘块号。

UNIX 系统在此基础上采用索引结点，即用 i-结点的方法来解决文件的存储，具体细节见 6.6.4 节。

6.6　文件管理实例：UNIX 文件管理

UNIX 操作系统可由多个可以动态安装及拆卸的文件系统组成。UNIX 文件系统主要分为两大类：根文件系统和附加文件系统。

根文件系统(root file system)：每一个 UNIX 操作系统在其主硬盘上至少含有一个文件系统，它包含构成操作系统的程序和目录，一般由“/”符号来表示。

附加文件系统：除根文件系统外的其他文件系统，如/u 文件系统，AFS(Andrew File System)文件系统等。附加文件系统必须挂(mount)到根文件系统的某个目录下才能使用。

本节都是针对根文件系统来进行说明的。

6.6.1　UNIX 文件类型

在 UNIX 中文件共分为六种：普通文件(ordinary file)、目录文件(directory)、特殊文件(special file)、有名管道文件、链接文件和符号链接文件(symbolic links)。

普通文件：用于存放程序、数据等，绝大部分处理的文件都是这种文件。UNIX 把所有普通文件处理成字节流，没有规定文件的具体结构。文件的具体类型由程序的开发者定义，总体上来说一般将普通文件分为文本文件和二进制文件。文本文件是可以用 vi 等编辑器能够编辑并可通过显示命令显示的文件；不是文本文件的文件统称为二进制文件。

目录文件：用来存放文件的目录。

特殊文件：也称设备文件，代表着某种设备，一般放在/dev 目录下，如/dev/cd0 表示光驱。特殊文件分为块设备文件和字符设备文件，块设备文件以区块为输入输出单元，如磁盘；字符设备文件是以字符作为输入输出单元，如串口。

有名管道：管道是进程间通信的一个基础设施。管道缓存了其输入端所接收的数据，以便在管道输出端的读进程能以先进先出的方式接收数据。

链接文件：链接文件是一个已经存在的文件的另一可选择的文件名，是基于索引结点的共享，也称为硬链接，参见 6.3.1 节内容。

符号链接文件：包含被链接文件的路径名，即包含一个指向被链接文件的指针。符号链接类似于 Windows 中的快捷方式。

6.6.2　UNIX 文件系统存储结构

一个 UNIX 文件系统安装在一个逻辑磁盘或磁盘分区上，系统结构(图 6-22)的组成元素如下：

(1)引导块 (boot block,0#块)：存储了引导或初启操作系统的引导代码。在有多个文件系统的计算机系统中，只有一个文件系统的引导块中装有引导代码，而其他的引导块则是空的。

(2)超级块(super block,1#块)：用来描述文件系统的状态。如指出文件系统的大小、有关空闲块分配和回收用的堆栈等。

(3)索引结点表(inode table,2#～K#块)：用来存放文件说明信息。UNIX 系统把一个文件的说明信息称为 i 结点或索引结点。索引结点表的大小由系统管理人员在进行系统配置时指定。

(4)数据块(data block,K+1#块之后)用来存放文件数据，包括目录文件数据。一个已被分配的数据块只能属于文件系统中的某一个文件。

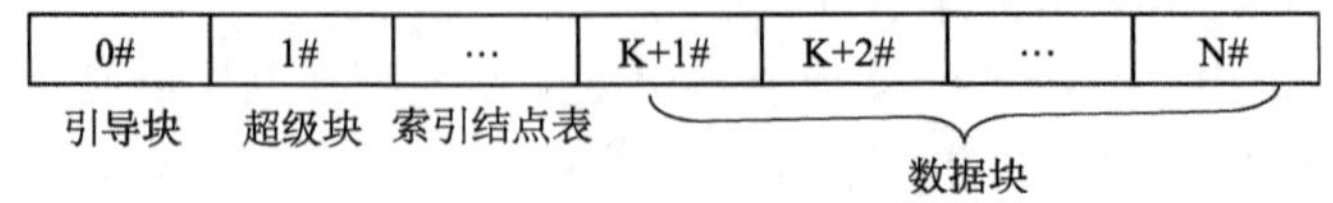

图 6-22　UNIX 文件系统的结构

6.6.3　目录与索引结点

从用户使用的角度上看，UNIX 文件系统具有如图 6-23 所示的树型层次结构。从图 6-23 中可以看出，根目录/下有 lib 库函数文件子目录、usr 通用子目录、etc 基本数据和维护实用程序子目录、dev 设备子目录、tmp 临时文件子目录、bin 实用程序子目录、UNIX 操作系统核心程序子目录和 include 基本数据子目录等。这些子目录又可包含各自的子目录和文件。

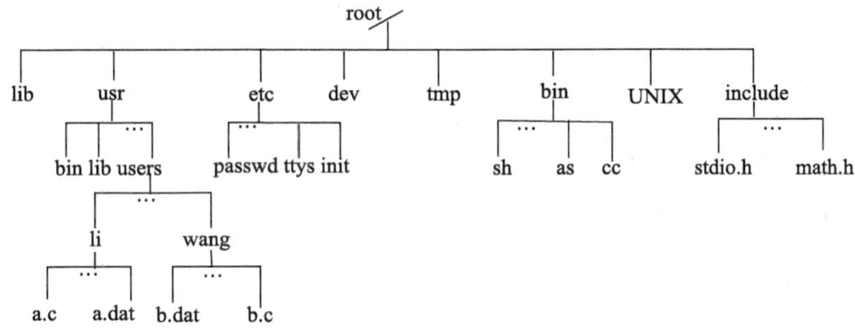

图 6-23　UNIX 文件系统树型层次结构

用户要存取文件信息时，首先必须检索文件目录，逐项比较文件路径名中各个分量名，然后再进行相应的控制和操作。为了减少检索文件访问的物理块数，UNIX 把目录中的文件名和其他文件说明信息分开，把除文件名之外的其他文件属性信息组成文件控制块，称为索引结点(i-node)。这样，一个目录是一个包含文件名列表和指向相关索引结点指针的文件。图 6-24 展示了目录与索引结点的结构，当文件或目录被访问时，其索引结点号被用作索引结点表的索引。

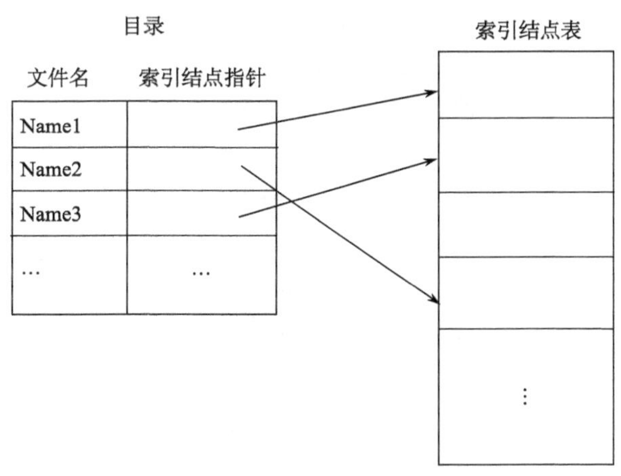

图 6-24　UNIX 目录与索引结点

索引结点存放在物理存储器的索引结点表中，从 1 开始顺序编号，记为 i-no。在硬盘上，有一个包含文件系统所有文件的索引结点的索引表或索引结点列表。当一个文件打开时，该文件的索引结点读入主存，存入驻留在内存的索引结点表中。索引结点的主要内容如下：

(1) 文件模式：表示文件类型，有普通文件、目录文件、设备文件和管道文件等类型。

(2) 与该索引结点链接的文件数：表示有多少个不同的文件名指向该文件。

(3) 用户标识：文件所有者用户标识。

(4) 同组用户标识：标识同组用户。

(5) 文件大小：表示文件的长短，以字节计数。

(6) 存取权限：可针对文件所有者、用户组和其他用户规定不同的存取权限，如读、写或执行。

(7) 文件数据的磁盘地址明细表：指出该文件所指的物理块的块号。

(8) 文件存取时间：记录文件最近被访问的时间。

(9) 文件修改时间：记录文件最近被修改的时间。

(10) 文件建立时间：记录文件最近被创建的时间。

6.6.4 文件分配

文件分配以块为单位，采用动态分配方式进行分配。因此，文件在磁盘中的块并不需要一定是连续的。UNIX 采用多级索引分配方法，即基于索引结点的分配方法，文件数据块的直接索引指针和间接索引的部分指针保存在索引结点表中，如图 6-25 所示，利用索引结点表可快速查找到文件数据块。

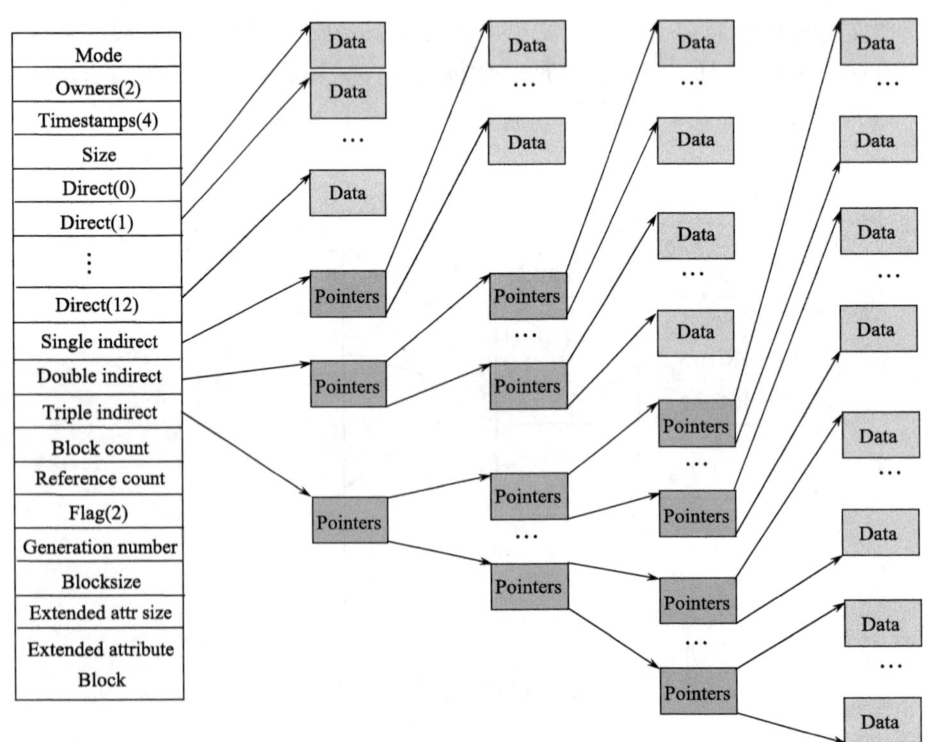

图 6-25　FreeBSD 索引结点和文件结构

文件系统的存储分配和回收包括索引结点和磁盘块的分配和回收。系统将有关空闲索引结点和空闲磁盘块的信息保存在超级块(图 6-22)中。超级块包括以下方面内容：

(1) 文件系统的大小；

(2) 文件系统中的空闲块数目；

(3) 可用的空闲块表；

(4) 空闲块表中的下一个空闲块的下标；

(5) 索引结点表的大小；

(6) 空闲索引结点数目；

(7) 空闲索引结点表；

(8) 空闲索引结点表中下一个空闲索引结点的下标；

(9) 空闲块表的锁字段和空闲索引结点表的锁字段；

(10) 用来指示超级块已被修改的标志。

当安装一个文件系统时，核心要将超级块读入内存中。如果超级块被修改，则核心定期地把超级块写回磁盘中，以便它与文件系统中的数据保持一致。

当创建一个新文件时，核心要为该文件分配一个索引结点。超级块中的空闲索引结点表记录着有限个空闲索引结点号。核心查看该空闲索引结点表，如果非空，则从中分配一个索引结点号，即分配一个索引结点；如果空闲索引结点表为空，核心搜索文件系统的索引结点表区，把尽可能多的空闲索引结点号填入超级块中的空闲索引结点表中，然后再重新执行索引结点分配算法。当回收一个索引结点时，如果超级块中的空闲索引结点表未满，则把该空闲索引结点号放入该表中。

当进程写文件信息时，核心要从文件系统中分配空闲磁盘块，把它作为直接或间接数据块。UNIX 系统按链接索引表法来组织空闲磁盘块，如图 6-17 所示。图 6-17 中的每个链接元素是一个磁盘块，块中记录了一组空闲磁盘块号，其中最后一个分量又记录着存放下一组空闲磁盘块号的块号。超级块中的空闲块号表就是此成组链接表中的第一组空闲磁盘块号表。

当核心要分配一个空闲磁盘块时，就把超级块中的空闲块号表中的下一个空闲块分配出去。如果此空闲块是空闲块号表中的最后一块，则核心在分配该块之前应先将此块中所记录的下一组空闲磁盘块号读入到超级块中的空闲块号表中。

当核心要回收一磁盘块时，首先看超级块中的空闲块号表是否满，若未满，则回收的磁盘块的块号就填入该表中；若已满，则新回收的磁盘块就作为存放下一组空闲磁盘块号的链接块，并且把超级块中的空闲块号表写入到此链接块中，再把该链接块的块号写入超级块中的空闲块号表，这时它是该表中的唯一成员。

每个文件的属性信息和控制信息都存储在索引结点中，每个文件对应一个索引结点。UNIX 版本不同，其索引结点也不相同，这里以 FreeBSD 索引结点结构(图 6-25)为例说明索引结点的组成和文件分配。FreeBSD 索引结点包括 15 个 64 位(8 字节)的地址指针，开始的 12 个地址指向该文件最初的 12 个数据块。如果该文件大于 12 个数据块，则第 13 个指针指向一级间接索引指针块，第 14 个指针指向二级间接索引指针块，第 15 个指针指向三级间接索引指针块，如图 6-25 所示。

一个文件包含的数据块的总数目取决于系统中固定大小的块的容量。在 FreeBSD 中，最小块的大小为 4KB，并且每块最多存放 512 块地址。因此，在该方案下，文件的最大尺寸可以超过 500GB，如表 6-4 所示。

这种方案有以下几点好处：

(1) 索引结点大小固定，并且相对比较小，因而可以在主存中保留比较长的时间。

(2) 小文件可以通过很少的间接访问，或不通过间接访问，从而减少了处理时间和磁盘访问时间。

(3) 理论上，文件大小对所有的应用程序来说都是足够的。

表 6-4　一个块长为 4KB 的 FreeBSD 文件的容量

级	块数	字节数
直接	12	48KB
一级间接	512	2MB
二级间接	512*512=256K	1GB
三级间接	512*256K=128M	512GB

6.6.5　文件系统的打开与读写

进程对文件的操作都是通过系统调用完成的。有关文件操作的系统调用所涉及的主要数据结构有：用户打开文件表、系统打开文件表和内存索引结点表。

用户打开文件表一般放在进程的 user 结构中，该表中含有用户进程所打开的文件的描述符 fd，以及系统打开文件表的入口指针 fp 等。一个进程可同时打开 20 个左右的文件。

系统打开文件表是系统中所有进程打开文件的状况汇集，它的每一项包括文件标识、文件访问计数、文件读写指针和内存索引结点入口指针等。其中：文件标识指明进程所需得到访问方式；文件访问计数指出共享该文件的进程数，当文件访问计数为 0 时，表明已没有用户进程在使用该文件，从而可以释放有关资源；文件读写指针指出进程在文件中的读写位置；内存索引结点入口指针指明所打开文件的索引结点在内存索引结点表中的位置。

当进程使用系统调用 open 打开一个文件时，核心找到该文件的索引结点，建立起内存的索引结点，并检查打开文件的权限，然后为该文件在系统打开文件表中建立一个表项，同时还要在用户打开文件表中分配一表项并填入该文件在系统打开文件表中的指针 fp，此表项的索引值就是返回给用户的文件描述符 fd。一个用户进程打开文件后的数据结构状况如图 6-26 所示。该进程打开文件“/etc/passwd”两次，一次只读，一次读写；还以写方式打开文件“local”一次。每个系统调用 open 都导致在用户打开文件表和系统打开文件表中分配一个唯一表项。但在内存索引结点表中每个文件只有一个表项。在 UINX 系统中，约定前三个用户文件描述符 0，1 和 2 分别作为标准输入、标准输出和标准错误输出文件描述符。

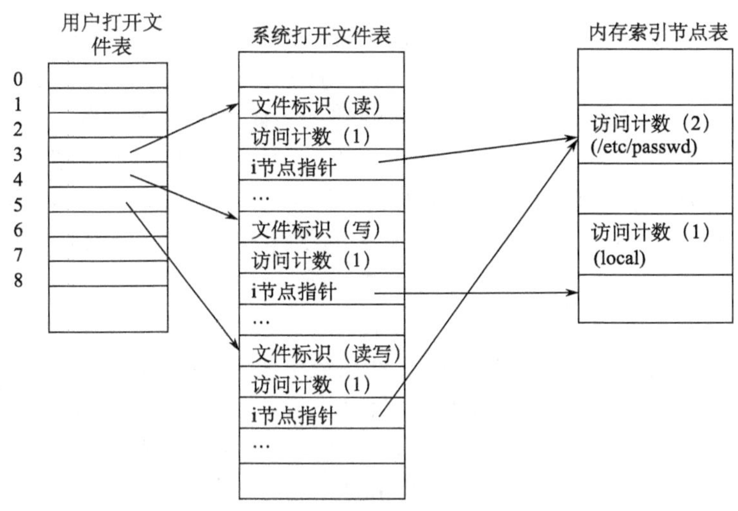

图 6-26 打开文件后的数据结构状况

当进程对某个文件进行读/写时，核心根据文件描述符找到相应的系统打开文件表项和内存索引结点表项，进行权限检查后完成对文件的读/写操作。当进程使用系统调用 close 关闭一个文件时，核心首先释放相应的用户打开文件表项，并使相关联的系统打开文件表项中的文件访问计数减 1。如果文件访问计数仍大于 0，意味着还有其他用户文件描述符引用这个系统打开文件表项(如使用系统调用 dup 造成的结果)，则关闭操作就此结束；否则核心将释放该系统打开文件表项，同时使内存索引结点表项中结点访问计数减 1，当结点访问计数为 0 时，核心还要释放此内存索引结点表项。

系统调用 dup 将一个文件描述符复制到该进程用户打开文件表中的第一个空栏中，给用户返回一个新的文件描述符。这种系统调用主要用于输入输出重定向。例如，一个进程可以用系统调用 close 关闭它的标准输出文件描述符 1，再用系统调用 dup 复制另一个文件描述符 fd，使其成为文件描述符 1，这样也就使得文件描述符 fd 所对应的文件成为标准输出。

另外，通过系统调用 link 将一个文件链接到另一个新的文件名，从而为一个已存在的索引结点创建一个新的目录项。这样当两个不同的进程使用不同的文件名打开文件时，通过系统打开文件表项指向同一内存索引结点表，从而实现文件共享。

6.7 文件管理实例：Linux 虚拟文件系统

Linux 是近年来发展起来的一种新型的操作系统，其最重要的特征之一就是支持多种文件系统，从而使多种文件管理系统和文件结构共存。Linux 支持 ext、ext2、xia、minix、umsdos、msdos、fat32、ntfs、proc、stub、ncp、hpfs、affs 以及 ufs 等多种文件系统。由于每一种文件系统都有各自的组织结构和文件操作函数，并且相互之间的差别很大，为了支持多种文件系统和文件结构，Linux 采用了虚拟文件系统(Virtual File System,VFS)。VFS 通过定义一个能代表可想到的文件系统的通用特征和行为的通用文件模型，向用户进程提供了一个简单且统一的文件系统接口。VFS 认为文件是计算机大容量存储器上的对象，而这些对象具有共同的属性特征和操作，独立于具体文件系统和硬件存储设备，如文件具有文件名、数据块地址、所有者、访问权限等属性特征，具有打开、读写和关闭等操作。VFS 除了向用户提供统一的接口外，还要负责将抽象的属性特征与操作映射到实际文件系统的属性与操作上。对于用户来说，不用关心不同文件系统的具体操作过程，而只是对一个虚拟的文件操作界面来进行操作，这个操作界面就是 Linux 的 VFS。形象地说，Linux 的内核好象一个 PC 机的母板，VFS 就是上面的一个插槽，具体的文件系统就是一块块的接口卡。因此，每一个文件系统之间互不干扰，而只是调用相应的程序来实现其功能。

VFS 抽象层之所以能链接各种不同的文件系统，是因为它定义了所有文件系统都支持的基本抽象接口和数据结构，同时具体的文件系统也将自己的诸如“文件如何打开”、“目录如何定义”等概念在形式上与 VFS 的定义保持一致。对于不同风格的文件系统，必须经过封装，提供符合 VFS 概念的接口。比如，一个文件系统不支持 inode 概念，它也必须在内存中装配 inode 结构体，就像它本身包含 inode 一样。这些装配和转换需要在使用现场引入特别处理，使得不同风格的文件系统能够满足 VFS 的需求，这样一来，接口统一、相互兼容，只是性能上会有少许影响。图 6-27 展示了 Linux 文件系统策略的关键组成部分。用户进程通过使用 VFS 文件接口发起文件系统调用，VFS 将系统调用转换到内部的一个特定文件系统(如 ext3)的操作函数。例如，假如应用程序执行文件操作：write(fd,&buf,len)；要求将 buf 指针指向的长度为 len 字节的数据写入文件描述符 fd 对应的文件的当前位置。用户执行的系统调用首先被 VFS 的 sys_write( )处理，该函数首先处理一些与设备无关的操作，并找到 fd 所在的文件系统，再根据 VFS 结构及它的 inode 数据结构提供的信息，重定向到具体文件系统中相对应的写函数，由它来处理与特定设备相关的操作，并把数据写到物理介质上。

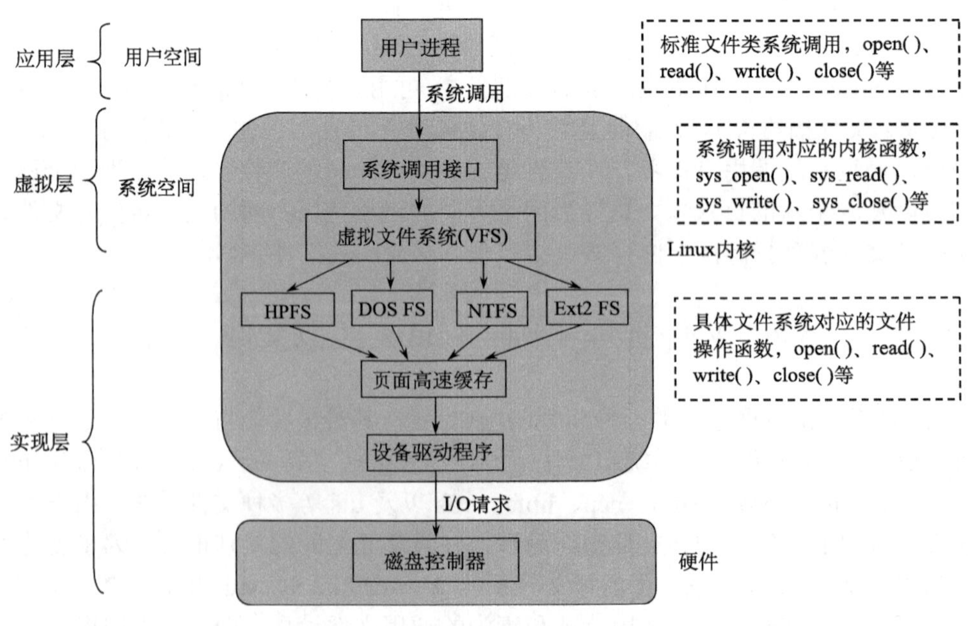

图 6-27　Linux VFS 上下文

VFS 在 Linux 内核中扮演的角色如图 6-28 所示。当进程发起一个面向文件的系统调用时，内核调用 VFS 中的一个函数。该函数处理完与具体文件系统无关的处理后，调用目标文件系统中的相应函数。这个调用通过一个转换 VFS 的调用到目标文件系统调用的映射函数来实现。VFS 独立于任何具体文件系统。因此映射函数的实现是文件系统在 Linux 上的实现的一部分。目标文件系统转换文件系统请求到面向设备指令。

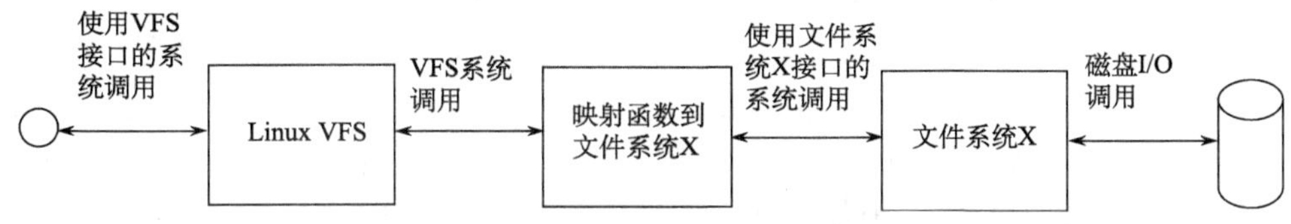

图 6-28 Linux VFS 概念

一般地说，VFS 提供以下功能：

(1) 记录可用的文件系统类型。

(2) 将文件系统与对应的存储设备联系起来。

(3) 处理面向文件的通用操作。

(4) 涉及具体文件系统的操作时，把它们映射到相关的具体文件系统。

Linux VFS 采用了面向对象设计思想，文件系统中定义的 VFS 相当于面向对象系统中的抽象基类，从它出发可以派生出不同的子类，以支持多种具体文件系统，但从效率考虑内核纯粹使用 C 语言编程，故并没有直接利用面向对象的语义。下面的讨论使用了术语“对象”，实际上是一个结构体 struct，但它代表的确实是一个对象 object。VFS 由下列四个对象类型组成：

(1) 超级块(super block)对象：代表一个文件系统，存放已安装的文件系统的信息。如果是基于磁盘的文件系统，该对象便对应于存放在磁盘上的文件系统控制块，亦即每个文件系统都对应一个超级块对象。

(2) 索引节点(inode)对象：代表一个文件，存放一个具体文件的所有信息。如果是基于磁盘的文件系统，该对象通常对应于存放在磁盘上的文件控制块，亦即每个文件都有一个 inode 对象，而每个 inode 都有一个 inode 索引节点号，这个索引结点号标识某个文件系统中的指定文件。

(3) 目录项(dentry)对象：代表路径中的一个组成部分，存放目录项与对应文件进行链接的信息。VFS 还把最近最常使用的 dentry 对象放在目录项高速缓冲中，加快文件路径名搜索过程，以提高系统性能。

(4) 文件(file)对象：代表由进程已打开的一个文件，存放已打开的文件与进程的交互信息，这些信息仅当进程访问文件期间才存于内存中。

该方案基于 UNIX 文件系统中所使用的概念，即一个文件系统有层次目录组成，一个目录类似于一个文件，可能包含文件和其他目录。由于一个目录可能包含其他目录，因此形成了属性结构。在属性结构中，从根目录开始的路径由一系列目录项组成，最后以目录项或文件名结束。在 UNIX 中，目录是用一个列出了该目录所包含的文件名和目录的文件来实现。因此，文件操作能同时应用于文件或目录。

每个主要对象都包含一个操作对象，它描述了内核针对主要对象可以使用的方法，这些操作对象是：

(1) 超级块(super_operation)对象：包括内核针对特定文件系统所能调用的方法。

(2) 索引结点(inode_operation)对象：包括内核针对特定文件所能调用的方法。

(3) 目录项(dentry_operation)对象：包括内核针对特定目录所能调用的方法。

(4) 文件(file_operation)对象：包括进程针对已打开文件所能调用的方法。

操作对象作为一个指针结构体被实现，该结构体包含指向操作其父对象的函数指针。其中的许多方法可继承使用 VFS 的通用函数，若通用函数不能满足需要，就必须使用具体文件系统的独有方法填充这些函数指针，使其指向文件系统实例。

VFS 使用了大量结构体对象，除上述 4 个主要对象外，还有描述文件系统特性和能力，在注册时使用的 file_system_type 对象，描述安装标志、位置，在安装时使用的 vfsmount 对象。与进程密切相关的对象有：file_struct、fs_struct 和 namespace。

6.7.1　超级块对象

超级块描述了特定文件系统的信息，并存储在磁盘上的一个特定的扇区中。每个特定文件系统，都有各自的超级块，如 Ext2 超级块。当内核对一个特定文件系统进行初始化和注册时，系统在内存为其分配一个超级块，并从磁盘读取特定文件系统超级块中的信息填充进来，这是 VFS 超级块。也就是说，VFS 超级块是各个特定文件系统安装时才建立的，并在这些特定文件系统卸载时被自动删除，可见 VFS 超级块仅存于内存中。

超级对象由许多数据项组成，具体如下：

(1) Device：文件系统所在的块设备标识信息。

(2) Inode pointers：索引结点指针指向文件系统中已安装索引结点的第一个索引结点。而 covered inode 指针指向此文件系统安装目录的 inode。根文件系统的 VFS 超级块不包含 covered 指针。

(3) Blocksize：文件系统基本块的大小(以字节为单位)。

(4) Superblock operations：指向此文件系统一组超级块操作例程的指针。这些例程被 VFS 用来读写 inode 和超级块。

(5) File System type：指向已安装文件系统的 file_system_type 结构的指针。

(6) File System specific：指向文件系统所需信息的指针。

每个被安装的文件系统都有一个 super_block 结构，以环形双向链表把它们链接在一起，指向该链表第一个元素和最后一个元素的指针存放在该超级块的成员 s_list 域中。

联合体中的成员 super_block.u 是实现支持多种文件系统的关键，它指向 Linux 文件系统所支持的各种具体文件系统的超级块，当系统上安装另一个文件系统时，那么磁盘上的 hpfs 的超级块被复制到内存的 hpfs_sb_info 结构体中，由 super_block.u.hpfs_sb 指向该结构体，此后允许该文件系统直接对内存超级块的 u 联合体操作，不必再去读盘。

与超级块关联的方法就是超级块操作对象，这些操作由 super_operation 结构来描述：

```
struct super_operation {
```

```
    viod (*write_super)(struct super_block *); //把超级块信息写回磁盘
    viod (*put_super)(struct super_block *);  //释放超级块对象
    viod (*read_inode)(struct inode *);      //读取文件 inode
    viod (*write_inode)(struct inode *,int);  //回写文件 inode
    viod (*put_inode)(struct inode *);       //逻辑上释放 inode
    viod (*delete_inode)(struct inode *);     //物理上释放 inode
    …
  };
```

结构体中的每一项是一个指向超级块操作函数的指针，而超级块操作函数执行文件系统和索引节点的低层操作。

6.7.2 索引结点对象

一个索引结点(inode)与一个文件相关联。索引结点对象包含关联文件的除了文件的文件名和文件数据内容之外的所有信息，文件名可以更改，但索引节点对文件是唯一的，且随文件的存在而存在。索引结点信息可以从磁盘索引节点中直接读入 VFS 的 inode 对象中。如果一个文件系统没有索引节点，那么，不管这些相关信息在磁盘上是如何存放的，文件系统都必须提取这些信息，并构造它的 inode。可以把具体文件系统存放在磁盘上的 inode 称为静态节点，它的内容被读入内存 VFS 的 inode 才能工作，后者也称为动态节点。每个 VFS inode 包含下列域：

(1) device：索引结点所在的块设备标识信息。

(2) inode number：文件系统中唯一的 inode 号。在虚拟文件系统中 device 和 inode 号的组合是唯一的。

(3) mode：表示此 VFS inode 的存取权限。

(4) user ids：所有者的标识符。

(5) times：VFS inode 创建、修改和写入时间。

(6) block size：文件块的大小(以字节为单位)。

(7) inode operations：指向一组例程地址的指针。这些例程和文件系统相关，且对此 inode 执行操作，如截断此 inode 表示的文件。

(8) count：使用此 VFS inode 的系统部件数。一个 count 为 0 的 inode 可以被自由地丢弃或重新使用。

(9) lock：用来对某个 VFS inode 加锁，如用于读取文件系统时。

(10) dirty：表示这个 VFS inode 是否已经被修改过，如果是则底层文件系统需要更新。

一个索引节点代表文件系统中的一个文件，它也可以是设备、套接字或管道这类特殊文件，故索引节点中会包含特殊的项。与索引节点关联的方法就是索引节点操作对象，这些操作由 inode_operation 结构来描述：

```
struct inode_operation {
 int (*create)(struct inode *,struct dentry *,int);               //创建一个新的 inode
 struct dentry* (*lookup)(struct inode *,struct dentry *);    //查找一个 inode 所在的目录
 int (*link)(struct dentry *,struct dentry *);                    //创建一个硬连接
```

```
  int (*unlink)(struct dentry *,struct dentry *);            //删除一个硬连接
  int (*symlink)(struct inode *,struct dentry *,const char *); //为符号链接创建一个 inode
  int (*mkdir)(struct inode *,struct dentry *,int);          //为目录项创建一个 inode
  int (*rmdir)(struct inode *,struct dentry *);              //为目录项删除一个 inode
  …
};
```

6.7.3 目录项对象

目录项(directory entry, dentry)对象是路径上的一个特定成分，该成分或为目录名或为文件名，为文件和目录的访问提供方便。例如，在路径/bin/vi 中，VFS 为根目录/、bin 和 vi 分别创建了 3 个目录项对象，前两个是目录文件，后一个是普通文件。每一个文件除了有一个 inode 数据结构外，还有一个 dentry 数据结构与之关联，dentry 结构中的 d_inode 指针指向相应的 inode 结构，引入 dentry 的主要目的是对目录进行缓冲，加快对文件的快速定位，改进文件系统效率。dentry 结构代表逻辑意义上的文件，描述文件的逻辑属性，它在磁盘上并没有对应的映像；而 inode 结构代表物理意义上的文件，记录文件的物理属性，它在磁盘上有对应的映像。dentry 数据结构的主要域定义如下：

```
struct dentry {
    atomic_t d_count;                    //目录项 dentry 引用计数
    unsigned int d_flags;                //dentry 状态标志
    struct inode * d_inode;              //与文件关联的索引节点
    struct dentry * d_parent;            //父目录的 dentry 结构
    struct list_head d_hash;             //dentry 形成的哈希表
    struct list_head d_lru;              //未用的 LRU 双向链表
    struct list_head d_child;            //父目录的子目录项 dentry 形成双向链表
    struct list_head d_subdirs;          //该目录项的子目录形成的双向链表
    struct list_head d_alias;            //索引节点别名的链表
    int d_mounted;                       //目录项的安装点
    struct qstr d_name;                  //目录项名，用于快速查找
    unsigned long d_time;                //重新生效时间
    struct dentry_operations *d_op;      //操作目录项的函数
    struct super_block *d_sb;            //目录项树的根
    void *d_fsdata;                      //文件系统特殊数据
    unsigned char d_iname [DNAME_INLINE_LEN] ;//文件名前 16 个字符
    …
  };
```

一个有效的 dentry 结构必定对应一个 inode 结构，这是因为目录项要么代表一个目录，要么代表一个文件，目录实际上也是文件。所以，只要 dentry 结构有效，则其指针 d_inode 必定指向一个 inode 结构。反之不然，一个 inode 可能对应多个 dentry 结构，也就是说，一个文件可以有多个文件名或路径名，这是因为一个已经建立的文件可以被链接(link)到其他文件名。所以在 inode 结构中有一个队列 i_dentry，凡代表同一个文件的所有目录项都通过其 dentry 结构中的 d_alias 域链接相应 inode 结构中的 i_dentry 队列。

在内核中有一个散列表 dentry_hashtable，是一个 list_head 的指针数组，一旦在内存中建立一个目录节点的 dentry 结构，就通过它的 d_hash 域链入散列表中的某个队列中。内核中还有一个队列 dentry_unused，凡是已经没有用户使用的 dentry 结构就通过其 d_lru 域挂入空闲队列。dentry 结构中除了 d_alias、d_hash 和 d_lru 三个队列外，还有 d_vfsmntd_child 及 d_subdirs 队列，第一个仅在 dentry 为安装点时使用；当该目录节点有父目录时，则其 dentry 结构就通过 d_child 挂入其父节点的 d_subdires 队列中，同时，通过 d_parent 指向其父目录的 dentry 结构，而它自己各个子目录的 dentry 结构则挂在其 d_subdirs 域指向的队列中。

可见一个文件系统中所有目录项结构，或组织成一个散列表，或组织成一棵树，或组织成一个链表，这将为文件访问和文件路径搜索奠定良好基础。与目录项关联的方法就是目录项操作对象，这些操作由 dentry_operation 结构来描述：

```
struct dentry_operation {
  int (*d_revalidate)(struct dentry *,int);        //判定目录项是否有效
  int (*d_hash)(struct dentry *,struct qstr *);    //生成一个散列值
  int (*d_compare)(struct dentry *,struct qstr *,
    struct qstr *);                                //比较两个文件名
  int (*d_delete)(struct dentry *);                //删除d_count为0的目录项对象
  int (*d_release)(struct dentry *);               //释放一个目录项对象
  int (*d_iput)(struct dentry *,struct inode *);   //丢弃目录项对应的索引节点
  …
  };
```

6.7.4 文件对象

文件对象代表一个进程所打开的一个文件。文件对象在系统调用 open( )时创建，在系统调用 close( )时撤销。文件对象包含如下一些数据项：

(1) 与该文件相关联的目录对象。

(2) 包含该文件的文件系统。

(3) 文件对象使用计数器。

(4) 用户 ID。

(5) 用户组 ID。

(6) 文件指针，即文件中下一次操作发生的当前位置。

文件对象包含一个描述 VFS 能在该文件对象上调用的文件系统的实现函数的文件操作对象。与文件关联的方法就是文件操作对象，这些操作由 file_operation 结构来描述：

```
struct file_operation {
  loff_t(*llseek)(struct file *,loff_t,int);        //修改文件指针
  ssize_t(*read)(struct file *, char * ,
    size_t,loff_t *);                               //从文件中读出若干字节
  ssize_t(*write)(struct file *, const char  * ,
    size_t,loff_t *);                               //向文件中写入若干字节
```

```
    int (*mmap)(struct file *,struct
      vm_area_struct *);                          //文件到内存的映射
    int (*open)(struct inode *,struct file *);    //打开一个文件
    int (*fiush)(struct file *);                  //关闭文件时减少 f_count 计数
    int (*release)(struct dentry *);              //释放文件对象
    int (*fsync)(struct file * , struct dentry * ,
      int datasync);                              //将文件在缓冲的数据写回磁盘
    …
};
```

6.7.5　主要的数据结构之间的关系

超级块是对一个文件系统的描述，索引节点是对一个文件物理属性的描述，而目录项是对一个文件逻辑属性的描述。此外，文件与进程之间的关系是由另外的数据结构来描述的，一个进程所处的位置由 fs_struct 结构来描述，而进程打开的文件由 files_struct 来描述，整个系统打开的文件由 file 结构来描述。图 6-29 给出了这些数据结构之间的关系。

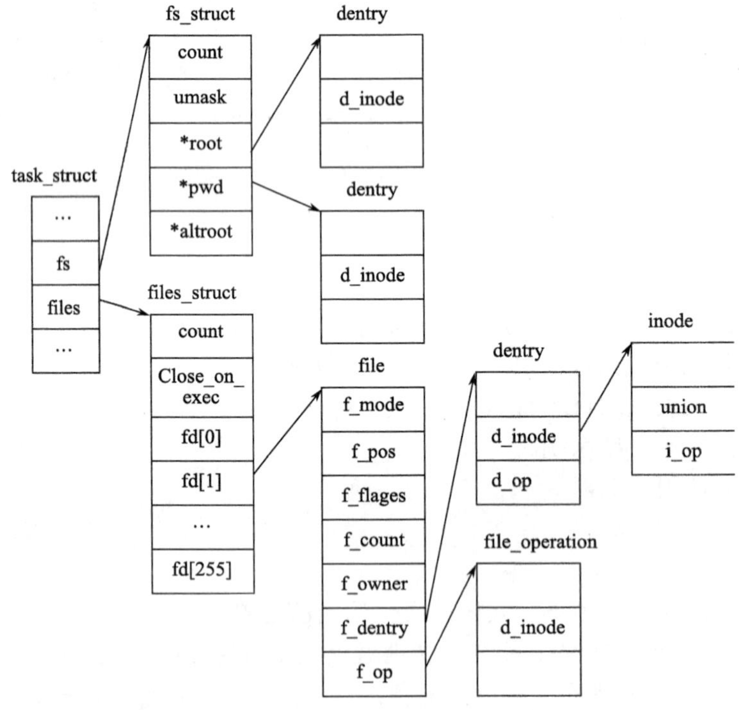

图 6-29　与进程相关的主要数据结构间的关系

6.7.6　Linux 文件系统的安装和管理

与其他操作系统一样，Linux 支持多个物理硬盘，每个物理磁盘可以划分为一个或多个磁盘分区，在每个磁盘分区上就可以建立一个文件系统。一个文件系统在物理数据

组织上一般划分成引导块、超级块、inode 区以及数据区。引导块位于文件系统开头，通常为一个扇区，存放引导程序、用于读入并启动操作系统。超级块记录文件系统的管理信息，因此不同的文件系统对应的超级块中存储的信息也不相同。inode 区用于登记每个文件的目录项，第一个 inode 是该文件系统的根节点。数据区则存放文件数据或一些管理数据。

一个安装好的 Linux 操作系统究竟支持几种不同类型的文件系统，是通过文件系统类型注册链表来描述的，VFS 以链表形式管理已注册的文件系统。向系统注册文件系统类型有两种途径：一种是在编译操作系统内核时确定，并在系统初始化时通过函数调用向注册表登记；另一种是把文件系统当作一个模块，通过 kerneld 或 insmod 命令在装入该文件系统模块时向注册表登记它的类型。

6.8 文件管理实例：Windows 文件管理(NTFS)

NTFS(New Technology File System)是 Windows NT 操作环境和 Windows NT 高级服务器网络操作系统环境的文件系统。NTFS 是 Windows NT 以及之后的 Windows 2000、Windows XP、Windows Server 2003、Windows Server 2008、Windows Vista 和 Windows 7 的标准文件系统。NTFS 取代了文件分配表(FAT)文件系统，为 Microsoft 的 Windows 系列操作系统提供文件系统。NTFS 对 FAT 和 HPFS(高性能文件系统)作了若干改进，例如，支持元数据，并且使用了高级数据结构，以便于改善性能、可靠性和磁盘空间利用率，并提供了若干附加扩展功能，如访问控制列表(ACL)和文件系统日志。该文件系统的详细定义属于商业秘密，但 Microsoft 已经将其注册为知识产权产品。

6.8.1 NTFS 的主要特性

NTFS 是一种非常灵活且功能强大的文件系统，它建立在一个简洁的文件系统模型上。NTFS 的主要特性如下。

(1) 可恢复性：建立 NTFS 的目的就是为了使文件系统具备从系统崩溃和磁盘故障中恢复数据的能力。当发生这类故障时，NTFS 能够重建文件卷，并使它们返回到一致的状态。它是通过为文件系统的变化使用一个事务处理模型来实现这一点的。文件系统的每个重要变化都被看成是一个原子动作，或者完全执行，或者根本就不执行。当发生故障时，每个正在处理的事务随后或者取消，或者完成。此外，NTFS 对重要的文件系统数据进行冗余存储，这样，一个磁盘扇区的失败不会导致描述文件系统结构和状态的数据丢失。

(2) 安全性：NTFS 使用 Windows 对象模型来实施安全机制。一个打开的文件是一个文件对象，该文件对象带有作为该文件的一部分而存储在磁盘上的安全描述体。在进程发出访问一个文件对象的操作时，Windows 安全系统会验证该进程是否具有相应的访问权限。

(3) 大磁盘和大文件：与包括 FAT 在内的其他大多数文件系统相比，NTFS 能够更有效地支持非常大的磁盘和非常大的文件。

(4) 多数据流：文件的实际内容被当成字节流处理。在 NTFS 中可以为一个文件定义多个数据流，关于这个特征的一个应用例子是允许多个远程 Macintosh 系统使用 NTFS 来保存和检索文件。在 Macintosh 中，每个文件有两部分组成：文件数据和包含有关文件信息的派生资源。NTFS 把这两部分当成是两个数据流。

(5) 日志：NTFS 保留所有被改变文件的日志在卷上。诸如桌面搜索等程序可以读日志确定文件所进行的改动。

(6) 压缩和加密：可以在 NTFS 卷中压缩和加密单个文件或整个目录。NTFS 系统的压缩机制可以让用户直接读写压缩文件，而不需要使用解压软件将这些文件展开。

(7) 硬链接和符号链接：为了支持 POSIX，Windows 总是支持“硬链接”以允许单个文件可以通过同一卷上的多个路径名来访问。“符号链接”起始于 Windows Vista，允许文件或目录可以通过不同路径名访问，并允许跨卷访问。Windows 也支持“挂载点”以允许卷出现在其他卷的连接点上，而不是驱动器名，如 C:。

(8) 通用索引功能：NTFS 中，每个文件都有一组属性与之相关联。文件管理系统中文件描述的集合组成一个关系数据库，因而文件可以建立关于任何属性的索引。

6.8.2　NTFS 卷和文件结构

NTFS 利用了以下的磁盘存储概念：

(1) 扇区 (sector)：磁盘上最小的物理单位。一个扇区中能存储的数据量总是 2 的幂，并且通常为 512 个字节。

(2) 簇 (cluster)：一个或多个连续的扇区 (磁盘上彼此紧挨着)。一个簇中的扇区的数目也是 2 的幂。

(3) 卷 (volume)：磁盘上的逻辑分区。由一个或多个簇组成，供文件系统分配空间时使用。在任何时候，一个卷包含文件系统信息、一组文件及卷中剩余的可以分配给文件的未分配空间。一个卷可以是整个磁盘，也可以是一部分磁盘，还可以跨越多个磁盘。如果采用硬件和软件 RAID 5，则一个卷由跨越多个磁盘的条带组成。NTFS 中一卷最大为 2^{64} 字节。

NTFS 并不识别扇区，簇是最基本的分配单位。例如，每个扇区大小为 512 字节，并且系统为每簇配置 2 个扇区 (1 簇=1KB)。如果用户创建了 1 800 个字节的文件，则给该文件分配 2 个簇。如果用户后来将文件修改为 3 600 个字节，则再给该文件分配 2 个簇。分配给一个文件的簇不必一定是连续的，即一个文件在磁盘上被分成几段。当前，一个簇至多有 2^{16} 个字节，NTFS 支持的最大文件为 2^{32} 个簇，等于 2^{48} 个字节。

使用簇进行分配使得 NTFS 不依赖于物理扇区的大小。这使文件系统很容易地支持扇区大小不是 512 个字节的非标准磁盘，并且可通过使用较大的簇而有效地支持非常大的磁盘和非常大的文件。

表 6-5 给出了 NTFS 默认的大小。默认值取决于卷的大小。当用户要求对某个卷格式化时，用于该卷的簇的大小由 NTFS 确定。

表 6-5　Windows NTFS 分区和簇大小

卷大小	每个扇区簇	簇大小
≤512MB	1	512B
512MB～1GB	2	1KB
1～2GB	4	2KB
2～4GB	8	4KB
4～8GB	16	8KB
8～16GB	32	16KB
16～32GB	64	32KB
>32GB	128	64KB

1. NTFS 卷布局

NTFS 使用一种非常简单但功能非常强大的方法来组织磁盘卷中的信息。卷中的每个元素都是一个文件，并且每个文件包含一组属性，文件的数据内容也看成是一个属性。用这种简单的结构，只需要一些通用的功能就可组织和管理文件系统。

图 6-30 显示了一个 NTFS 卷的布局，它由 4 个区域组成。在任何卷中，开始的一些扇区被分区引导扇区(partition boot sector)占据(尽管它称为一个扇区，但它可能有 16 个扇区那么长)，分区引导扇区包含卷的布局信息、文件系统的结构以及引导启动信息和代码。接下来是主文件表(Master File Table,MFT)，主文件表包含关于在这个 NTFS 卷中所有文件和文件目录的信息以及关于可用的未分配空间的信息。本质上，MFT 是这个 NTFS 卷中所有文件和它们属性的列表，并以行形式组织在表结构中。

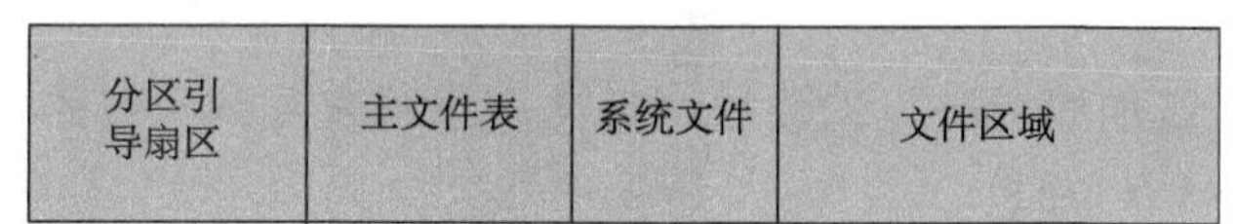

图 6-30　NTFS 卷布局

MFT 后面的区域包含系统文件(system file)，长度大约为 1MB。这个区域中的文件有如下几种：

(1) MFT2：MFT 前几行的镜像，用于在单扇区故障的情况下恢复 MFT，保证仍可以访问卷。

(2) 日志文件：用于恢复 NTFS 的事务处理步骤列表；

(3) 簇的位映像：卷上的空间表示，说明哪些簇已被分配，哪些簇未被分配；

(4) 属性定义表：定义该卷所支持的属性类型，指明它们是否可以被索引以及在系统恢复操作中它们是否可以恢复。

2. MFT

MFT 是 Windows 文件系统的核心。MFT 被组织成一个行可变长度的表，行称为记录。每一行描述了该卷中的一个文件或文件夹，包括 MFT 自身，MFT 也被看成是一个文件。

如果文件的内容足够小，则整个文件位于 MFT 的一行中。否则，这一行包含文件中的一部分信息，其余溢出的部分放到这个卷中的其他可用簇中，指向这些簇的指针保存在 MFT 内对应于该文件的行中。

MFT 中的每条记录都包含一组属性，用于定义文件(或文件夹)的特性和文件的内容。表 6-6 列出了一行中可能包含的属性，阴影部分表示必须有的属性。

表 6-6　Windows NTFS 文件和目录属性类型

属性类型	说明
标准信息	包括访问属性(只读，读/写等)、时间戳、文件创建时间或最后一次被修改的时间、有多少目录指向文件(链接数)
属性表	组成文件的属性列表，以及放置每个属性的 MFT 文件记录的文件引用。当所有属性都不适合一个 MFT 文件记录时使用
文件名	一个文件或目录必须有一个或多个名字
安全描述符	确定谁拥有这个文件，谁可以访问它
数据	文件的内容。一个文件有一个默认的无名数据属性，并且可以有一个或多个命名数据属性
索引根	用于实现文件
索引分配	用于实现文件
卷信息	包括与卷相关的信息，诸如版本信息和卷的名字
位图	提供在 MFT 或文件中正在使用的记录映像

注：有阴影的行表示必须有的文件属性，其他属性是可选的。

6.8.3　NTFS 的可恢复性

NTFS 可以在系统崩溃或磁盘失败后，把文件系统恢复到一致的状态。支持可恢复性的重要组成如下所示(图 6-31)：

(1) I/O 管理：包括 NTFS 驱动程序，用于处理 NTFS 中基本的打开、关闭、读、写功能。此外，可以对软件 RAID 模块 FTDISK 进行配置。

(2) 日志文件服务：维护一个关于磁盘写的日志。这个日志文件用于在系统失败时恢复一个 NTFS 格式的卷。

(3) 高速缓存管理器：负责对文件读写进行高速缓存，以提高性能。高速缓存管理器通过延迟写和延迟提交技术优化磁盘 I/O。

(4) 虚存管理器：NTFS 通过把对文件引用映射到虚存引用以及读写虚存，来访问被缓存的文件。

值得注意的是，NTFS 使用的恢复过程是为恢复文件系统的数据而设计的，不是用于恢复文件的内容。因此，用户永远不会因为系统崩溃而丢失应用程序的卷或目录/文件结构，但是，文件系统并不能保证用户数据不会丢失。要提供完全的恢复能力，包括恢复用户数据的能力，需要更精细并消耗资源的恢复机制。

NTFS 恢复能力的实质是记录法。每个改变文件系统的操作被当成一个事务处理。改

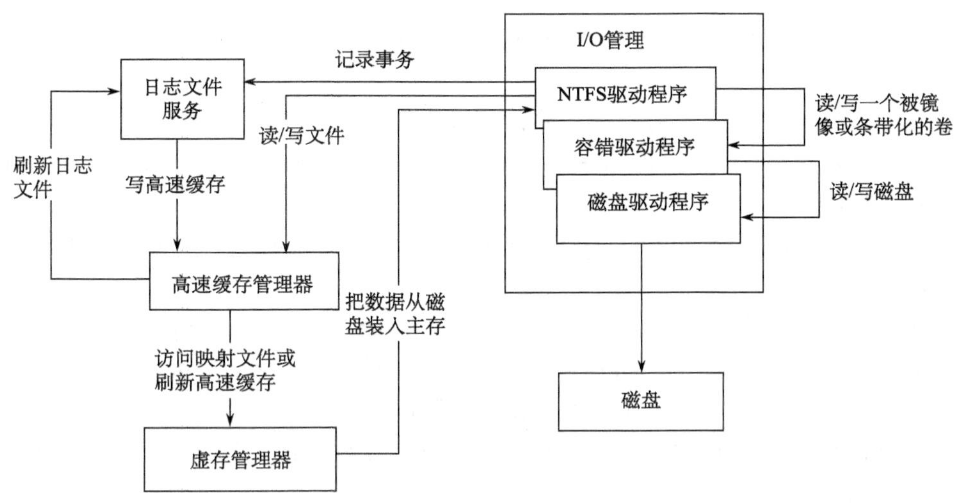

图 6-31　Windows NTFS 组件

变重要的文件系统数据结构的事务的每个子操作在被记录到磁盘卷中之前，首先记录在日志文件中。使用这个日志，一个在系统崩溃时完成了一部分的事务可以在以后系统恢复时重做或者撤销。

一般来说，为确定可恢复性，需要以下四个步骤：

(1) NTFS 首先调用日志文件系统，在高速缓存内的日志文件中记录任何会修改卷结构的事务。

(2) NTFS 修改这个卷(在高速缓存中)。

(3) 高速缓存管理器调用日志文件系统，提示它刷新磁盘中的日志文件。

(4) 如果日志文件在磁盘上的更新是安全的，则高速缓存管理器把该卷的变化刷新到磁盘中。

本章小结

本章首先介绍了文件的命名规则、文件类型、文件属性、文件存取方法和文件逻辑结构。

接下来介绍了文件的目录管理。文件目录包含一级目录、二级目录和多级树形目录结构。树形目录使用最为广泛，较好地解决了重名问题和快速查找问题。

然后介绍了文件的共享与保护。目前广泛使用的文件共享方法有符号链接方法、基于索引结点方法和基于基本文件目录共享方法。文件保护是为了防止文件信息被有意或无意地破坏或偷窃，其主要目的是实现文件的保密性、完整性和可用性。具体的实现技术有用户认证、文件保护机制和数据备份。此外，还介绍了文件系统的一致性检查方法。

其次介绍了文件存储空间的管理。常用的文件存储空间管理方法主要有空闲表法、空闲链表法、位示图法和链接索引表法。在 UNIX 系统中使用的主要是链接索引表法，适合于大空间的管理。

再次，讲述文件的分配。文件分配方法主要包括连续分配方法、链接分配方法和索引链接分配方法。UNIX 系统中使用的是链接索引分配方法，具有比较好的伸缩性。

最后，简要介绍了流行的操作系统 UNIX、Linux、Windows 等文件管理技术。

拓展阅读环节：

关于文件系统方面的内容可进一步阅读国外优秀教材：

1) Andress S. Tanenbaum, Albert S. Woodhull. Modern Operating Systems (4th Edition): 4 File Systems. Pearson, 2014.

2) William Stallings. Operating Systems, Internals and Design Priciples (7th Edition): 12 File Management. Prentice Hall, 2012.

3) Abraham Silberschatz, Peter Baer Galvin, Greg Gagne. Operating Systems Concepts (9th Edition): 11 File-System Interface and 12 File-System Implementation. Wiley, 2013.

关于文件系统的实现可以开源的 Linux 为突破口，阅读：

4) Daniel P. Bovet, Marco Cesati. 深入理解 Linux 内核：虚拟文件系统. 陈莉君，冯锐，牛欣源，译. 北京：中国电力出版社，2008.

UNIX 的源码分析可阅读：

5) John Lions. 莱昂氏 UNIX 源代码分析. 尤晋元，译. 北京：机械工业出版社，2000.

习　题

1. 选择题(单选题)

(1) 位示图方法可用于(　　)。

A.磁盘空间的管理　　B.盘的驱动调度

C.文件目录的查找　　D.页式虚拟存储管理中的页面调度

(2) 磁带作为文件存储介质时，文件只能组织成(　　)。

A.顺序文件　　B.链接文件　　C.索引文件　　D.目录文件

(3) 在文件系统中通常采用(　　)方法，来解决不同用户文件的命名冲突问题。

A.链接　　B.索引　　C.路径　　D.多级目录

(4) 磁盘与主机之间传递数据是以(　　)为单位进行的。

A.块　　B. KB　　C.磁道　　D.文件

(5) 设置当前工作目录的主要目的是(　　)。

A.节省外存空间　　B.节省内容空间

C.加快文件的检索速度　　D.加快文件的读写速度

(6) 从用户角度看，引入文件系统的最基本目标是(　　)。

A.文件保护　　B.文件共享　　C.按名存取　　D.目录管理

(7) 下列文件物理结构中，适合随机访问且易于文件扩展的是(　　)。

A.连续结构　　B.索引结构

C.链式结构且磁盘块定长　　D.链式结构且磁盘块变长

(8) 文件系统中，文件访问控制信息存储的合理位置是(　　)。

A.文件控制块　B.文件分配表　　C.用户口令表　　D.系统注册表

(9) 设文件索引节点中有 7 个地址项，其中 4 个地址项为直接地址索引，2 个地址项是一级间接地址索引，1 个地址项是二级间接地址索引，每个地址项大小为 4 字节，若磁盘索引块和磁盘数据块大小均为 256 字节，则可表示的单个文件的最大长度是(　　　)K 字节。

A. 33　　　B. 519　　　C. 1057　　　D. 16513

(10) UNIX 操作系统中，文件的索引结构存放在(　　　)。

A. 超级块　　　B. i_node 节点　　　C.目录项　　　D. 空闲块

2. 文件系统的功能是什么？有哪些基本操作？

3. 何谓文件的存取方法？常用的文件存取方法有哪些？适用于哪类存储设备？

4. 对文件目录管理的基本要求是什么？

5. 文件目录内容有哪些？

6. 有些文件系统要求文件名在整个文件系统中是唯一的，有些系统只要求文件名在其用户的范围内是唯一的，还有的只要求文件名在一目录范围内是唯一的，请指出这几种方式在实现和应用两方面有何优缺点？

7. 提出多级文件目录结构的原因是什么？

8. 常用的文件共享方式有几种？试说明基于符号连接的共享方式的优缺点。

9. 基于索引结点的文件共享方式有何优点和缺点？

10. 基于符号链接的文件共享方式有何优点和缺点？

11. 文件存储空间管理的常用方法有哪些？试说明每种方法的优缺点。

12. 试说明采用链接索引表法(成组链接法)的分配与回收原理。

13. 假设一个计算机系统利用位示图来管理空闲盘块，当某文件需要 n 个盘块时，试说明盘块的具体分配过程。

14. 文件分配时会涉及哪几个方面的问题？

15. 文件分配的常用方法有哪些？

16. UNIX 系统将文件属性信息和文件数据块索引指针信息放在索引节点(i-node)中。现有一个 UNIX 系统使用 4KB 磁盘块和 4 字节磁盘地址。如果每个索引节点中有 10 个直接数据块指针以及一个一次间接块指针、一个二次间接块指针和一个三次间接块指针。要求：

(1) 画出索引节点与磁盘数据块的组织结构示意图。

(2) 求出文件的最大尺寸（说明：为简化起见，文件大小用类似 1PB2TB4GB4MB50KB 形式表示）。

17. 何谓虚拟文件系统？采用虚拟文件系统的主要意义是什么？VFS 通过什么与具体文件系统联系？

实　验

1. 编程模拟实现磁盘空间管理算法，包括空闲表法、空闲链表法、位示图法和链接索引表法，并进行实验比较测试。

2. 编程模拟实现文件分配算法：连续分配方法、链接分配方法和索引链接分配方法。

第7章 I/O 管 理

知识要点：主要包括I/O管理子系统的组成，I/O控制方式(包括直接控制方式、中断控制方式、DMA控制方式和通道控制方式)，I/O缓冲技术，设备驱动程序的功能与特点，设备分配与回收，磁盘驱动调度算法，磁盘阵列技术；同时包括UNIX、Linux、Windows的I/O管理实例概况。

预习准备：了解目前与计算机相连的I/O设备的种类、特点及使用状况，了解磁盘的功能与特点；接着考虑计算机如何有效处理种类繁杂、功能多样的设备，以及如何方便用户使用？如何有效解决快速的主机和慢速的外设之间速度不相匹配的矛盾？

兴趣实践：设计实现磁盘的驱动调度算法，包括FCFS、SSTF、SCAN、CSCAN、FSCAN等算法，设备驱动程序的设计与实现，以及阅读与分析Linux系统中I/O子系统的源程序。

探索思考：现代计算机外围设备种类越来越多，如何有效地分配与回收？如何有效实现设备与设备、设备与CPU之间的并行工作能力？如何方便用户使用？

在计算机系统中，信息的I/O是通过I/O设备与用户交互完成的。因此，操作系统中的I/O系统是一个专门负责用户(进程)与计算机之间进行I/O活动全过程的职能机构，可提供有效的设备管理与控制，方便用户对设备的使用。

本章主要内容包括I/O管理概述、I/O控制方式、I/O缓冲、设备驱动程序、设备分配、磁盘存储管理、磁盘阵列和I/O管理实例。

7.1 I/O管理概述

I/O系统是用于实现数据输入/输出及数据存储的系统。在I/O系统中，除了需要直接用于I/O和存储信息的设备外，还需要有相应的设备控制器和数据总线。在有的大、中型计算机系统中，还配置了I/O处理机。

7.1.1 I/O管理目标与功能

1. I/O管理目标

计算机系统中配置的设备种类繁多、庞杂，并且存在快速的主机和慢速的I/O设备之间速度不相匹配的矛盾，为此I/O管理目标如下：

(1) 为用户提供方便、统一的界面。所谓方便就是为用户屏蔽具体设备的复杂物理特性，让用户能够简单方便地使用设备。所谓统一就是对不同设备尽量使用统一的操作方式。也就是用户操作的是独立于具体物理设备的简单的逻辑设备，由操作系统完成逻辑设备到具体物理设备的映射及对具体的I/O物理设备的管理。

(2) 提高资源的利用率。提高CPU与I/O设备之间、设备与设备之间的并行操作程度，主要采用的技术有中断技术、DMA 技术、通道技术和缓冲技术。

2. I/O 管理功能

为了实现上述目标，I/O 管理应具有如下功能：

(1) 设备控制。这一功能由设备处理程序完成。设备处理程序要根据用户提出的 I/O 请求，启动指定的 I/O 设备进行 I/O 操作。在处理 I/O 请求时，需要进行 I/O 调度，以提高系统的整体性能。

(2) 设备分配与回收。这一功能由设备分配与回收程序完成。设备分配程序按照设备类型和相应的分配算法把设备分配给请求该设备的进程，并把未分配到所需 I/O 设备的进程放入等待队列。回收时修改 I/O 设备状态信息并插入到对应的空闲设备队列。

(3) 其他功能。其他功能包括：建立统一的独立于 I/O 设备的应用接口；完成设备驱动程序，实现真正的 I/O 操作；处理 I/O 设备的中断处理；管理 I/O 缓冲区；实现设备的虚拟性和独立性。

7.1.2　I/O 系统组成

通常把 I/O 设备及其接口线路、控制部件、通道和管理软件称为 I/O 系统，把计算机的主存和外围设备的介质之间的信息传送操作称为输入/输出操作。因此，I/O 系统首先要有 I/O 设备；其次每台设备要有必要的控制装置控制其操作，即设备控制器；另外，设备与主机之间需要有数据传输通路，这些构成了 I/O 系统的硬件。因此，I/O 系统硬件由设备、设备控制器和通路组成。现在的计算机系统通常采用总线(图 7-1)或通道(图 7-2)作为数据传输通路。

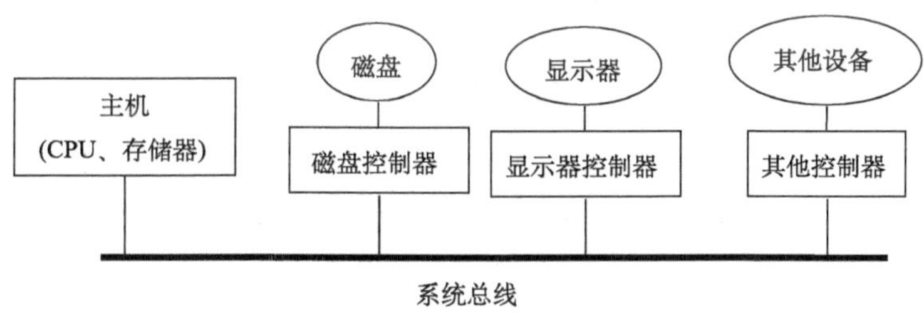

图 7-1　总线型 I/O 系统组成

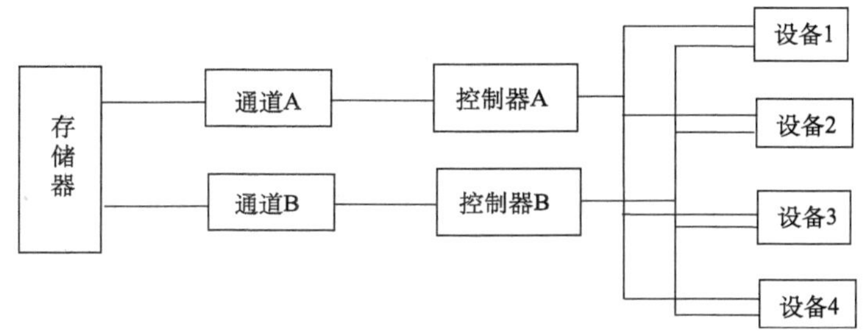

图 7-2　通道型 I/O 系统组成

为实现 I/O 系统的功能，I/O 系统需要管理的功能部件有如下几个：

(1) I/O 设备：用于完成数据的输入与输出。

(2) 控制器：用于控制对应的 I/O 设备。

(3) 通路：用于数据传输。

(4) 应用接口：为不同设备的使用提供统一的接口。

为管理好 I/O 系统，I/O 管理需要解决的关键技术有如下几种：

(1) I/O 调度技术：当有一组 I/O 请求需要响应时，确定执行这些 I/O 请求的最佳顺序。使进程可以公平地共享设备访问，减少完成 I/O 需要的平均等待时间，从而提高系统的整体性能。

(2) 缓冲区管理技术。组织好缓冲区，提供获得和释放缓冲区的方法。

(3) 设备分配与回收技术。当某进程向系统提出 I/O 请求时，按一定策略分配设备、控制器等资源，形成一条数据传输通路，以供主机和 I/O 设备间的信息交换。

(4) 虚拟设备技术。为解决设备数量少、速度慢等问题，需要将本质上独占的设备改造成逻辑上可共享的设备。

1. I/O 设备

I/O 设备负责数据的输入/输出工作，其种类繁多，差异较大，一般从以下几个角度进行划分。

1) 按设备的从属关系分类

(1) 系统设备：安装操作系统时就纳入系统管理范围的各种标准设备，如键盘、显示器和磁盘驱动器等。

(2) 用户设备：在安装操作系统时没有配置相应的管理程序，而由用户自己安装这些设备的有关使用程序，这样，用户才能通过操作系统管理这些设备，如网卡、条码阅读器和绘图仪等。

2) 按设备的共享属性分类

(1) 独占设备：在一段时间只允许一个用户进程使用的设备，如打印机、键盘这类 I/O 设备。

(2) 共享设备：在一段时间内允许多个用户进程同时访问的设备(但某一时刻只能由一个进程访问)，如硬盘、光盘等。

(3) 虚拟设备：通过虚拟技术将一台独占设备变换为若干台逻辑设备，供多个用户进程同时使用，称这种经过虚拟技术处理后的设备为虚拟设备。

3) 按传输速率分类

(1) 低速设备：传输速率为每秒几个字节到几百个字节的一类设备，如键盘、鼠标器、语音输入和输出等设备。

(2) 中速设备：传输速率为每秒数千字节到数十千字节的一类设备，如打印机。

(3) 高速设备：传输速率为每秒数十千字节到数兆字节的一类设备，如磁盘机、光盘机等。

4) 按信息交换单位分类

在一般系统中按设备数据传输的单位是字节还是数据块，可将设备分为两类：字符设备和块设备。

(1) 字符设备：以字符为单位进行组织、信息处理的设备，属于无结构设备，在字符设备中存储或者传送的是不定长的数据。某些字符设备可以每次传送一个字节，传送每一个字节后产生一个中断。而另一些字符设备有内部缓冲寄存器，内核的设备驱动程序把这些数据解释为可顺序访问的连续字节流。对于字符设备不能随机访问，也不允许查找操作，如交互式终端、打印机等。

(2) 块设备：以数据块为单位进行组织、处理信息的设备，属于有结构设备，在块设备中存储的是定长，且可随机访问的数据块。该设备的 I/O 操作也是以块为单位，块的大小是 256 字节或更大的 2^n 字节的数据块，如磁盘、光盘等。

2. 设备控制器

设备控制器是 CPU 与 I/O 设备之间的接口，它接收从 CPU 发来的命令，然后去控制 I/O 设备工作，使处理器不需要直接进行设备控制，从而可以更高效地工作。设备控制器通常是一个印刷电路板，其上通常有一个插座，通过电缆与设备相连。I/O 设备是由机械和电子两个部分构成的，设备控制器是设备中的电子部分(如图形卡)，而机械部分就是设备本身(如显示器)。每种类型的设备都有设备控制器，一个控制器可以控制一个或多个设备。在图 7-1 表示的总线型 I/O 组织中，控制器本身也连接到计算机总线上。一台典型的微型计算机通常有一个磁盘控制器、一块图形卡、一块 I/O 卡，还可能有声卡和网络接口卡。

1) 设备控制器的功能

(1) 接收和识别命令：CPU 可以向控制器发送控制命令，设备控制器应能接收与识别这些控制命令，并对这些命令进行译码。

(2) 数据交换：能实现 CPU 与设备控制器之间、控制器与设备之间的数据交换。

(3) 获取设备的状态：控制器应能记下设备的状态，并向 CPU 报告。

(4) 地址识别：设备控制器应能识别它所控制的每个设备的地址。

2) 设备控制器的组成

现有的大多数设备控制器都是由以下三部分组成：

(1) 设备控制器与处理机的接口：该接口通过数据线、地址线和控制线实现 CPU 与设备控制器之间的通信。该接口包含一个或多个数据寄存器、一个或多个控制/状态寄存器(CSR)。数据寄存器用于存放来自设备的数据或来自 CPU 的数据；控制/状态寄存器用于存放来自 CPU 的命令或来自设备的状态信息。

(2) I/O 控制逻辑：I/O 控制逻辑对 CPU 的控制命令进行译码，利用 I/O 控制逻辑向控制器发出 I/O 命令，实现对 I/O 设备的控制。

(3) 设备控制器与设备的接口：一个接口连接一台设备，每个接口中都存在数据、控制和状态三类信号，控制器中的 I/O 逻辑根据处理机发来的地址信号，去选择一个设备接口。

3. 通道

在通道型 I/O 系统中，通道一方面作为 I/O 的通路，同时通过执行通道程序与设备控制器一起控制 I/O 设备。

采用 DMA 输入/输出控制方式，已经显著地减少了 CPU 的干预，提高了 CPU 与 I/O 设备的并行程度。但是在 DMA 输入/输出控制方式中，一旦开始交换信息后，CPU 要一直“让”出主存，CPU 只能进行不需要访问主存的局部工作，因此，DMA 输入/输出控制方式只解决了高速外存与主存传送数据快速性问题，并没有真正解决 CPU 与 I/O 设备并行操作问题，CPU 的效率并不高。除此之外，对 I/O 设备数量较多的计算机系统，如果为这些

I/O 设备都配置 DMA 控制器，那么该计算机系统的硬件成本将大幅度增加。

为了获得 CPU 与 I/O 设备之间更高的并行能力，也为了让种类繁多、物理特性各异的 I/O 设备能以标准接口的形式连接到系统中，计算机系统引入了能独立控制 I/O 设备操作的、自成体系的通道结构。引入通道后，才真正实现 CPU 与 I/O 设备间的并行工作。在设置了通道的计算机系统中，在需要使用 I/O 设备交换一批数据时，CPU 只干预通道两次：第一次是启动通道、设备和控制器；第二次是结束时的中断处理。

1) 什么是通道

通道指专门用来处理输入/输出工作的处理器(简称 I/O 处理器)，它可以是简单的处理机，也可以是一台复杂的微型处理机，它有自己的指令系统，甚至有的通道也具有局部存储器。与中央处理器 CPU 相比，通道是一个比 CPU 功能弱、速度较慢、价格较为便宜的处理器。但是“通道”一词在目前微型计算机的有关著作中，常指与 DMA 或与 I/O 处理器相连设备的单纯的数据传送通路，它并没有处理器的功能，请注意区分。

2) 通道的种类

根据信息交换方式以及所连接的设备种类的不同，可将通道分成三种类型：字节多路通道、数据选择通道和数组多路通道。

(1) 字节多路通道。这是一种简单的共享通道，包括若干子通道，每个子通道可独立地执行一个通道程序。每个子通道至少连接一台低速设备，如行式打印机。字节指该通道以字节为传输单位，多路则是指可以分时执行多个通道程序。当一个通道程序控制某台设备传送一个字节之后，通道硬件就转去执行另一个通道程序，控制另一台设备的数据传送。

(2) 数据选择通道。这种类型的通道只有一个分配型子通道。所谓分配型子通道是指一个子通道可以连接多台 I/O 设备，但每次只能控制一台设备工作。一旦选中某台设备，即由该设备独占该通道，通道就进入“忙”状态，直到该设备的数据传输工作全部结束，即通道程序执行结束。然后通道再选择另一台 I/O 设备为其提供服务。这种类型通道只连接一些高速设备，如磁盘机。

(3) 数组多路通道。这种类型的通道分时地为多台 I/O 设备服务，每个时间片传送一个数据块。数组多路通道结合了数据选择通道传递速度高和字节多路通道能进行分时并行操作的特点，形成了另一种通道方式，它具有很高的传递速率，又可获得令人满意的通道利用率，因此它被广泛地用来连接高、中速 I/O 设备。

3) 通道程序

通道是一个 I/O 处理器，它与 CPU 一样，有运算和控制逻辑，有累加器、寄存器，有自己的指令系统。指令系统中的每条指令规定了设备的一种操作，称这种指令为通道命令(通道指令或通道命令字(CCW))。通道程序是由通道命令按照一定的控制要求组织起来的，它规定 I/O 设备所应执行的操作及顺序。在通道命令中包含以下信息：

(1) 操作码：规定了指令所执行的操作，一般可分为三类：数据传输类(如读、反读、写、判定状态等)；通道转移类；设备控制类(如磁盘查询、磁带反绕等)。

(2) 内存地址：标明了数据送入内存或从内存取出时的内存首址。

(3) 传送字节数：表明本指令所要读或写的字节数。

(4) 特征位：如用于表示通道程序是否结束的通道程序结束位；记录结束标志位是用于

表示本通道指令与下一条通道指令所处理的数据是同属一个记录，或是处理某记录的最后一条指令。

通道程序是由中央处理器按数据传送的不同要求自动形成的(在大型计算机中，通道程序由操作系统中相应的设备管理程序按用户的I/O请求自动形成)。编制好的通道程序存放在主存储器中，并将该程序在主存中的起始地址通知I/O处理器。在大型计算机中，常将此起始地址存放在主存固定单元中，这个用来存放通道程序首地址的主存固定单元称为通道地址字(CAW)。而在微型计算机中，常将此起始地址存放在主存中的CPU与I/O处理器的通信区中。与CPU在执行指令中将执行情况记录在程序状态字PSW中一样，通道程序在执行过程中也把信息记录在主存的另一个固定单元中，该单元称为通道状态字(CSW)。通道状态字中包括指出下一条通道命令的主存地址；通道及与之相连的控制器和设备的状态，以及数据传输的情况。

通道的执行过程可归纳为以下三个过程：

(1)根据要求组织好通道程序，且把通道程序的首地址放在通道地址字中。

(2)CPU执行"启动I/O"指令启动通道工作，启动成功后，通道逐条执行通道程序中的通道命令，控制设备实现I/O操作。

(3)通道完成I/O操作后，向CPU报告执行情况，CPU处理来自通道的信息。

4. I/O统一接口

计算机系统中的设备种类繁多，这些设备在数据传输模式、分配方式和传输速率等方面存在明显差异。为了方便对I/O设备的管理，为用户提供统一接口，操作系统采用抽象和分层的层次模型体系结构来实现I/O子系统。

在操作系统中，综合采用了抽象、封装与软件分层等手段来实现I/O应用接口。

(1)首先，对I/O设备进行分类，抽象提取同类I/O设备具有共性的属性与操作，在此基础上为其设计一组通用的应用接口。用户(进程)只需要通过这个统一接口就可访问同类设备；

(2)其次，设备之间的具体差异由各设备的驱动程序封装起来。驱动程序完成与具体设备相关的操作；而统一接口为用户提供通用的系统调用；两者通过具体参数进行转接。

(3)最后，将I/O应用接口作为系统软件的一个层次放在I/O核心子系统与设备驱动程序的中间，如图7-3所示。

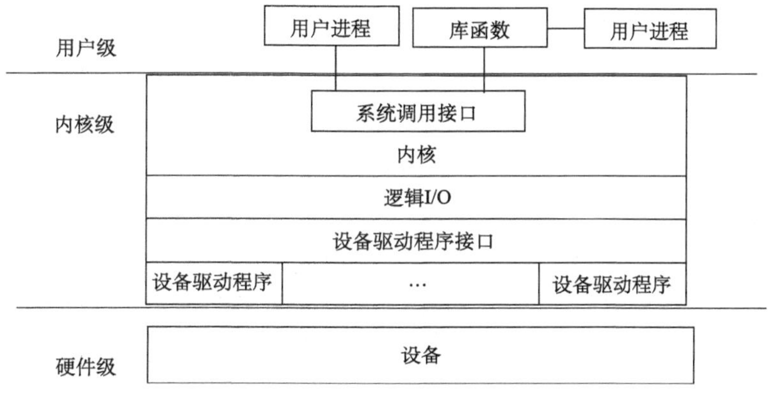

图7-3 I/O子系统层次模型

操作系统软件结构设计所采用的方法是模块化程序设计以及分层放置和信息抽象的方法。抽象是根据一定的规则分步进行的，从而构成不同的抽象层次。操作系统根据复杂性、时间常数、抽象级形成不同的功能层次，每一层是实现所需要功能的相关子集，它依赖于下一个较低层所提供的功能，同时它还给相邻的较高层提供服务。在多层模型中，最低层实现与事物特性密切相关的功能，而最高层则抽象地反映了人们所要求的共同外部特性和形态。把这种原理应用于 I/O 子系统的功能设计中，便可得到比较广泛使用的层次模型，如图 7-3 所示。

其中逻辑 I/O 层是最高层，它也称为核心 I/O 子系统层或称与设备无关的软件层。它的作用是为用户进程提供一个管理 I/O 功能的接口。该层将经过设备驱动程序所抽象的设备看作逻辑资源进行管理，通过该层用户根据设备标识符和诸如打开、读、写和关闭等逻辑操作所提供的统一接口来处理设备。该层实现了与具体 I/O 设备无关的功能。

设备驱动程序接口层接受上层所提出的 I/O 请求的操作和数据，并将 I/O 请求转换成适当的 I/O 指令序列、通道命令和控制器命令，即将抽象变为具体，将逻辑 I/O 的调用转换成对具体驱动程序的调用。

设备驱动程序层是与 I/O 设备进行交互的软件层，该层负责设置相应 I/O 设备有关寄存器的值，提供相应的 I/O 指令序列来实现每种功能，对 I/O 请求操作进行排队、调度和控制，处理中断，管理和报告 I/O 操作的状态等。

图 7-3 所示的 I/O 子系统层次模型侧重于以字节流或记录流进行通信的本地外部设备。对于 I/O 设备是通信设备而言，主要差别是逻辑 I/O 层用通信结构层代替。而通信结构层如 TCP/IP 自身也是多层组成的。

对用于在支持文件系统的辅存设备上的 I/O 子系统层次模型，则将逻辑 I/O 层用更细化的三层取代：一是目录管理层、二是文件系统层、三是物理组织层。

目录管理层：通过该层将符号文件名转成标识符，用标识符可以通过文件描述符表或索引直接或间接地访问文件。这一层还影响文件目录的用户操作，如添加、删除、重新组织等。

文件系统层：该层用于处理文件的逻辑结构以及用户指定的操作，如打开、关闭、读、写等，并管理访问权限。

物理组织层：该层用于将对文件和记录的逻辑访问转换成物理辅存地址，并处理辅存空间和主存缓冲区的分配。

7.2 I/O 控制方式

设备管理的主要任务之一是控制设备和主机之间的数据传输，这种控制可以采用不同的方式。随着计算机的发展，I/O 控制方式也不断发展，主要经历了 4 个阶段：程序直接控制方式、中断控制方式、DMA 控制方式和通道控制方式。每种控制方式都是对前一种方式存在问题的改进，提高了 CPU 和外围设备并行工作的程度，CPU 对数据传输的干预越来越少，使得 CPU 从繁杂的 I/O 控制事务中解脱出来，提高了计算机执行效率和系统资源的利用率。

7.2.1 程序直接控制方式

程序直接控制方式(programmed I/O)也称询问方式(polling)，它是早期计算机系统中的一种I/O操作控制方式。在这种方式下，利用I/O指令或询问指令测试一台设备的忙/闲标志位，根据设备当前的忙或闲的状态，决定是继续询问设备状态还是由主存储器和外围设备交换一个字符或一个字。图7-4所示是一个数据的输入过程。当在CPU上运行的现行程序需要从I/O设备读入一批数据时，CPU程序首先设置交换的字节数和数据读入主存的起始地址，然后向I/O设备发送读指令或查询标志指令，I/O 设备将当前的状态返回给CPU。如果I/O设备返回的当前状态为忙或未就绪，则测试过程不断重复，直到I/O设备就绪，开始进行数据传送，CPU从I/O接口读一个字或一个字符，再写入主存。如果传送还未结束，再次向设备发出读指令，重复上述测试过程，直到全部数据传输完成再返回现行程序执行。

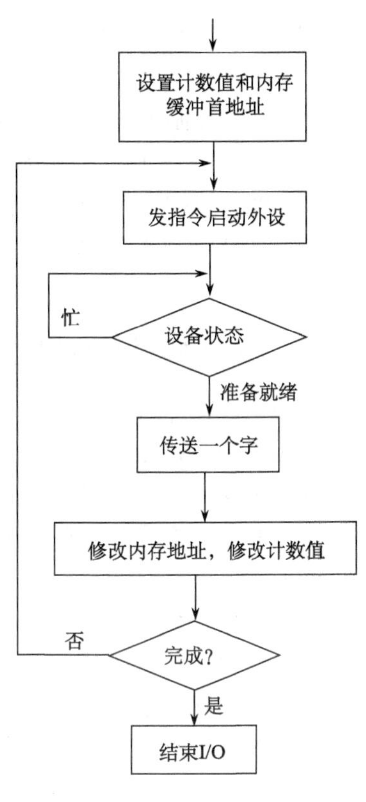

图7-4 程序直接控制方式

为了正确完成这种传送，通常要使用3条指令：查询指令，用来查询设备的状态；传送指令，当设备就绪时，执行数据交换；转移指令，当设备未就绪时，执行转移指令转向查询指令继续查询。

在程序直接控制方式中，一旦CPU启动I/O设备，便不断查询I/O设备的准备情况，终止原程序的执行；另外，当I/O准备就绪后，CPU还要参与数据的传送工作，此时CPU也不能执行原程序，由于CPU的高速性和I/O设备的低速性，致使CPU的绝大部分时间都处在等待I/O设备完成数据的I/O循环测试和低速的传送中，造成对CPU资源的极大浪费。由此可见，在这种设备控制方式下，CPU和I/O设备完全处在串行工作状态，使主机不能充分发挥效率，整个系统的效率很低。

7.2.2 中断控制方式

为了克服在程序直接控制方式中CPU低效问题，引入了中断控制方式(Interrupt-driven I/O)，提高CPU和I/O设备之间的并行工作能力，以及系统整体效率。

1. 数据传输步骤

在I/O设备中断控制方式下，中央处理器与I/O设备之间数据的传输步骤如下：

(1) 在某个进程需要数据时，发出指令启动I/O设备准备数据。

(2) 在进程发出指令启动设备之后，该进程放弃处理器，等待相关I/O操作完成。此时，进程调度程序会调度其他就绪进程使用处理器。

(3) 当I/O操作完成时，I/O设备控制器通过中断请求线向处理器发出中断信号，处理器收到中断信号之后，转向预先设计好的中断处理程序，对数据传送工作进行相应的处理。

(4) 得到了数据的进程，转入就绪状态。在随后的某个时刻，进程调度程序会选中该进程继续工作。

2. I/O 设备中断控制方式的优缺点

I/O 设备中断控制方式使处理器的利用率提高，且能支持多道程序和 I/O 设备的并行操作。不过，中断控制方式仍然存在一些问题。首先，现代计算机系统通常配置有各种各样的 I/O 设备。如果这些 I/O 设备都通过中断处理方式进行并行操作，那么中断次数的急剧增加会造成 CPU 无法响应中断和出现数据丢失现象。其次，如果 I/O 控制器的数据缓冲区比较小，在缓冲区装满数据之后将会发生中断。那么，在数据传送过程中，发生中断的次数将会增加，这将消耗大量的 CPU 处理时间。

7.2.3 DMA 控制方式

为了克服中断控制方式在高速 I/O 设备与主机之间交换数据时的低效问题，引入了 DMA (Direct Memory Access) 直接存储器存取控制方式。DMA 控制方式是一种完全由硬件执行 I/O 功能的工作方式，可有效实现高速大容量存储器和主存之间数据交换，实现在内存与 I/O 设备间直接进行成块数据传输。

1. DMA 技术特征

DMA 有两个技术特征，首先是直接传送，其次是块传送。

所谓直接传送，即在内存与 I/O 设备间传送一个数据块的过程中，不需要 CPU 的任何中间干涉，只需要 CPU 在过程开始时向设备发出“传送块数据”的命令，然后通过中断来得知过程是否结束和下次操作是否准备就绪。

2. DMA 控制器的组成

DMA 控制器的组成同设备控制器相似，也由三部分组成：一是主机与 DMA 控制器的接口；二是 DMA 控制器与块设备的接口；三是 I/O 控制逻辑。主机与 DMA 控制器的接口由以下四类寄存器实现。

(1) 命令/状态寄存器：用于接收从 CPU 发来的 I/O 命令或有关的控制信息，或设备状态。

(2) 内存地址寄存器：用于存放数据从设备传送到内存的目的地址、或由内存到设备的内存源地址。

(3) 数据寄存器：用于暂存从设备到内存或从内存到设备的数据。

(4) 数据计数器：用于存放本次 CPU 要读或写的字节数。

3. DMA 工作过程

DMA 控制方式是通过设置硬件逻辑来实现对其控制的，是用硬件逻辑换取了信息交换时间。各种 DMA 大都要执行以下三个阶段。

(1) 参数准备阶段。在启动 I/O 设备进行数据交换前的准备工作：本次交换的字节数，主存存放地址，外存地址，交换类型等，送入主机与 DMA 控制器的接口。

(2) DMA 工作阶段。当数据准备好时，从 I/O 设备发出 DMA 请求，并根据读/写控制线表明是读还是写的请求。CPU 响应请求进行应答，并把 CPU 工作改成 DMA 操作模式，通过不断地窃取 CPU 工作周期，DMA 控制器从 CPU 接管对总线的控制。由 DMA 控制器对主存寻址，启动数据传送和数据传送个数的计数，直至数据交换完毕。

(3)结束中断处理阶段。用中断向 CPU 报告 DMA 操作结束。

4. DMA 与中断的区别

1)中断次数不同

中断控制方式是在数据缓冲寄存器满之后发出中断，要求 CPU 进行中断处理，而 DMA 控制方式则是在所要求传送的数据块全部传送结束时要求 CPU 进行中断处理。这就大大减少了 CPU 进行中断处理的次数。

2)控制方式不同

中断控制方式的数据传送是在中断处理时由 CPU 控制完成的，而 DMA 控制方式则是在 DMA 控制器的控制下，不经过 CPU 控制完成的。这就排除了 CPU 因并行设备过多而来不及处理以及因速度不匹配而造成数据丢失等现象。

5. DMA 控制方式的优缺点

DMA 控制方式的主要优点是速度快。由于 CPU 根本不参与传送操作，因此节省了 CPU 时间。该方式的特点是：

(1)数据传输的基本单位是数据块。

(2)所传送的数据是从设备直接送入内存的，或者相反。

(3)仅在传送一个或多个数据块的开始和结束时，才需 CPU 干预，整块数据的传送是在 DMA 控制器控制下完成的。

DMA 方式的缺点是硬件线路比较复杂，其复杂程度差不多接近于 CPU。另外，DMA 方式窃取了 CPU 工作周期，CPU 处理效率降低了，要想尽量少地窃取 CPU 工作周期，就要设法提高 DMA 控制器的性能，这样可以较少地影响 CPU 处理效率。

7.2.4 通道控制方式

DMA 控制方式虽然解决了高速大容量存储设备与主存之间数据的快速交换问题，但由于 DMA 控制器窃取了 CPU 工作周期，所以 DMA 控制器与 CPU 难以并行工作。为了提高 CPU 与设备以及设备与设备之间的并行工作能力，引入了 I/O 通道(I/O Channel)。

I/O 通道是一个独立于 CPU 的、专门管理 I/O 的处理机(I/O processor)。它控制设备与内存直接进行数据交换，有自己的通道指令。这些通道指令由 CPU 启动，并在操作结束时向 CPU 发出中断信号，如图 7-2 所示。

I/O 通道控制是一种以内存为中心，实现设备和内存直接交换数据的控制方式。在通道方式中，数据的传送方向、存放数据的内存起始地址以及传送的数据块长度等都由通道进行控制。

另外，通道控制方式可以做到一个通道控制多台设备与内存进行数据交换。因而，通道方式进一步减轻了 CPU 的工作负担，增加了计算机系统的并行工作程度。

1. I/O 通道分类

按照信息交换方式和所连接的设备种类不同，通道可以分为以下三种类型。

1) 字节多路通道(byte multiplexor channel)

字节多路通道用于连接多个慢速的和中速的设备，这些设备的数据传送以字节为单位。每传送一个字节要等待较长时间，如终端设备等。因此，通道可以以字节交叉方式轮流为多个外设服务，以提高通道的利用率。

字节多路通道是一种简单的共享通道，包括若干个子通道，每个子通道可独立地执行一个通道程序。字节指该通道以字节为传输单位，多路则是指可以分时执行多个通道程序。当一个通道程序控制某台设备传送一个字节之后，通道硬件就转去执行另一个通道程序，控制另一台设备的数据传送。它的操作模式有两种：字节交叉模式和猝发模式。在字节交叉模式中，通道操作分成较短的段。通道向准备就绪的设备进行数据段的传输操作。传输的信息可由一个字节的数据以及控制和状态信息构成。通道与设备的连接时间是很短的。如果需要传输的数据量比较大，则通道转换成猝发的工作模式。在猝发模式下，通道与设备之间的传输一直维持到设备请求的传输完成为止。通道使用一种超时机制判断设备的操作时间(即逻辑连接时间)，并决定采用哪一种模式。如果设备请求的逻辑连接时间大于某个额定的值，通道就转换成猝发模式，否则就以字节交叉模式工作。

2) 选择通道

对于高速的设备，如磁盘等，要求较高的数据传输速度。对于这种高速传输，通道难以同时对多个这样的设备进行操作，只能一次对一个设备进行操作。这种通道可以连接多台 I/O 设备，但每次只能控制一台设备工作，一旦选中某台设备，即由该设备独占该通道，通道就进入“忙”状态，直到该设备的数据传输工作全部结束，即通道程序执行结束。然后通道再选择另一台 I/O 设备为其提供服务。这种类型的通道只连接一些高速设备，如磁盘。

3) 数组多路通道(又称为成组多路通道)

这种通道综合了字节多路通道分时工作和选择通道传输速率高的特点，其实质是：对通道程序采用多道程序设计技术，使得与通道连接的设备可以并行工作。这种通道方式具有很高的传递速率，又可获得令人满意的通道利用率，因此它被广泛地用来连接中、高速 I/O 设备。特别是对于磁盘和磁带等一些块设备，它们的数据传输本来就是按块进行的。而在传输操作之前又需要寻找记录的位置，在寻找的期间让通道等待是不合理的。数组多路通道可以先向一个设备发出一个寻找的命令，然后在这个设备寻找期间为其他设备服务。在设备寻找完成后才真正建立数据连接，并一直维持到数据传输完毕。因此采用数组多路通道可提高通道的数据传输的吞吐率。

字节多路通道和数组多路通道都是多路通道，在一段时间内可以交替地执行多个设备的通道程序，使这些设备同时工作。但两者也有区别。首先数组多路通道允许多个设备同时工作，但只允许一个设备进行传输型操作，而其他设备进行控制型操作；而字节多路通道不仅允许多路同时操作，而且允许它们同时进行传输型操作。其次，数组多路通道与设备之间的数据传送的基本单位是数据块，通道必须为一个设备传送完一个数据块以后才能为别的设备传送数据块，而字节多路通道与设备之间的数据传送基本单位是字节。通道为一个设备传送一个字节之后，又可以为另一个设备传送一个字节，因此各设备与通道之间的数据传送是以字节为单位交替进行的。

2. 通道工作原理

在通道控制方式中，I/O 设备控制器(简称为 I/O 控制器)中没有传送字节计数器和内存地址寄存器，但多了通道设备控制器和指令执行部件。CPU 只须发出启动指令，指出通道相应的操作和 I/O 设备，该指令就可启动通道并使该通道从内存中调出相应的通道指令执行。

一旦 CPU 发出启动通道的指令，通道就开始工作。I/O 通道控制 I/O 控制器工作，I/O 控制器又控制 I/O 设备。这样，一个通道可以连接多个 I/O 控制器，而一个 I/O 控制器又可以连接若干台同类型的外部设备。

1) 通道的连接

由于通道和控制器的数量一般比设备数量要少，因此，如果连接不当，往往会导致出现“瓶颈”。故一般设备的连接采用交叉连接，这样做的好处如下：

(1) 提高系统的可靠性：当某条通路因控制器或通道故障而断开时，可使用其他通路。

(2) 提高设备的并行性：对于同一个设备，当与它相连的某一条通路中的控制器或通道被占用时，可以选择另一条空闲通路，减少了设备因等待通路所需要花费的时间。

2) 通道处理机

通道相当于一个功能单纯的处理机，它具有自己的指令系统，包括读、写、控制、转移、结束以及空操作等指令，并可以执行由这些指令编写的通道程序。

通道的运算控制部件包括如下几个：

(1) 通道地址字(Channel Address Word, CAW)：记录下一条通道指令存放的地址，其功能类似于中央处理机的地址寄存器。

(2) 通道命令字(Channel Command Word, CCW)：记录正在执行的通道指令，其作用相当于中央处理机的指令寄存器。

(3) 通道状态字(Channel Status Word, CSW)：记录通道、控制器、设备的状态，包括 I/O 传输完成信息、出错信息、重复执行次数等。

3) 通道对主机的访问

通道一般需要与主机共享同一个内存，以保存通道程序和交换数据。通道访问内存采用“周期窃用”方式。

采用通道方式后，I/O 的执行过程如下：

CPU 在执行用户程序时遇到 I/O 请求，根据用户的 I/O 请求生成通道程序(也可以是事先编好的)，放到内存中，并把该通道程序首地址放入 CAW 中。

然后，CPU 执行“启动 I/O”指令，启动通道工作。通道接收“启动 I/O”指令信号，从 CAW 中取出通道程序首地址，并根据此地址取出通道程序的第一条指令，放入 CCW 中；同时向 CPU 发回答信号，通知“启动 I/O”指令执行完毕，CPU 可继续执行。

通道开始执行通道程序，进行物理 I/O 操作。当执行完一条指令后，如果还有下一条指令则继续执行；否则表示传输完成，同时自行停止，通知 CPU 转去处理通道结束事件，并从 CCW 中得到有关通道状态。

通道的执行过程可归纳为以下三个过程：

(1) 根据要求组织好通道程序，且把通道程序的首地址放在 CAW 中。

(2) CPU 执行“启动 I/O”指令启动通道工作，启动成功后，通道逐条执行通道程序中的通道命令，控制设备实现 I/O 操作。

(3) 通道完成 I/O 操作后，向 CPU 报告执行情况，CPU 处理来自通道的信息。

总之，在通道中，I/O 运用专用的辅助处理器处理 I/O 操作，从而减轻了主处理器处理 I/O 的负担。主处理器只要发出一条 I/O 操作命令，剩下的工作完全由通道负责。I/O 操作结束后，I/O 通道会发出一个中断请求，表示相应操作已完成。

3. 通道的发展

通道的思想是从早期的大型计算机系统中发展起来的。在早期的大型计算机系统中，一般配有大量的 I/O 设备。为了把对 I/O 设备的管理从计算机主机中分离出来，形成了 I/O 通道的概念，并专门设计出 I/O 通道处理机。

I/O 通道在计算机系统中是一个非常重要的部件，它对系统整体性能的提高起了相当重要的作用。不过，随着技术不断地发展，以及处理机和 I/O 设备性能的不断提高，专用的、独立 I/O 通道处理机已不容易见到。但是通道的思想又融入了许多新的技术，所以仍在广泛地应用着。

由于光纤通道技术具有数据传输速率高、数据传输距离远以及可简化大型存储系统设计的优点，新的通用光纤通道技术正在快速发展。这种通用光纤通道可以在一个通道上容纳多达 127 个大容量硬盘驱动器。显然，在大容量高速存储应用领域，通用光纤通道有着广泛的应用前景。

7.3 I/O 缓冲

缓冲技术是为了缓解快速的主机和慢速的 I/O 设备速度不相匹配的矛盾设计的。引入缓冲技术的主要原因，可归结为以下几点。

1. 缓解 CPU 与 I/O 设备间速度不匹配的矛盾，提高 CPU 与 I/O 设备之间的并行性

由于几乎所有的 I/O 设备都具有机械传动部件，其数据传输速度与 CPU 处理速度相比至少相差几个数量级。如果让 CPU 直接控制 I/O 设备进行数据的 I/O，就会使 CPU 因等待 I/O 设备而长时间的处于等待状态，从而浪费大量 CPU 时间。解决的办法就是设置缓冲器。引入缓冲区后，CPU 可将计算处理后的数据放入缓冲区后继续进行计算处理，而不必等待数据的输出；或者只有在输入数据已经在缓冲区时才对数据进行处理，从而可避免 CPU 等待数据从输入设备上输入。数据的 I/O 参见 7.2 节的 I/O 控制方式。显然，有了缓冲区，利用 I/O 通道方式或 DMA 控制方式可提高 CPU 和 I/O 设备的并行工作能力。根据 I/O 控制方式，缓冲的实现方法有两种：一种是采用专用硬件缓冲器，另一种是在内存中划出一个具有 n 个单元的专用缓冲区，以便存放 I/O 的数据。内存缓冲区又称软件缓冲。

2. 可以减少对 CPU 的中断频率，放宽对中断响应时间的限制

如果 I/O 操作每传送一个字节就要产生一次中断，那么设置了 n 个字节的缓冲区后，则可以等到缓冲区满才产生中断，这样中断次数就减少到 1/n，而且中断响应的时间也可以相应的放宽，便于进程共享缓冲区中的数据，减少系统设备(尤其是磁盘)的 I/O 压力，即减少中断 CPU 的次数，放宽了 CPU 对中断的响应时间。

常见的缓冲技术有：单缓冲、双缓冲、循环缓冲和缓冲池。其中，目前广泛使用的是缓冲池。

7.3.1 单缓冲

操作系统中提供的最简单的类型是单缓冲。当用户进程发出 I/O 请求时，操作系统给该操作分配一个位于内存中系统部分的缓冲区，如图 7-5 所示。

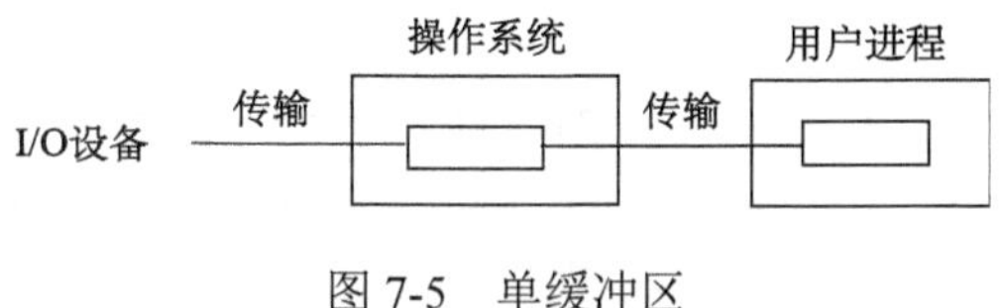

图 7-5 单缓冲区

当 I/O 请求为读操作时，输入传送的数据被放到系统缓冲区中。当传送完成或缓冲已满时，进程把缓冲区中的数据移到用户空间，这称为预读。因为数据通常是被顺序访问的，通过预输入可减少 CPU 等待时间。相对于无系统缓冲的情况，这种方法通常会提高系统速度。当 I/O 请求为写操作时，进程将输出数据放到缓冲区中，当缓冲区满或输出数据结束时，才将缓冲区中的数据输出到 I/O 设备上，这称为缓输出。

由于 I/O 发生在系统内存中而不是用户进程内存，因此操作系统可以将该进程换出。但是这种技术增加了操作系统的逻辑复杂度，操作系统必须记录给用户进程分配的系统缓冲区的情况。

由于缓冲器每次只能有一个进程进行输入或输出，不允许多个进程同时对一个缓冲器操作，因此，尽管单缓冲能缓解设备与处理机的处理速度矛盾，但是，设备和设备之间不能通过单缓冲达到并行操作。

7.3.2 双缓冲

作为对单缓冲方案的改进，可以给操作分配两个系统缓冲区，如图 7-6 所示。在一个进程往一个缓冲区中传送数据的同时，操作系统正在清空另一个缓冲区，这种技术称作双缓冲(double buffering)或缓冲交换(buffer swapping)。

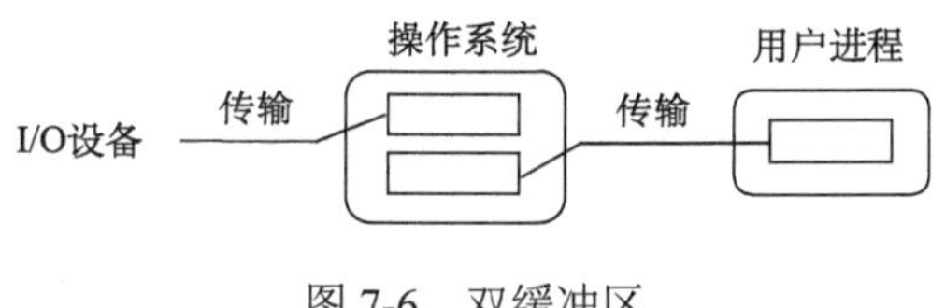

图 7-6 双缓冲区

双缓冲可解决两台外设之间的并行操作问题和进一步减少 CPU 等待时间。如一个缓冲用于输入，另一个缓冲用于输出，可使输入和输出设备并行工作。当用于磁盘数据的 I/O 时，当一个缓冲区满时，可交替利用另一个缓冲区，从而使设备和 CPU 并行工作。显然，双缓冲方式加快了 I/O 速度，提高了设备的利用率。

7.3.3 循环缓冲

双缓冲方案可以平滑 I/O 设备和进程之间的数据流。如果关注的焦点是某个特定进程的性能，那么需要相关 I/O 操作能够跟得上这个进程，如果该进程需要爆发式地执行大量的 I/O 操作，仅有双缓冲就不够了，在这种情况下，通常使用多于两个缓冲区的方案来缓解不足，因此，整个这组缓冲区就被当成循环缓冲区，其中每一个缓冲区是这个循环缓冲区的一个单元，如图 7-7 所示。

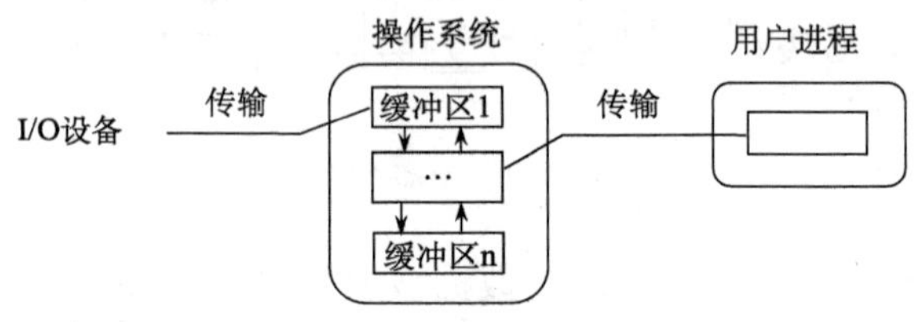

图 7-7 循环缓冲区

由多个缓冲区连接起来构成的循环缓冲可以一部分专门用于输入，另一部分专门用于输出。这样可有效实现多个 I/O 设备之间、I/O 设备与 CPU 之间的并行工作能力。

7.3.4 缓冲池

当系统较大时，若进程之间的数据都使用循环缓冲，会消耗大量的内存空间，并且利用率也不高。为了提高缓冲区的利用率，现在一般使用缓冲池。

1. 缓冲池结构

缓冲池：把多个缓冲区连接起来统一管理，既可用于输入又可用于输出的缓冲结构。

每个缓冲区由两部分组成：一部分是用来标识和管理该缓冲器的缓冲区首部，另一部分是用于存放数据的缓冲体。对缓冲池的管理是通过对每一个缓冲器的缓冲首部进行操作实现的。而缓冲区首部包括设备号、设备上的数据块号(用于块设备时)、互斥标识位以及缓冲队列链接指针和缓冲器号等。

系统把各缓冲区按其使用状况分别链接如下 3 种队列：

(1)空白缓冲队列 em。由所有的空闲缓冲区链接而成的队列。其队首指针为 F(em)，队尾指针为 L(em)，分别指向队列的首缓冲区和尾缓冲区。

(2)输入缓冲队列 in。由所有装满输入数据的缓冲区链接而成的队列。其队首指针为 F(in)，队尾指针为 L(in)，分别指向队列的首缓冲区和尾缓冲区。

(3)输出缓冲队列 out。由所有装满输出数据的缓冲区链接而成的队列。其队首指针为 F(out)，队尾指针为 L(out)，分别指向队列的首缓冲区和尾缓冲区。

系统(或用户进程)从这 3 个队列中申请和取出缓冲区，并用申请得到的缓冲区进行存数和取数操作。在存取操作结束后，再将缓冲区放入相应的队列。这些缓冲区被称为工作缓冲区。另外，在缓冲池中还具有 4 种工作缓冲区：

(1)收容输入缓冲区(hin)：用于收容输入数据的工作缓冲区。

(2) 提取输入缓冲区 (sin)：用于提取输入数据的工作缓冲区。

(3) 收容输出缓冲区 (hout)：用于收容输出数据的工作缓冲区。

(4) 提取输出缓冲区 (sout)：用于提取输出数据的工作缓冲区。

缓冲区工作在收容输入、提取输入、收容输出和提取输出 4 种工作方式如图 7-8 所示。

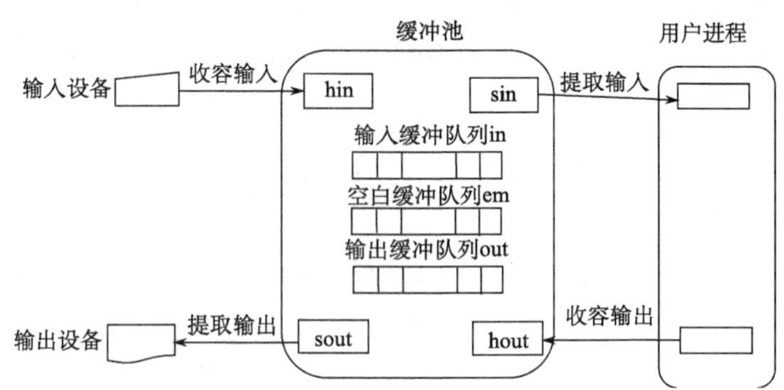

图 7-8 缓冲池的 4 种工作方式

2. 管理

对缓冲池的管理由如下几个操作组成：

(1) take_buf(type)：从三种缓冲区队列中按一定的选取规则取出一个缓冲区的过程。

(2) add_buf(type,number)：把缓冲区按一定的选取规则插入相应的缓冲区队列的过程。

(3) get_buf(type,number)：提供进程申请缓冲区使用的过程。

(4) put_buf(type,work_buf)：提供进程将缓冲区放入相应缓冲区队列的过程。

其中，参数 type 表示缓冲队列类型，number 为缓冲区号，而 work_buf 则表示工作缓冲区类型。

3. 工作过程

使用以上几个操作，缓冲池的工作过程可描述如下：

(1) 收容输入。当进程需要输入数据时，先调用 get_buf(em,number) 过程，从空白缓冲区队列中取出一个缓冲号为 number 的空白缓冲区，将其作为收容输入缓冲区 hin；当 hin 中装满了由输入设备输入的数据之后，系统调用过程 put_buf(in,hin)，将该缓冲区插入输入缓冲区队列 in 中。

(2) 收容输出。当进程需要输出数据时，进程先调用过程 get_buf(em,number) 从空白缓冲区队列中取出一个空白缓冲区 number 作为收容输出缓冲区 hout；待 hout 中装满输出数据之后，系统再调用过程 put_buf(out,hout) 将该缓冲区插入输出缓冲区队列 out。

(3) 提取输入。当进程需要提取输入数据时，先调用过程 get_buf(in,number)，从输入缓冲队列中取出一个装满输入数据的缓冲区 number 作为输入缓冲区 sin；当 CPU 从中提取完所需数据之后，系统调用过程 put_buf(em,sin) 将该缓冲区释放和插入空白缓冲队列 em 中。

(4) 提取输出。当需要提取输出数据时，先调用过程 get_buf(out,number)，从输出缓冲队列中取出装满输出数据的缓冲区 number 作为输出缓冲区 sout；当 sout 中数据输出完毕时，系统调用过程 put_buf(em,sout) 将该缓冲区插入空白缓冲队列 em 中。

7.3.5　缓冲的作用

缓冲是用来平滑 I/O 需求峰值的一种技术，但是当进程的平均需求大于 I/O 设备的服务能力时，缓冲再多也不能让 I/O 设备与这个进程一直并驾齐驱。即使有多个缓冲区，所有缓冲区终将会被填满，进程在处理完每一个大块数据后不得不等待。但是，在多道程序设计环境中，当存在多种 I/O 活动和多种进程活动时，缓冲是提高操作系统效率和单个进程性能的一种方法。

7.4　设备驱动程序

I/O 子系统使用户进程能与 I/O 设备进行通信，而控制设备直接进行各种操作的内核模块常称为设备驱动程序(Device Driver)。由于设备驱动程序和设备的特性紧密相关，即通常设备驱动程序与设备类型一一对应，所以对于不同类型的 I/O 设备，驱动程序是不一样的。即使是同一类的 I/O 设备，由于不同厂商生产，其设备驱动程序也不完全一样。但一个设备驱动程序也可以控制一种给定类型的许多物理设备，比如一个终端驱动程序可以控制连接到系统的所有终端。利用设备驱动程序既方便用户操纵具体的物理设备，又降低了操作系统设计的复杂性。设备供应商或软硬件开发商提供了某一具体设备的驱动程序(如声卡驱动程序)，系统初启时将自动装载标准设备的驱动程序以及用户配置好的设备驱动程序，从而方便用户使用设备。

7.4.1　设备驱动程序的模式

现代操作系统以两种模式来实现驱动程序。一是设备驱动程序作为内核过程实现。这是当前操作系统中使用的主要模式，UNIX、Window NT 均使用这种模式。其优点是便于实现 I/O 子系统的层次模型，便于与文件系统一起把设备作为特殊文件处理，提供统一的管理、统一的界面、统一的使用方法，并把设备、文件、网络通信组织成为一致的更高的抽象层次，使操作系统设计简单化、规范化，形成为系统服务的统一界面与用户接口。二是把设备驱动程序作为独立的进程来实现，称为 I/O 进程。虽然 I/O 进程方式具有灵活性，是一个主动实体。但是这种方式不便于 I/O 子系统的层次实现，因为进程通常处于层次结构的最高层，于是在层次模型中高层(逻辑 I/O 层)执行的与设备无关的操作必须重复地分散到各进程中去执行，这种做法是不好的；其次要耗费更多内核内存用于进程表格，以及进程管理和调度 CPU 的开销，当然设备也就不便于与文件一致地进行处理。

7.4.2　设备驱动程序的功能

设备驱动程序的主要任务是接收上层软件发来的抽象要求(如 read、write 命令)，再把它转换为具体要求后，发给设备控制器，启动设备去执行；此外，它也接收由设备控制器发来的信号，并将其传送给上层软件。其主要功能有：

(1) 将接收到的抽象要求转换为具体要求。

(2) 检查 I/O 请求的合法性，了解 I/O 设备的状态，传递有关参数，设置设备的工作方式。

(3)发出 I/O 命令，启动分配到的 I/O 设备，完成指定 I/O 操作。

(4)及时响应由控制器或通道发来的中断请求，并根据其中断类型调用相应的中断处理程序进行处理。

(5)对于设置有通道的计算机系统，驱动程序还应能够根据用户的 I/O 请求，自动地构成通道程序。

7.4.3 设备驱动程序的特点

设备驱动程序是一组由内核中的相关子例程和数据组成的 I/O 设备软件接口。每当内核意识到要对某个设备进行特殊的操作时，它就调用相应的驱动例程。这就使得控制从用户进程转移到了驱动例程，当驱动例程完成后，控制又被返回至用户进程。每个设备驱动程序都具有一整套的与硬件设备通信的例程，并且提供给操作系统一套标准的软件接口。

设备驱动程序的主要特点如下：

(1)设备驱动程序主要是在请求 I/O 的进程与设备控制器之间的一个通信程序。它将进程的 I/O 请求传送给控制器，而把设备控制器中所记录的设备状态、I/O 操作完成的情况，反映给请求 I/O 的进程。

(2)设备驱动程序与 I/O 设备的特性紧密相关。

(3)设备驱动程序与 I/O 控制方式紧密相关。

(4)由于设备驱动程序与硬件紧密相关，因而其中的一部分程序是用汇编语言编写，目前有很多设备驱动程序，其基本部分已经固化在 ROM 中。

7.4.4 设备驱动程序的处理过程

设备驱动程序所做的工作有以下几个方面：

(1)执行进程提出的 I/O 请求。

(2)完成 I/O 后要用中断向 CPU 报告完成情况，并准备好执行下一个请求。

(3)设备忙时要维护一个 I/O 请求队列。

(4)当有新的 I/O 请求到来时，要进行 I/O 请求队列的重新排序(按某种优化策略)以优化系统性能，并按一定算法挑选下一个 I/O 请求，准备执行该请求。

在上述四项工作中，只有第一项工作是为当前 I/O 请求进程执行的，该项工作是设备驱动程序的主要工作。而后三项工作是为下一个进程做 I/O 准备工作。

设备驱动程序的一般处理过程如下：

(1)将抽象要求转为具体要求。驱动程序将用户及上层软件对设备控制器的抽象要求转为对设备控制器的具体要求。例如，将抽象要求中的盘块号转换为磁盘的盘面、磁道号及扇区号。

(2)检查 I/O 请求的合法性。对于任何输入设备都只能完成一组特定的功能，如该设备不支持这次 I/O 请求，则认为这次 I/O 请求非法。

(3)读出和检查设备的状态。要启动某个设备进行 I/O 操作，其前提条件是该设备正处于空闲状态。因此在启动设备之前，要从设备控制器的状态寄存器中，读出设备的状态。

(4)传送必要的参数。有许多设备，特别是块设备，除必须向其控制器发出启动命令外，还需要传送必要的参数。例如，在启动磁盘进行读/写之前，应先将本次要传送的字节数、数据到达的主存起始地址送入控制器的相应寄存器中。

(5) 方式的设置。对于有多种工作方式的设备，必须先进行方式的设置。

(6) 启动 I/O 设备。完成了上述各项准备工作后，驱动程序通过向设备控制器中的命令寄存器发出控制命令，启动 I/O 设备，进行 I/O 操作。通常 I/O 操作所要完成的工作较多，需要一定的时间，此时驱动程序进程把自己阻塞起来，直至中断到来时才将它唤醒。

7.5 设备分配

设备分配与回收是设备管理功能之一。当进程向系统提出 I/O 请求时，由设备分配程序负责按一定策略分配设备、控制器和通道，形成一条数据传输通路，以供主机和 I/O 设备之间进行信息交换。在 I/O 完成时，再由系统回收分配相应的设备资源。

7.5.1 设备分配原则与分配方式

由于系统设备资源有限，当多个进程申请使用设备时，需要遵循一定的分配原则。而设备分配的原则是根据设备特性、用户要求和系统配置情况决定的。

1. 设备分配原则

设备分配的总原则如下：

(1) 提高设备利用率并避免死锁。既要充分发挥设备的使用效率，尽可能地让设备忙碌，又要避免由于不合理的分配方法造成进程死锁。

(2) 方便用户使用设备。将用户程序和具体物理设备隔离开来，即实现设备无关性。用户程序只需要使用逻辑设备名，由设备分配程序负责把逻辑设备名转换成物理设备，再根据要求的物理设备号分配具体的物理设备。

2. 设备分配方式

设备分配方式有两种：静态分配和动态分配。

静态分配方式是在用户作业开始执行前，由系统一次性分配该作业所要求的全部设备、控制器(和通道)。一旦分配后，这些设备、控制器(和通道)就一直为该作业所占用，直到该作业被撤销。静态分配方式不会出现死锁，但设备的使用效率低。因此，静态分配方式并不符合分配的总原则。

动态分配方式是在进程执行过程中根据执行需要进行的。当进程需要设备时，通过系统调用命令向系统提出设备请求，由系统按照事先规定的策略给进程分配所需要的设备、I/O 控制器，一旦用完之后，便立即释放。动态分配方式有利于提高设备的利用率，但如果分配算法使用不当，则有可能造成进程死锁。

7.5.2 设备分配时应考虑的因素

为了使系统有条不紊地工作，在遵循上述分配原则的基础上，系统在进行设备分配时主要考虑的因素有：I/O 设备的固有属性，I/O 设备的分配算法，设备分配的安全性，以及设备无关性。

1. I/O 设备的固有属性

设备分配时应根据设备类型，采取有针对性的分配策略。设备可分为独占设备、共享设备和虚拟设备。

1) 独占设备分配

对于独占设备的分配，有两种分配方式：一种是静态分配，另一种是动态分配。静态分配方式的优点是可避免进程执行过程中对设备的竞争等待和因竞争设备资源而产生的死锁，缺点是设备的利用率低。而动态分配方式的优点是设备利用率高，缺点是可能会因竞争设备资源而产生死锁。

2) 共享设备分配

对于共享设备，由于有多个进程同时访问，并且访问频繁，有可能影响整个设备使用效率，影响系统效率。因此要考虑多个访问请求到达时服务的顺序，使平均服务时间越短越好。

3) 虚拟设备分配

虚拟设备本质上是将独占设备转化为共享设备的技术，这就需要引入 SPOOLing 技术。

2. I/O 设备的分配算法

对设备的分配算法，与进程的调度算法有些相似，但相对要简单些，通常只采用先来先服务和优先级高者优先两种分配算法。

1) 先来先服务

当多个进程同时向某一设备提出 I/O 请求时，该算法就根据对该设备提出请求的先后次序将这些进程排列成一个设备请求队列，设备分配程序把设备首先分配给队首进程。

2) 优先级高者优先

对优先权高的进程所提出的 I/O 请求赋予高优先权，在形成设备队列时，将优先级高的进程排在设备队列前面，先得到分配。而对于优先权相同的 I/O 请求，则按先来先服务原则排队分配。

3. 设备分配的安全性

当多个进程竞争设备资源时，如果设备分配不当，可能导致系统不安全，出现死锁。因此，从进程运行的安全性上考虑，设备分配有以下两种方式。

1) 安全分配方式

每当进程发出 I/O 请求后，便进入阻塞状态，直到其 I/O 操作完成时才被唤醒。这种方式能够保证系统不出现死锁，即设备分配是安全的；但其缺点是系统资源利用率低。

2) 不安全分配方式

进程发出 I/O 请求后仍继续运行，需要时又可发出第二个 I/O 请求、第三个 I/O 请求。仅当进程所请求的设备已被另一进程占用时，进程才进入阻塞状态。这种方式允许“占有且等待”，可能会造成系统死锁，因此在分配程序中需增加安全性测试功能。

4. 设备无关性(Device Independence)

为了方便用户使用设备，提高操作系统的适应性和可扩展性，将用户程序和具体物理设备隔离开来，即实现设备无关性(独立性)。由操作系统完成逻辑设备到物理设备的映射，并为用户程序分配具体的物理设备。

逻辑设备是实际物理设备属性的抽象，它并不限于某个具体设备。例如在 MS-DOS 中，最基本的输入、输出设备(键盘和显示器)用一个公共的逻辑设备名 CON(控制台)，并由同一个设备驱动程序来驱动和控制；并行打印机的逻辑设备名为 PRN 或 LPTi 等。使用逻辑设备名是操作系统对用户程序的设备独立性的具体支持。

在系统实现了设备独立性的功能后，可以带来以下两方面的好处。

1) 设备分配时的灵活性

当进程以逻辑设备名请求某类设备时，如果一台设备已经分配给其他进程或正在检修，此时系统可以将其他几台相同的空闲设备中的任一台分配给该进程，只有当此类设备全部被分配完时，进程才会被阻塞。

2) 易于实现 I/O 重定向

所谓 I/O 重定向，指用于 I/O 操作的设备是可以更换，应用程序的输入、输出是可以重定向，而不必修改应用程序。在 MS-DOS 中，默认标准的输入设备是键盘，输出设备是显示器，如果想改变标准的输入、输出设备，可以用转向符。例如：

C:\>DIR > DIR.LST　　　将 DIR 命令的输出结果送文件 DIR.LST。

C:\>DIR > PRN　　　　将 DIR 命令的输出结果送打印机。

为了实现设备的独立性，必须在驱动程序之上设置一层软件，称为设备独立性软件，其主要功能有以下两个方面：

(1) 执行所有设备的公有操作。

(2) 向用户层(或文件层)软件提供统一的接口。

为了实现逻辑设备名到物理设备名的映射，系统必须设置一张逻辑设备表 (Logical Unit Table，LUT)，能够将应用程序中所使用的逻辑设备名映射为物理设备名，并提供该设备驱动程序的入口地址，如表 7-1 所示。

表 7-1　逻辑设备与物理设备映射表

逻辑设备名	物理设备名	驱动程序首地址
…	…	…

7.5.3　设备分配中的数据结构

设备分配需要借助于一些数据结构(表格)的帮助。在进行设备分配时，所需的数据结构(表格)有设备控制表、控制器控制表、通道控制表和系统设备表。

1. 设备控制表 (Device Control Table，DCT)

系统为每一台设备都配置了一张设备控制表，用于记录本设备的情况，如图 7-9 所示。设备控制表主要包括设备标识符、设备类型、设备状态、与设备连接的控制器表指针、设备队列的队首指针和重复执行次数。其中：

(1) 设备状态：设备状态为“忙”或“闲”。当设备正在使用时，其状态为“忙”。若与之相连的控制器或通道正忙，设备状态也为“忙”。

(2) 与设备连接的控制器表指针：该指针指向该设备所连接的控制器的控制表。

(3) 设备队列的队首指针：指向等待该使用设备的进程等待队列。

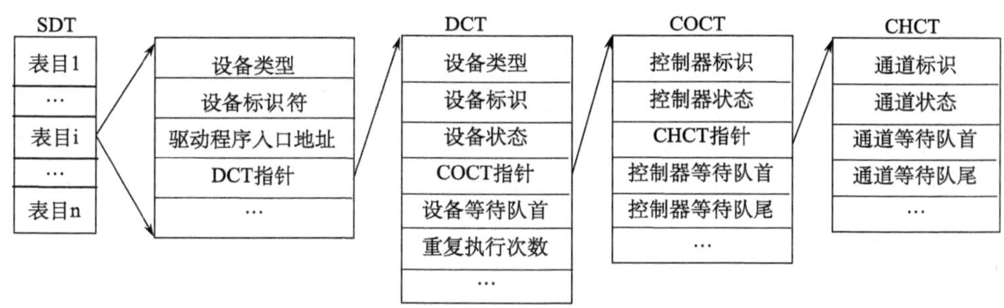

图 7-9　设备分配中的数据结构

(4) 重复执行次数：由于外设在传输数据时较易发生数据传输错误，因此许多系统允许在传输数据错误的情况下可重复传输，直到传输成功或达到规定的重复传输次数为止终止传输。

2. 控制器控制表（Controller Control Table，COCT）

控制器控制表用于记录设备控制器的状态信息和与之对应的通道连接状况，如图 7-9 所示。控制器控制表主要包括控制器标识符、控制器状态、与控制器连接的通道控制表指针、控制器队列队首指针和控制器队列队尾指针。

3. 通道控制表（Channel Control Table，CHCT）

通道控制表用于记录通道的状态信息和与之对应的设备控制器连接状况，如图 7-9 所示。通道控制表主要包括通道标识符、通道状态、与通道连接的控制器表指针、通道队列队首指针和通道队列队尾指针。

4. 系统设备表（System Device Table，SDT）

系统设备表记录系统中全部设备的信息，每个设备占一个表目，如图 7-9 所示。其中包括：设备类型、设备标识符、设备控制表 DCT 和设备驱动程序的入口地址。

7.5.4　I/O 设备分配的基本流程

对于具有 I/O 通道的系统，在进程提出 I/O 请求后，系统的设备分配程序可按下述步骤进行设备分配。

(1) 分配设备。系统根据 I/O 请求中的物理设备名查找系统设备表 SDT，从中找出该设备的 DCT。若 DCT 中设备的状态为“空闲”，并满足安全性要求，则将该“空闲”设备分配给请求进程，然后转分配控制器；否则将进程 PCB 插入设备的等待队列。

(2) 分配控制器。在 DCT 中查找与该设备连接的 COCT，检查控制器是否空闲，若是“空闲”，则将控制器分配给请求进程，然后转分配通道；否则请求进程 PCB 进入该控制器的等待队列。

(3) 分配通道。在 COCT 中查找与该控制器连接的 CHCT，检查通道是否空闲，若是“空闲”，则将通道分配给该请求进程，然后启动 I/O 设备进行数据传送；否则该进程 PCB 进入该通道的等待队列。

7.5.5 SPOOLing 技术

对独占设备的分配使用静态分配策略时其利用率很低，使用动态分配策略时由于该类设备具有互斥使用条件，易造成死锁；而且计算进程直接与 I/O 进行交互，由于独占 I/O 设备的速度比 CPU 慢得多，所以严重降低了计算进程的速度。为了提高独占设备的利用率和 I/O 性能，提高计算进程的速度，目前大多数系统采用 SPOOLing 技术为用户提供虚拟设备。

SPOOLing(Simultancaus Periphernal Operation On-Line)技术就是用于将一台独占设备改造成共享设备的一种行之有效的技术。

1. 什么是 SPOOLing

早期为了缓和 CPU 的高速性与 I/O 设备的低速性之间的矛盾，引入了脱机输入、脱机输出技术。该技术是利用专门的外围控制机控制将低速 I/O 设备上数据传送到高速磁盘上，或者相反。如图 7-10 所示。因此，在这样的系统中，CPU 和外围控制机都是控制部件，CPU 可以集中承担自己的数据处理任务，而外围控制机主要负责数据的 I/O 工作。

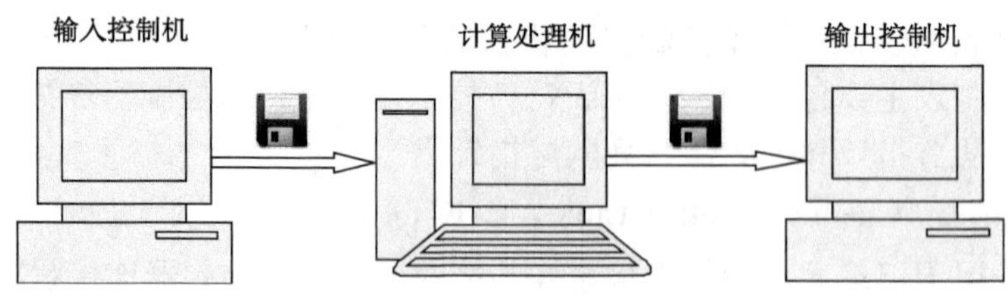

图 7-10　脱机工作模式

事实上，当系统中出现了多道程序后，完全可利用其中的一道程序来模拟脱机输入时的外围控制机的功能，把低速 I/O 设备上的数据传送到高速磁盘上；再用另一道程序来模拟脱机输出时外围控制机的功能，把数据从磁盘传送到低速输出设备上，这样，便可在主机的直接控制下，实现脱机输入、输出功能。此时的外围操作与 CPU 对数据的处理同时进行，我们把这种在联机情况下实现的同时外围操作称为 SPOOLing，或称假脱机操作。

2. SPOOLing 的组成

SPOOLing 系统是对脱机输入、输出工作的模拟，它必须有高速大容量磁盘(作为共享设备)的支持。SPOOLing 系统主要有以下三部分(图 7-11)。

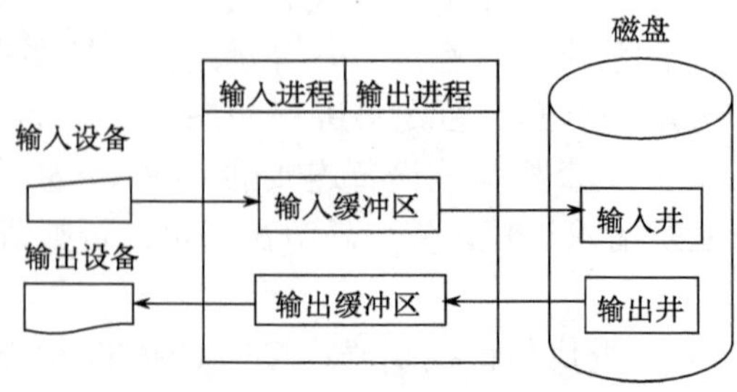

图 7-11　SPOOLing 系统的组成

(1)输入井和输出井。这是在磁盘上开辟的两个存储区域。输入井模拟脱机输入时的磁盘，用于存放从输入设备上输入的数据。输出井模拟脱机输出时的磁盘，用于存放用户进程的输出数据。

(2)输入缓冲区和输出缓冲区。为了缓和 CPU 和磁盘之间速度不匹配的矛盾，在主存设置了两个缓冲区：输入缓冲区和输出缓冲区。其中输入缓冲区用于暂存由输入设备输入的数据，以后再传送到输入井；而输出缓冲区用于暂存从输出井送来的数据，以后再传送到输出设备。

(3)输入进程和输出进程。输入进程模拟脱机时的外围输入控制机，负责将用户要求的数据从输入设备，通过输入缓冲区再送到输入井；输出进程模拟脱机时的外围输出控制机，负责将输出井中的用户数据在输出设备空闲时通过输出缓冲区送到输出设备上。

3. SPOOLing 系统的工作原理

SPOOLing 系统的工作原理如图 7-11 所示。作业执行前，先通过输入程序将输入数据预先输入存放到输入井中，称为预输入。作业执行过程中，当需要使用输入数据时从输入井中获取；当需要输出数据时，先把输出数据输出到输出井中。待作业执行结束后，再由输出程序在 CPU 空闲时将输出井中的数据通过输出缓冲区输出到输出设备上，称为缓输出。这样在作业执行过程中就不需要直接与低速 I/O 设备进行交互，只需要与高速的磁盘进行交互，从而提高了作业执行速度。

4. SPOOLing 系统的特点

(1)提高了 I/O 速度。通过输入井和输出井实现 I/O 设备与主机的数据传输，提高了 I/O 速度，缓和了 CPU 与低速 I/O 设备之间速度不匹配的矛盾。

(2)将独占设备改造为共享设备。在 SPOOLing 系统中，实际上并没有给任何进程分配设备，或者说独占设备并没有分配给某个进程独占地使用，而只是在磁盘的输入井或输出井中为进程分配一个存储区域和建立一张 I/O 请求表。这样就将独占设备改造为共享设备。

(3)实现了虚拟设备的功能。在 SPOOLing 系统中，虽然多个进程同时使用一台独占设备，而且每个进程都认为自己独占这台设备，而该设备只是逻辑上的设备。因此，SPOOLing 技术实现了虚拟设备功能。

7.6 磁盘存储器的管理

在过去的 40 年中，处理器和主存速度的提高远远超过了磁盘访问速度的提高，处理器和主存的速度提高了 2 个数量级，而磁盘的速度仅提高了 1 个数量级。其结果是当前磁盘的速度比主存至少慢了 4 个数量级，这个差距在可见的未来仍将继续存在。因此，磁盘存储系统的性能是至关重要的，当前有许多研究都致力于如何提高其性能。

1. 磁盘数据的组织

计算机中的磁盘可包含若干个盘片，每个盘片是由特殊材料制成的圆盘，盘表面上(双侧)涂以磁性材料构成的。磁盘每面上一系列记录信息的同心圆称为磁道，通常每面有 500～2 000 个磁道，磁道之间留有空隙。磁盘盘面上的每个磁道一般都划分为若干个相等的扇形弧段(10～100 个)，每个弧段称为一个扇区或物理记录。为了定位方便，将磁道上的扇区编号 0,1,2,⋯,n。由于所处的磁道位置不同，扇区实际物理长度不同(离圆心近的磁道上的扇区长度短于离圆心远的)。每个扇区一般包括如下两个字段：

(1) 标识符字段。在磁盘中一个扇区的标识符字段含有三个方面的信息：一是同步信息，作为该字段的定界符；二是标识扇区的信息；三是 CRC 校验信息。

(2) 数据字段。用于存放若干字节的数据。

磁盘中扇区所记录的信息一般是相等的，但现代的 SCSI 磁盘没有把每个磁道(柱面)划分成相同的扇区数。SCSI 磁盘利用磁盘外部磁道比内部磁道可以容纳更多数据的特点，将磁盘分成几个区，每个区内部的每个磁道有相同的扇区，所以一般来说外部磁道比内部磁道有更多扇区。不过这种变化只对驱动程序有些小影响。

2. *磁盘的类型*

从不同的角度分，可以将磁盘分为软盘和硬盘、单片盘和多片盘、固定头磁盘和活动头磁盘。

(1) 固定头磁盘。在固定头磁盘中，所有的磁头都被装在一个刚性磁臂上，每条磁道上都有一个读/写磁头。在固定头磁盘中，能对所有磁道并行读写，有效地提高了磁盘 I/O 速度。这种磁盘结构较复杂，成本也较高，主要用于大型磁盘设备上。

(2) 活动头磁盘。在活动头磁盘中，每个盘面只有一个磁头，通过移动磁头来访问盘面上的每个磁道，如图 7-12 所示。在活动头磁盘中，对磁道只能串行读/写，因此磁盘 I/O 速度较慢。这种磁盘结构简单，成本也较低，主要用于中、小型磁盘设备中，微机上所配的就是这种磁盘。

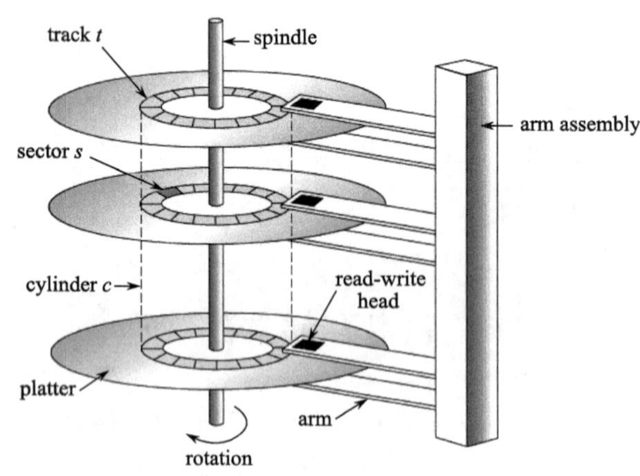

图 7-12　活动磁头系统

在活动磁盘系统中为了对磁盘中的一个物理记录进行定位，需要如下三个参数：

(1) 柱面号。随着磁盘臂的移动，各盘面所有的读写头同时移动，并定位在同样的垂直位置的磁道上，这些磁道形成一个柱面。通常由外向里给各柱面依次编号 0，1，2，3，4，⋯。

(2) 磁头号。将一个磁盘迭的全部有效盘面(除去最外层两个)从上到下依次编号 0，1，2，3，4，⋯。称为磁头号，因此盘面号与磁头号是相对应的。

(3) 扇区号。将磁道分成若干个大小相等的扇区，并编号 0，1，2，3，4，…。

7.6.1　磁盘性能参数

磁盘 I/O 的实际操作细节取决于计算机系统、操作系统以及 I/O 通道和磁盘控制硬件的特性。在活动磁头系统(图 7-12)中，通过三个时间参数来描述磁盘的性能。

(1) 寻道时间(seek time)。称磁头定位磁道所需要的时间为寻道时间。在任何一种情况下，一旦选择好磁道，磁盘控制器就开始等待，直到适当的磁道旋转到磁头处。寻道时间是很难减少的。它由两个重要部分组成：最初启动时间以及一旦访问臂到达一定速度，横跨那些必须跨越的磁道所需要的时间。而横跨时间不是关于磁道数目的线性函数。当代磁盘的平均寻道时间为 5～10ms。

(2) 旋转时间(rotational delay)。称扇区到达磁头的时间为旋转延迟，简称旋转时间。寻道时间和旋转时间的综合称为存取时间(access time)。这是磁头达到读或写位置所需要的时间。对于硬盘，其旋转速度为 5 400～15 000r/m，(r/m 表示转/分)，10 000r/m 相当于 6ms 转一周，因此，当速度为 10 000r/m 时，平均延迟时间为 3ms。

(3) 传送时间。一旦磁头定位，并且扇区旋转到磁头下，就开始执行读或写操作，这是整个操作的数据传送部分，称为传送时间。

这三部分时间中寻道时间所占的比例最大，通常占整个访问时间的 70%。

除了存取时间和传送时间之外，一次磁盘 I/O 操作通常还有许多排队延迟。当进程发出一个 I/O 请求时，它必须首先在队列中等待该设备可用。到那时，该设备分配给这个进程。如果该设备与其他磁盘驱动器共享一个 I/O 通道或一组 I/O 通道，还可能需要额外的等待时间，等待该通道可用。在这之后才执行寻道，开始磁盘访问。

7.6.2　磁盘调度

磁盘是一个可共享的设备，当有多个进程请求访问磁盘时，应该采用一种合适的调度策略，以使各进程对磁盘访问的平均时间最少，从而提高磁盘 I/O 性能。在活动头磁盘系统中，影响磁盘 I/O 性能的主要参数是寻道时间，因此，磁盘调度的主要目标是使磁盘的平均寻道时间最少。磁盘调度策略很多，下面主要介绍当前比较普遍使用的一些寻道优化策略。

1. 先来先服务策略(First-Come，First-served，FCFS)

这是一种最简单也是最公平的磁盘调度策略。其思想是各进程对磁盘请求的等待队列按提出时间的先后次序进行排序。这个策略不管进程优先级多高，只要是新来的访问请求，就被排在队尾。

例如，有如下的一个磁盘请求序列，其磁道号为：55，58，39，18，90，160，150，38，184。假定一开始时，读写头位于 100 号磁道。按照 FCFS 策略，其调度顺序是磁头先从 100 移到 55，然后再从 55 移到 58，39…，最后到达 184，这样磁头总的移动量是 498 个磁道，平均寻道长度为 55.3。这个策略的调度次序在表 7-2 中的第一栏上表示，而磁臂移动方向及其变化见图 7-13 中的表示。

表 7-2　磁盘调度策略的比较

FCFS（从磁道 100 处开始）		SSTF（从磁道 100 处开始，并设向磁道号增大方向移动）		SCAN（从磁道 100 处开始）		C-SCAN（从磁道 100 处开始）	
下一个被访问的磁道	横跨的磁道数	下一个被访问的磁道	横跨的磁道数	下一个被访问的磁道	横跨的磁道数	下一个被访问的磁道	横跨的磁道数
55	45	90	10	150	50	150	50
58	3	58	32	160	10	160	10
39	19	55	3	184	24	184	24
18	21	39	16	90	94	18	166
90	72	38	1	58	32	38	20
160	70	18	20	55	3	39	1
150	10	150	132	39	16	55	16
38	112	160	10	38	1	58	3
184	146	184	24	18	20	90	32
平均寻道长度：55.3		平均寻道长度：27.5		平均寻道长度：27.8		平均寻道长度：35.8	

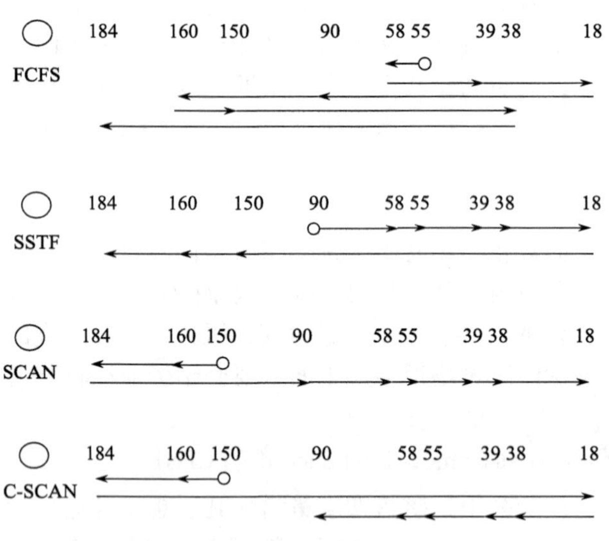

图 7-13　磁臂移动及其移动方向示意图

这种策略的优点是简单、公平，缺点是未对寻道进行优化，致使平均寻道时间可能较长。在对磁盘的访问请求比较多的情况下，此策略将降低设备服务的吞吐量和提高响应时间。但在访问请求不是很多的情况，FCFS 策略是一个可以接受的策略。

2. 最短寻道时间优先策略(Shortest-Seek-Time-First, SSTF)

SSTF 算法以寻道优化为出发点，它把距离磁头最短的请求作为下一次服务的对象，而不论该请求是否排在队列的最前面。

如果对上述请求队列，使用 SSTF 策略时，最接近当前磁头所在位置 100 的请求是 90 号磁道，而后是 58、55、39、38、18、150、160、184 号磁道。这样磁头总的移动量是 248 个磁道，平均寻道长度是 27.5，与采用 FCFS 策略相比，总移动量减少了 250 个磁道，大大加快了服务请求。由于磁头左右来回移动，所以该策略可以得到比较好的吞吐量和较低的平均响应时间。其缺点是对用户进程请求的响应机会不是均等的。一般来说，对中间磁道的访问请求得到最好的服务，而对内、外两侧磁道的服务随偏离中心磁道的距离越远而越差，甚至可能使一些请求在较长的时间内得不到服务(称为“饥饿”现象)，因而导致响应时间的变化幅度很大。表 7-2 中的第二栏表示了最短查找时间优先磁盘调度情况，磁臂移动方向及其变化见图 7-13 中的表示。

3. 扫描策略(SCAN)

它是由 Denning 首先提出的，其目的是为了克服 SSTF 策略的缺点。SSTF 策略只考虑磁道与磁头当前位置的距离，而不考虑该柱面是在磁臂的前进方向上，还是相反。扫描策略既考虑距离，又考虑方向，且以方向为先，即它首先考虑与磁臂移动方向一致的请求，然后优先选择访问柱面与磁头当前位置距离最近者作为下一个服务对象。也就是说，如果磁臂目前向内移动，那么下一个服务对象，应该是在磁头当前位置以内的柱面上的所有访问请求中之最近者，这样依次地进行服务，直到没有更内侧的服务请求，磁臂才改变移动方向，转而向外移动，并依次服务于此方向的访问请求。由此，由内向外，又由外向内，反复地进行扫描访问请求，依次给予服务。如果仍以上面请求序列为例。如果磁头向磁道号增加的方向移动，则先服务 150、160 和 184 号磁道上的请求，再改变方向移到 90、58、55、39、38、18 号磁道上进行服务。这样磁头总的移动量是 250 个磁道，平均寻道长度是 27.8。这种策略中磁头移动的规律颇似电梯的运行，故又常称为电梯调度算法。表 7-2 中的第三栏表示扫描策略磁盘调度情况，磁臂移动方向及其变化见图 7-13 中的表示。此策略基本上克服了 SSTF 策略的服务集中于中间磁道和响应时间变化比较大的缺点。而具有 SSTF 策略的优点，即吞吐量比较大、平均响应时间较小，但是由于是摆动式的扫描方法，两侧磁道被访问的频率仍然低于中间磁道，只是不像上述 SSTF 那样严重而已。

4. 循环扫描策略(Circular-SCAN, C-SCAN)

SCAN 策略有较好的寻道性能，但这种策略中，可能存在这样的问题：当磁头从里向外或从外向里到达磁盘的一端，并反向运动时，落在磁头之后的访问请求相对较少，这是由于这些磁道刚刚被处理，而磁盘另一端的请求相对较多，而且这些访问请求等待的时间也较长。为了解决这种情况，引入了循环扫描算法，以提供比较均衡的等待时间。

循环扫描策略规定磁头单向移动。如果约定磁臂由外向内移动，则它对本次移动开始前到达的各访问要求，自外向内依次地给以服务，直到对最内柱面上的访问要求得到满足后，磁头立即返回到所有新的访问要求的最外边的柱面上，即将磁盘各磁道视为一个环形缓冲区似的构造，最小磁道号与最大磁道号构成循环，进行扫描。

如果仍以上面的访问请求为例，那么从当前磁头位置 100 号磁道出发，其以后的服务次序为 160、184、18、38、39、55、58、90 号磁道，这样总的移动量是 322 个磁道，平均寻道长度 35.8。表 7-2 中的第四栏表示了循环扫描磁盘调度的情况，磁臂移动方向及其变化见图 7-13 中的表示。

5. N-STEP-SCAN 策略

在 SSTF、SCAN 调度策略中，当某一个或多个进程对某一磁道有着较高的访问频率时，就会出现磁臂停留在某处不动的现象，称之为磁臂粘着(即偏爱最近作业的现象)，从而垄断了整个磁盘设备。N-STEP-SCAN 策略把磁盘请求队列分成长度为 N 的子队列，磁盘调度将按 FCFS 策略依次处理这些子队列，而每处理一个队列，又是用 SCAN 策略，一个队列一个队列地处理，从而避免出现磁臂粘着现象。在处理某一个队列时，新请求必须添加到其他某个队列中。如果在扫描的最后剩下的请求数小于 N，则他们全都在下一次扫描时处理。对于比较大的 N 值，N-STEP-SCAN 的性能接近 SCAN，当 N=1 时，实际上就是 SCAN。

6. FSCAN 策略

FSCAN 策略实质是 N-STEP-SCAN 策略的简化。它只将磁盘请求访问队列分成两个子队列。一是当前所有请求磁盘 I/O 的进程形成的队列，由磁盘调度按 SCAN 策略进行处理。另一个队列是在扫描期间，新出现的所有请求磁盘 I/O 进程的队列，把它们排入另一个等待处理的请求队列。

磁盘调度策略很多，各有利弊。提高磁盘 I/O 速度主要途径之一是选择好的磁盘调度策略。选择好的磁盘调度策略应考虑磁盘的使用环境因素，例如进程对磁盘的请求数量和方式有关。当磁盘的负荷不大，磁盘等待队列中的请求数量很少时，所有的策略几乎都是有效的。但在这种情况下，最好采用 FCFS 策略，因为它在队列维护上简单，对用户服务比较公平合理。

再如文件在磁盘上的分配方法也大大影响对磁盘的服务请求。连续文件由于各信息块连在一起，所以即便文件比较大，可磁头的移动距离却很小。而对一个链接文件或索引文件，由于文件的信息块可能分散在整个盘上，导致磁臂的大范围移动，从而使磁盘 I/O 负担加重，磁盘 I/O 的性能变差。

7.7　磁盘阵列(RAID)

独立磁盘冗余阵列(Redundant Array of Independent Disks，RAID)，旧称廉价磁盘冗余阵列(Redundant Array of Inexpensive Disks，RAID)，简称**磁盘阵列**。其基本思想就是把多个相对便宜的磁盘组合起来，成为一个磁盘阵列组，使性能达到甚至超过一个价格昂贵、容量巨大的硬盘。

磁盘阵列对于计算机来说，看起来就像一个单独的硬盘或逻辑存储单元。磁盘阵列有不同版本，可分为 RAID-0、RAID-1、RAID-2、RAID-3、RAID-4、RAID-5、RAID-6、RAID-7、RAID-10、RAID-53 等。

7.7.1　原理

RAID 作为独立系统在主机外直连或通过网络与主机相连。RAID 有多个端口可以被不同主机或不同端口连接。一个主机连接阵列的不同端口可提升传输速度。

与 PC 机用单磁盘内部集成缓存一样，在 RAID 内部为加快与主机交互的速度，都带有一定量的缓冲存储器。主机与磁盘阵列的缓存交互，缓存与具体的磁盘交互数据。

磁盘阵列将应用中需要经常读取的那部分数据，根据内部算法，查找并存储在缓存中，加快主机读取这些数据的速度；而对于那些缓存中没有的数据，主机要读取，则由阵列从磁盘上直接读取传输给主机。对于主机写入的数据，只写在缓存中，主机可以立即完成写操作。然后由缓存再慢慢写入磁盘。

7.7.2　优点

1. 提高传输速率

RAID 通过在多个磁盘上同时存储和读取数据来大幅提高存储系统的数据吞吐量。在 RAID 中，可以让很多磁盘驱动器同时传输数据，而这些磁盘驱动器在逻辑上又是一个磁盘驱动器，所以使用 RAID 可以达到单个磁盘驱动器几倍、几十倍甚至上百倍的速率。这也是 RAID 最初想要解决的问题。因为当时 CPU 的速度增长很快，而磁盘驱动器的数据传输速率无法大幅提高，所以需要有一种方案解决二者之间的矛盾。RAID 最后成功了。

2. 通过数据校验提供容错功能

普通磁盘驱动器无法提供容错功能，如果不包括写在磁盘上的 CRC（Cyclic Redundancy Check）码的话。RAID 容错是建立在每个磁盘驱动器的硬件容错功能之上的，所以它提供更高的安全性。在很多 RAID 模式中都有较为完备的相互校验/恢复的措施，甚至是直接相互的镜像备份，从而大大提高了 RAID 系统的容错度，提高了系统的稳定冗余性。

7.7.3　标准 RAID

1. RAID-0：无冗余无校验

RAID-0 最简单的实现方式就是把 N 块同样的硬盘用硬件的形式通过智能磁盘控制器或用操作系统中的磁盘驱动程序以软件的方式串联在一起创建一个大的卷集。使用时计算机将数据依次写入到各片硬盘中。它的最大优点就是可以整倍地提高硬盘的容量。如使用了三片 120GB 的硬盘组建成 RAID-0 模式，那么磁盘容量就会是 360GB。其速度方面，各单独一片硬盘的速度完全相同。最大的缺点在于任何一片硬盘出现故障，整个系统将会受到破坏，可靠性仅为单独一片硬盘的 1/N。

为了解决这一问题，便出现了 RAID-0 的另一种模式，即在 N 块硬盘上选择合理的带区来创建带区集，如图 7-14 所示。其原理就是将原先顺序写入的数据分散到所有的 N 片硬盘中同时进行读写。N 片硬盘的并行操作使同一时间内磁盘读写的速度提升了 N 倍。

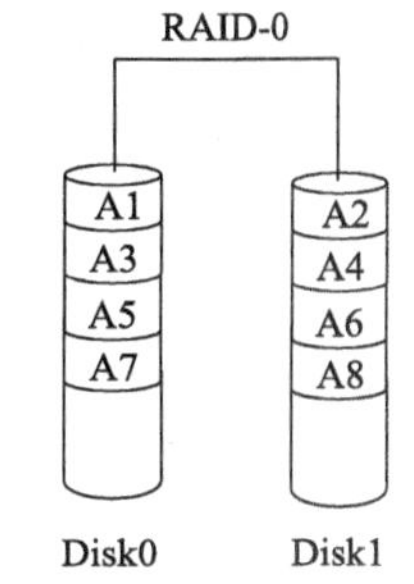

图 7-14　RAID-0 示意图

在创建带区集时，合理地选择带区的大小非常重要。如果带区过大，可能一片磁盘上的带区空间就可以满足大部分的 I/O 操作，使数据的读写仍然只局限在少数的一、两片硬盘上，不能充分地发挥并行操作的优势。另一方面，如果带区过小，任何 I/O 指令都可能引发大量的读写操作，占用过多的控制器总线带宽。因此，在创建带区集时，应当根据实际应用的需要，慎重地选择带区的大小。

带区集虽然可以把数据均匀地分配到所有的磁盘上进行读写。但如果把所有的硬盘都连接到一个控制器上的话，可能会带来潜在的危害。这是因为当频繁进行读写操作时，很容易使控制器或总线的负荷超载。为了避免出现上述问题，建议用户可以使用多个磁盘控制器。最好的解决方法还是为每一片硬盘都配备一个专门的磁盘控制器。

虽然 RAID-0 可以提供更多的空间和更好的性能，但是整个系统是非常不可靠的，如果出现故障，无法进行任何补救。所以，RAID-0 一般只是在那些对数据安全性要求不高的情况下才被人们使用。

2. RAID-1：磁盘镜像

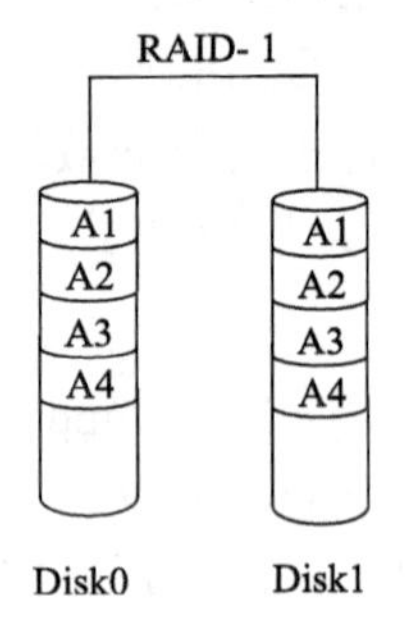

图 7-15　RAID-1 示意图

RAID-1 称为磁盘镜像，如图 7-15 所示。原理是把一个磁盘的数据镜像到另一个磁盘上，也就是说数据在写入一片磁盘的同时，会在另一片闲置的磁盘上生成镜像文件，在不影响性能情况下最大限度地保证系统的可靠性和可修复性。只要系统中任何一对镜像盘中至少有一片磁盘可以使用，甚至可以在一半数量的硬盘出现问题时系统都可以正常运行，当一片硬盘失效时，系统会忽略该硬盘，转而使用剩余的镜像盘读写数据，具备很好的磁盘冗余能力。虽然这样对数据来讲绝对安全，但是成本也会明显增加，磁盘利用率为 50%。以四片 80GB 容量的硬盘来讲，可利用的磁盘空间仅为 160GB。另外，出现硬盘故障的 RAID 系统不再可靠，应当及时地更换损坏的硬盘，否则剩余的镜像盘也出现问题，那么整个系统就会崩溃。更换新盘后原有数据会需要很长时间同步镜像，外界对数据的访问不会受到影响，只是这时整个系统的性能有所下降。因此，RAID-1 多用在保存关键性的重要数据的场合。

RAID-1 主要是通过二次读写实现磁盘镜像，所以磁盘控制器的负载也相当大，尤其是在需要频繁写入数据的环境中。为了避免出现性能瓶颈，使用多个磁盘控制器就显得很有必要。

3. RAID-2：带海明码校验

RAID-2 是在 RAID-0 的基础上，将数据条块化分布于不同的硬盘上，条块单位为位或字节，并以海明码(Hamming Code)的方式在数据中加入了错误修正码(Error Correction Code，ECC)以提供错误检查及恢复。图 7-16 左边的各个磁盘(Disk0～Disk3)上是以位(或字节)为单位存储的数据，右边的各个磁盘(Disk4～Disk6)上存储的是错误校正码。

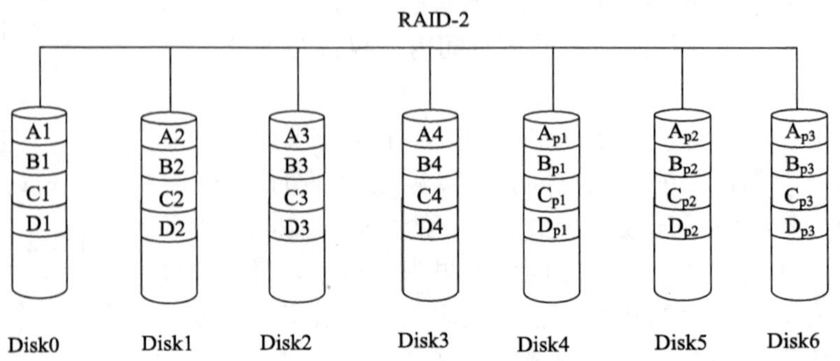

图 7-16　RAID-2 示意图

由于海明码具有在数据发生错误的情况下对数据进行错误校正，从而可以保证数据的正确。由于增加了错误校验码，所以磁盘空间的利用率和数据传输率低于 RAID-0，但高于 RAID-1。如果要提高数据读写速度，最好提高保存校验码 ECC 码的硬盘速度。RAID-2 最少要三台磁盘驱动器方能运作。

4. RAID-3：带奇偶校验码的并行传送

RAID-3 与 RAID-2 类似，但采用的是奇偶校验码生成差错编码，而且 RAID-3 只能查错不能纠错。采用数据交错存储 (bit-interleaving) 技术，通过编码再将数据比特分区后分别存放在硬盘中，并将同比特奇偶校验码单独存在一个硬盘中，如图 7-17 所示。

由于数据内的比特分散在不同的硬盘上，因此就算要读取一小段数据都可能需要所有的硬盘进行工作，所以这种规格比较适合于读取大量数据时使用。

这种校验码与 RAID-2 不同，只能查错不能纠错。它访问数据时一次处理一个带区，这样可以提高读取和写入速度。校验码在写入数据时产生并保存在另一个磁盘上。需要实现时用户必须要有三个以上的驱动器，写入速率与读出速率都很高，因为校验位比较少，因此计算时间相对而言比较少。用软件实现 RAID 控制将是十分困难的，控制器的实现也不是很容易。它主要用于图形(包括动画)等要求吞吐率比较高的场合。不同于 RAID-2，RAID-3 使用单片磁盘存放奇偶校验信息。如果一片磁盘失效，奇偶盘及其他数据盘可以重新产生数据。如果奇偶盘失效，则不影响数据使用。RAID-3 对于大量的连续数据可提供很好的传输率，但对于随机数据，奇偶盘会成为写操作的瓶颈。

5. RAID-4：带奇偶校验码的独立磁盘结构

RAID-4 和 RAID-3 很相似，不同的是，它对数据的访问是按数据块(block interleaving)进行的，也就是按磁盘进行的，每次是一个盘。在图 7-17 与图 7-18 上可以这么看，RAID-3 是一次一横条，而 RAID-4 是一次一竖条。它的特点和 RAID-3 类似，不过在失败恢复时，它的难度比 RAID-3 大，控制器的设计难度也大，而且访问数据的效率不太好。

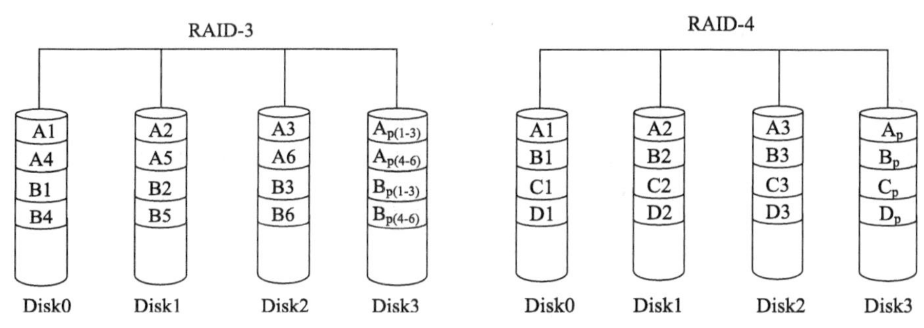

图 7-17　RAID-3 示意图　　　图 7-18　RAID-4 示意图

6. RAID-5：分布式奇偶校验的独立磁盘结构

RAID-5 是一种储存性能、数据安全和存储成本兼顾的存储解决方案。它使用的是硬盘分区(Disk Striping)技术，如图 7-19 所示。RAID-5 至少需要三片硬盘，RAID-5 不是对存储的数据进行备份，而是把数据和相对应的奇偶校验信息存储到组成 RAID-5 的各个磁盘上，并且奇偶校验信息和相对应的数据分别存储于不同的磁盘上。当 RAID-5 的一个磁盘数据发生损坏后，可以利用剩下的数据和相应的奇偶校验信息去恢复被损坏的数据。RAID-5 可以理解为是 RAID-0 和 RAID-1 的折中方案。RAID-5 可以为系统提供数据安全保障，但保障程度要比镜像低而磁盘空间利用率要比镜像高。RAID-5 具有和 RAID-0 相近似的数据读取速度，只是因为多了一个奇偶校验信息，写入数据的速度相当的慢，若使用“回写高速缓存”可以让性能改善不少。同时由于多个数据对应一个奇偶校验信息，RAID-5 的磁盘空间利用率要比 RAID-1 高，存储成本相对较便宜。

7. RAID-6：带有两种分布存储的奇偶校验码的独立磁盘结构

与 RAID-5 相比，RAID-6 增加了第二个独立的奇偶校验信息块，如图 7-20 所示。两个独立的奇偶系统使用不同的算法，数据的可靠性非常高，即使两块磁盘同时失效也不会影响数据的使用。但 RAID-6 需要分配给奇偶校验信息更大的磁盘空间，相对于 RAID-5 有更大的“写损失”，因此“写性能”非常差。较差的性能和复杂的设计方式使得 RAID-6 很少得到实际应用。

同一数组中最多容许两片磁盘损坏。更换新磁盘后，数据将会重新算出并写入新的磁盘中。依照设计理论，RAID-6 必须具备四片以上的磁盘才能生效。

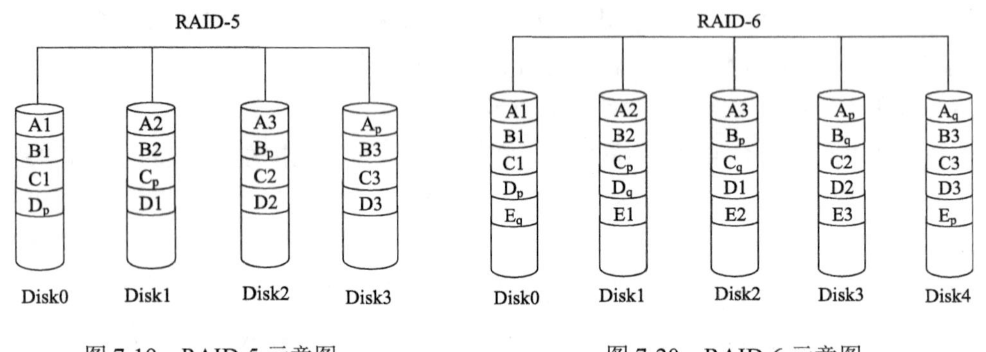

图 7-19　RAID-5 示意图　　　　图 7-20　RAID-6 示意图

8. RAID-7：优化的高速数据传送磁盘结构

RAID-7 并非公开的 RAID 标准，而是 Storage Computer Corporation 的专利硬件产品名称，RAID-7 是以 RAID-3 及 RAID-4 为基础发展的，但是经过强化以解决原来的一些限制。另外，在实现中使用大量的高速缓存以及用以实现异步数组管理的专用即时处理器，使得 RAID-7 可以同时处理大量的 I/O 要求，所以性能甚至超越了许多其他 RAID 标准的实做产品。但也正因为如此，在价格方面非常的高昂。

9. RAID-10：高可靠性与高效磁盘结构

这种结构无非是一个带区结构(RAID-0)加一个镜像结构(RAID-1)，因为两种结构各有优缺点，因此可以相互补充，达到既高效又高速的目的。这种新结构的价格高，可扩充性不好，主要用于数据容量不大，但要求速度和差错控制的数据库中。

10. RAID-53：高效数据传送磁盘结构

这种结构就是 RAID-3 和带区结构(RAID-0)的统一，因此它速度比较快，也有容错功能。但价格十分高，不易于实现。这是因为所有的数据必须经过带区和按位存储两种方法，在考虑到效率的情况下，要求这些磁盘同步真是不容易，它适用于大型数据存储，海量数据备份的机房、服务器中心等。

7.8 I/O 管理实例：UNIX I/O 管理

在 UNIX 中，I/O 设备分为块设备和字符设备两类，而 I/O 设备被抽象成一种特殊的文件，即设备文件。每台 I/O 设备与一个设备文件相关联，并且用户可以通过普通的文件操作接口操纵 I/O 设备。常见的操作有 open、close、read 和 write 等。图 7-21 显示了 UNIX I/O 接口。文件系统管理外存上的文件，此外，由于设备被当成文件，因而文件系统还充当设备的进程接口。

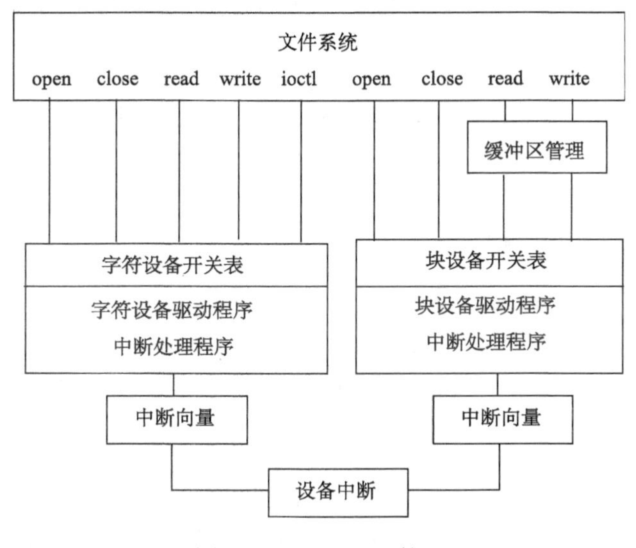

图 7-21 UNIX I/O 接口

UNIX 中有两种类型的 I/O：有缓冲和无缓冲。有缓冲的 I/O 通过系统缓冲区传送，而典型的无缓冲的 I/O(包括 DMA 机制)则直接在 I/O 模块和进程 I/O 区域之间传送。对于有缓冲的 I/O，可以使用两种类型的缓冲区：块设备缓冲区和字符设备缓冲区。

7.8.1 缓冲区管理

由于文件信息存放在物理介质上，如磁盘或磁带，因此，对文件系统的一切存取操作，实际上最终都是通过对块设备的读和写操作来实现的。磁盘、磁带的数据传输慢，直接影响着系统的响应时间和吞吐率。为了缓解文件系统的读写和系统处理之间的速度不匹配的矛盾，以及为了减少启动设备的次数，UNIX 系统设置了一个称为数据缓冲的数据结构。

UNIX 对块设备的缓冲区进行集中管理，将多个缓冲区组成一个缓冲池。每个缓冲区由缓冲区控制块(缓冲区首部)和缓冲区数据区两部分组成。其中，缓冲区控制块用于向系统提供操作控制信息，对缓冲区的分配、搜索和存取都是通过缓冲区控制块进行的；缓冲区数据区为存放数据的区域。

缓冲区控制块主要包括以下方面信息：

(1) 该缓冲区所对应的逻辑设备号。

(2) 该缓冲区所对应的逻辑磁盘数据块号。

(3) 该缓冲区当前所处的状态：指出缓冲区“上锁”或“开锁”状态、是否包含有效数据、“延迟写”状态、正在读写状态、进程正在等待使用缓冲区状态等。

(4) 指向缓冲数据区的指针。

(5) 指向空闲缓冲区队列的向前指针。

(6) 指向空闲缓冲区队列的向后指针。

(7) 指向设备缓冲区队列的向前指针。

(8) 指向设备缓冲区队列的向后指针。

缓冲池结构由多个缓冲区队列组成，它们包括：空闲缓冲区队列、设备缓冲区队列和设备 I/O 请求队列等。

空闲缓冲区队列又称空闲 av 链，它指向系统所拥有的所有空闲缓冲区资源，如图 7-22 所示。在系统初始化时，所有的缓冲区按序号由高到低挂在空闲 av 链上。当文件系统申请一个缓冲区时，从空闲 av 链首部取下一个缓冲区，而释放一个缓冲区时则挂入空闲 av 链的末尾。

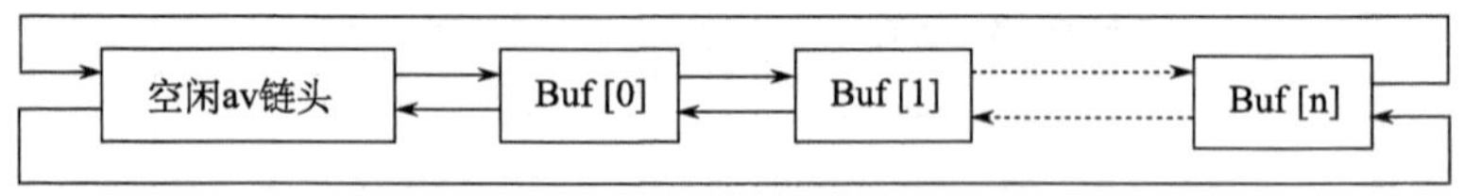

图 7-22　空闲缓冲区队列结构

设备缓冲区队列又称为设备 b 链，它链接所有分配给各类设备使用的缓冲区，这些缓冲区表示已被设备使用过或正在被设备使用。每类设备都有自己的设备 b 链，每类设备的设备 b 链按散列算法组成 n 个队列，称为散列队列。队列的个数 n 可由系统管理人员在生成操作系统时配置。散列函数为逻辑块号对 n 取余。另外每个队列头部都有自己的头标。如取 64 个散列队列时，设备 b 链结构如图 7-23 所示。

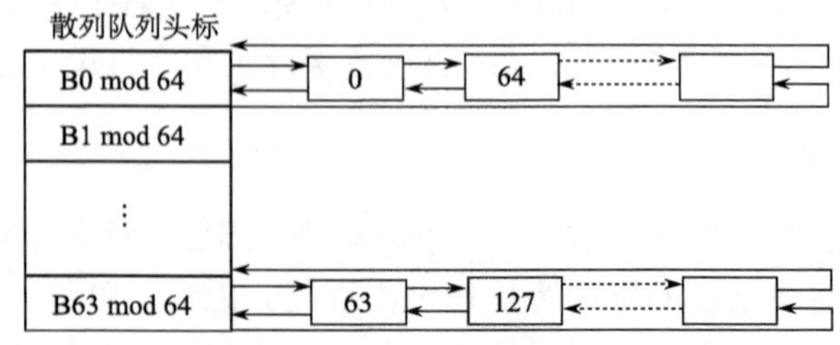

图 7-23　设备 b 链结构

设备 I/O 请求队列又称设备 av 链，每个块设备都有一个 I/O 请求队列，设备 I/O 请求队列中的缓冲区属于设备 b 链，但不属于空闲 av 链。设备 I/O 请求队列是由正在请求该块设备进行读写操作的缓冲区所组成的队列。它采用单向链接。

当进程要读取一个磁盘数据块时，核心根据逻辑设备号和块号从设备 b 链中查找与之相对应的数据块。如果该块已在设备 b 链中，则核心不必启动磁盘，只须将缓冲区中的数据返回给进程。如果该块不在 b 链中，则核心从空闲 av 链中按最近最少使用算法摘取一个空闲缓冲区，改写缓冲控制块中的块号之后挂到对应的散列队列，并调用磁盘驱动程序安排一个读请求，而后去睡眠，等待 I/O 完成事件的发生。磁盘驱动程序操纵磁盘控制器读取指定的数据块到空闲缓冲区中。当 I/O 完成时，磁盘控制器中断处理机，由磁盘中断处理程序唤醒正在睡眠的进程，该进程可从缓冲区获得所需的数据。当不需要该缓冲区时，释放该缓冲区，以便其他进程能存取它。

当进程要写一个磁盘数据块时，核心根据逻辑设备号和块号从设备 b 链中查找与之相对应的数据块。如果该块已在设备 b 链中，则将数据写入此缓冲区；否则从空闲 av 链中分配一个缓冲区并将数据写入其中。之后通知磁盘驱动程序调度该块进行 I/O。如果写是同步的，则调用者进程进入睡眠等待 I/O 完成，并且当它被唤醒时释放该缓冲区。如果写是异步的，则核心开始在磁盘上写，但是不等待写完成，当 I/O 完成时，核心释放该缓冲区。在某些场合下，核心并不是立即把数据写到磁盘上。如果它执行了一个“延迟写”，则它相应地为该缓冲区做个标记，释放该缓冲区，并且不调度 I/O 就继续往下执行。在别的进程可能把该缓冲区重新分配给另一个数据块之前，核心再把该块写到磁盘上。在此期间，可能已有进程在该块写到磁盘之前存取了该块。如果那个进程后来又改变了该缓冲区的内容，则核心就节省了一次额外的磁盘操作。

字符设备缓冲区是由若干个字符缓冲块链接在一起的单向链表。每个字符缓冲块由指针、起始位移量、终止位移量和字符数组组成。对字符设备缓冲区的操作，核心也提供了缓冲区的分配和回收、缓冲区内字符的放入和取出等操作。

7.8.2 设备驱动程序的接口

UNIX 系统包含两类设备：块设备和字符设备。块设备如磁盘、磁带，而字符设备是指终端和网络媒质。块设备也可以是字符设备。

设备管理的主要核心模块称为设备驱动程序。核心与驱动程序的接口由块设备开关表和字符设备开关表来描述，如图 7-21 所示。每一种设备类型在表中有若干表项，这些表项在系统调用时引导核心转入适当的驱动程序接口。硬件与驱动程序的接口由与机器有关的控制寄存器、操纵设备的 I/O 指令以及中断向量组成。当一设备中断出现时，系统识别发出中断的设备，并调用适当的中断处理程序。

用户通过文件系统与设备打交道，每个设备有类似一个文件名那样的名字，并对它如文件一样存取。设备文件有一个索引节点，因此在文件系统目录数中占据一个节点。如果一个设备既有块接口又有字符接口，则它由两个设备文件来表示。当进程使用系统调用 open、close、read 和 write 操作某个设备时，核心从用户文件描述符的指针找到系统打开文件表项以及内存索引节点，并检查文件类型，根据需要存取块设备开关表和字符设备开关表。核心从内存索引节点中抽取主设备号和次设备号，使用主设备号作为索引值进入适当的开关表，调用驱动程序中的函数。

从 UNIX 系统 V4.2 开始就支持设备驱动程序的动态安装，既不需要重构内核，也不需要重启操作系统。这是通过核心预留有关设备驱动程序的核心数据结构，如设备开关表以及核心提供动态安装程序来实现的。

7.9 I/O 管理实例：Linux I/O 管理

Linux I/O 核心功能的实现与 UNIX 的 I/O 非常相似，也是把每台 I/O 设备关联到一个特殊的文件。在 Linux 操作系统中，I/O 设备可以分为字符设备、块设备和网络设备。网络设备在 Linux 中是一种独立的设备类型，有一些特殊的处理方法。下面主要介绍 Linux I/O 模块的特殊之处。

7.9.1 Linux 网络设备

网络设备是传送和接收数据的一种硬件设备，如以太网卡。与字符设备和块设备不一样，网络设备文件在网络设备被检测到和初始化时由系统动态产生。在系统自举或网络初始化时，网络设备驱动程序向 Linux 内核注册。网络设备用 device 数据结构描述，该数据结构包含一些设备信息以及一些操作例程，这些例程用来支持各种网络协议，可以用于传送和接收数据包。device 数据结构包括以下几个方面的内容。

(1) 名称。网络设备名称是标准化的，每一个名字都能表达设备的类型，同类设备从 0 开始编号，如：/dev/ethN（以太网设备）、/dev/seN（SLIP 设备）、/dev/pppN（PPP 设备）、/dev/lo（回路测试设备）。

(2) 总线信息。总线信息被设备驱动程序用来控制设备，包括设备使用的中断 irq、设备控制和状态寄存器的基地址 base address、设备所使用的 DMA 通道编号 DMAchannel。

(3) 接口标志。接口标志用来描述网络设备的特性和能力，如是否点到点连接、是否接收 IP 多路广播帧等。

(4) 协议信息。协议信息描述网络层如何使用设备，其中：mtu 表示网络层可以传输的最大数据包尺寸；协议表示设备支持的协议方案，如 Internet 地址方案为 AF_INET；类型表示所连接的网络介质的硬件接口类型，Linux 支持的介质类型有以太网、令牌环、X.25、SLIP、PPP 及 Apple Localtalk；地址包括域网络设备有关的地址信息。

(5) 包队列。包队列为等待由该网络设备发送的数据包队列，所有的网络数据包用 sk_buff 数据结构描述，这一数据结构非常灵活，可以方便地添加或删除网络协议信息头。

(6) 支持函数。支持函数指向每个设备的一组标准子程序，包括设置、帧传输、添加标准数据头、收集统计信息等子程序。

7.9.2 页面缓存(page cache)

Linux 内核的虚拟文件系统层（Virtual File System, VFS）为标准文件 I/O 提供统一的缓存机制，以提高常用文件的访问效率。缓存的内容包括文件的元数据(meta-data)和数据两大类。

各文件系统通用的元数据主要包括文件内容的相关属性和文件名。相应的 VFS 维护了如下两个缓冲池。

(1) icache：缓存最近打开过的文件 i 结点(inode)。对文件的 stat 和 open 操作都会打开它的 inode。inode 是 Linux 文件中的一个核心数据结构，用于存储文件、目录或其他对象的基本属性。这些属性包括：大小、属主、权限、时间戳和文件类型等。

(2) dcache：缓存最近查找过的文件名和目录项(dentry)。为了加快文件的查找，每一个最近被访问过的目录和文件都在 dcache 中缓存一个它的对象。一个打开的文件实例会指向一个唯一的 dentry 对象，后者又指向一个唯一的 inode 对象。属于同一文件系统名字空间的所有 dentry 对象通过引用关系构成一棵树。

数据缓存的基本单位是页面，因而一般称内核中的文件数据缓存为页面缓存。在x86 体系结构中，页面大小一般是 4KB。本节将在一些举例中直接使用这一典型值。

页面缓存是文件数据在内存中的副本，因此页面缓存的管理与内存管理系统和文件系统都相关：一方面，页面缓存作为物理内存的一部分，需要参与物理内存的分配、置换和回收过程；另一方面，页面缓存中的数据来源于存储设备上的文件，需要通过文件系统与存储设备进行读写交互。从操作系统的角度考虑，页面缓存可以看成是内存管理系统与文件系统之间的联系纽带。因此，页面缓存管理是 Linux 内核的一个重要组成部分，它的性能直接影响着文件系统和内存管理系统的性能。

在 Linux 内核中，文件的每个数据块对应唯一的一个缓存页面。这些页面由内存管理子系统和虚拟文件系统分别通过两种方式组织起来，以满足不同的需要。

内存管理子系统为页面缓存选择的数据结构是双向链表。Linux 内核为每一片物理内存区域维护 active_list 和 inactive_list 两个双向链表，这两个 LRU 队列主要用来实现物理内存的置换和回收。这两个链表上除了文件缓存页面之外，主要还包括匿名页。匿名页面中的数据不属于任何一个磁盘文件，但必要时可以临时保存到交换设备中去。用户态进程通过 malloc() 申请的内存、通过 MAP_PRIVATE，MAP_ANONYMOUS 映射的内存和共享内存、以交换设备作为后备存储的文件系统(tmpfs)等用的都是匿名页面。

虚拟文件系统用于索引页面缓存的数据结构是 radix tree。Linux 2.6 引入的 radix tree 可以根据一个文件的字节数偏移量，快速地确认此处的数据缓存页面是否存在，如果存在的话，获得该页面结构的地址。如图 7-24 所示，Linux 为每个文件 inode 创建一棵 radix tree，用于管理属于该文件的所有缓存数据页面，并称之为该文件的地址空间。搜索树中的每个节点的分支数缺省值为 64，对于内存较少的嵌入式系统可以配置为 16。很高的分支数意味着即使对大型文件，搜索树的高度也不大，从而可以达到很好的搜索效率。表 7-3 列出了不同的树高可以支持的最大页面数和文件大小。可见对于常见的 1GB 以内文件，height 一般取值仅为 1～3，搜索代价大致上就是同等数量的内存访问次数。

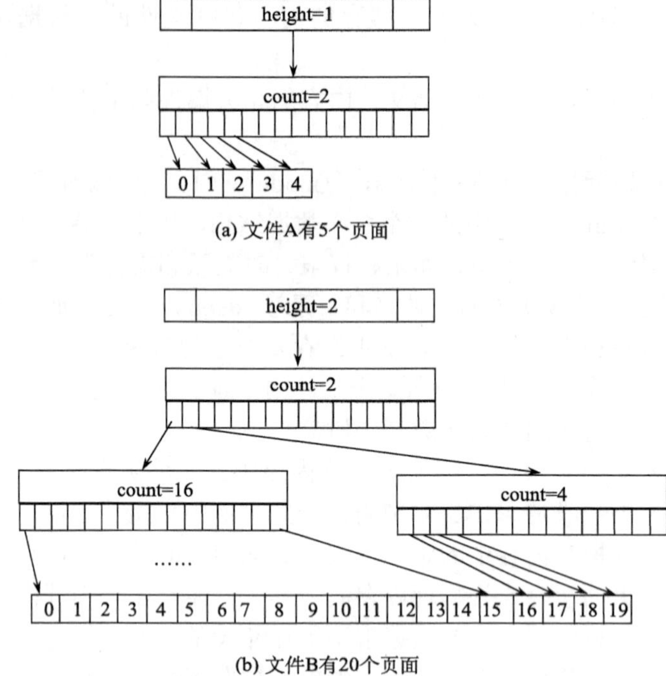

图 7-24　页面缓存的 radix tree 索引结构：假设分支数为 16

表 7-3　Linux radix tree 的容量：假设分支数为 64，字长为 64 位，页面大小为 4KB

树高(height)	最大页面数	最大文件偏移量
0	1	4KB
1	64	256KB
2	4096	16MB
3	262144	1GB
4	16777216	64GB
5	1073741824	4TB
6	68719476736	256TB
7	4398046511104	16PB

7.9.3　页面缓存的预读

当用户进程发出一个系统调用 read()时，内核以页面为单位逐次处理读请求和进行数据传送。首先在请求文件的地址空间中查找相应的页面有没有被缓存。如果有，则不必再次从存储设备中去读，直接从该页面中拷贝数据到用户缓冲区即可。否则就要先申请一个空闲页面，并且将它插入该文件的地址空间 radix tree 以及该页面所在区域的 inactive_list，然后对新页面调用 read_page()函数，向底层发送 I/O 请求，将所需的文件数据块从存储设备中读入存放在该页面中，最后再从该页面中将所需数据复制到用户缓冲区。

以上是在没有预读参与的情况下的文件读取过程。如果适当地对文件 I/O 的大小和时间进行调整优化，往往可以大幅度提高效率。预读算法预先向页面缓存中加入页面并发起 I/O，就可以把应用程序的读请求与实际的磁盘 I/O 操作两者分离开来，从而获得进行 I/O 优化所需的自由度。

预读算法的工作上下文如图 7-25 所示。在以页面缓存为中心的架构中，标准的文件系统读请求只是简单地把数据从内核中的页面缓存复制到程序的读缓冲区，并不直接发起磁盘 I/O。发起 I/O 并往页面缓存加入数据是预取例程的责任。通常这些内核设施是对上层透明的，应用程序并不知道缓存和预取的存在，因而也不会给预取算法以任何提示。预取算法独立自主地决定进行预取 I/O 的最佳时机、位置和大小。它的主要决策依据来自于对读请求和页面缓存的在线监控。它使用启发式的算法逻辑来预测上层程序的 I/O 意图。如图 7-25 所示，预取算法工作于 VFS 层，对上统一地服务于各种文件读取的系统调用 API，对下独立于具体的文件系统。当应用程序通过 read()、pread()、readv()、aio_read()、sendfile()、splice() 等不同的系统调用接口请求读取文件数据时，都会进入统一的读请求处理函数 do_generic_file_read()。这个函数从页面缓存中取出数据来满足应用程序的请求，并在适当的时候调用预读例程进行必要的预读 I/O。

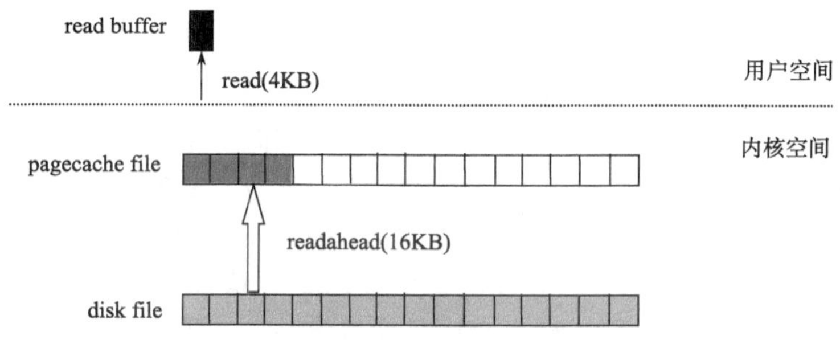

图 7-25　缓存文件 I/O：以页面缓存为枢纽的读/预读架构

预读例程在 Linux 2.6.22 及之前的版本中是 page_cache_readahead()，从 Linux 2.6.23 开始改为根据是否同步预读分别调用 page_cache_sync_readahead() 或 page_cache_asyne_readahead()，进行简单的判断和预处理，如有必要再调用 ondemand_readahead() 运行按需预读算法。

预读算法发出的预读 I/O 请求交由 _do_page_cache_readahead() 进行预处理，该函数检查请求中的每一个页面是否已经在文件缓存地址空间中，若不在就申请一个新页面。如果该新页面的偏移量正好是预读参数 async_size 指向的位置，则为该页面置 PG_readahead 标记。最后，所有的新页面被传给 readpages()，它们在这里被逐个加入 radix tree 和 inactive_list，并调用所在文件系统的 readpage()，将页面交付 I/O。当然，文件系统也可以提供自己的 readpages()，实现批量页面 I/O 的功能。

值得注意的是，Linux 中的预取算法对页面在块设备上的位置并不知情。它只是依据页面在文件中的逻辑偏移量进行预读决策，并期望每个文件在物理上是连续存储的。由于不连续的文件存储会严重影响 I/O 效率，Linux 下的主要文件系统都有一个重要的设计目标，即尽可能在各种恶劣条件下保证文件在存储设备上的顺序存储，把文件中连续的逻辑地址映射到存储设备中连续的物理地址。因而只要文件系统使用得当，不过分压榨可用的存储空间，就不会有严重的文件碎片问题。

7.9.4 Linux 硬盘管理

一个典型的 Linux 系统一般包括一个 DOS 分区、一个 EXT2 分区(Linux 主分区)、一个 Linux 交换分区，以及零个或多个扩展用户分区。Linux 系统在初始化时要先获取系统所有硬盘的结构信息以及所有硬盘的分区信息并用 gendisk 数据结构构成的链表表示，其细节可以参见/include/linux/genhd 文件。

在 Linux 系统中，IDE 系统(Inergrated Disk Electronic，一种磁盘接口)和 SCSI 总线(Small Computer System Interface，一种 I/O 总线)的管理有所不同。Linux 系统使用的大多数硬盘都是 IDE 硬盘，每一个 IDE 控制器可以挂接两个 IDE 硬盘：一个称为主硬盘，一个称为从硬盘。一个系统可以有多个 IDE 控制器，第一个称为主 IDE 控制器，其他称为从 IDE 控制器。Linux 系统最多支持 4 个 IDE 控制器，每一个控制器用 ide_hwif_t 数据结构描述，所有这些描述集中存放在 ide_hwifs 向量中。每一个 ide_hwif_t 包括两个 ide_drive_t 数据结构，分别用于描述主 IDE 硬盘和从 IDE 硬盘。

初始化时，Linux 系统在 CMOS 中查找关于硬盘的信息，并依次为依据构造上面的数据结构。Linux 系统将按照查找到的顺序给 IDE 硬盘命名。主控制器上的主硬盘的名字为/dev/hda，以下依次为/dev/hdb，/dev/hdc…。IDE 子系统向 Linux 注册的是 IDE 控制器而不是硬盘，主 IDE 控制器的主设备号为 3，从 IDE 控制器的主设备号为 22。这意味着，如果系统只有两个 IDE 控制器，blk_devs 中只有两个元素，分别用 3 和 22 标识。

SCSI 总线是一种高效率的数据总线，每条 SCSI 总线最多可以挂接 8 个 SCSI 设备。每个设备有唯一的标识符，并且这些标识符可以通过设备上的跳线来设置。总线上的任意两个设备之间可以同步或异步地传输数据，在数据线为 32 位时数据传输率可以达到 40MB/秒。SCSI 总线可以在设备间同时传输数据与状态信息。源设备和目标设备间的数据传输步骤最多可以有以下 8 个不同的阶段：

(1) BUS FREE：没有设备在总线的控制下，总线上无事务发生。

(2) ARBITRATION：一个 SCSI 设备试图获得 SCSI 总线的控制权，这时它把自己的 SCSI 标识符放到地址引脚上。具有最高 SCSI 标识符编号的设备将获得总线控制权。

(3) SELECTION：当设备成功地获得了对 SCSI 总线的控制权之后，必须向它准备发送命令的那个 SCSI 设备发出信号。具体做法是将目标设备的 SCSI 标识符放置到地址引脚上。

(4) RESELECTION：在一个请求的处理过程中，SCSI 设备可能会断开连接。目标设备将再次选择源设备。不是所有的 SCSI 设备都支持这个阶段。

(5) COMMAND：源设备向目标设备发送 6B、10B 或 12B 命令。

(6) DATA IN、DATA OUT：数据在源设备和目标设备之间传输。

(7) STATUS：所有命令执行完毕后允许目标设备向源设备发送状态信息，以指示操作是否成功。

(8) MESSAGE IN、MESSAGE OUT：信息在源设备和目标设备之间传输。

Linux SCSI 子系统包括两个基本组成部分，其数据结构分别用 Host 和 Device 来表示。Host 用来描述 SCSI 控制器，每个系统可以支持多个相同类型的 SCSI 控制器，每个均用一个单独的 SCSI host 来表示。Device 用来描述各种类型的 SCSI 设备，每个 SCSI 设备都有一个设备号，登记在 Device 表中。

7.9.5 Linux 设备驱动程序

Linux 设备驱动程序是内核的一部分，由于设备种类繁多以及设备驱动程序也有多种，为了能协调设备驱动程序和内核的开发，必须有一个严格定义和管理的接口。例如，UNIX SVR4 提出了 DDI/DKI(Device-Driver Interface/Driver-Kernel Interface、设备—驱动程序接口/设备驱动程序-内核接口)规范。Linux 的设备驱动程序与外界的接口与 DDI/DKI 类似，可分为如下三个部分。

(1)驱动程序与内核的接口。I/O 子系统向内核其他部分提供一个统一的标准的 I/O 设备接口，这是通过数据结构 file-operations 来完成的。常用的访问接口有：重新定位读写位置 lseek()、从字符设备读数据 read()、向字符设备写数据 write()、多路设备复用 select()、把设备内存映射到进程地址空间 mmap()、打开设备 open()、关闭设备 release()、实现内存与设备间的同步通信 fsync()和实现内存与设备间异步通信等。

(2)驱动程序与系统引导的接口。该部分利用驱动程序对设备进行初始化。

(3)驱动程序与设备的接口。该部分描述了驱动程序如何与设备进行交互，这与具体设备密切相关。根据功能，设备驱动程序的代码可分成如下几个部分：驱动程序的注册与注销；设备的打开与释放；设备的读写操作；设备的控制操作和设备的中断及轮询处理。系统引导时，通过 sys_setup()进行系统初始化，而 sys_setup()又调用 device_setup()进行设备初始化。进一步还分成字符设备与块设备的初始化，将会调用不同的初始化程序 xxx_init()完成初始化工作，最后，通过不同的注册过程向内核注册登记。同样，关闭字符或块设备时，通过不同的注销过程向内核注销。打开设备是由 open()完成的，例如，lp_open()打开打印机、hd_open()打开硬盘。打开操作要执行以下任务：检查设备状态、初始化设备(首次打开)、确定次设备号、递增设备使用的计数器等。释放设备由 release()完成，其任务与打开大致相反。

字符设备使用各自的 read()和 write()对设备进行数据读写，块设备则使用 block_read()和 block_write()来进行数据读写。对于块设备除了使用内存缓冲区外，还会优化诸读写请求，以便缩短总的数据传输时间。除了读写操作外，有时还要控制设备，可以通过 ioctl()完成，如对光驱控制可使用 cdrom-ioctl()。

对于不支持中断的设备，读写时需要轮询设备状态，以决定是否继续进行数据传输。例如，打印机驱动程序在缺省时，轮流查询打印机的状态。如果设备支持中断，则可按中断方式处理。

7.10 I/O 管理实例：Windows I/O 管理

Windows NT I/O 系统是 NT 执行体的组件，并且存在于 NTOSKRNL.EXE 文件中。它接受 I/O 请求(来自用户态和核心态的调用程序)，并且以不同的形式将它们传送到 I/O 设备。在用户态 I/O 函数和实际的 I/O 硬件之间有几个分立的系统组件，包括文件系统驱动程序、过滤器驱动程序和低层设备驱动程序。

Windows NT I/O 系统的设计目标如下：

(1) 加快单处理器或多处理器系统的 I/O 处理。

(2) 使用标准的 Windows NT 安全机制，保护共享的资源。

(3) 满足 Microsoft Win32、OS/2 和 POSIX 子系统指定的 I/O 服务的需要。

(4) 提供服务，使设备驱动程序的开发尽可能简单，并且允许用高级语言编写驱动程序。

(5) 允许在系统中动态地添加或删除设备驱动程序。

(6) 为包括 FAT、CD-ROM 文件系统(CDFS)和 Windows NT 文件系统(NTFS)的多种可安装的文件系统提供支持。

(7) 为映像活动、文件高速缓存和应用程序提供映射文件 I/O 的能力。

7.10.1 I/O 的系统结构

在 Windows NT 中，程序在虚拟文件中执行 I/O。“虚拟文件”指用于 I/O 的所有源或目标，它们都被当成文件来处理(例如，文件、目录、管道和邮箱)。所有被读取或写入的数据都可以被看成是直接到这些虚拟文件的简单的字节流。用户态应用程序(不管它们是 Win32、POSIX 或 OS/2)调用文档化的函数，这些函数再依次地调用内部 I/O 子系统函数来从文件中读取、对文件写入和执行其他的操作。I/O 管理器动态地把这些虚拟文件请求指向适当的设备驱动程序。图 7-26 描述了 Windows NT 的 I/O 系统结构以及其他组成 Windows NT I/O 系统的关键组件。

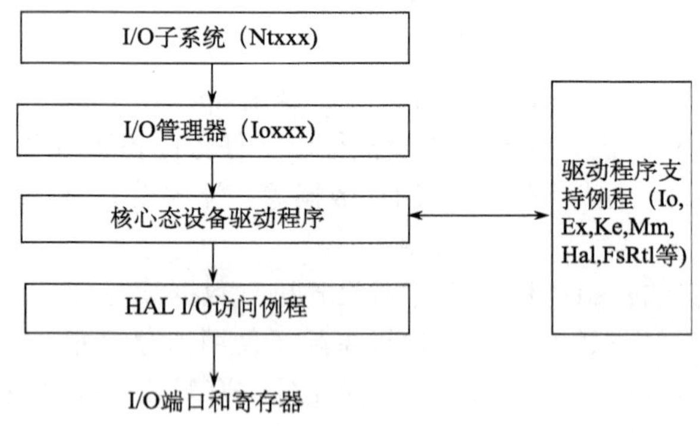

图 7-26 I/O 系统结构

7.10.2 I/O 管理器

I/O 管理器定义了有序的工作框架(或模型)。在该框架里，I/O 请求被提交给设备驱动程序。I/O 系统是包驱动的，大多数 I/O 请求用“I/O 请求包(IRP)”表示，它从一个 I/O 系统组件移动到另一个 I/O 系统组件。I/O 管理器的功能主要包括如下几点：

(1) 创建代表每个 I/O 操作的 IRP，将 IRP 传递给正确的驱动程序，并且当此 I/O 操作完成后，处理这个数据包。

(2) 为不同的驱动程序提供公共的代码，驱动程序调用这些代码来执行它们的 I/O 处理。通过在 I/O 管理器中合并公共的任务，单个的驱动程序将变得更加简洁和紧凑。

(3) 提供灵活的 I/O 服务，允许环境子系统(如 Win32 和 POSIX)执行它们各自的 I/O 函数。

7.10.3 I/O 函数

除了通常的打开、关闭、读写函数外，Windows NT I/O 系统还提供下面一些高级的特性。

1. 异步 I/O

应用程序发出的大多数 I/O 操作都是同步的，也就是说，设备执行数据传输并在 I/O 完成时返回一个状态码，然后，程序可以立即访问这个被传输的数据。它们的最简单形式，Win32 ReadFile 和 WriteFile 函数，是同步执行的，在把控制返回给调用程序之前，它们完成一个 I/O 操作。

异步 I/O 允许应用程序发布 I/O 请求，也即，在设备传输数据的同时，应用程序继续执行。很明显，这类 I/O 能够提高应用程序的吞吐率。要使用异步 I/O，必须在 Win32 CreateFile 函数中指定 FILE_FLAG_OVERLAPPEDS 标志。当然，在发出异步 I/O 操作之后，线程不访问任何来自 I/O 操作的数据，直到设备驱动程序完成数据传输。线程必须通过等待一些同步对象(无论是事件对象、I/O 完成端口或文件对象本身)的句柄，使它的执行与 I/O 请求的完成同步。当 I/O 完成时，这些同步对象将会变成有信号态。

与 I/O 请求的类型无关，由 IRP 代表的内部 I/O 操作都被异步执行，也即，一旦一个 I/O 请求已经被启动，设备驱动程序就返回 I/O 系统。I/O 系统是否返回调用程序，取决于文件是否是为异步 I/O 打开的。

2. 快速 I/O

快速 I/O 是一个特殊的机制，它允许 I/O 系统不产生 IRP 而直接到文件系统驱动程序或高速缓存管理器去执行 I/O 请求。

3. 映射文件 I/O

映射文件 I/O 是 I/O 系统的一个重要特性，是由 I/O 系统和内存管理器共同产生的，它是指把磁盘中的文件视为进程的虚拟内存的一部分。

通过使用 Win32 CreateFileMapping 和 MapViewOfFile 函数，映射文件 I/O 对于用户态是可用的。在操作系统中，映射文件 I/O 被用于重要的操作中，例如文件高速缓存和映像活动(加载并运行可执行程序)。

4. 分散/集中 I/O

Windows NT 还支持一种特殊种类的高性能 I/O，被称作“分散/集中”，可通过 Win32 ReadFileScatter 和 WriteFileScatter 函数来实现。这些函数允许应用程序，从在虚拟内存中的一个以上的缓冲区，发布单一的读取或写入到磁盘上文件的一个连续区域的命令。若要使用分散/集中 I/O，则文件必须以非高速缓存 I/O 方式打开，被使用的用户缓冲区必须是页对齐的，并且 I/O 必须异步执行(重叠)。

7.10.4　设备驱动程序

这里主要说明“虚拟设备驱动程序(VDD)”。VDD 通常用于模拟 16 位 MS-DOS 应用程序。它们捕获 MS-DOS 应用程序对 I/O 端口的引用，并将其转化为本机 Win32 I/O 函数。因为 Windows NT 是一个完全受保护的操作系统，用户态 MS-DOS 应用程序不能直接访问硬件，而必须通过一个真正的核心态驱动程序。

另外，在处理图形显示时，Win32 子系统的“显示驱动程序”将与设备无关的图形(GDI)请求转换为设备专用请求，这些驱动程序的集合称为“核心态图形驱动程序”。

7.10.5　I/O 处理

I/O 请求是如何在系统中传递的呢？一般来说，I/O 请求会经过几个可预计的处理阶段，并且根据请求是指向由单层驱动程序操作还是由分层驱动程序操作设备，I/O 请求经过的处理阶段会有所不同。另外，处理阶段的不同，还依赖于调用者是指定了同步 I/O 还是异步 I/O。

1. *对单层驱动程序的 I/O 请求*

这里简单介绍处理对单层驱动程序的同步 I/O 的过程，它包括以下 6 步：

(1) I/O 请求经过子系统 DLL。

(2) 子系统 DLL 调用 I/O 管理器的 NtWriteFile 服务。

(3) I/O 管理器以 RIP 的形式给驱动程序(这里指设备驱动程序)发送请求。

(4) 驱动程序启动 I/O 操作。

(5) 在设备完成了操作并且中断 CPU 时，设备驱动程序服务于中断。

(6) I/O 管理器完成 I/O 请求。

2. *对分层驱动程序的 I/O 请求*

用于基于文件设备的 I/O 处理，或用于请求其他分层驱动程序的 I/O 处理的过程，要增加一个或多个附加的处理层，当然其基本的处理过程是相同的。具体的内容这里不作介绍。

本 章 小 结

本章首先介绍了 I/O 管理的目标、功能和 I/O 系统的组成。I/O 系统由 I/O 设备及其接口线路、控制部件、通道和管理软件组成，并基于抽象和分层的层次模型体系结构为用户提供统一接口，从而方便了用户使用；还介绍了 I/O 控制方式，即轮询方式、中断方式、DMA 方式和通道方式。

其次，介绍了 I/O 缓冲技术，利用缓冲技术有效缓解了快速的主机和慢速的 I/O 设备速度不相匹配的矛盾，提高了设备与主机以及设备与设备之间的并行能力。常见的缓冲技术有：单缓冲、双缓冲、循环缓冲和缓冲池。其中，目前广泛使用的是缓冲池。

接下来介绍了设备驱动程序。设备驱动程序将上层抽象的 I/O 请求转换为具体的 I/O 命令，有效支持了用户操作与设备的无关性，方便了用户使用。而设备驱动程序与设备的特性紧密相关，所以不同类型的 I/O 设备，其驱动程序也不相同。

再次，介绍了设备的分配。设备分配主要包括设备的分配原则与分配方式，设备分配算法、设备分配的安全性和设备分配的无关性，以及与设备分配相关的数据结构和分配流程；还介绍了虚拟设备概念和 SPOOLing 系统。

然后，讲述了磁盘存储器的管理和磁盘阵列技术。重点讲述了磁盘驱动调度算法，包括 FCFS、SSTF、SCAN、C-SCAN 和 N-STEP-SCAN 算法。讲述了磁盘阵列技术原理以及分类及其特点。

最后，简要介绍了流行的操作系统 UNIX、Linux、Windows 等 I/O 管理技术。

拓展阅读环节：

关于 I/O 设备管理方面的内容可进一步阅读国外优秀教材：

1) Andress S. Tanenbaum, Albert S. Woodhull. Modern Operating Systems (4th Edition): 5 INPUT/OUTPUT. Pearson, 2014.

2) William Stallings. Operating Systems, Internals and Design Priciples (7th Edition): 11 I/O Management and Disk Scheduling. Prentice Hall, 2012.

3) Abraham Silberschatz, Peter Baer Galvin, Greg Gagne. Operating Systems Concepts (9th Edition): 13 I/O Systems. Wiley, 2013.

关于 I/O 设备管理的实现可以开源的 Linux 为突破口，阅读：

4) Daniel P. Bovet, Marco Cesati. 深入理解 Linux 内核：I/O 体系结构和设备驱动程序. 陈莉君，冯锐，牛欣源，译. 北京：中国电力出版社，2008.

UNIX 的源码分析可阅读：

5) John Lions. 莱昂氏 UNIX 源代码分析. 尤晋元，译. 北京：机械工业出版社，2000.

习　题

1. 选择题(单选题)

(1) 程序员利用系统调用打开 I/O 设备时，通常使用的设备标识是(　　)。

A.逻辑设备名　B.物理设备名　C.主设备号　D.从设备号

(2) 操作系统中的 SPOOLing 技术实质上是将(　　)转化为共享设备的技术。

A.独占设备　B.脱机设备　C.块设备　D.虚拟设备

(3) SPOOLing 技术可以实现设备的(　　)分配。

A.独占　B.共享　C.虚拟　D.物理

(4) 为了使多个进程能够有效地同时处理输入和输出，最好使用(　　)结构的缓冲技术。

A.单缓冲　B.双缓冲　C.循环缓冲　D.缓冲池

(5) 使用 SPOOLing 系统的目的是为了提高(　　)的使用效率。

A. 操作系统　B. 内存　C. CPU　D. I/O 设备

(6) 对硬盘的 I/O 控制通常采用(　　)方式。

A. 程序直接控制　B. 中断驱动　C. DMA　D.通道

(7) 大多数低速设备都属于(　　)设备 。

A.独占　B.共享　C.虚拟　D. SPOOLing

(8) 中断向量地址是(　　　)。

A.子程序入口地址　　　　　　B.中断服务程序入口地址

C.中断服务程序入口地址的地址　　D.程序入口地址

(9) 用户程序发出磁盘 I/O 请求后，系统的正确处理流程是(　　　)。

A.用户程序→系统调用处理程序→中断处理程序→设备驱动程序

B.用户程序→系统调用处理程序→设备驱动程序→中断处理程序

C.用户程序→设备驱动程序→系统调用处理程序→中断处理程序

D.用户程序→设备驱动程序→中断处理程序→系统调用处理程序

(10) 通道是一种(　　　)。

A.I/O 专用处理机　B.数据通道　　C.I/O 端口　　D.软件工具

2. 设计 I/O 子系统的主要目标是什么?

3. 试述 I/O 子系统的层次模型，以及各层作用?

4. 有哪几种 I/O 控制方式? 各适用于何种场合?

5. 简述设备控制器的功能和组成。

6. 简述 DMA 方式的特点和工作流程。

7. 什么是通道，三种类型通道的主要特点是什么?

8. 什么是设备驱动程序? 设备驱动程序功能和特点是什么?

9. 简述设备驱动程序的一般处理过程。

10. 为何要引入缓冲技术?

11. 简述块缓冲区是如何管理的，以及块缓冲区检索与分配过程。

12. 设备分配所用的数据结构有哪些，简述独占设备分配的步骤。

13. 试述系统调用接口的算法步骤。

14. 在活动磁盘系统中磁盘上的信息是如何定位的? 影响磁盘性能的三个时间参数是什么? 每个时间参数如何估算?

15. 简述磁盘寻道优化的几种策略的特点。

16. 假定某活动头磁盘有 200 个磁道，编号为 0～199，磁头已经完成对 125 号磁道的访问，并向磁道号增大方向移动，则对于下列请求序列：86，147，91，177，94，150，102，175，130。求在下列调度策略下磁头的移动顺序及其移动量(以磁道数计)。(1) FCFS；(2) SSTF；(3) SCAN；(4) C-SCAN。

17. 什么是虚拟设备? 什么是 SPOOLing 技术? 把一台独占设备虚拟为多台虚拟设备应具备什么条件?

18. 简述 SPOOLing 系统的组成及其工作原理。

实　验

1. 编程模拟实现 SPOOLing 系统。

2. 编程模拟实现 FCFS、SSTF、SCAN、C-SCAN 和 N-STEP-SCAN 磁盘驱动调度算法。

第 8 章　操作系统安全

知识要点： 主要包括操作系统安全的概述、安全评估方法与标准、操作系统的安全机制、操作系统安全模型、操作系统安全体系结构和安全操作系统简介。

预习准备： 了解自己曾经遇到过与操作系统安全相关的问题，收集你所了解的操作系统安全保护方法，思考你所认为最好的保护操作系统的办法。

兴趣实践： 找到一个安全操作系统在自己个人计算机或移动设备上进行安装与调试。利用开源工具和资源，实现一个简单的安全模块。

探索思考： 操作系统应用的应用范围越来越广，收集身边和所知道的与操作系统安全相关的案例，思考保护操作系统安全的作用，设想操作系统安全方面进一步的发展和应用。

计算机的广泛使用和互联网络的迅速发展，一方面极大地推动了知识经济的兴起和人类文明的演进，另一方面，日益增多的网络安全事件则给世人带来了近乎无奈的忧虑和难以回避的反思。信息安全问题已经成了信息技术领域研究的热点，而操作系统的安全性是其他软件安全功能的根基，缺乏这个安全的根基，构筑在其上的应用系统以及安全系统的安全性就得不到根本保障。本章首先介绍计算机系统安全的一些基本概念，接着从安全体系结构的设计和安全机制的实现方法等方面来阐述操作系统的安全性，并给出了研究和开发安全操作系统的方法及实例，最后介绍了几种常见安全操作系统的安全机制。

8.1　操作系统安全概述

8.1.1　计算机系统安全

计算机系统安全是一个含义广泛的概念，一般来说，如果一个计算机系统的资源在任何情况下都按照预先设计的方式来使用和存取，那我们可以说一个系统是安全的。其目的是在保证信息和财产可被受权用户正常获取和使用的情况下，保护此信息和财产不受偷窃、污染、自然灾害等的损坏。由于它的目的在于防止不需要的行为发生而非使得某些行为发生，其策略和方法常常与其他大多数的计算机技术不同。从技术角度看，计算机系统安全综合了计算机科学、网络技术、通信技术、密码技术、信息安全技术、应用数学、数论、信息论等多种学科的技术。

国际标准化组织(ISO)将“计算机系统安全”定义为：“为数据处理系统建立和采取的技术和管理的安全保护，保护计算机硬件、软件数据不因偶然和恶意的原因而遭到破坏、更改和泄露。”此概念偏重于静态信息保护。也有人将“计算机系统安全”定义为：“计算机的硬件、软件和数据受到保护，不因偶然和恶意的原因而遭到破坏、更改和泄露，系统连续正常运行。”该定义着重于动态意义描述。

1. 计算机系统安全的特性

在美国国家信息基础设施(NII)的文献中，给出了安全的五个特性：可用性、可靠性、完整性、保密性和不可抵赖性。这五个特性适用于国家信息基础设施的教育、娱乐、医疗、运输、国家安全、电力供给及分配、通信等广泛领域。这五个特性定义如下。

(1) 可用性(Availability)：得到授权的实体在需要时可访问资源和服务。可用性是指无论何时，只要用户需要，计算机系统必须是可用的，也就是说计算机系统不能拒绝服务。计算机系统最基本的功能是向用户提供所需的信息服务，而用户的要求是随机的、多方面的(话音、数据、文字和图像等)，有时还要求时效性。计算机系统必须随时满足用户的要求。攻击者通常采用占用资源的手段阻碍授权者的工作，这需要限制非授权用户使用计算机系统，从而保证计算机系统的可用性。增强可用性还包括如何有效地避免因各种灾害(战争、地震等)造成的系统失效。

(2) 可靠性(Reliability)：系统在规定条件下和规定时间内，完成规定功能的概率。可靠性是计算机系统安全最基本的要求之一，目前对于计算机系统可靠性的研究偏重于硬件可靠性方面。研制高可靠性元器件设备，采取合理的冗余备份措施仍是最基本的可靠性对策，然而有许多故障和事故，则与软件可靠性、人员可靠性和环境可靠性有关。

(3) 完整性(Integrity)：信息不被偶然或蓄意地删除、修改、伪造、乱序、重放、插入等破坏的特性。只有得到允许的人才能修改实体或进程，并且能够判别出实体或进程是否已被篡改，即信息的内容不能为未授权的第三方修改。信息在存储或传输时不被修改、破坏，不出现信息包的丢失、乱序等。

(4) 保密性(Confidentiality)：确保信息不暴露给未授权的实体或进程，即信息的内容不会被未授权的第三方所知。这里所指的信息不但包括国家秘密，而且包括各种社会团体、企业组织的工作秘密及商业秘密、个人的秘密和个人私密(如浏览习惯、购物习惯)。防止信息失窃和泄露的保障技术称为保密技术。

(5) 不可抵赖性(Non-Repudiation)：也称作不可否认性。不可抵赖性是计算机系统中交换信息的双方(人、实体或进程)信息真实同一的安全要求，它包括收、发双方均不可抵赖。一是源发证明，它提供给信息接收者以证据，这将使发送者谎称未发送过这些信息或者否认它的内容的企图不能得逞；二是交付证明，它提供给信息发送者以证明这将使接收者谎称未接收过这些信息或者否认它的内容的企图不能得逞。

除此之外当前在讨论计算机系统安全问题时还经常涉及以下一些安全特性。

(1) 可控性：对信息及信息系统实施安全监控。管理机构对危害国家信息的来往、使用加密手段从事非法的通信活动等进行监视审计，对信息的传播及内容具有控制能力。

(2) 可审查性：使用审计、监控、防抵赖等安全机制，使得使用者(包括合法用户、攻击者、破坏者、抵赖者)的行为有证可查，并能够对出现的安全问题提供调查依据和手段。审计是对计算机系统的各种访问情况记录日志，并对日志进行统计分析，是对资源使用情况进行事后分析的有效手段，也是发现和追踪事件的常用措施。审计的主要对象为用户、主机和节点，主要内容为访问的主体、客体、时间和成败情况等。

(3) 认证：保证信息使用者和信息服务者都是真实声称者，防止冒充和重演的攻击。

(4) 访问控制：保证信息资源不被非授权地使用。访问控制根据主体和客体之间的访问授权关系，对访问过程做出限制。

2. 计算机系统安全的层次

计算机系统的安全不仅与计算机系统本身相关，还与计算机系统的应用环境、人员相关。从整体来说，计算机系统安全可以分成内部和外部安全两个层次。其中计算机系统内部安全包括硬件和软件安全两部分，计算机系统外部安全包括实体和人员安全两部分。

(1) 硬件安全：为计算机系统提供存储和运行保护。存储保护是指保护用户所存储的数据，实现所存储数据的安全和可靠，不因为存储硬件的损坏而丢失数据；运行保护是将计算机系统划分为若干个运行态，并对指令集进行划分，使某些指令只能在相应的运行态中执行。例如，可只运行特权指令执行于管态，而非特权指令运行于目态。

(2) 软件安全：计算机系统中信息的存取、处理和传输满足安全策略。安全策略是使计算机系统安全的一组对信息存取和传递控制的规则，访问控制则根据安全策略对计算机系统中的信息存取进行控制。

(3) 实体安全：使存储介质、外部设备得到保护，如防火、防盗、防电磁辐射等。

(4) 人员安全：对计算机系统操作人员进行安全技术培训和安全意识教育。

8.1.2　操作系统安全

计算机技术在飞速发展，计算机系统安全技术也在不断进步。然而计算机系统的安全性并非如想象中的那样日益增强。相反 S. Lipner 指出，由技术进步带来的安全性增强能力顶多只能弥补由应用环境的复杂性带来的安全威胁的增长程度。不但如此，计算机新技术的出现还很有可能使计算机系统的安全性问题变得比以前更糟。

1. 操作系统安全的重要性

操作系统是计算机的系统软件，是计算机系统资源的直接管理者，是计算机软件的基础与核心。因此操作系统对计算机系统安全起着至关重要的基础作用。AT&T 实验室的 S.Belloin 博士的分析结果表明 50%的计算机系统安全问题的根源在于操作系统安全的脆弱性。因此操作系统中应该具备以下的功能。

1) 有选择的访问控制

有选择的访问控制包括使用多种不同的方式来限制计算机环境下对特定对象的访问，对计算机级的访问可以通过用户名和密码组合及物理限制来控制；对目录或文件级的访问则可以由用户和组策略来控制。在操作系统设计的初期定义有选择的访问控制是很重要的。

2) 内存管理与对象重用

内存管理是操作系统安全中的一个重要组成部分。在复杂的虚拟内存管理器出现之前，将含有机密信息的内容保存在内存中风险很大。系统中的内存管理器必须能够隔离开每个不同进程所使用的内存。在进程终止且内存将被重用之前，必须在再次访问它之前，将其中的内容清空。

3) 审计能力

安全系统应该具备审计能力，以便测试其完整性，并可追踪任何可能的安全破坏活动。审计功能至少包括可配置的事件跟踪、事件浏览和报表功能、审计事件、审计日志访问等。

4) 加密的数据传送

数据传送加密保证了在网络传送时所截获的信息不能被未经身份认证者所访问。针对窃听和篡改，加密密钥具有很强的保护作用。

5) 加密的文件系统

对文件系统加密保证了数据只能被具有正确选择访问权的用户所访问。数据加密和解密的方式对用户来说应该是透明的。

6) 安全的进程间通信机制

进程间通信也是给系统安全带来威胁的一个主要因素，应对进程间的通信机制做一些必要的安全检查，禁止高安全等级进程通过进程间通信的方式传递信息给低安全等级进程。

2. 操作系统安全的原则

为了保护操作系统安全，我们应该遵循以下的一些原则。

(1) 最小权限。每个用户及程序应使用尽可能小的权限工作。这样，由入侵者恶意攻击造成的破坏程度会降低到最小。

(2) 机制的经济性。保护系统的设计应是小型化的。这样，安全系统就能被完全检测其可信性。

(3) 开放式设计。保护机制必须是独立设计的，它必须能够防止所有潜在攻击者的攻击；它也必须是公开的，仅依赖于一些保密信息。

(4) 完整的策划。每个存取都必须被检查。

(5) 权限分离。对计算机系统中资源的存取应该不只是依赖于某一个条件，这样入侵者将不会拥有对系统全部资源的存取权。

(6) 最少通用机制。可共享实体提供了信息流的潜在通道，系统为防止这种共享的威胁要采取物理或逻辑分离的措施。

在实现操作系统安全时，既要有效地防止各种安全威胁，又要考虑尽可能降低运行成本。

8.1.3 基本概念

操作系统安全涉及面比较广。以下列举一些重要的概念和术语。

(1) 计算机信息系统(Computer Information System)：一个由计算机实体、信息和人三部分组成的人机系统。确切地说计算机信息系统是指由计算机及配套的设备、设施构成的，按照一定的应用目标和规则对信息进行采集、加工、存储、传输、检索等处理的人机系统。

(2) 安全边界(Security Perimeter)：用于处理敏感信息的设备在有效的物理和技术控制下，所形成的防止未授权的进入或敏感信息泄露的空间，该空间用半径来表示。

(3) 安全策略(Security Policy)：对资源进行分配、保护和管理的一组规则。

(4) 安全模型(Security Model)：用形式化描述如何实现机密性、完整性和可用性的安全要求。

(5) 安全要素(Secure Configuration Management)：控制系统中硬件与软件结构更改的一组规程。

(6) 安全内核(Security Kerriel)：计算机系统中控制对系统资源的访问来实现安全规程的中心部分。

(7) 主体 (Subject)：引起信息在客体之间流动的实体，通常是指人、进程或设备等。

(8) 客体 (Object)：系统中被动的主体活动承担者。

(9) 授权 (Authorization)：授予用户、程序或进程的访问权。

(10) 访问类别 (Access Category)：系统中为被授权访问资源或资源组的主体 (用户、程序、进程等) 设立的访问等级。

(11) 访问控制 (Access Control)：限制已授权访问主体或计算机网络中其他系统访问本系统资源的过程。

(12) 自主访问控制 (Discretionary Access Control)：有访问许可的主体能够直接或间接地向其他主体转让访问权。

(13) 强制访问控制 (Mandatory Access Control，MAC)：是“强加”给访问主体的，即系统强制主体服从访问控制政策。强制访问控制的主要特征是对所有主体及其所控制的客体 (进程、文件、段、设备等) 实施强制访问控制。

(14) 敏感标记 (Sensitivity Label)：这些标记是等级分类和非等级类别的组合，它们是实施强制访问控制的依据。系统通过比较主体和客体的敏感标记来决定一个主体是否能够访问某个客体。用户的程序不能改变自己及任何其他客体的敏感标记，从而系统可以防止特洛伊木马的攻击。

(15) 保密性 (Confidentiality)：网络信息不被泄露给非授权的用户、实体或过程的一种特性。

(16) 参照监视器 (Reference Monitor)：系统中主客体之间授权访问关系的部件。

(17) 数据完整性 (Data Integrity)：数据的精确性和可靠性，指系统中的数据未遭受偶然或恶意的修改或破坏时所具有的性质。

(18) 最小权 (Least Privileges)：完成某种操作时所赋予系统中每个主体 (用户或进程) 必不可少的特权。

(19) 最小权原则 (Least Privileges Principle)：限定系统中每个主体所必需的最小特权，确保可能的事故、错误、部件的篡改等原因造成的损失最小。

(20) 隐藏通道 (Covert Channel)：系统中不受安全策略控制的、违反安全策略的信息泄露途径。

(21) 可信计算机系统 (Trusted Computer System)：一个使用了足够的硬件和软件完整性机制，能够用来同时处理大量敏感或分类信息的系统。

(22) 可信软件 (Trusted Software)：可信计算机系统的软件部分。

(23) 客体重用 (Object Reuse)：使用曾经存储一个或几个数据客体的存储介质存储新的数据客体。

(24) 角色 (Role)：系统中访问权限的集合。

(25) 审计 (Audit)：对系统中有关安全的活动进行记录、检查及审核。

8.2　安全评估与标准

国际上对计算机系统安全性的研究已有相当的历史。自 20 世纪 70 年代以来，出于军事目的，美国政府由国防部牵头，投入了相当的人力、物力，从操作系统底层开始，对计算机系统的安全问题开展了广泛、深入的研究，取得了一系列有影响的重要成果。在系统安全模型方面至今仍被广泛引用的 Bell&Lapadula 模型就是 20 世纪 70 年代的这些研究项目的成果之一。在长期的研究中，美国提出了不少操作系统安全结构模型，如可证明的安全操作系统、军事安全操作系统、VAX 体系的 VMM 安全内核等，对操作系统安全性的研究起了重要的推动作用。

8.2.1 美国国防部的“橙皮书”(TCSEC)

1983 年美国国防部推出了“可信计算机系统评价标准(Trusted Computer System Evaluation Criteria，TCSEC)”，亦称为 “橙皮书”，并于 1985 年进行了修改。

TCSEC 将安全保护分成 D、C、B、A 四等，每等又包含一个或多个级别。安全级按 D1、C1、C2、B1、B2、B3、A1、A1 级以上这 8 个级别渐次增强。

1. D 等

D 等只有一个级别：D1 级。D1 级是计算机系统安全的最低级，整个计算机系统是不可信任的，硬件和操作系统很容易被侵袭。另外，D1 级计算机系统标准规定不对用户进行验证，也就是说任何人都可以自由地使用该计算机系统。达到 D1 级的操作系统有：DOS、Windows 3.x、 Windows 95(不在工作组方式中)、Apple 的 System 7.x 等。

2. C 等

C 等为自主型保护，由 C1 和 C2 两个级别组成。

C1 级是无条件安全防护系统，要求硬件有一定的安全保护(如硬件有带锁装置，需要钥匙才能使用计算机)。用户在使用计算机系统前必须先登录。另外，作为 C1 级保护的一部分，无条件访问控制允许系统管理员为一些程序和数据设立访问许可权限。常见的 C1 级操作系统有：UNIX、XENIX、Novell 3.x 或更高版本、Windows NT。

C1 级防护不足之处在于用户直接访问操作系统的根。C1 级不能控制进入系统的用户的访问级别，所以用户可将系统中的数据任意移走，还可以更改系统的配置，获取比系统管理员允许的更高的权限。

C2 级在上述 C1 级的不足之处做了补充，引进了受控访问环境(用户权限级别)的增强特性。这一特性以用户权限为基础，进一步限制了用户执行某些系统指令。用户权限以个人为单位授权用户对某一目录进行访问，如果其他程序和数据在同一目录下，那么用户也将自动获得访问这些信息的权限。

授权分级使系统管理员能够给用户分组，授予他们访问某些程序或访问分级目录的权限。

C2 级系统还采用了系统审计。审计特性跟踪所有的“安全事件”，如登录(成功的和失败的)以及系统管理员的工作(如改变用户访问权限和密码)等。达到 C2 级的常见操作系统有： UNIX、XENIX、Novell 3.x 或更高版本、Windows NT。

3. B 等

B 等为强制型保护，由 B1、B2 和 B3 三个级别组成。

B1 级称为“标记安全防护”级，支持多级安全，它满足 C2 级所有的要求。“标记”

指网上的一个对象，该对象在安全防护计划中是可识别且受保护的。“多级”是指这一安全防护装在不同级别(如网络、应用程序和工作站等)，对敏感信息提供更高级的保护。

安全级别分为保密和绝密，在计算机中有“特务”成员，如国防部和国家安全局系统。在这一级，对象(如磁盘、文件目录等)必须在访问控制之下，不允许拥有者修改他们的权限。

B1 级安全措施的计算机系统随操作系统而定。政府机构和防御承包商是 B1 级计算机系统的主要拥有者。目前国内达到 B1 级的操作系统有：红旗安全操作系统 2.0 版、南京大学的 SoftOS 等。

B2 级称为“结构化防护”，要求计算机系统中所有对象加标签，而且给设备(如工作站、终端和磁盘驱动器)分配安全级别。例如，可以允许用户访问一台工作站，但不允许访问含有职员工资资料的磁盘子系统。

B3 级称为“安全域”，要求用户工作站或终端通过可信任途径连接网络系统，而且这一级采用硬件来保护安全系统的存储区。这一级支持安全管理者的实现，审计机制能实时报告系统的安全性事件，支持系统恢复。

4. A 等

A 等为“验证型保护”，由 A1、A1 级以上两个级别组成：

A1 级，从实现的功能上看，等同于 B3 级，它的特色在于形式化的顶层设计、形式化验证与形式化模型的一致性和由此带来的更高的可信度，并且这一级还附加一个安全系统受监视的设计要求，合格的安全个体必须分析并通过这个设计要求。A1 级要求构成系统的所有部件来源必须有安全保证，以此保障系统的完善与安全。例如在 A1 级设置中，一个磁盘驱动器从生产厂房直至销售到计算机房的过程中都被严格跟踪。

A1 级以上：比 A1 级可信度更高的系统归入该级。

8.2.2 欧洲安全评价标准(ITSEC)

在借鉴 TCSEC 成功经验的基础上，20 世纪 90 年代初，欧共体(英国、法国、荷兰、德国)联合提出了信息技术安全评价准则 ITSEC，又称欧洲白皮书。ITSEC 为了适应各种产品、应用和环境的需要，比 TCSEC 更宽松，它首次提出了信息安全的完整性、保密性和可用性的概念和安全目标的概念，并把可信计算机的概念提高到可信信息技术的高度上来认识，它成为欧共体四国信息安全计划的基础，对国际信息安全的研究和实施带来了深刻的影响。

ITSEC 应用在军队、政府和商业方面，是欧共体四国安全评价方法的综合产物，它将安全概念分为功能和保证两部分。功能是指为满足安全需要而采取的一系列技术安全措施。功能准则共分 1 0 级：F1～F10, 其中，F1～F5 级对应于 TCSEC 的 D～A 级，F6～FI0 级分别对应数据和程序的完整性、系统的可用性、数据通信的完整性、数据通信的保密性以及机密性和完整性的网络安全。保证是确保功能正确实现及有效性的安全措施。评估准则分为 E0 到 E6 七个安全等级。

ITSEC 的七个评估安全级别如下。

(1) E6：形式化验证。

(2) E5：形式化分析。

(3)E4：半形式化分析。
(4)E3：数字他测试分析。
(5)E2：数字化测试。
(6)E1：功能测试。
(7)E0：不能充分满足保证。
1996 年 ITSEC 被 CC 所取代。

8.2.3　国际通用安全评价标准(CC)

1991 年，在欧共体的赞助下，英、德、法、荷四国制定了拟为欧共体成员国使用的共同标准——信息技术安全评定标准(CC)。随着各种标准的推出和安全技术产品的发展，美国同加拿大及欧共体国家一起制定共同的标准，该标准已于 1999 年 7 月通过国际标准组织认可，确立为国际标准，即 ISO/IEC 15408-1999。

CC 本身由两个部分组成：一部分是一组信息技术产品的安全功能需求的定义，另一部分是对安全保证需求的定义。

安全功能需求：安全功能需求部分是按结构化方式组织起来的安全功能定义，分为类(Class)、簇(Family)和组件(Component)三层。每个类侧重一个安全主题，ITSEC 共包括 11 个类，基本上覆盖了目前安全功能所有方面。一个类下包含了一个和多个簇，每个簇基于相同的安全目标，但侧重方面和保护强度有所不同。每个簇包含了一个和多个组件。一个组件确定了一组最小可选择的安全需求集合，即在从 CC 中选择安全功能时，不能对组件再做拆分。一个簇中的组件排列顺序代表强度和能力的不同级别。

安全保证需求：安全保证需求组织方式于安全功能需求相同，即按“类—簇—组件”方式结构化地定义了各种安全保证的需求，共包括 10 个类。为了能够有效地使用安全功能需求和安全保证需求，CC 还引入了“包(Package)”的概念，以提高已定义结果的可重用性。在安全保证需求之中，特别以包的概念定义了 7 个安全保证级别(EAL)。这 7 个级别定义如下。

(1)EAL1：功能性测试。
(2)EAL2：结构性测试。
(3)EAL3：工程方法上的测试及校验。
(4)EAL4:工程方法上的方法设计、测试和评审。
(5)EAL5：半形式化设计和测试。
(6)EAL6：半形式化地验证设计和测试。
(7)EAL7：形式化地验证设计和测试。

安全保证级别测试并未对产品增加任何安全性，仅仅是告诉用户，产品在多大程度上是可信的。一般而言，安全要求越高、威胁越大的环境，应采用更可信的产品。

8.2.4　加拿大安全评测标准(CTCPEC)

1993 年加拿大发布了《加拿大可信计算机产品评估准则》(CTCPEC)3.0 版本，它被看成是在 TCSEC 和 ITSEC 范围之上的一个进一步发展的标准。CTCPEC 应用在政府方面，与

ITSEC 类似，将安全概念分为功能和保证两部分。功能分为完整性、机密性、可用性和可控性四部分。为表示安全性上的差异每种功能可以分为很多的小类，安全级别分为 0～5 级。

CTCPEC 是加拿大可信赖计算机产品标准，是加拿大安全产品的标准，同时，它是加拿大和美国之间为了协调 CTCPEC 和 FC、TCSEC 而达成的协议，推进了通用标准 CC 的开发。

8.2.5 中国推荐标准 GB/T 18336—2001

信息安全产品和信息系统固有的敏感性和特殊性，使得信息安全直接影响着国家的安全利益和经济利益。我国一直十分重视信息安全方面的工作，在信息安全主管部门的分工协作下，我国参照国外先进和成熟的评测标准制定了我国推荐标准 GB/T 18336-2001，它对我国操作系统安全的发展起到了积极的推进作用。GB/T 18336-2001 是由中国国家质量技术监督局于 2001 年发布的信息技术安全性评估标准，该标准几乎等同采用国际标准 CC，是评估信息技术产品和系统安全特性的基础标准，适用于在硬件、固件或软件中实现的 IT 安全措施，共分为三个部分：《第 1 部分：简介和一般模型》、《第 2 部分：安全功能要求》和《第 3 部分：安全保证要求》。中国国家信息安全评测认证中心对信息安全系统的评测采用此标准。

8.3 安 全 机 制

操作系统安全需要考虑如下几个方面。

(1) 物理分离：进程使用不同的物理实体。

(2) 时间分离：具有不同安全要求的进程在不同的时间运行。

(3) 逻辑分离：用户感觉是独占计算机运行，而操作系统限制程序的存取使得程序不能存取其允许范围外的实体。

(4) 密码分离：进程以一种其他进程不了解的方式隐藏数据及计算。

操作系统安全的主要目标包括如下几点。

(1) 按系统安全策略对用户的操作进行存取控制，防止用户对计算机资源的非法存取。

(2) 标识系统中的用户和身份鉴别。

(3) 监督系统运行的安全。

(4) 保证系统自身的安全性和完整性。

要实现这些目标，需要建立相应的安全机制，这将涉及许多概念，包括标识与鉴别机制、访问控制、监控与审计机制、存储保护、运行保护、I/O 保护、加密技术、恶意代码、备份与容错、隐通道分析与处理。

8.3.1 标识与鉴别机制

所谓标识是指用户向系统表明自己身份的过程，用户身份认证是系统核查用户的身份证明过程，就是查明用户是否具有存储权和使用权的过程。我们把这两项工作统称为身份识别，或称为标识与鉴别。用户通过用户名、身份证号或智能卡等进行标识，同时利用口令、数字签名、指纹识别、声音识别等机制认证。用户一旦完成了身份识别，这个身份识别就要对该用户的所有行为负责，并利用标识跟踪用户的操作。所以说，用户的身份识别必须是唯一的，而且是不能被伪造的。

1. 口令

口令是计算机系统和用户双方都知道的某个关键字，相当于是一个约定的编码单词或“暗号”。它一般有字母、数字和其他符号组成，在不同的系统中，其长度和格式也可能不同(例如大小写是否敏感等)。口令的产生既可以由系统自动产生，也可以由用户自己选择。使用时，系统就会与口令文件中的口令进行比较匹配，若一致，则通过验证，否则拒绝登录或再次提供机会让用户进行登录。

传统的静态口令鉴别机制是利用用户名和口令核对的方法对系统进行保护。用户登录系统时，系统通过对比用户输入的口令和用户 ID 来判断用户身份的合法性。这种方式的实现和操作很简单，但是其安全性取决于用户口令的保密性，一旦用户 ID 和口令泄露，合法用户就会被冒充。所以为了解决这一缺陷，提出了动态口令鉴别机制。其基本原理是在客户端登录过程中，基于用户的秘密通行短语加入不确定因素，对通行短语和不确定因素进行变换，所得结果作为认证数据(即动态口令)，提交给认证服务器，认证服务器接收到用户的认证数据后，以事先规定的算法去验算认证数据，从而实现对用户身份的认证。由于客户端每次生成认证数据都采用不同的不确定因素值，保证了客户端每次提交的认证数据都不相同，因此动态口令机制有效地提高了身份认证的安全性。

由于口令的位数是有限的，而组成口令的字符也是有限的，所以在理论上，任何的口令都可以破解。因此，它作为保护是有限的。另外，许多非法入侵者会采用各种手段窃取用户口令，如攻击口令文件，或者用特洛伊木马伪装成登录界面骗取用户的口令等。

所以需要注意以下几个问题。

(1) 口令要尽可能长，这样被猜出口令需要很长时间，其可能性就小。操作系统在这方面也有要求，例如要求口令的长度至少为 8 位等。

(2) 多用混合型的口令，即其中同时有字母、数字和其他字符。

(3) 不要用自己或家人的生日、姓名、常用单词等作为口令。许多非法入侵者猜测口令时会首先使用这些具有强烈特征的字符串作为口令来尝试。

(4) 经常更换口令。许多操作系统也有要求，在规定的时间内更改口令，否则口令失效。最极端的方法是使用一次性口令。这时，用户有一本口令书，记着一长串口令，登录时每次都采用书中的下一个口令。如果入侵者破译出口令，也没有什么用，因为用户下一次就会用另一个口令。这种做法的前提是用户必须谨防口令书的丢失。

(5) 设置错误口令注册次数(如许多操作系统允许的错误次数为 3 次)，一旦超过这个次数就无法注册登录，只有系统管理员才能使之恢复正常。

(6) 用户在使用系统前，要确认系统的合法性，以免被骗取口令。现在的操作系统都提供了一些手段以确保用户是在真实系统中进行登录，如 Windows NT 中按 Ctrl + Alt +Del 三键才开始登录。

(7) 限制明文系统口令表的存取。为了验证口令，系统必须采用将用户输入的口令和保存在系统中的口令相比较的方式，攻击者可能攻击的目标是口令文件，借助于系统口令表可以正确无误地获取口令。

在某些系统中(如 UNIX)，口令表是一个文件，实际上是一个由用户标识及相应口令组成的列表。显然，不能让任何人都能访问到该表，为此，系统采用了不同的安全方法来保证。保护口令表的安全机制是使用强制存取控制，限制它仅可为操作系统所存取。更进一步的是，只允许那些需要存取该表的操作系统模块存取。

(8) 加密口令文件。加密口令文件表较为安全，这样，读文件内容对入侵者来说，还必须经过解密才有用，增加了破解的难度。一般使用传统加密及单向加密这两种加密口令的方法。

使用传统加密方法，整个口令表被加密，或只加密口令部分。当接收到用户输入的口令时，所存取的口令被解密。使用这种方法在某一瞬间会在内存中得到用户口令的明文，有可能被人窃取，显然这是一个缺陷。

另一个较安全的方法则是使用单向加密。加密方法相对简单，解密则是用加密函数。在用户输入口令时，口令就被加密，然后将两种加密形式进行比较，若相同，则成功通过验证。

以一种伪装的形式保存口令表可以进一步提高安全性，当然存取的方式仍然限制为具有合法需要的进程。

2. 物理介质

检查用户是否有某些特定的“证件”是另一种不同的认证方法，一般是用磁卡或 IC 卡。卡片插入终端，系统可以查出卡片所有者，卡片一般和口令一起配合工作，用户要登录成功，必须有卡片，并且知道密码。银行的 ATM 就是这样工作的。

测量那些难以伪造的特征也是一种方法，如终端上的指纹或者声波波纹读取机可验证用户身份，还可直接用视觉辨认，当然这种认证方法对于终端设备的要求比较高。

签名分析是另一种技术。用户采用与终端相连的特殊笔签名后，计算机与在线已知样本进行比较。更好的方法是不比较签名，而是比较笔签名时笔的移动情况，模仿者或许可以模仿签名，但对于在签名时确切的行笔顺序，他就不了解了。

这些物理鉴别方法涉及的另一个问题时，用户可能不能接受。目前一般是在比较重要、保密要求高的系统中会采用物理鉴别手段。

3. 生物技术

针对生物特征的识别技术是指通过计算机对人体固有的生理或行为特征进行个人身份鉴别。人的生理特征与生俱来，多为先天性，行为特征则是习惯使然，多为后天性。常用的生物标识技术有脸像、指纹、虹膜、掌纹、声音、笔迹、步态等，下面简要介绍脸像、指纹、虹膜技术。

1) 脸像

脸像识别具有非侵犯性、直接、友好、方便等特点，从而成为人们最容易接受的身份鉴别方式。脸像识别系统通过 CCD 摄像机采集脸像，然后提取特征并存储在模板库中。在身份鉴别时首先将脸像从背景中分割出来，再把现场采集到的图像经特征提取后与库中的模板进行比对。脸像识别的优点在于其非接触性，用户不需要和设备直接接触。其缺点在于脸像会随着表情、年龄等的变化而发生改变，而且光线、背景和姿态等因素对脸像识别的效果影响也很大。

2) 指纹

指纹识别具有较低的成本和可靠的性能，因而成为应用比较广泛的生物鉴别方法。指纹识别的方法已经有很久的历史了，早在公元前 3 世纪，我国就已经用指纹作为识别个人的手段，从那时开始已经使用指印来证实文件的真伪。指纹识别是最传统、最成熟的生物鉴别方式。

3) 虹膜

虹膜是指位于眼球瞳孔外缘间的环形组织，每一个虹膜包含一个独一无二的基于像冠、水晶体、细丝、斑点、结构、凹点、射线、皱纹和条纹等特征的结构，没有任何两个虹膜是一样的。虹膜可以直接看到并可以用摄像设备获取其图像。基于虹膜的身份鉴别系统其关键技术之一是虹膜获取，虹膜扫描系统通过一个全自动照相机来寻找眼睛并发现虹膜，与此同时开始聚焦成像。虹膜识别的优点在于其具有易用性和非接触性，用户只需要位于设备之前而无须物理接触，而且虹膜的生理特征终身不变，一般性的疾病或损伤都不会改变虹膜的特征。

8.3.2　访问控制

随着多道程序的出现，在操作系统中的多个进程之间必须有个保护机制，使得各个进程按照操作系统给它的授权来使用文件、内存、CPU 以及其他的资源。访问控制机制是现代操作系统常用的安全控制方式之一。访问控制中，通过保护规则定义了主体与客体可能的相互作用途径。它决定主体对客体的访问权限。目前常用的访问控制机制有自主访问控制(DAC)和强制访问控制(MAC)。

1. 自主访问控制

我们可以仿照表 8-1 所示的存储矩阵，给出主体对客体的权限。

表 8-1　一个存取矩阵

客体 / 主体	文件 1	文件 2	文件 3	打印机
D1	R，W	X	R，W	
D2		W		P
D3	X		W	P

如果将主体本身也作为可以操作的对象，就可以把主体切换也包含在矩阵模型中。表 8-2 给出了表 8-1 的内容，只增加了作为客体的三个主体，并增加了“切换”操作(Switch)。表 8-2 中主体 D1 可以切换到主体 D2，但不能返回。

表 8-2　存取矩阵把主体作为客体

客体 / 主体	文件 1	文件 2	文件 3	打印机	主体 D1	主体 D2	主体 D3
D1	R，W	X	R，W			Switch	
D2		W		P			
D3	X		W	P	Switch		

在实际应用中，实际上很少直接存储表 8-2 那样的矩阵。可以按照行或列来存储非空元素。

1) 存取控制表

将存取矩阵按列存放，这样每个客体被赋予一张排序的列表，其中列出了可以访问该客体的全部主体以及怎样访问，这张表就称为存取控制表(Access Control List，ACL)。具体实现时，可把每个文件的 ACL 放在磁盘的一个单独块中，并在文件的目录区链接这个磁盘块的块号。因为只存储了非空项，所需的全部 ACL 存储空间比整个矩阵存储所需的空间要少得多。例如，对应于表 8-1 的存取控制表可以这样描述：

文件 1：(D1,RW),(D3,X)

文件 2：(D1,X),(D2,W)

文件 3：(D1,RW),(D3,W)

打印机：(D2,P),(D3,P)

在 UNIX 中，文件都为文件主、文件主所在的用户组以及其他用户分别提供三位 rwx，这类方案也属于 ACL，只是把其压缩到 9 位。例如，一个基本的授权：-rwxr-x---，表示文件主可读、写、执行，同一组的用户可读、执行，其他用户无权访问。9 位的 UNIX 方案尽管远没有 ACL 系统全面，实际上也已经基本够用了，而且它实现起来比较方便。

客体的所有者能随时改变客体的 ACL，可以方便禁止原先允许的访问。可能的问题是，ACL 改变很有可能不影响当前正在使用该客体的主体。

2) 权能表

将存取矩阵按行存放，这样每个主体都赋予一张可能访问的客体表以及每个客体允许进行的操作，该表就称为权能表(Capability List),其中的每一项叫做权限。

一张权能表的描述可如表 8-3 所示，其中描述了表 8-1 中域 D1 的权限。权能表中给出了对象的类型以及对这个对象允许执行的合法操作，并给出指向客体本身的指针。权能表本身也是客体，可以从别的权能表中引用，因此很容易实现共享。

表 8-3　权能表

编号	客体类型	权限	客体指针
1	文件	RW-	指向文件 1
2	文件	--X	指向文件 2
3	文件	RW-	指向文件 3

除了依赖于具体客体的权限，如读、写和执行，往往还有用于全部客体的一般权限，如复制权限、复制客体、删除权限、删除客体等。另外，在使用权能表的系统中，很难撤销对某客体的访问权，系统很难找出全部权限并收回，因为这些权限事实上存储在遍及磁盘的权能表中。

2. 强制访问控制

用户可以利用自主访问控制来防范其他用户对自己客体的攻击，强制访问控制提供了不可逾越的、更强的安全保护层。在强制访问控制机制中，系统为每个进程、每个文件以及每个客体赋予了安全属性，同时用户或程序不能直接或间接地修改安全属性，统一由系统管理员或操作系统自动地按照严格的规则设置。

一个进程要想访问某个客体，首先要通过强制访问控制机制的检查，根据进程的安全属性和访问方式，比较进程的安全属性和客体安全属性，从而确定能否允许该进程访问客体。强制访问控制为所有的主体和客体指定安全级别，比如绝密级、秘密级和无密级。不同级别标记了不同的重要程度和能力。不同级别主体访问不同级别客体的在强制的安全策略下实现。

强制访问控制将系统中的信息分密级和类进行管理，适用于政府部门、军事和金融等领域，并能预防特洛伊木马类型的攻击。

8.3.3　监控与审计机制

由于安全是有代价的，任何操作系统也不能完全杜绝安全事故的发生。通过追查涉及系统安全操作的完整记录，可以从两个方面：监控和审计，来提高操作系统的安全性。

1. 监控

监控可以检测和发现那些可能的违反系统安全的活动。例如，在分时系统中，记录一个用户登录时输入的不正确的口令的次数，当超过一定的数量时，那就表示有人在猜测口令，可能就是非法的用户。这是一种实时的监控活动。

另一种监控活动是周期性的对系统进行全面的扫描。这种扫描一般在系统比较空闲的时间段内进行，这样就不会影响系统的工作效率，可以对系统的各个方面进行扫描。

(1) 对用户口令进行扫描，找出那些太短的，易于猜测的口令，以提示用户及时改正。

(2) 系统目录中是否存在未经授权的程序。

(3) 是否存在不是预期的、长时间运行的进程。

(4) 用户目录和系统目录是否处于适当的保护状态。

(5) 系统的数据文件是否处于一种适当的保护状态。这些文件包括口令文件、设备驱动程序以及操作系统的内核本身。

(6) 是否存在危险的程序搜索路径入口(如特洛伊木马程序)。

由系统安全扫描发现的问题，可以由系统自动修复，也可报告给系统管理员，由管理员来解决。

2. 审计

日志文件是安全系统的一个重要组成部分，它记录计算机系统所发生的情况：何时由谁做了一件什么样的事，结果如何，等等。日志文件可以帮助用户更容易跟踪间发性问题或一些非法侵袭，可以利用它综合各方面的信息，去发现故障的原因、侵入的来源以及系统被破坏的范围。对于那些不可避免的事故，也至少对事故有一个记录。因此，日志文件对于重新建立用户的计算机系统、进行调查研究、提供证据以及获得准确及时的现场服务都是必需的。

但是，日志文件有一个致命的弱点：它通常记录在自身系统上，它们会受到修改或删除。有些技术方法可以帮助缓解这种问题，但无法完全消除隐患。有些系统支持将日志文件存到不同的机器上，这样对于日志文件的安全就有了很好的保证。

8.3.4　存储保护、运行保护和 I/O 保护

操作系统是软硬件之间的桥梁，因此保护硬件机制的安全也是操作系统安全中的重要问题。其目标是保证可靠性和为操作系统提供基本安全机制。

1. *存储保护*

在操作系统安全中，存储保护是一个最基本的要求，所谓存储保护是指保护用户在存储器中的数据。保护单元是存储器中的最小数据范围，如为字、字块、页面或段。保护单元越小，则存储保护精度越高。存储保护机制应该防止用户程序对操作系统的影响，在多道程序运行的系统中，需要存储保护机制对进程的存储区域实行互相隔离。

存储保护与存储器管理是紧密相连的，存储保护负责保证系统各个任务之间互不干扰；存储器管理则是为了更有效地利用存储空间。将地址空间分为系统区和用户区后，应禁止在目态下的非特权进程写系统区，允许管态中的进程访问所有的地址空间。从目态到管态的转换由特殊指令完成，该指令限制进程只能对部分系统区进程进行访问。这些访问限制一般由硬件根据该进程的特权模式决定。

在计算机系统提供透明的存储管理之前，采用基于物理页号的访问判决方法，每个物理页号都被赋予一个密钥，系统只允许拥有该密钥的进程去访问该物理页，同时利用一些访问控制信息指明该页是可读的或是可写的。每个进程也分配一个密钥，该密钥由操作系统装入进程的状态字中。进程每次访问地址空间时，硬件都要对该密钥进行检验，只有当进程的密钥与物理页的密钥相匹配，并且相应的访问控制信息与该物理页的读写模式相匹配时，才允许该进程访问该物理页，否则禁止访问。

采用基于描述符的地址解释机制中，每个进程都有一个“私有的”地址描述符，进程对地址空间某页或某段的访问模式都在该描述符中说明。可以有两类访问模式集：一类用于在目态下运行的进程，一类用于在管态下运行的进程。此处分别用一个比特表示是否允许进程对某页或某段进行写、读和执行的访问操作。由于在地址解释期间，地址描述符同时也被系统调用检验。所以这种基于描述符的存储访问控制方法，在进程转换、运行模式转换以及进程调出 / 调入内存等过程中，不需要或仅需要很少的额外开销。

2. *运行保护*

要保护操作系统安全很重要的一点是进行分层设计，而运行域正是这样一种基于保护环的等级式结构。运行域是进程运行的区域，在最内层具有最小环号的环具有最高特权，而在最外层具有最大环号的环具有最小的特权。一般的系统不少于 3～4 个环。

设置两环系统是很容易理解的，它只是为了隔离操作系统程序与用户程序。对于多环结构，它的最内层是操作系统，它控制整个计算机系统的运行；靠近操作系统环之外的环是受限使用的系统应用环，如数据库管理系统或事务处理系统；最外一层环则是控制各种不同用户的应用环。最重要的是等级域机制应该保护某一环不被其外层环侵入，并且允许在某一环内的进程能够有效地控制与利用该环以及低于该环特权的环。进程隔离机制与等级域机制是互不相关的。一个进程可以在任意时刻在任何一个环内运行，在运行期间还可

以从一个环转移到另一个环，当一个进程在某个环内运行时，进程隔离机制将保护该进程免遭在同一环内同时运行的其他进程破坏，也就是说，系统将隔离同一环内同时运行的各个进程。

3. I/O 保护

操作系统的所有功能中 I/O 最复杂。人们往往首先从系统的 I/O 部分寻找操作系统安全方面的缺陷。在绝大多数情况下，I/O 是仅由操作系统完成的一个特权操作，所有操作系统都对读写文件操作提供一个相应的高层系统调用，在这些过程中，用户不需要控制 I/O 操作的细节。

I/O 介质访问控制最简单的方式是将设备看成是一个客体，仿佛它们都处于安全防线外，由于所有的 I/O 不是向设备写数据就是从设备读数据，所以进行 I/O 操作的进程必须受到设备的读 / 写两种访问控制。这就意味着设备到介质间的路径可以不受约束，而处理器到设备间的路径则需要一定的读写访问控制。若要对系统中的信息提供足够的保护，防止被未授权用户的滥用或毁坏，只靠硬件是不够的，必须由操作系统的安全机制与适当的硬件安全机制相结合才能提供强有力的保护。

8.3.5　加密

密码术是保持信息秘密的科学和艺术。密码术用在计算机中，可以保护数据不被非法泄露，可以确认一个用户或一个请求服务的程序的标识，也可以揭示非法的入侵行为。在操作系统中对文件和目录进行加密，可以使得非法入侵者即使获取了文件，也无法了解文件中的内容，使得系统的安全性提高了一个层次。在网络传输过程中，存在着同样的理由。另外，在身份认证方面，作为用户需要确认一个登录过程必须是安全的，要确认用户所面对的是真正自己想要的系统，作为系统，也需要确认用户真正的合法性，用户输入的信息不会被篡改，这些都需要使用密码技术来实现。

1. 加密和解密

加密是将明文用一个数学函数和一个专门的密钥转换为密文的过程。

解密是一个相反的过程：密文用一个数学函数和一个密钥转换为明文。

有很多不同的计算机加密和解密方式，然而，每一个所谓的加密系统有如下相同的组成要素。

(1) 加密算法：对数据进行加密和解密操作的数学算法。

(2) 密钥：加密算法用于确定数据应如何被加密或解密的关键字。它类似于计算机的口令：当一个信息被加密时，用户需要说明这个关键字，以便日后用户可以访问这个被加密的信息。然而，与口令不同的是，加密程序不用这个关键字与用户键入的关键字相比较。加密程序用用户键入的关键字将密文还原为明文。如果用户提供的是正确的密钥，将得到原始的明文；如果用户试图用不正确的密钥还原一个密文，将得到一个垃圾文件。

(3) 密钥长度：密钥有一个规定的长度。较长的密钥可使攻击者更难于破解。不同长度的加密系统允许用户使用相应固定长度的密钥，也有一些加密系统允许使用变长度的密钥。

(4) 明文：用户打算加密的原始信息。

(5) 密文：被加密后的信息。

2. 常用密码算法

当前常用的加密算法有如下几种。

1) 专用密钥系统

它用相同的密钥对消息加密和解密，因此又被称为“对称密钥”系统。常用的专用密钥系统有：ROT13、Crypt、DES、RC2、RC4、RC5、IDEA、Skipjack 等，其中使用得最广的是基于 DES 的加密方法。专用密钥系统常常被用于保护存在在计算机硬盘上的信息或在两台计算机之间传送的信息。

2) 公开密钥系统

它用一个公开的密钥对消息加密，使用另一个秘密的密钥对消息解密。之所以被称为公开密钥，是因为用户可以使加密消息用的密钥被公开，也不会影响该消息和解密的密钥的保密性。公开密钥系统也被称为“不对称密钥”系统。常用的公开密钥系统有：Diffie-Hellman、RSA、ElGamal、DSA 等，其中 RSA 是当前最广泛流行的公开密钥加密系统。公开密钥系统常被用于为数据建立“数字签名”，如电子邮件，以便证明数据的原始性和完整性。

3) 公共/专用混合密钥系统

在这些系统，较慢的公共密钥系统被用于交换一个随机的“会话”密钥，然后会话密钥被用作专用密钥算法的基础。实际上，几乎所有的公开密钥系统都是“公开/专用混合密钥”系统。

8.3.6 恶意代码

计算机程序通常是用来完成特定的功能，如数值计算、图形设计、网络用户之间的通信等，但是所执行的指令有时可能会有意想不到的破坏作用。当这种破坏偶然发生时，我们称之为“软件故障”，其原因是“非预期的程序行为”；当这种破坏的根源在于某个人或某些人的故意行为时，这些指令就称为“恶意代码”或“程序性威胁”。恶意代码(或程序性威胁)有许多种类，很多专家根据恶意代码的做法以及它们如何被触发和传播的方式，对其进行了分类。目前，恶意代码几乎被传媒一致地描述为病毒，但实际上是不准确的。一般来说，恶意代码有以下几种：安全工具、特洛伊木马、后门、病毒、蠕虫、逻辑炸弹、细菌等。

1. 安全工具

现在，许多现成的程序能自动地扫描计算机系统安全的弱点。这些程序能在短时间内快速探测出一台计算机或计算机网络的上百个脆弱点，如 SATAN、Tiger、ISS 等就是一些有名的工具。大多数安全工具是为计算机专业人员搜寻自身网站的问题而设计的，具有高自动化和高准确性。但是这些工具给那些试图寻找漏洞侵入的人提供了有用的工具，而且这些工具非常容易在 Internet 上获得，使用起来也非常容易，不需要特别的知识和经验。所以系统管理员首先意识到自己系统存在的潜在弱点，并及时进行修补，置系统于保护和监控之下。一般认为，只有在非法使用者采取行动之前，安全人员获得这些工具并运行它们才是最有效的策略。当然，这些安全工具本身必须是可靠的。

2. 特洛伊木马

特洛伊木马命名于古代神话中的特洛伊木马。同于其名，现代特洛伊木马貌似用户希望运行的程序，比如游戏、报表或编辑程序。当程序外表显现正在做用户要做的事时，做的却是与显现无关的事，而且用户对此还无察觉，等到发现问题，已经悔之晚矣。

特洛伊木马是以“诱导”的方式让用户去执行包含木马的程序。所以，从用户的角度，避开特洛伊木马的最好办法是在了解整个程序的来龙去脉前不要执行任何东西。特洛伊木马可以嵌入到脚本、网页文件中，许多邮件的附件也带有木马，因此，不了解文件做什么，就不执行它，直到明白为止。除非绝对必须，否则不要用系统管理员身份执行任何东西。如果不依赖于一些强制手段，想防止特洛伊木马的破坏几乎是不可能的，但也可以采取对存取控制灵活性的限制。过程控制、系统控制、强制控制和仔细阅读软件源程序等措施都可以降低特洛伊木马攻击成功的可能性，不过，不管哪一种技术均有它的局限性。

3. 后门

后门是一段被写入到应用程序或操作系统中的一些程序段，使程序开发者在存取程序时，无须经过正常的认证检查。它通常由程序开发人员所编写，用来作为调试和监控已开发程序的手段。后门是这样一段代码：这段代码或者能识别一些特定的输入序列，或者当运行某一用户 ID 时触发这段后门代码，然后它授权特定的访问。

当一些粗心的程序员用后门来获取非授权访问时，就变得有威胁性了。更严重的问题是，最初的程序开发者在完成了系统调试后忘记删除后门，恰在这时又被其他人发现后门的存在。最著名的 UNIX 后门是 sendmail 程序的 DEBUG 选项，在 1988 年 11 月被 Internet 蠕虫所利用。DEBUG 选项是作为调试 sendmail 而附加的，但是它允许计算机通过网络不作初始登录就能作远程访问。

抵御后门是很复杂的。最重要的防卫方法是检查重要文件规则的完整性，以及文件和目录的许可权和所有权。同时，对新软件的审查也很重要，要有软件提供者的书面保证。可能的话，应仔细阅读和理解整个软件的源代码。

4. 病毒

真正的病毒是插入在其他可执行程序中的代码序列，因此，当正常程序执行时，病毒代码也被执行了。病毒代码将自身复制插入到一个或多个其他程序中，病毒不能独自运行，它是宿主程序的一部分，它需要有宿主程序的执行来激活它们。

病毒主要有以下特点。

(1) 寄生性。病毒是寄生在某个可执行程序内的，它不是一个单独的程序。

(2) 传染性。一旦系统中有程序感染了病毒，就可能传染整个系统。

(3) 潜伏性。系统感染病毒后，往往一开始没有任何症状，因为病毒的发作一般需要触发条件，当条件满足时，病毒就会产生破坏作用。

(4) 破坏性。只有具有破坏性的代码序列才能认为是病毒。

从用户的角度，对病毒的防御主要体现在对于系统的使用方法上，如及时升级操作系统及所用的各种应用软件，使用优秀的杀毒软件，并进行实时监控，注意避免通过软盘和网络感染病毒等。

从操作系统的角度，主要是要有一个认证机制和保护机制，确保对重要文件或信息的修改必须获得足够的授权。例如一个病毒在受保护的目录中只能运行而不能写，这样就无法传染给其他的程序。

5. 蠕虫

蠕虫是程序，它能独立运行且通过网络连接从一台机器移动到另一台机器，一部分蠕虫可以在不同种类的机器上运行。一旦蠕虫在一个系统内被激活，它就像病毒一样传播，它也可能植入特洛伊木马程序中，进行破坏活动。网络蠕虫利用一些网络设备来复制自身，举例如下。

(1) 电子邮件装置。蠕虫可将其一个复制邮给其他系统。

(2) 远程执行功能。蠕虫在其他系统上执行其一个复制。

(3) 远程登录功能。蠕虫以一个用户的身份登录远程系统，然后复制到另一个系统。

于是蠕虫程序的一个新复制在远程系统上运行，除了在该系统上执行以外，它还以相同的方式向外传播。蠕虫在传播时的工作方式有如下几种：

(1) 通过检查主机表或远程系统地址的类似特性，找到要感染的其他系统。

(2) 建立与远程系统的连接。

(3) 将自身复制到远程系统，并运行该复制。

网络蠕虫在将自身复制到一个系统前先确定该系统是否已感染。在多道程序系统中，它取一个好像是系统进程的名字，或者用一个不会被系统操作员发现的名字。网络蠕虫程序比较难对付，抵御蠕虫就像抵御入侵一样。当发现系统中有蠕虫存在时，应该断开网络，以防止其扩散。蠕虫程序常常导致整个网络的瘫痪。

6. 逻辑炸弹

逻辑炸弹是潜伏在通常所使用的软件里很长一段时间，直到有某个触发条件满足。包含在软件中的逻辑炸弹一旦触发，所执行的功能就已不是意想中的程序功能了。通常逻辑炸弹由有合法存取权限的软件开发者放入程序中。触发逻辑炸弹的条件包括文件的存在与否、特定的日期或特定用户运行特定的应用程序等。一旦触发，逻辑炸弹可能会摧毁或修改数据，引起停机或系统损坏。一个典型的例子是：一个逻辑炸弹检查某雇员 ID 号，一旦这个 ID 号连续三次未出现在工资帐上(表示该雇员已经离开公司)，则触发逻辑炸弹。抵御后门的方法也可以抵御恶意性逻辑炸弹。不要安装未经彻底测试和仔细阅读的软件，正常备份以防不测，必要时可恢复数据。

7. 细菌

细菌不会明显损坏任何文件，它们的唯一目标是复制自身。典型的细菌程序，在多用户系统中同时执行两个自身的复制，或创建两个新文件，其中每个文件都是细菌程序原始源文件的复制，然后这些程序又延伸自己的复制，细菌数目就成指数级的增长。细菌数目的增加，将会占有处理器的负载量、内存空间或磁盘空间，直至耗尽，排斥用户获取资源。

8.3.7 备份与容错

计算机系统中不论是硬件还是软件都会发生损坏和错误，更何况还有非法入侵者和病毒等的攻击，所以为了保证系统中的数据有更好的安全性，必须对保存在辅助存储器中的文件和数据额外采取保险措施。这些措施中最简便的方法是备份，使一些重要的文件有多个副本。下面介绍三种常用的备份方法。

1. 零时间备份

制作系统的原始备份。当系统第一次安装完成后，在开始使用之前，为系统上的每一个文件和程序制作备份。

2. 全量备份

全量备份也叫整体备份。把辅助存储器上所有需要备份的文件，定期(如每天一次)复制到磁带上。这种方法比较简单，但存在备份时必须停止向用户开放、需要的时间较长(需要数小时)和只能恢复前一次备份的信息等缺陷。

3. 增量备份

每隔一定时间，把所有被修改过的文件和新文件进行备份。通常系统对那些修改过的和新的文件做上标志，当用户退出时，将列有这些文件名的表传给系统进程，由它备份这些文件。

全量备份和增量备份可以一起应用。如每两周进行一次全量备份，每天晚上为那些自从最后一次全备份后新修改的部分制作备份。制作好的备份一般不应该和原来的计算机系统存放在同一个地方，而应该远离它，小心地保存到一个安全的地方。对于要求更高的系统，则要求进行异地备份。

8.3.8 隐通道分析与处理

信息通路指信息在操作系统中经过的道路。对信息通路的保护涉及两个方面：一方面对显式信息道路的保护，防止非法信息经过显示通路，另一方面，要防止恶意用户通过隐蔽信道进出。

正常信道的保护机制是由可信通路(Trusted Path)提供的。可信通路是终端人员能借以直接与可信计算基(TCB)通信的一种机制，该机制只能由有关终端人员或可信计算机启动，并且不能被不可信软件模仿。可信通路机制主要应用在用户登录或注册时。为防止某些不法用户利用特洛伊木马程序窃取合法用户名和口令，应构建登录过程的可信通路，以确保用户所见的登录界面是真正的系统登录界面，从而保证用户账号安全。可信通路机制一般是以安全注意键(Secure Attention Key，SAK)为基础实现的。SAK 是由终端驱动程序检测到的键的一个特殊组合。每当系统识别到用户在一个终端上键入的 SAK，便终止对应到该终端的所有用户进程，启动可信的会话过程，以保证用户名和口令不被窃走。

隐蔽通道是指利用那些本来不是用于通信的系统资源绕过强制存取控制非法通信的一种机制。特洛伊木马攻击系统的一个关键标志是通过一个合法的信息进行非法的通信。这些信道一般是用于交互进程通信的，如文件、交互进程信息或者共享内存。虽然强制存取控制能够防止利用这些信道进行非法通信，但是一个系统中往往存在不受强制存取控制的非法信道，这些信道就是隐蔽信道。

Kemmerer 在 1983 年总结了隐蔽信道的特征，给出了发现隐蔽信道的如下几个必要条件。

(1) 发送进程与接收进程都具有访问一个共享资源的同一属性的权限。

(2) 发送进程可以修改一个共享资源的属性。

(3) 接收进程可以检测该共享资源属性的改变。

(4) 存在某种机制，能够启动发送进程与接收进程之间的通信，并正确调节通信事件的顺序。

衡量隐蔽信道的两个基本参数为容量和带宽。容量指隐蔽信道一次所能传递的信息量。带宽指信息通过隐蔽信道传递的速度，用 B/s (单位为 bit/s) 来衡量。对隐蔽信道的常见处理方法包括消除法、宽带限制法和威慑法，美国橘皮书 TCSEC 建议结合使用这三种方法。隐蔽信道处理的基本原则有以下几个方面。

(1) 信道宽带低于某个预先设定值 b 的隐蔽信道是可以接收的。

(2) 带宽高于 b 的隐蔽存储都应当可以审计。所有不能审计的存储信道的带宽要记入文档，这使得管理员可以觉察并从程序上采取纠正措施对付重大的威胁。

(3) 带宽高于预先设定的上限 B (B>b) 的隐蔽信道代表重大威胁，应当尽可能将其消除或者将其带宽降低到 B (单位为 bit/s) 以下。

8.4 安 全 模 型

操作系统存在的安全问题主要来源于两方面：一个是安全控制机构有故障；另一个是安全定义有缺陷。前者是一个软件的可靠性问题，后者则需要精确描述安全系统。通过运用形式化数学符号记录模型来表达对模型精度的要求，这就是本节要介绍的安全模型。安全模型是对安全策略所表达的安全需求的无歧义、抽象和简单的描述，它提供了一种框架来关联安全策略和实现机制。安全模型在系统的开发途径中起着关键性的作用。

本节主要介绍最重要和最知名的安全模型，包括：Bell-LaPadula 模型、Biba 模型、Clark-Wilson 完整性模型、中国墙模型、RBAC 模型等。

8.4.1 Bell-LaPadula 模型

最具有代表性的形式化信息安全模型为 Bell-LaPadula 模型，简称 BLP 模型，该模型是由 David Bell 和 Leonard La Padula 于 1973 年提出并于 1976 年修订和完善的安全模型，是一种能模拟符合军事安全策略的计算机操作的模型，从系统保密性的角度描述了不同访问级别的主体和客体之间的联系，它是多级安全模型的基础，是公认的基本安全公理，也是最早的、最常使用的一种模型。

BLP 模型形式化地定义了系统状态及状态间的转换规则，并制定了一组约束系统状态间转换规则的安全理论。BLP 模型可以归纳为三方面的内容：元素、系统状态和状态转换规则。

(1) 元素：BLP 模型中涉及主体集合、客体集合、访问权限、访问矩阵集合、类别集合、访问类函数、系统状态集合、请求元素、访问请求集合、请求结果集合、正整数、判断序列集合、状态序列集合、请求序列集合、状态转换规则和表示当前客体的密级树型结构。

(2) 系统状态：由主体、客体、访问矩阵、访问属性以及标识主体和客体的访问类属性的函数组成的表示形式就是状态。

(3) 状态转换规则：为了保证系统的每一个状态都是安全状态，除了保证初始状态是安全的，还要保证系统的每一次转换都从一个安全状态转移到另一个安全状态。

BLP 模型保证了低安全级的主体不能读高安全级的数据，同时阻止了高安全级主体把秘密泄露到一个较低的安全级上。总的来说，BLP 模型采用的是一种“向下读(Read-Down)，向上写(Write-Up)”的机制，保证信息不会从高保密级别流向低保密级别，但这会严重影响系统的可用性。

BLP 模型在机密性、数据完整性和可用性方面都存在如下缺陷：

(1) BLP 模型机密性不高。根据 BLP 模型的“向下读，向上写”原则，低安全级主体不能读取高保密级数据却可以修改高保密级数据。同时限制了“向下写”，使得信息只能由低安全级向高安全级流动，杜绝了可能的泄密渠道。但是“向上写”为用户非法重写数据库提供了机会，此外低安全级用户提供的信息并不一定可靠。

(2) 高保密级数据的数据完整性得不到保证。低安全级用户能够篡改高保密级数据，因此高保密级的数据有可能变成垃圾数据，完整性难以保证。

(3) BLP 模型可用性差。“向下读，向上写”的策略能够有效地防止低保密级用户获取敏感信息，也限制了高保密级用户向非敏感客体写数据的合理要求，降低了系统的可用性。

8.4.2 Biba 模型

20 世纪 70 年代，KenBLP 等人提出了 Biba 访问控制模型，对数据提供了分级别的完整性保证，类似于 BLP 保密性模型，Biba 模型也使用强制访问控制机制。在 Biba 完整性模型对主体和客体按照强制访问控制机制的思想进行分类，这种分类方法一般应用于军事领域。在 Biba 模型中，系统的主体与客体的概念和 BLP 模型相同，为每个主体和每个客体分配一个完整级别，相当于 BLP 模型中的安全等级概念。其完整级别越高，可靠性就越高。高等级的数据比低等级的数据具备更高的精确性和可靠性。

Biba 模型的两个主要特征如下：

(1) 禁止向上写，这样使得完整性级别高的文件是由完整性高的主体产生的，从而保证了完整性级别高的文件不会被完整性低的文件或进程中的信息所覆盖。

(2) 禁止向下读，主体不能读取安全级别低于它的数据。

Biba 模型和 BLP 模型相对立，其修正了 BLP 模型中忽略的信息完整性问题，但忽视了保密性。

8.4.3 Clark-Wilson 模型

Clark-Wilson 数据完整性安全模型是在 1987 年被提出的，是一个完整性的应用级模型，用于保证商务数据的完整性，提供一个评估商用系统安全性的框架。该模型略显复杂，是为现代数据存储技术量身定制的，实现了事务处理机制。但该模型中对数据的操作与数据的安全级无关，主要是防止对数据的非法操作，不关注信息的机密性，因此容易发生信息的泄漏。

Clark-Wilson 模型中控制数据完整性的方法有如下两种。

(1) 职责分离原则：规定一个任务从开始到结束不能由一个人完成。该任务将分给至少两个人完成，其中一个人执行任务，一个人证明完整性，以防止个人可能造成的欺骗。

(2) 良构事务原则：用户不能任意操作数据，只能用一种能够确保数据完整性的受控方式来操作数据。

Clark-Wilson 模型有如下三个组成部分。

(1) 数据，即客体集合。在 Clark-Wilson 模型中，系统中的数据被分为两个部分：被约束的数据条目(Constrained Data Item，CDI)和不受约束的数据条目(Unconstrained Data Item，UDI)。CDI 已经具有完整性约束，UDI 尚不具有完整性约束，如用户通过键盘输入的信息。

(2) 完整性验证过程(Integrity Verification Procedure，IVP)。该过程用于校验数据的完整性，这是由系统的安全官员执行的。

(3) 变换过程(Transformation Procedure，TP)，该过程是把 CDI 从一个右效状态转变为另一种有效状态。所谓有效状态是指数据处于被约束的状态。该过程由一般用户执行，安全官员不执行 TP。TP 可以理解为主体对客体的访问方式。

8.4.4　中国墙模型

中国墙模型是在商业环境中一种典型的访问控制模型，这种模型最初来源于证券咨询业务的安全需求，根据有关法律法规要求，证券公司的咨询人员不能在知道一个企业的竞争对手的内部信息后为该企业咨询，以防止“利益冲突”。根据这些规定，Brewer 等人提出了一种类似于多级强制策略 BIP 模型的实施中国墙策略的安全模型(简称 BN 模型)，该模型提出后受到高度的重视，被认为是商业领域的 BLP 模型，BN 模型中每个公司的数据属于一个公司数据集，具有竞争关系的公司数据集构成一个利益冲突类，该模型的简单安全性要求一个用户不能同时访问同一个利益冲突类中不同公司的数据集，简单安全性直接反映了相关规则的要求，即根据主体已具有的访问权力来确定是否可以访问当前数据。

中国墙模型既继承了 BLP 模型的保密性策略，又承接了 Biba 模型和 Clark-Wilson 模型的完整性策略，模型中提出了中国墙的概念，设计了一个规则集使得主体不能访问“墙”另一边的客体。

此模型的基本思想是：只允许主体访问与其所拥有的信息没有利益冲突的数据集内的信息。主体第一次选择可以自由选择任何一个客体，这是因为主体中没有任何客体的信息，所以不存在任何冲突。但是，主体一旦做出选择并且访问某个企业数据集内的客体，它的访问权限就会被限定，不能再对这个利益冲突类中的其他企业数据集中的客体进行访问，只能对这个企业数据集中的客体或其他利益冲突类中的客体进行访问。

8.4.5　RBAC 模型

在计算机系统中，同一用户在不同的场合需要以不同的权限访问系统、用户量较大后对用户账号的管理非常复杂、此外权限的层次化分权管理也非常困难。

基于角色的访问控制模式(简称 RBAC)中，用户以一定的角色访问系统，而不是自始至终以同样的注册身份和拥有相同的权限，不同角色被赋予不同的访问权限，访问控制只针对角色，而不针对用户。用户在访问系统前，经过角色认证而获得特定角色，系统依然可以按照自主访问控制或强制访问控制机制控制角色的访问能力。角色是一组与特定活动相关联的动作和责任。主体担任角色，完成角色规定的责任，具有角色拥有的权限。一个主体可以同时担任多个角色，它的权限就是多个角色权限的总和。通过各种角色的搭配授权来实现主体的最小权限。

用户都分配适当的角色，因而获得角色的许可，简化了许可管理。角色可以根据一个部门的工作来创建，用户可以根据自身的责任和资格来分配角色。用户可以方便地从一个角色被分配到另一个角色。角色可以根据应用和系统的变化授予新的许可，也可以根据需要，撤销许可。

8.5　操作系统安全体系结构

随着渗透测试(penetration testing)技术和老虎队分析(tiger team analysis)方法的不断深入，使潜藏在目前使用系统中的大量安全问题逐渐暴露出来。其中部分安全问题是无法在原有系统上进行补救的，只有重新改造系统，甚至重新设计系统才能解决，这是因为缺乏有效的系统安全体系结构所致，这好比建一幢大楼，如果建筑师在结构上不考虑防震，那么并不很强的地震也有可能造成大楼的塌方。

8.5.1　安全体系结构的含义

同时满足计算机系统的安全性要求、性能要求、可扩展性要求、容量要求、使用的方便性要求和成本要求等是难以实现的，必须在各种要求之间折衷考虑，并通过恰当的实现方式表达，实现时对各项要求有轻重之分，这就是体系结构要完成的主要任务。所谓一个操作系统的安全体系结构，主要包含如下几方面的内容。

(1) 详细描述系统中安全相关的所有方面。包括系统提供的所有安全服务及保护系统自身安全的所有安全措施。

(2) 在一定抽象层次上描述各个安全模块之间的关系。可以用逻辑框图来表达，在抽象层次上按满足安全需求的方式描述系统关键元素之间的关系。

(3) 提出指导设计的基本原理。根据系统设计的要求及工程设计的理论和方法，明确系统设计的各方面的基本原则。

(4) 提出开发过程的基本框架及对应于该框架体系的层次结构。描述确保系统忠实于安全需求的整个开发过程的所有方面。为达到此目的，安全体系总是按一定的层次结构进行描述。

安全体系结构在整个开发过程中必须扮演指导者的角色，拥有中心地位；所有开发者在开发前对安全体系结构必须达成共识，并在开发过程中自觉服从于安全体系结构，从而达到在它的指导下协同工作的目的；即使在工程的实现阶段，编程人员也必须在一些来自体系结构、编程标准、编码审查及测试的指导原则下进行工作。因此安全体系结构是一个概要设计，而不是系统功能的描述。另外，安全体系结构不应当限制不影响安全的设计方法。

8.5.2 FAM 框架

Sushil Jajodia、Pierangela Samarati 等人于 1997 年提出基于策略描述语言的多安全策略支持框架。它定义一个灵活授权管理器(Flexible Authorization Manager，简称 FAM)，用以在同一系统中实施多个安全策略。FAM 由两部分组成：授权语言(Authorization Language)和授权请求处理器(Authorization Request Processor)。授权语言用以描述授权和授权策略，授权请求处理器依据 SSO (System Security Officer)描述的安全策略对用户的请求进行判决，授权语言可以描述授权和授权策略。授权包括肯定授权(Positive Authorization)和否定授权(Negative Authorization)，并且引入“授权起源”(Authorization Derivation)、“冲突解决”(Conflict Resolution)和“裁决策略”(Decision Strategies)等概念，依据组织安全策略的需要，不同的用户、用户组、客体和角色可以实施不同的授权策略。

SSO 可以使用授权语言描述某个用户或用户组可以访问哪些客体，也可以通过选择保存授权库(Authorization Library)中的授权策略，描述哪些安全策略可以应用到哪种客体。使用授权语言得到的结果是一个 FAM 程序。当用户请求访问客体时,FAM 授权请求处理器将访问请求提交给相应的 FAM 程序，FAM 程序由 SSO 利用 GUI 工具编写。如果 FAM 程序返回许可，则允许访问，否则拒绝。

这种多策略框架最大的优点是利用授权语言可以描述多个安全策略并在同一个系统中实施。缺点在于由于安全策略用语言硬编码，无法反映主客体和安全策略在系统运行中的动态变化。

8.5.3 Flask 体系

操作系统中安全策略的灵活性是一个很重要的问题，已经超过了对多种安全策略的要求。因此必须支持对底层客体的细粒度访问控制，以便执行安全策略控制的高层功能；系统必须确保访问权限的增长和安全策略一致；此外安全策略通常是可变的，必须有一种机制来撤销以前授予的访问权限。

在 1992～1993 年之间，美国国家安全局(NSA)和安全计算公司(SCC)的研究人员在 TMach 项目和 LOCK 项目的基础上，共同设计和实现了分布式可信 Mach 系统(Distributed Trusted Mach，DTMach)。 DTMach 项目的后继项目是分布式可信操作系统(DTOS)。当 DTOS 项目快要完成的时候，NSA、SCC 和犹他州立大学的 Flux 项目组联合将 DTOS 安全结构移植到 Fluke 操作系统研究中，从而改良了结构以更好地支持动态安全策略，这个改良后的结构称为 Flask。一些 Flask 的接口和组件就是从 Fluke 到 OSKit 中的接口和组件中继承下来的。

Flask 体系结构能实现灵活的安全策略管理。它包括一个安全策略服务器来制定访问控制决议、一个微内核和系统中其他客体管理器框架来执行访问控制决议。它支持策略的广泛多样性，通过确保安全策略考虑了每个访问决议来控制访问权限的增长，将服务提供组件执行机制直接集成到系统中，支持细粒度访问控制和允许对授权的撤销。

FLASK 由客体管理器和安全服务器组成。客体管理器负责实施安全策略，安全服务器负责安全策略决策。FLASK 描述了客体管理器和安全服务器之间的交互，以及对它们内部组成部分的要求。

客体管理器包括如下三个基本部分：

(1) 为客户端提供访问决策、标记决策和多例化决策的接口，访问决策确定一个访问是否被允许，标记决策确定应该授予客体何种安全属性，多例化决策确定当前多例化资源的哪一个成员应该被访问。

(2) 提供一个访问向量缓冲器，暂时缓存访问决策结果，以提高系统效率。

(3) 提供接收和处理安全策略变动通知的能力。

FLASK 的优点在于支持动态安全策略，但是却存在以下不足：

(1) 难以支持自主存取控制策略。

(2) 安全策略的实施难以及时响应环境变化，特别是具有周期变化特性的安全环境。

(3) 安全属性即时撤销机制不完善。

8.6 安全操作系统简介

本节介绍目前较常见的三个安全操作系统：SE-Linux、EROS 和红旗安全 Linux。

8.6.1 SE-Linux

NSA 在 Linux 操作系统上实现 Flask 框架，并向开放源码社区发布了一个安全性增强型版本的 Linux，称为 SE-Linux，此外 NAI 实验室、SSC 和 MITRE 也为此做出了贡献。

SE-Linux 能够灵活地支持各种安全策略，从而适应特定需求及环境的策略，它包括两部分：策略 (policy) 和实施 (enforcement)，策略封装在安全服务器中，实施由对象管理器具体执行。

系统内核的对象管理器执行系统的具体操作，当需要对安全性进行判断时，向安全服务器提出请求，在对象管理器中，则只关心安全性标识 (SID)。请求到达安全服务器后，实现与安全上下文 (security context) 的映射，进行计算，将决定的结果返回给对象管理器。

系统中关于安全的请求和决定有如下三种情况。

(1) Labeling decision：确定一个新的主体或客体采用什么安全标签 (如创建客体时)。

(2) Access Decision：确定主体是否能访问客体的某种服务 (如文件读写)。

(3) Polyinstantiation Decision：确定一个进程在访问某个 polyinstantiation 客体时，可不可以转为另一个进程 (如从 login-t 转到 netscape_t)。

安全服务器是内核的子系统，实现对策略的封装，并提供通用接口。SE-Linux 的安全服务器实现了一种混合的安全性策略，包括：类型实施 (Type Enforcement)、基于角色的访问控制 (Role-based Access Control) 和可选的多级别安全性 (Optional Multilevel Security)。该策略由另一个称为 checkpolicy 的程序编译，它由安全性服务器在引导时读取，生成一个文件/ss_policy。这意味着安全性策略在每次系统引导时都会有所不同。策略甚至可以通过使用 security_load_policy 接口在系统操作期间更改 (只要将策略配置成允许这样的更改)。

此外还提供一个访问向量缓存(AVC)模块，允许对象管理器缓存访问向量，减小整体性能的损耗，在每次进行安全检查的时候，系统首先检查存放在 AVC 中的访问向量，如果存在此访问向量，则直接返回在 AVC 中的访问向量；否则向安全服务器提出查询请求，在安全服务器中根据主客体的 SID 及相应的类，根据安全策略进行检查，返回相应的访问向量，并把此访问向量存放在 AVC 中。

SE-Linux 有两个用于安全性标签的与策略无关的数据类型：安全性上下文和 SID。安全性上下文是表示安全性标签的变长字符串，由用户、角色、类型和可选 MLs 范围组成。SID 是由安全服务器映射到安全上下文的一个整数。SID 作为实际上下文的简单句柄服务于系统，只能由安全服务器解释。SE-Linux 通过对象管理器的构造执行实际的系统绑定。它们处理 SID 和安全上下文，不涉及安全上下文的属性。任何格式上的更改不应该对对象管理器进行更改。

对象管理器根据主体和客体的 SID 和对象的类查询安全服务器，以获得访问决定，即访问向量。类是标识对象的哪一种类(例如，常规文件、目录、进程、UNIX 域套接字还是 TCP 套接字)的整数。访问向量中的许可权通常由对象可以支持的服务和实施的安全性策略定义。访问向量许可权基于类加以解释，因为不同种类的对象有不同的服务。

SE-Linux 系统中的每个主体都有一个域，每个客体都有一个类型(在 SE-Linux 中将域和类型定义成为类型)。策略的配置决定对类型的存取是否被允许，以及一个域能否转移到另一个域等，类型的概念应用到应用程序中时，可以决定类型是否可以由域执行；某个类型被执行时，可以从一个域跳转到另一个。从而保证了每个应用程序属于它们自己的域，防止恶意程序进行破坏。角色也在配置中进行了定义，每个进程都有一个与之相关的角色：系统进程以 system_r 角色运行，而用户可以是 user-r 或 sysadim_r。配置还枚举了可以由角色输入的域。安全性策略配置目标包括控制对数据的原始访问、保护内核和系统软件的完整性、防止有特权的进程执行危险的代码，以及限制由有特权的进程缺陷所导致的伤害。策略可根据策略文件灵活生成，SE-Linux 中的策略定义非常广泛和灵活，客体的类型定义有：security，device，file，procfs，devpts，nfs，network；主体的域的策略定义有：admin，program，system，user。策略配置对用户是透明的。

8.6.2　EROS

EROS(Extremely Reliable Operating System)是一种基于权能(Capability)的高性能微内核实时安全操作系统，是 GNOSIS(后命名为 KeyKOS，一种基于权能的操作系统)体系结构的第三代实现。EROS 最初由美国宾夕法尼亚大学开发，此项目后转入约翰·霍普金斯大学。

现代软件开发方法常常将各个开发商独立开发的组件组合在一起，最终形成一个规模庞大的产品。除非运行平台中集成了具有对象粒度的访问控制机制，用户是无法信任这些应用程序的。对象必须被单独命名和保护，程序必须仅仅拥有对对象进行合法操作所需的权限。权能能提供一种面向对象的保护模式。权能是指发起者拥有的一个有效标签，它授权持有者能以特定的方式访问特定的目标，权能可以从一个用户传递给另一个用户，但不能修改和伪造，相对于访问控制列表(ACL)，权能将访问控制策略集中在访问主体上实现，而访问控制列表则集中在客体上实现。一般将权能作为基本保护机制的系统称为基于权能的系统。

EROS 是一个完全基于权能的、高性能的、面向对象微内核的实时安全操作系统，其体系结构与传统的操作系统大相径庭。

1)面向对象

EROS 将页作为构建对象的基本元素，不仅缩短了程序与机器之间的语义间隔，还将访问控制策略的粒度细化到了页。 内核定义了如下六种基本的对象类型。

(1)数字(Number)：可以存放一个最多 96 位长的无符号整数。该整数可以是一个寄存器值，一个地址空间偏移量等。全零的数字对象用于表示无效的权能或非法地址。

(2)页(Page)：页是用户数据的基本存储单位，与具体的机器相关。通常一页能存放 4KB 数据。

(3)权能页(Capability Page)：专用于存放权能的页。

(4)节点(Node)：一个节点可以存放 16 个权。权能页和节点都不能映像到进程地址空间，也不能被进程直接操纵，以保证权能不能被伪造和篡改。页和节点是最基本的存储单位，也是构建其他对象，如地址空间对象和进程对象的基础。

(5)地址空间(Address Space)：该对象用于表示一个树状的存储空间，中间节点是“节点”对象类型，叶节点是页对象类型。地址空间对象可以在进程间共享。

(6)进程(Process)：在 EROS 中，进程表示为一个树状的权能集合体。每个进程都拥有一个地址空间对象(包含程序代码和数据)；一组寄存器值(用数字对象表示)；16 个系统定义的权能寄存器值和一个指向监护者(Keeper)进程的权能。当该进程运行出错时，系统便通过激活此进程的监护者进程来处理意外情况。

一个进程就是一个基本的保护域。进程的所有操作都在这个保护域内进行，进程间通过消息进行通信。一个消息包括消息码、4 个权能和 1 页数据。进程间必须有相应的权能才能进行信息交换。EROS 内核只提供一种系统调用——权能激活(Capability Invocation)。一个权能被激活后，内核进行相应的检查，只允许进程在该权能指定的对象上进行指定权限的操作。EROS 中一个进程实现一组特定的服务，每个进程仅拥有实现这些服务所需的权限，从而实现最小权限管理。

2)完全基于权能的体系结构

系统中所有资源和权限都只能通过权能进行管理，其控制粒度是页。EROS 将资源用对象表示，每个对象被唯一命名，权能可以用三元组(object、type、capinfo)表示，其中 object 是对象的唯一标识符，type 和 capinfo 表示对对象操作的权限。

3)透明的全局系统持久性

权能需要进行定期保存，以防止发生故障或停机带来的损失。EROS 实现了透明的全局系统持久性，内核定期对系统作快照，并将结果异步保存下来作为一个检查点。检查点对进程透明。当系统崩溃或意外断电后，EROS 可以快速恢复到最后一个检查点。EROS 的进程保护数据永久存在，除非内核将其杀死，因此 EROS 中没有文件系统的概念。

4)安全性

由于进程在 EROS 中永久存在，因此进程拥有自己的权限集合而不是从用户那里继承。

这使得用户的不同进程可以拥有不同的权限，从而可以实现更细粒度的权限控制与管理。用户登录代理将相应权能分发给对话内的进程，并在进程间传递，也可以根据需要改变，适应各种安全和访问控制策略。

8.6.3　红旗安全 Linux

红旗安全 Linux(记为 RS-Linux)是由中国科学院软件研究所和北京中科红旗软件技术有限公司开发的。

RS-Linux 是以 Linux 内核为基础开发的系统，它一方面要修改 Linux 内核中与安全有关的一些原有机制，另一方面要增加一些新的安全支持机制。RS-Linux 的研发与 Linux 内核的版本升级是在两条独立的路线上进行的，前者对后者具有依赖性。因而，RS-Linux 的结构设计要适应尽可能方便地向不断更新的 Linux 内核版本迁移的需要。

安全操作系统的安全职能的全集以及相应的安全支持结构目前尚属未确定的成分，开发者需要在实现已确定成分的基础上探讨未确定的成分。LinusIV 是以 UNIX 为原型探讨安全操作系统研发问题的较早的成功的实验系统之一，与该系统相比，Secure Xenix 和 System V/MLS 取得了更进一步的成果。开发者目前完成的 RS-Linux 是在前人成功经验的基础上，结合 Linux 的内核结构特点设计实现的，同时，在安全支持结构方面，考虑了最新的 Flask 实验系统的先进思想。

1. 功能设计

1）功能需求组件确定

中国的等级准则的第三级提出了自主访问控制、强制访问控制、标记、身份鉴别、客体重用、审计和数据完整性等方面的功能要求。开发者根据 CC 标准给出的以下功能需求组件定义基本涵盖了这些要求。

(1) FAU 类(安全审计)。

FAU-1 审计数据生成(FAU GEN.1 组件)；FAU-2 用户身份关联(FAU GEN.2 组件)；FAU -3 审计查看(FAU SAR.1 组件)；FAU -4 限制的审计查看(FAU FAR.2 组件)；FAU-5 可选择的审计查看(FAU SAR.3 组件)；FAU-6 选择性审计(FAU SEL.1 组件)；FAU-7 审计数据可用性保护(FAU STG.2 组件)；FAU-8 审计数据可能丢失的提防措施(FAU STG.3 组件)；FAU-9 防止审计数据丢失(FAU STG.4 组件)。

(2) FDP 类(用户数据保护)。

FDP-1 自主访问控制政策(FDP ACC.1 组件)；FDP-2 自主访问控制功能(FDP ACF.1 组件)；FDP-3 非标记用户数据导出(FDP ETC.1 组件)；FDP-4 标记用户数据导出(FDP ETC.2 组件)；FDP-5 强制访问控制政策(FDP IFC.1 组件)；FDP-6 强制访问控制功能(FDP IFC.2 组件)；FDP-7 完整性控制政策(FDP IFF.1 组件)；FDP-8 完整性控制功能(FDP IFF.2 组件)；FDP-9 非标记用户数据导入(FDP ITC.1 组件)；FDP-10 标记用户数据导入(FDP ITC.2 组件)；FDP-11 客体遗留信息保护(FDP RIP.1 组件)；FDP-12 主体遗留信息保护(FDP RIP.2 组件)。

(3) FIA 类(身份标识与鉴别)。

FIA-1 用户属性定义(FIA ATD.1 组件)；FIA-2 鉴别数据的强度(FIA SOS.1 组件)；FIA-3

鉴别(FIA UAU .1 组件)；FIA-4 保护的鉴别反馈(FIA UAU.7 组件)；FIA-5 身份标识(FIA UID.1 组件)。

(4) FMT 类(安全管理)。

FMT-1 客体安全属性管理(FMT MSA.1 组件)；FMT-2 静态属性初始化(FMT MSA.3 组件)；FMT-3 审计踪迹管理(FMT MTD.1 组件)；FMT-4 审计事件管理(FMT MTD.1 组件)；FMT-5 用户属性管理(FMT MTD.1 组件)；FMT-6 鉴别数据管理(FMT MTD.1 组件)；FMT-7 用户属性撤销(FMT REV.1 组件)；FMT-8 客体属性撤销(FMT REV.1 组件)；FMT-9 安全管理角色(FMT SMR.1 组件)。

(5) FPT 类(安全功能保护)。

FPT-1 抽象机器测试(FPT AMT.1 组件)；FPT-2 访问仲裁(FPT RVM.1 组件)；FPT-3 域隔离(FPT SEP.1 组件)；FPT-4 可靠时间印记(FPT STM.1 组件)。

2) 功能需求组件描述

CC 中提供的是需求组件的框架，实施时，必须对组件中的所有元素给出明确定义。这里以强制访问控制功能(FDP IFF.2 组件)为例给出组件的具体描述。

(1) FDP IFF.2.1。

TSF 应根据主体和信息安全属性的以下类型实施强制访问控制政策：

① 主体的敏感标记；

② 承载信息的客体的敏感标记。

主体和客体的敏感标记应由以下成分构成：

① 等级分类；

② 非等级类别。

(2) FDP IFF.2.2。

根据安全属性间的排序关系，若以下规则成立，TSF 应允许通过受控操作在受控主体与受控客体间产生信息流动：

① 若主体的敏感标记大于或等于客体的敏感标记，则允许信息从客体流向主体(读操作)；

② 若客体的敏感标记大于或等于主体的敏感标记，则允许信息从主体流向客体(写操作)；

③ 若主体 A 的敏感标记大于或等于主体 B 的敏感标记，则允许信息从主体 B 流向主体 A。

(3) FDP IFF.2.3。

TSF 应实施以下附加的信息流控制 SFP 规则 :无附加规则。

(4) FDP IFF.2.4。

TSF 应提供以下附加的 SFP 能力：

若主体的敏感标记等于客体的敏感标记，则主体可以在客体中创建新的客体，新客体的敏感标记不小于父客体的敏感标记。

(5) FDP IFF.2.5。

TSF 应根据以下规则明确授权信息流动：

① 满足以上 FDP IFF.2.2 中规定的任一条件的信息流动可以得到授权；

② 可信主体确定的信息流动可以得到授权。

(6) FDP IFF.2.6。

TSF 应根据以下规则明确禁止信息流动：

① 不满足以上 FDP IFF.2.2 中规定的任何条件的信息流动必须禁止；

② 信息流向的两端的敏感标记不可比时，信息流动必须禁止。

(7) FDP IFF.2.7。

对任意两个有效的敏感标记，TSF 应实施以下关系：

① 存在一个排序函数，任给两个有效的敏感标记，该函数能够确定:两个敏感标记是否相等，一个敏感标记是否大于另一个敏感标记，或者，两个敏感标记是否不可比较。

· 若两个敏感标记的等级分类相等且非等级类别集合也相等，则称这两个敏感标记相等。

· 若以下条件之一成立，则称敏感标记 A 大于敏感标记 B：

条件 1——A 的等级分类大于 B 的等级分类且 A 的非等级类别集合等于 B 的非等级类别集合；

条件 2——A 的等级分类等于 B 的等级分类且 A 的非等级类别集合是 B 的非等级类别集合的真超集；

条件 3——A 的等级分类大于 B 的等级分类且 A 的非等级类别集合是 B 的非等级类别集合的真超集；

· 若两个敏感标记不相等且哪一个敏感标记都不大于另一个敏感标记，则称这两个敏感标记不可比较。

② 在敏感标记集合中存在一个“最小上界”，使得对于任意给定的两个有效的敏感标记，可以找到一个大于或等于那两个有效的敏感标记的一个有效的敏感标记。

③ 在敏感标记集合中存在一个“最大下界”，使得对于任意给定的两个有效的敏感标记，可以找到一个不大于那两个有效的敏感标记的一个有效的敏感标记。

2. 功能实现

1) 系统逻辑结构

RS-Linux 系统的逻辑结构如图 8-1 所示。开发者把系统内核分为安全判定 (SD) 和判定实施 (DE) 两个部分，SD 依赖于安全政策，负责判断一个安全相关行为是否可以执行，DE 与安全政策无关，负责执行一个已经得到许可的行为所要执行的任务。SD 内部设立相互独立的政策支持机制，每个安全政策对应一个政策支持机制，这样做的目的是希望在安全政策的支持方面获得一定的灵活性。

在安全判定过程中，SD 的相应机制首先根据安全请求的类型确定应采用的安全政策，再把判定任务转交给对应的政策支持机制。此间要借助安全属性信息，这些信息由内核的其他部分提供给 SD。从内核的角度看，安全相关行为是由系统调用触发的。

以 open 系统调用打开文件为例，这是个安全相关行为，它首先把打开文件的请求提交给 SD 子系统，访问仲裁机制受理这个请求，并由相应的政策支持机制作出判断。

最后的授权或禁止访问结果信息由 SD 子系统返回给系统调用 open。系统调用 open 根据这个安全判定结果确定下一步的行为。如果得到授权，则随后的打开文件操作 (属于安全判定结果的实施)，由内核中 SD 子系统以外的其余部分完成。

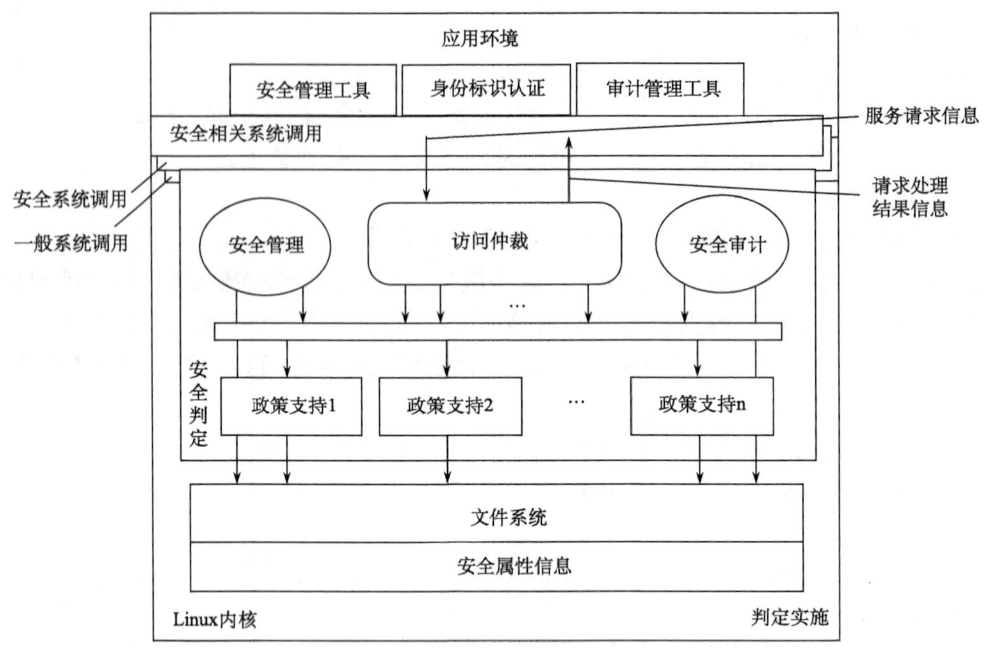

图 8-1 RS-Linux 系统逻辑结构

开发者把 RS-Linux 的系统调用划分为 3 种类型：安全相关系统调用、安全系统调用和一般系统调用。安全相关系统调用是指根据安全内核机制加以改造过的 Linux 系统调用(如 open)，安全系统调用是指安全内核新增的系统调用(如 Get Sec Attr)，一般系统调用是指 Linux 的其他系统调用(如 read)。

结合前面功能设计中确定的几个安全功能类，这里在 SD 子系统中给出了访问仲裁、安全管理、安全审计及若干政策支持等主要机制。在访问控制方面，主要解决自主访问控制(DAC)、强制访问控制(MAC)和完整性访问控制(IAC)等问题。Linux 系统提供 DAC 支持，控制建立在客体的拥有者、属组、其他人的粒度上。在这方面，开发者根据功能需求的要求，引入访问控制表(ACL)，把访问控制的粒度细化到可以对任意指定的用户授权或禁止访问。Linux 系统没有 MAC 和 IAC 支持。因而，RS-Linux 提供了 MAC、IAC、基于 ACL 的 DAC 等安全政策支持机制。

在以前的一些以 Unix 为原型的安全操作系统的实现中，常常通过改变文件系统结构中的部分语义来保存安全属性信息，借助文件系统中的结构(不管是 VFS 结构还是 ext2 文件系统结构)来存储安全属性信息至少存在两个问题：一是信息的结构(如长度)受到一定的制约；二是 Linux 内核版本升级后有可能使得原来可用的结构变为不可用，使开发者不得不对 SD 子系统作修改，这有可能会导致安全属性信息结构的不兼容性。针对这种状况，开发者采用独立的安全属性数据库来存储安全属性信息，这些数据库以文件的形式保存在根文件系统的特定目录中。

2) 安全模型映射

Bell 和 La Padula 提出的 BLP 模型揭示了计算机系统安全的一个基本定理。该模型在安全操作系统中得到广泛的应用，虽然在应用不断深入的过程中人们发现它存在某些方面的不足，但是通过适当改进方法，它不断被赋予新的生命力。RS-Linux 的 MAC 支持以 BLP 模型为基础。BLP 模型是一个状态转换模型，系统的一个状态由一个四元组(b，M，f，H)表示，其中 b 是当前访问集合，M 是访问权限矩阵，f 是敏感标记函数，H 是客体层次关系。

当前访问是一个三元组(S，O，a)，其中 S 是主体，在 RS-Linux 中包括用户和进程；O 是客体，在 RS-Linux 中包括文件、目录、特别文件(设备)、进程间通信(IPC)结构、进程和主机(为了适应网络环境的需要，开发者把主机考虑在内)；a 是访问权限，在 RS-Linux 中是读、写、执行和空。

访问权限矩阵反映所有主体与所有客体间的访问权限对应关系，体现的是 DAC 思想。开发者提供以客体为索引的细粒度实现，支持任意指定的个人用户和用户组的访问权限定义。

敏感标记函数是三元函数(Ls，Lo，Lc)， Ls 是主体的(最大)敏感标记，静态分配给主体的敏感标记属于此列，Lo 是客体的敏感标记，Lc 是主体的当前敏感标记，动态分配给主体的敏感标记属于此列，Lc 不能大于 Ls.

进程的敏感标记在进程被创建时确定。用户注册时，因注册而产生的进程的敏感标记由用户在允许范围内选定，可选敏感标记不能大于用户、用户属组及终端的敏感标记(终端敏感标记不大于主机敏感标记)。已存在的客体或主体的敏感标记可由安全管理员设置，新建客体(包括进程)的敏感标记通常等于创建该客体的进程的敏感标记，对于新建目录，可以在允许范围内选定大于创建它的进程的敏感标记。

RS-Linux 中的客体层次关系体现在目录层次关系上，在此，一个客体中可以包含多个其他客体，这些客体可能具有不同的敏感标记。一个主体与一个客体的敏感标记相等时，主体可以在客体中创建新的客体，新客体的敏感标记可大于或等于父客体的敏感标记。

BLP 模型着眼于防止敏感信息的泄漏，解决信息的保密性问题。与 BLP 模型形式相似但思想不同的 Biba 模型则主要针对敏感信息的非授权修改，解决信息的完整性问题。Biba 模型通过主体和客体的完整性标记防止主体对客体作非授权的修改。RS-Linux 的 IAC 实现 Biba 模型的 low-water-mark 完整性政策支持。

3) 性能影响测算

开发者通过实验方法测算 RS-Linux 的安全机制产生的性能负面影响。

理论分析和实验结果都表明，服务请求的处理开销是随着路径名的深度增加的。但资源访问的开销并非完全随着路径名深度的增加而增加，而是出现波动现象，这显示出系统其他方面的影响(如文件在磁盘文件系统中的存放方式和系统调度方法等)会比安全相关服务请求的处理开销的增长具有更大的权重，这潜在地降低了服务请求处理开销的增长对系统性能的影响程度。

根据估算，RS-Linux 引起系统性能的下降大致在 9 %～17 %的范围内。通常，系统中路径名深度超过 10 层的并不多；深度在 10 层以内的性能影响的平均约为 11%，保守一点计算，以这个值与这个深度范围内的最大值再求算术平均，结果约为 12%；这样，性能影响大致在 12%左右，读取一个约 1M 的文件所增加的开销在千微秒的数量级内，这基本上是可以接受的。当然，安全机制的结构和处理算法等方面也有待于改进，以进一步控制安全系统引起的系统性能的下降程度。

从系统结构设计可知，RS-Linux 在内核中主要通过引进安全判定部分实现对安全功能的支持，安全判定是引起性能下降的主要因素。这里的实验主要是基于这方面的考虑估算

RS-Linux 相对于 Linux 的性能下降程度。

3. 兼容性问题

Linux 中的基本访问控制机制是基于拥有者、属组和其他人的自主访问控制，新的安全机制的引入不能与原有机制冲突。在 RS-Linux 中，当 SD 子系统中的所有安全政策支持机制处于非工作状态时，系统的安全职能与原系统等同。政策支持机制处于工作状态时，所有各个政策支持机制连同原有粗粒度 DAC 机制协同作用，MAC 和 IAC 条件首先依次被判断。

本 章 小 结

本章从介绍计算机系统安全出发，给出了操作系统安全和相关基本概念的定义；接着介绍了国内外主要的 5 种计算机系统安全评估标准，包括 TCSEC、ITSEC、CC、CTCPEC 和 GB/T 18336-2001；重点介绍了操作系统中常用的 9 种保护机制，包括标识与鉴别、访问控制、监控与审计、存储保护、运行保护、I/O 保护、加密、恶意代码、备份与容错、隐通道分析与处理；然后介绍了 5 种流行的安全模型，包括 Bell-LaPadula 模型、Biba 模型、Clark-Wilson 模型、中国墙模型、RBAC 模型；再给出了操作系统安全体系结构的定义，并介绍了 FAM 框架、Flask 体系两种主要的安全体系结构；最后介绍了三种常见的安全操作系统：SE-Linux、EROS 和红旗安全 Linux。

拓展阅读环节：

1）Andress S. Tanenbaum, Albert S. Woodhull. Modern Operating Systems（4th Edition）: 3 Memory Management. Pearson, 2014.

2）斯托林斯（William Stallings）. 操作系统：精髓与设计原理. 陈向群，陈渝，译. 北京：电子工业出版社，2012.

3）卿斯汉，等. 操作系统安全. 2 版. 北京：清华大学出版社，2011.

习　　题

1. 影响一个计算机系统安全的特性主要有哪些？
2. 操作系统安全的原则有哪些？
3. 计算机系统安全评估的标准有哪些？
4. 常见的操作系统安全机制有哪些？
5. 存取控制表和权能表的主要差别是什么？
6. 描述两种主要的安全模型？
7. 解释操作系统安全体系结构？

实　　验

在老师指导下，使用某种工具软件，扫描你所用的计算机中操作系统方面的漏洞及不安全因素，并尝试找出解决办法。

第 9 章　新型操作系统

知识要点：主要包括了解常见的嵌入式操作系统和分布式操作系统两方面。常见的嵌入式操作系统包括EOS、微软嵌入式操作系统、嵌入式 Linux 与 Android、TinyOS 和 VxWorks 等；常见的分布式操作系统包括多核操作系统、客户机/服务器计算模型、集群系统和 MapReduce 计算模型等。

预习准备：回想生活中可能接触和使用到的嵌入式操作系统与分布式操作系统，进行一些深入了解，思考这两类操作系统的特性以及与个人操作系统的区别。

兴趣实践：利用拥有的嵌入式设备、移动设备或模拟器，完成一个小程序的开发与运行；采用多人协作的方式，利用多个同学的个人计算机构建一个分布式的计算系统。

探索思考：思考你所认为的移动设备与嵌入式操作系统发展方向，并与所了解的行业巨头的进展进行比较；思考分布式操作系统可能应用的方向，探讨当前分布式操作系统还存在的问题。

当前计算机系统向小型化和大型化两个不同的方向飞速发展，本章主要介绍一些相对新型的操作系统，包括嵌入式操作系统和分布式操作系统两大类，最后介绍了云计算和大数据中非常重要的虚拟化技术。

9.1　嵌入式操作系统

施乐公司 PaloAlto 研究中心主任 Mark Weiser 认为：“从长远来看，PC 机和计算机工作站将衰落，因为计算机变得无处不在，在墙里、在手腕上、在手写电脑中(像手写纸一样)等，随用随取，伸手可及。”目前全世界的计算机科学家正在形成一种共识：计算机将变得小巧玲珑、无处不在。它们藏身在任何地方，又消失在所有地方，功能强大，却又无影无踪。人们将这种思想命名为“无处不在的计算机”。这些无处不在的计算机是彼此互联的，而且计算机与使用者的比率达到甚至超过 100∶1。无处不在的计算机包括通用计算机和嵌入式计算机系统，在 100∶1 的比例中，95%以上都是嵌入式计算机系统，并非通用计算机。嵌入式计算机系统在应用数量上远远超过了各种通用计算机。

一台通用计算机的外部设备中就包含了 5～10 个嵌入式微处理器，如键盘、鼠标、软驱、硬盘、显示卡、显示器、Modem、网卡、声卡、打印机和扫描仪等。通用计算机是具有通用计算平台和标准部件的“看得见”的计算机，如 PC 机、服务器、大型计算机等。其硬件一般包括主机、存储设备(软盘、硬盘、光驱等)及标准的计算机外部设备等，如显示设备、输入设备(键盘、鼠标等)和联网设备等。此外通用计算机既可作为开发平台，又可作为运行平台，且应用程序可按用户需要随时改变，即重新编制。

嵌入式计算机系统一般只是运行平台，不能独立作为开发平台。它们不能被用户编程，有一些专用的 I/O 设备，对用户的接口也是专用的。不严格地说：嵌入式计算机系统是任意包含可编程计算机的设备，但这种设备不是作为通用计算机而设计的，比如 PC 可以用于搭建嵌入式计算机系统，但 PC 不能称为嵌入式计算机系统。通常将嵌入式计算机系统简称为嵌入式系统。

9.1.1 EOS 简介

随着微处理器性能的提高，嵌入式软件的规模也发生指数型增长。32 位芯片将能够执行由上百万行 C 代码构成的复杂程序，使得嵌入式应用具备高度复杂和智能化的功能。软件的实现从某种意义上说决定了产品的功能，已成为新产品成功与否的关键因素，因此嵌入式系统已大量采用嵌入式操作系统。嵌入式操作系统的功能不断扩大和丰富，从 20 世纪 80 年代只有内核，到目前已发展为包括内核、网络、文件、图形接口、嵌入式 JAVA、嵌入式 COBRA 及分布式处理等丰富功能的集合。嵌入式操作系统在嵌入式软件中的作用越来越大，所占的比例逐步提高，从最初的 10% 左右，到 20 世纪 90 年代初期占 30%左右，20 世纪 90 年代中期 60%，20 世纪 90 年代后期已是 80%左右。

嵌入式系统是使用特定嵌入式软件完成特定功能的计算机系统，嵌入式操作系统作为软件的组成部分，为嵌入式软件的开发和运行提供良好的环境。嵌入式操作系统具有模块化、可升级、可配置、小内存损耗、CPU 支持、设备驱动等特性。

9.1.2 微软嵌入式操作系统

微软嵌入式产品 MSEmbed，尤其是微软嵌入式操作系统，与普通 OS 并没有本质上的区别。从某种程度上说，微软嵌入式操作系统，就是根据环境的需求，将普通的 OS 进行定制和精简，从而形成符合应用环境需求的、特定的系统。

微软从 1996 年发表嵌入式实时操作系统 Windows CE(简称 WinCE)第一个版本，到目前为止，可以看到有两个主要嵌入式操作系统品牌。其一是针对移动终端的操作系统 Windows Mobile，在 5.0 版本之前，Windows Mobile 分为针对智能手机的版本 Windows Mobile for SmartPhone、针对 PDA 手机的版本 Windows Mobile for Pocket PC Phone 和针对 PDA 的版本 Windows Mobile for Pocket PC。其二是微软的嵌入式操作系统平台 Windows Embedded ，这个平台目前包括微软核心的 WinCE, 它可以支持各种便携设备和广泛的嵌入式应用。嵌入式 XP 名为 Windows Embedded XP(简称 XPE)，是模块化的 XP 版本，支持各种嵌入式应用。嵌入式 POS 系统名为 Windows Embedded for POS(简称 WEPOS)，是一个专门为零售终端定制的嵌入式 XP 版本。

微软这些嵌入式操作系统里面实际上只有两个内核。一个是 WinCE 内核，包括 Windows Mobile 也是使用这个内核，目前 Windows Mobile 5.0 和 6.0 版本使用的都是 WinCE 5.x 版本的内核。该版本在 2004 年推出，是目前广泛使用的一个产品。WinCE 目前的最新版本是 6.0，于 2006 年年底正式发布。另外一个内核是 XPE 和 WEPOS 使用的 Windows XP 的核心。因此 WinCE 和 Windows Mobile 是具有硬实时的嵌入式操作系统，目标是移动和通用的嵌入式设备，如手机、导航、PMP、机顶盒、工业控制设备和医疗仪器等。Windows Embedded XP 是一个非实时的可以嵌入的操作系统，目标是瘦客户机、零售机器、工厂生产线控制和技术外设存储和显示设备。另外，微软最新推出的.NET Micro Framework 是针对微型设备和单片机市场的一个新产品，它补偿 WinCE 不能支持的更小型的嵌入式应用。

WinCE 是一款典型的嵌入式操作系统，具有层次化和模块化的体系结构。WinCE 分为硬件、OEM(委托制造)、操作系统和应用软件四个清晰的层次，其中，硬件层即 WinCE 可以支持不同的微处理器和外设，如 x86、ARM、XScale 等；OEM 层是指引导程序(boot loader)、设备驱动等；操作系统层是内核模块、图形模块、文件和存储模块、设备管理和加载系统的服务模块组成；应用软件层是 WinCE 自身的应用软件，如 MS Office、Media Player、IE 和第三方应用软件。应用软件层和操作系统层有一个 Win32 本地 API 和基于.NET Compact Framework 的被管理代码。

WinCE 是微内核操作系统，这是目前嵌入式操作系统都在使用的先进的内核技术，当前 VxWorks、QNX 和最新的 L4 内核都实现了微内核技术。微内核是指在内核里面只实现一些基本服务，如进程调度、进程间通信和中断处理等，其他的服务和功能都放在内核外。微内核的好处是易于移植到不同的处理器和硬件平台，内核外的服务如设备驱动和文件管理模块运行在不同的地址空间，这样相较于整个系统都是平板结构的实时内核(如 uc/os-II、nucleus、threadx)要更加安全和可靠。微内核的核心也非常小巧，一般几 K 到几十 K 字节。当然事物永远是辨证的两个方面，微内核系统因为要经常在内核态和用户态之间转换，所以系统的某些性能和实时响应能力可能要比平板结构的实时内核要低(不同的性能指标取决于不同的微内核系统的设计)。

与 Windows 一样，WinCE 的每个运行程序都是一个进程，WinCE 5.0 版本支持 32 个进程，每个进程有 32M 的虚拟地址空间，WinCE 6.0 则可以支持 3.2 万个进程，每个进程有 2G 的虚拟地址空间。WinCE 是一个基于抢占的多线程操作系统。在线程这一级，WinCE 可以实现嵌入式操作系统任务的调度、通讯、同步功能。为了支持可以抢占的硬实时调度，WinCE 已经实现了优先级反转机制(priority inversion)。6.0 版本的 WinCE 内核相较以前的 5.0 有了很大的改进，重要的一点就是把一部分关键文件、图形管理和驱动程序放到内核里面，好处是减少了模块在用户态和内核态切换的开销，还减少了应用程序访问这些模块调用的开销。

2012 年微软发布了 Windows Embedded 8 和 Windows Embedded Compact 2013，将桌面系统和嵌入式操作系统统一了起来，以 Windows 8 操作系统为核心，并将操作系统的功能元件化，企业可选择不同的功能元件，将原有的 Windows 系列操作系统，组成小型电脑装置或特殊产业装置适用的嵌入式操作系统，并支持 ARM 架构的芯片。对微软来说 Windows 8 是个人计算机版的产品，而 Window Phone 8 则是专为智慧型手机所设计的，而其他各类智慧型装置，就都是微软 Window Embedded 8 操作系统的使用范围。与 Windows 8 操作系统不同的是，Windows Embedded 8 可依照使用者的应用需求，以扩充元件的方式组合不同的操作系统功能。Windows Embedded 8 能在操作系统层提供触控操作，未来会更优化新界面的触控操作。Windows Embedded 8 也同样支持 HTML 5 网页开发技术和.NET 开发框架，企业在开发应用程序时，可以使用同一套程序框架来开发，开发者只要依据嵌入式设备屏幕规格来设计系统介面即可，通过调整屏幕画面的大小等设定就可以跨不同类型设备使用同一套应用系统。

9.1.3 嵌入式 Linux 与 Android

嵌入式 Linux 与普通 Linux 本质上并没有区别，PC 用的硬件嵌入式 Linux 几乎都支持，各种硬件的驱动程序源代码都可以得到，这为用户编写自己的硬件驱动提供了方便。嵌入式 Linux 开发不需要专门人员，只要懂 Unix/Linux 和 C 语言即可，这使得软件的开发和维护成本很低。Linux 内核精悍，运行所需资源少，十分适合嵌入式系统。Linux 从产生就是一个开源和免费系统，并且始终遵循源代码开放原则，是一个成熟和稳定的网络操作系统。Linux 作为嵌入式操作系统有如下优势。

(1) 低成本开发系统：Linux 源码允许任何人获取并修改，这大大降低了产品开发成本，也提高了开发效率，并且还能在 Linux 社区中获得支持。

(2) 可应用于多种硬件平台：Linux 可支持 x86、PowerPC、ARM、XSCALE、MIPS、SH、68K、Alpha 和 SPARC 等多种体系结构，并且已经被移植到多种硬件平台。Linux 采用一个统一的框架多硬件进行管理，从一个硬件平台转换到另一个硬件平台不需要改动上层应用。

(3) 可定制的内核：Linux 可根据用户需求实时插入或移除内核模块，从而根据嵌入式设备的个性需求动态定制系统。Linux 内核最小可以到 150KB 一下，非常适合嵌入式领域资源受限的应用。

(4) 性能优异：Linux 系统精简、高效和稳定，从而能充分发挥硬件的功能，拥有更高的运行效率，具有占用资源少、运行稳定和速度快等特性。

(5) 良好的网络支持：Linux 实现了 TCP/IP 协议栈，它的内核结构在网络方面是非常完整的，并能提供包括十兆、百兆和千兆的以太网，以及无线网络、令牌环和光纤甚至卫星的支持，这对嵌入式设备提供了良好的网络支持。

Android (安卓) 是一种基于 Linux 的自由及开放源代码的操作系统，最初由 Andy Rubin 开发，主要支持手机，2005 年 8 月由 Google 收购注资，2007 年 11 月 Google 与 84 家硬件制造商、软件开发商及电信营运商组建开放手机联盟共同研发改良 Android 系统，随后 Google 以 Apache 开源许可证的授权方式发布了 Android 的源代码。使用 Android 操作系统的第一部 Android 智能手机发布于 2008 年 10 月，并逐渐扩展到平板电脑及其他领域上，如电视、数码相机、游戏机等，目前主要使用于移动设备如智能手机和平板电脑。2011 年第一季度 Android 在全球的市场份额首次超过塞班系统，跃居全球第一。2012 年 11 月数据显示 Android 占据全球智能手机操作系统市场 76%的份额，中国市场占有率为 90%。

Android 的系统架构和其操作系统一样，采用了分层的架构。Android 分为四个层，从高层到低层分别是应用程序层、应用程序框架层、系统运行库层和 Linux 内核层。

1) 应用程序层

Android 会同一系列核心应用程序包一起发布，该应用程序包括客户端、SMS 短消息程序、日历、地图、浏览器和联系人管理程序等。所有的应用程序都是使用 JAVA 语言编写的。

2) 应用程序框架层

开发人员也可以完全访问核心应用程序所使用的 API 框架。该应用程序的架构设计简化了组件的重用，任何一个应用程序都可以发布它的功能块并且任何其他的应用程序都可以使用其所发布的功能块(不过需要遵循框架的安全性)。同样，该应用程序重用机制也使用户可以方便地替换程序组件。隐藏在每个应用后面的是一系列的服务和系统，其中包括如下几个。

(1) 丰富而又可扩展的视图(Views)，可以用来构建应用程序， 它包括列表(Lists)，网格(Grids)、文本框(Text boxes)、按钮(Buttons)，甚至包括可嵌入的 Web 浏览器。

(2) 内容提供器(Content Providers)，使得应用程序可以访问另一个应用程序的数据(如联系人数据库)，或者共享它们自己的数据。

(3) 资源管理器(Resource Manager)，提供非代码资源的访问，如本地字符串，图形，和布局文件(Layout files)。

(4) 通知管理器(Notification Manager)，使得应用程序可以在状态栏中显示自定义的提示信息。

(5) 活动管理器(Activity Manager)，用来管理应用程序生命周期并提供常用的导航回退功能。

3) 系统运行库层

Android 包含一些 C/C++库，这些库能被 Android 系统中不同的组件使用，通过 Android 应用程序框架为开发者提供服务。以下是一些核心库。

(1) 系统 C 库是一个从 BSD 继承来的标准 C 系统函数库，它是专门为基于 Embedded linux 的设备定制的。

(2) 媒体库是基于 PacketVideo OpenCORE，该库支持多种常用的音频、视频格式回放和录制，同时支持静态图像文件。编码格式包括 MPEG4、H.264、MP3、AAC、AMR、JPG、PNG。

(3) Surface Manager 是对显示子系统的管理，并且为多个应用程序提供了 2D 和 3D 图层的无缝融合。

(4) LibWebCore 是一个最新的 Web 浏览器引擎，支持 Android 浏览器和一个可嵌入的 Web 视图。

4)Linux 内核层

Android 运行于 Linux kernel 之上，但并不是 GNU/Linux。因为在一般 GNU/Linux 里支持的功能，Android 大都没有支持，包括 Cairo、X11、Alsa、FFmpeg、GTK、Pango 及 Glibc 等都被移除掉了。Android 又以 Bionic 取代 Glibc、以 Skia 取代 Cairo、再以 opencore 取代 FFmpeg。Android 为了达到商业应用，必须移除被 GNU GPL 授权证所约束的部分，如 Android 将驱动程序移到用户态空间(Userspace)，使得 Linux driver 与 Linux kernel 彻底分开。Bionic/Libc/Kernel/ 并非标准的 Kernel header files。Android 的 Kernel header 是利用工具由 Linux Kernel header 所产生的，这样做是为了保留常数、数据结构与宏。

9.1.4 TinyOS

TinyOS 是 UC Berkeley(加州大学伯克利分校)开发的开放源代码操作系统，专为嵌入式无线传感网络设计，操作系统基于构件(component-based)架构使得快速更新成为可能，而这又减小了受传感网络存储器限制的代码长度。它同时也是 UC Berkeley 和 Intel Research 合作的结果，目前已出现 TinyOS 联盟。

TinyOS 应用程序是用 NesC 编写的，它是 C programming language 的一个分支，对于无线传感网络内存限制问题作了优化。它的补充工具主要来自于 Java 形式和 shell script 的 front-ends，以及 C 编写的 NesC 编译器和 Atmel AVRbinutils toolchains。

TinyOS 采用了组件的结构，它是一个基于事件的系统。其设计的主要目标是代码量小、耗能少、并发性高、鲁棒性好，可以适应不同的应用。完整的系统由一个调度器和一些组件组成，应用程序与组件一起编译成系统。组件由下到上可分为硬件抽象组件、综合硬件组件和高层软件组件，高层组件向底层组件发出命令，底层组件向高层组件报告事件。调度器具有两层结构：第一层维护着命令和事件，它主要是在硬件中断发生时对组件的状态进行处理；第二层维护着任务（负责各种计算），只有当组件状态维护工作完成后，任务才能被调度。 TinyOS 的组件层次结构就如同一个网络协议栈，底层的组件负责接收和发送最原始的数据位，而高层的组件对这些数据位进行编码、解码，更高层的组件则负责数据打包、路由和传输数据。

TinyOS 提供任务加事件的两级调度。任务一般用于对时间要求不高的应用中，它实际上是一种延迟计算机制。任务之间互相平等，没有优先级之分，所以任务的调度采用简单的 FIFO。任务间互不抢占，而事件（大多数情况下是中断）可抢占，即任务一旦运行，就必须执行至结束，当任务主动放弃 CPU 使用权时才能运行下一个任务，所以 TinyOS 实际上是一种不可剥夺型内核。内核主要负责管理各个任务，并决定何时执行哪个任务。TinyOS 的任务队列如果为空，则进入极低功耗的 Sleep 模式。当被事件触发后，在 TinyOS 中发出信号的事件关联的所有任务被迅速处理。当这个事件和所有任务被处理完成，未被使用的 CPU 被置于睡眠状态而不是积极寻找下一个活跃的事件。TinyOS 调度模型有以下特点。

(1) 任务单线程运行到结束，只分配单个任务栈，这对内存受限的系统很有利。

(2) 没有进程管理的概念，对任务按简单的 FIFO 队列进行调度。对资源采取预先分配，且目前这个队列里最多只能有 7 个待运行的任务。

(3) FIFO 的任务调度策略是电源敏感的。当任务队列为空时，处理器休眠，随后由外部事件唤醒 CPU 进行任务调度。

(4) 两级的调度结构可以实现优先执行少量同事件相关的处理，同时打断长时间运行的任务。

(5) 基于事件的调度策略，只需少量空间就可获得并发性，并允许独立的组件共享单个执行上下文。同事件相关的任务集合可以很快被处理，不允许阻塞，具有高度并发性。

(6) 任务之间互相平等，没有优先级的概念。

9.1.5 VxWorks

VxWorks 操作系统是美国 WIND RIVER 公司于 1983 年设计开发的一种嵌入式实时操作系统(RTOS)，是嵌入式开发环境的关键组成部分。因其良好的持续发展能力、高性能的内核以及友好的用户开发环境，使它在嵌入式实时操作系统领域占据一席之地。另外，它良好的可靠性和卓越的实时性被广泛地应用在通信、军事、航空、航天等高精尖技术及实时性要求极高的领域中，如卫星通讯、军事演习、弹道制导、飞机导航等，甚至在 1997 年 4 月登陆火星表面的火星探测器上也使用到了 VxWorks。VxWorks 的主要部件包括如下几个。

(1) 高性能的微内核 Wind：具有快速多任务切换、抢占式人物调度、任务间通信手段多样化等特性，拥有任务切换时间短、中断延迟小、网络流量大等特点，相比其他嵌入式实时操作系统具有一定优势。Wind 使用中断驱动和基于优先级的调度方式，缩短了上下文切换的时间开销和中断时延，此外还包含任务挂起、继续、删除、延时或者改变优先级的功能。Wind 提供信号量作为任务间同步和互斥的机制，包含二进制、计数、互斥和 POSIX 信号量，并提供了消息队列、管道、套接字和信号等进程间通信机制。

(2) I/O 系统：VxWorks 提供了一个快速、灵活与 ANIS C 兼容的 I/O 系统，包括与 UNIX 标准的缓冲 I/O 和 POXIS 标准的异步 I/O。

(3) 文件系统：VxWorks 提供了一个快速文件系统，包括几种支持块设备的本地文件系统，这些设备使用一个标准的接口，使得文件系统能灵活地在设备驱动程序上移植，此外 VxWorks 也支持 SCSI 磁盘设备，一个单独的 VxWorks 系统上还可以同时并存几个不同的文件系统。同时 VxWorks 将数据文件、外部设备都统一为文件处理，使得它们在用户面前有相同的语法定义和保护机制，简化了系统设计也便于用户使用。

(4) 板级支持包 BSP：对各种板子的硬件功能提供了统一的软件接口，实现了硬件初始化、中断产生和处理、硬件时钟和计时器管理、局域和总线内存地址映射、内存分配等，每个板级支持包括一个 ROM 启动和其他启动机制。

(5) 网络设施：VxWorks 提供了对 TCP/IP 和其他网络的透明访问，包括 BAD 套接字兼容的编程接口、远程过程调用、SNMP、远程文件访问以及 BOOTP 和 ARP 代理。

(6) 先进的系列网络模块：VxWorks 内的 WindNet 是先进的、系列的网络模块，它扩展了 VxWorks 的网络特性并增强了嵌入式处理器的网络特性。

(7) 虚拟内存和共享内存：VxVMI 为带有 MMU 的目标板提供了虚拟内存机制，VxMP 提供了共享信号量、消息队列和不同处理器之间共享内存机制。

(8) 目标代理：遵循 WBD 协议，允许目标机和主机上的 Tornado 开发工具相连，以 VxWorks 的一个任务的形式运行。Tornado 目标服务器向目标代理发送调试请求，调试请求通常决定目标代理对系统中其他任务的控制和处理。

(9) 实用库：VxWorks 提供了一个使用例程的扩展集，包括中断处理、开关定时器、消息登录、内存分配、字符扫描、线缓冲和环缓冲、链表管理和 ANSI C 标准。

(10) 基于目标机的工具：在 Tornado 开发系统中，开发工具驻留在主机上，同时也可根据需要将基于目标机的 Shell 和转载/卸载模块加入 VxWorks。

9.1.6　嵌入式操作系统的发展方向

嵌入式操作系统毕竟不是桌面系统，用户需求的差异和环境差异很大，平台的变化也多，用户的选择余地就大。在一些网站上提供了第三方的评测报告以及嵌入式的成熟应用。下面仅对目前国内嵌入式系统比较流行的嵌入 Linux、VxWorks 和微软嵌入式操作系统进行分析。

在最近结束的 LinuxWorld China 2007 大会上，Linux 基金会执行总监 Jim Zemlin 展望未来时再次强调，嵌入式和移动应用是除标准、虚拟计算和桌面外的一个重要的发展领域。比较微软和其他的嵌入式操作系统，Linux 和嵌入式 Linux(经过嵌入式优化的 Linux 商业和非商业版本)的优势在于如下几点：

(1)开放性，Linux100%源代码公开。

(2)广泛性和成功的开发模式，全球化的社区开发和维护方式已经被验证是一种高效率和成功的软件开发模式。

(3)各种 CPU 和最新的硬件器件和系统的支持。

(4)丰富的开源资源和第三方应用软件。

Linux 存在如下几个缺点：

(1)实时性。Linux 本身并不是为嵌入式系统而设计的，从操作系统系统结构设计偏重于可靠性和网络的效率，虽然商业嵌入式 Linux 公司如 MontaVista 在 2.4 内核上实现了可抢占的实时调度，开源社区也有了 2.6RT 补丁，但是比 WinCE 和 VxWorks 的实时性都略逊一筹。

(2)开发工具。Linux 的开发工具一直是一个软肋，从开源社区分工讲，内核和工具链是两个完全独立的部分，内核的开发和维护人员主要依赖于命令行工具。可喜的是，开源的 Eclipse 框架已经成为包括嵌入式 Linux 在内的传统嵌入式操作系统的集成开发环境(IDE)，基于 Eclipse 的商业嵌入式软件如 DevRocket、Workbench 和 Linuxscope 也正在成熟。但是相对微软的 Visual Studio 2005，应该说中国的用户更加熟悉微软的开发工具。

(3)完整的应用软件方案。嵌入式系统要求的是有针对性的应用软件方案，嵌入式 Linux 虽然已经有完整的操作系统组件，但是缺少针对具体应用的软件方案。举个智能手机的例子，微软的 Windows Mobile for SmartPhone 基本含有了手机硬件驱动(BSP)、内核、TCP/IP、文件系统基本组件、手机软件和多媒体办公软件等丰富的应用软件，这些基本涵盖了整个智能手机所需要的全部软件。但是相比较而言，嵌入式 Linux 的方案就显得单薄多，虽然借助于包括 Trolltech(奇趣)的 qtopia 在内的手机应用软件或者 Access 的整套手机 Linux 软件方案，Linux 手机软件仍缺少完整性和成熟性，这点对于包括中国手机企业在内的二、三线的手机制造和设计公司带来一定的压力。

(4)商业化产品和服务。相比微软，Linux 和嵌入式 Linux 的商业公司规模小而且没有标准化，虽然社区具有丰富的开发和创意的资源，但是社区没有义务提供商业的服务和承诺。

VxWorks 是传统嵌入式操作系统中的佼佼者，特别是在通信、国防和工业控制领域具有较强的优势。VxWorks 是基于微内核技术的实时内核，从设计和实际的使用情况看，完全可以满足硬实时性的要求，这点较 Linux 有较强的优势。相比于微软嵌入式操作系统，VxWorks 的实时性要更好一点，设备管理和驱动要简练和高效些。VxWorks 6.1 的版本之后还提供基于 MMU 内存保护和错误管理的机制(目前 WinCE 和. NET Micro Framework 还不支持)，使系统的可靠性更有保证。VxWorks 系统的配置灵活，代码尺寸相比 WinCE 和 Linux 要小得多，基本系统甚至比. NET Micro Framework 还要小，这样适合更低配置和成本要求的嵌入式设备。

VxWorks 的网络功能强大，风河公司和第三方都有大量的网络协议和应用软件支撑，

VxWorks 的 API 是 POSIX 兼容，这样通信行业的标准代码就很容易移植进来了(Linux 有相同的特点)。相反这是微软嵌入式操作系统的一个弱点，当然我们也看到微软从 WIN 10 开始已经准备免费操作系统，但与操作系统开源还有很大的区别。

但是，VxWorks 在消费电子和手持移动设备方面的应用比微软操作系统甚至 Linux 都相对少得多，从技术和商业层面看，主要是这样几个原因：

(1) VxWorks 是从内核发展成为一个比较完整的嵌入式 OS，但是 API 和图形系统并不十分标准和流行，单靠 VxWorks 自己的产品和松散的第三方资源还很难形成完整和公认的消费电子中间件。

(2) VxWorks 早期采用开发授权加上版税的方式收取费用，这种方式不能为强调成本控制的 OEM/ODM(委托制造/委托设计)厂商所接受，当前大部分 OEM/ODM 生产的家用无线网络产品多数都转到 Linux 平台，手机和 GPS 转到上市比较快的 Android 和微软嵌入式操作系统平台。OEM/ODM 不能接受为售价很低的无线路由器再支付哪怕是 1 美元(甚至更少)的版税了。

9.2　分布式操作系统

并行计算，意味着在任意时刻有多个线程(或者进程，下文统称线程)可以同时被调度运行。并行计算有两大分支：分布式计算和狭义的并行计算。其中，分布式计算基于松耦合的多计算机系统，计算机之间使用网络互联，每个计算机大多时候都是各自独立运行的；分布式计算技术利用特殊的软件将多计算机系统上的空闲计算资源充分地利用起来，以完成需要较大计算量的任务。而狭义的并行计算大多是基于紧耦合的多处理器系统，例如较早的对称多处理器(Symmetric Multi-Processor，SMP)系统。本节首先介绍针对多核处理器的操作系统，然后介绍面向松耦合多计算机的操作系统。

9.2.1　多核操作系统

随着计算机工业技术在器件方面从电子管发展到晶体管、集成电路，再到如今的(超)大规模集成电路，处理器技术及其处理速度和能力得到了飞速发展。然而，由于高集成度、功耗、发热量等问题，单处理器的速度达到了一定的极限，例如 Intel Pentium 4 已经达到了 3．8GHz 以上。与此同时，像大型数据库、Web 服务器之类的大型应用的发展也使得用户对计算机处理能力的需求越来越高，单纯的单处理器体系结构已无法在合理的性价比上满足用户需求，这对多核处理器的出现和发展提出了需求。

多核处理器指的是在一个体系结构上放置多个 CPU，而多核则指在同一块芯片(CPU)上放置多个核(core)，即执行单元。多核和多 CPU 的区别是多核结构更加紧凑，成本在同等执行单元数量的情况下更便宜、功耗更低。例如，具有两个执行单元的双核处理器就比使用两个处理器的多处理器结构便宜、紧凑、功耗低。为简单起见，人们现在将多处理器和多核结构统称为多核结构。多核技术的开端是所谓的双核。该概念最早由 IBM、HP、Sun 等支持 RISC 架构的高端服务器厂商提出，主要运用于服务器上，如 IBM 于 2001 年推出的双核 RISC 芯片 Power 4，HP 于 2004 年 2 月推出的 PA-RISC8800，Sun 于 2004 年 3 月推出的 UltraSPARC Ⅳ的双内核处理器。但让多核成为家喻户晓的技术名词则是在多核进入到 IA 阵营后。在 AMD 和 Intel 分别将多核引入到个人 PC 机后，多核技术迅速得到普及。随着 AMD 和 Intel 在多核技术上的大力研究和推进，多核技术已经从双核推进到 4 核、8 核甚至更高。而基于多核技术的计算机产品也已经比比皆是。芯片厂商期待这种多核结构能够改善整块芯片的处理能力，提升芯片的吞吐量，从而达到间接提升芯片性能的目的。

多核计算机的出现，打破了单核环境下的许多操作系统设计的正确性或可靠性。因此，为了适应多核环境所提出的新要求，也为了更好地利用多核技术提供的新方便，操作系统需要做出相应调整。要讨论多核环境下的操作系统所做的调整，需要知道多核环境和单核环境的不同之处在哪里。在 x86 体系结构下，多处理功能芯片经过了对称多处理结构、超线程结构、多核结构和多核超线程结构的 4 个演变阶段。

目前可见的多核操作系统有如下几种类型。

1. 每个处理核心具有一个私有操作系统

在这种类型中，各个操作系统之间是相互独立的，多处理器系统运行起来就像是多计算机系统一样，唯一的区别就在于：多处理器系统中的外设是指令级共享的。

从操作系统的代码和数据上看，假设有 n 个处理核心，则必须从内存中分配 n 块内存专用于存放各个操作系统的代码和数据。当这些处理核心的操作系统是同一款操作系统时，可以对操作系统代码所占用的空间进行优化：让这些操作系统共享一个代码备份，但是各自具有私有的数据。

从系统调用接口上看，每个操作系统中的进程在发生系统调用和异常时，都陷入各自的操作系统核心中进行处理。

从调度上看，各个操作系统之间的调度是相互独立的。每个操作系统维护自己的就绪队列、等待队列等调度相关数据。进程在一个操作系统的范围内创建、执行、阻塞、挂起、撤销。当负载不平衡时，可以像网络操作系统或者分布式操作系统中那样进行负载平衡。

从物理内存管理的角度上看，各个操作系统之间也是相互独立的。每个操作系统只负责管理自己辖区内的内存。由于各个操作系统中的任务不同，有可能有的操作系统内存已经耗尽，而其他操作系统的内存仍然存在许多空闲。此时，无法在操作系统之间实现动态共享物理内存。

从文件系统的角度上看，由于硬件外设是共享的，因此各个操作系统之间共享存储在磁盘上的文件系统。此时，一个文件可能被多个操作系统中的进程共享。此时可以像网络操作系统或者分布式操作系统中那样共享文件。多个操作系统辖区内可能有文件的多个数据备份。由于没有有效利用多处理器系统和多核系统在体系结构上相比于多计算机系统的优势，这种类型的操作系统在多处理器系统和多核系统中基本上不用。

2. 主处理核心运行一个操作系统，其他处理核心只运行用户进程

在这种操作系统类型中，处理核心之间具有主从关系。主处理核心负责包括处理核心在内的所有资源的分配和调度。

从系统调用接口上看，所有的中断、异常和系统调用都将陷入主处理核心的操作系统核心中处理。

从调度上看，只有主处理核心上有操作系统负责调度。它统一管理系统中的所有处理

核心，决定在什么时候哪个进程在哪个处理核心上运行。

从物理内存管理的调度上看，只有主处理核心上有操作系统负责物理内存分配，它根据统一的原则在整个系统范围内根据进程的需求进行物理内存的分配和回收。

从文件系统的角度上看，只有主处理核心上有操作系统负责进行磁盘 I / O。尽管多个处理核心上的进程可能会共享同一个文件，但在整个系统中只有一个数据备份，按照主操作系统提供的同步和互斥机制进行有秩序的访问。

在这种类型的操作系统中，由于主处理核心会成为系统的性能瓶颈，只适用于具有较少处理核心的系统，因此也很少使用。

3. 对称多处理操作系统

在这种操作系统类型中，整个系统中只有一个操作系统，这个操作系统的代码和数据被所有的处理核心共享，每个处理核心都可以运行操作系统代码，管理系统资源和数据。

从系统调用接口上看，哪个处理核心上的进程发生了异常或系统调用，就由该处理核心陷入到操作系统核心中运行。

从调度上看，各个处理核心可以根据系统优化策略在整个系统范围内进行进程调度。此时系统中的就绪队列可以有两种组织方式：每个处理核心对应有一个局部就绪队列；整个系统有一个全局就绪队列。对于前者，一般存在两级调度：全局调度和局部调度。全局调度主要考虑进程参与哪个处理核心的局部就绪队列；局部调度仅考虑什么时候局部就绪队列上的哪个进程被调度执行。对于后者，每个处理核心在调度时机到来时，从共享的全局就绪队列中选择一个进程调度运行。

从物理内存管理和文件系统管理的角度上看，整个系统中只有一套代码和数据结构用来管理系统中的物理内存和文件系统，但每个处理核心都可以运行相关代码，都可以维护相关数据结构。

大多数支持多处理器和多核结构的操作系统都采用这种类型的操作系统。

9.2.2　客户机/服务器计算模型

客户机/服务器计算模型中基本组成部分是客户机和服务器。客户机通常是单用户 PC 或工作站，为终端用户提供良好的界面，通常采用图形化的 Windows、Linux 和 Macintosh 系统。客户机应用程序力求易于使用。服务器为客户机提供共享信息服务，最常见的是数据库服务器，服务器使得许多客户机共享对同一数据库的访问，利用高性能计算能力管理数据库。此外组成客户机/服务器计算环境的另一个重要因素是网络，客户机/服务器应用系统是分布式计算程序，用户、应用程序和资源按照实际业务的需求分散在各处，它们之间通过局域网、广域网或 Internet 连接起来。

客户机/服务器计算模型与传统的分布式处理有很大的不同，包括如下一系列特点：

(1) 在用户的本地系统上为该用户提供界面友好的应用程序，这样做可使系统具有更高的可靠性。这使得用户可以在很大程度上控制对计算机的使用方式和时间，并使得部门级管理者具有响应本地需求的能力。

(2) 尽管应用是分散开的，但仍然强调数据库的集中以及很多网络管理和使用功能的集中。这使管理者能够对计算信息系统的投资总额进行总体控制，并提供相互操作，以使多系统能够配合起来。同时，减轻了各部门和单位在维护这些复杂的计算机设施时的开销，使其能够选择自己需要的各种类型的机器和接口来访问那些数据和信息。

(3) 对于用户组织和厂商来说，他们有一个共同的承诺事项，即使系统开放和模块化。这意味着用户在选择产品和混合使用来自众多厂商的设备时具有很多选择。

(4) 网络互联是操作的基础，网络管理和网络安全在组织和操作信息系统中具有很高的优先权。

客户机/服务器计算模型也包括了如下一系列不同类型的应用：

(1) 基于主机的处理：基于主机的处理不是真正普遍认同的客户机/服务器计算模型。而且，基于主机的处理是指传统的大型机环境，这种情况下所有的处理都是在一台中心主机上完成的。与用户接口常常是通过一台哑终端，即使用户在使用的是一台微机，用户终端一般也仅限于充当终端仿真器。

(2) 基于服务器的处理：客户端主要负责提供网形化用户界面，所有的处理都在服务器上完成。这是典型的早期客户机/服务器计算模型的运行方式，常运用于部门级的系统。其基本原理是用户工作站适宜于提供良好的用户界面，而数据库和应用程序很容易在服务器上运行于维护。尽管用户获得了良好界面，但是这种方式不能在有效提高处理效率或系统支持的实际商业功能上有本质的改变。

(3) 基于客户的处理：所有应用的实际处理全部在客户端完成，除了最适合在服务器上执行的数据校验功能和其他数据库逻辑功能。通常一些比较复杂的数据库逻辑功能也位于客户端。这种结构是当今使用最普遍的客户机/服务器计算方式，它能更好地适应存在本地需求的应用。

(4) 合作处理：应用处理是以最优化的方式来执行的，充分利用了客户和服务器两方面的优势以及数据的分布性。从而在设置和维护方面更加复杂，但从长远来看，这种类型能为用户提供更高的生产效率和更高的网络效率。

通常可以将这四种类型分为胖客户端和瘦客户端两种方式。胖客户端方式最大的优点是能充分利用客户机的功能，分担服务器的处理任务，从而让服务器更有效，并且更不容易产生瓶颈；但存在对客户机要求高、网络传输量大和升级维护困难等问题。瘦客户端方式则更接近于传统以主机为中心的方式，方便将大型计算环境迁移到分布式环境中；但对服务器的要求高，服务器也容易出现瓶颈。此外还出现了三层结构模型，在客户机和服务器之间增加了中间层，作为客户机和服务器之间的网关，可以屏蔽两端差异，封装逻辑功能的实现，提高系统的灵活性。

9.2.3 集群系统

集群技术与对称多处理技术(SMP)相对来说是提高计算机系统性能和可用性的重要方法，可以将集群定义为一组互联的完整计算机，一起作为统一的计算资源而工作，给人以一台机器的感觉。集群中的计算机在离开了集群之后仍可以独立地运行。一般集群中的每台计算机都作为一个节点。

集群系统有如下四个方面的主要优点：

(1) 完全的可伸缩性：可以创建大型的集群，获得远远超过最大的独立计算机的计算能力。一个集群可以由几十台、几百台甚至成千上万台机器构成，每台机器都可以是多处理机。

(2) 增加的可伸缩性：向集群中添加节点时只需很小的额外工作，这使得用户可以在一个适度大小的系统上开始工作，当需求增加后可以方便的扩展系统。

(3) 高可用性：集群中每个节点都是独立的计算机，一个节点的故障并不意味着服务的失败，很多时候软件能够自动地进行容错处理。

(4) 卓越的性能价格比：使用普通的计算机来构建集群系统，能以非常低的价格，获得与一台大型计算机相同或比其更强大的计算能力。

集群可以按照不同的方法进行分类，常见的集群包括如下几类：

(1) 分离服务器集群：这是最简单地使用被动等待工作方式的集群，即让一台计算机进行所有的负载处理，而其他计算机则处于非活跃状态，一旦负担所有工作的主机出现故障，则由其他计算机接替；此时为了协调所有计算机，可以向等待的计算机周期性的发送心跳信息，当这些信息不再到达时就认为计算机发生了故障。一般来说，我们并不将采用被动等待工作方式的系统称为集群。

(2) 不共享磁盘的集群：此时集群中的计算机仅使用局域网进行连接，通过消息交换协调集群的行为，局域网可以是专用的互联网络，也可以是通用的网络设施。每个计算机之间没有共享的磁盘，由管理或调度软件将客户请求分派给计算机，达到负载平衡和获得较高使用率的目的。此外通过故障补救措施，在某台计算机发生故障时使用另外的计算机进行接替。这样数据就需要在计算机之间进行复制，这也会产生一定的开销。

(3) 共享磁盘的集群：集群内的计算机共享公共磁盘，每台计算机都有对磁盘上所有卷的访问权，此时需要上锁机制，以确保数据在某一时刻只能被一台计算机访问。

目前典型的集群包括 Linux 集群和 Windows 集群。

(1) Linux 集群：在 Linux 集群中最重要的软件是 Beowulf，它是 1994 年在 NASA 高性能计算和通信工程的资助下启动的，目前最重要的 Beowulf 软件是 www. Beowulf.org 上发布的 Beowulf 套件，同时其他一些组织也发布了相关的套件。Beowulf 可以工作在安装了 Linux 的工作站和 PC 集群中，每个节点都是一个独立的 Linux 系统，每个节点上的辅存可以被分布式访问，同时对 Linux 内核进行了扩展，使独立节点能够加入到多个全局名字空间中，通常 Beowulf 套件包括 Beowulf 分布式进程空间管理、Beowulf 网络通道绑定、Pvmsync 编程环境和 EnFuzion 工具组成。

(2) Windows 集群：一种不共享集群，每个磁盘卷和其他资源在某一时间都由单个系统拥有。在 Windows 集群中提出了组的概念，作为一个管理资源的单位，通常含有为运行特定应用程序所需所有元素以及由应用程序连接到的远程系统所提供的服务。组将资源组成了更大的易于管理的单位，对一个组进行操作，会自动影响组中所有的资源。资源采用动态链接库的形式来实现，同时通过资源监控器进行管理。Windows 集群通常包含节点管理器、配置数据库管理器、资源管理器、故障恢复管理器和事件处理器等组件。节点管理器负责维护节点在集权中的成员资格，通过定期向集群中其他节点发送心跳信息来维护集群中的节点。配置数据库管理器负责维护集权的配置信息，包括资源和组以及组中节点的归属信息，各个节点上的配置数据库管理器互相协作以维护信息的一致性。资源管理器负责对资源的分组，并启动相应的动作，还负责将故障系统中的资源组分布到其他活跃系统中去。故障恢复管理器负责在故障系统重启后决定是否将某些组移回到集群中。事件处理器处理公共操作并控制集群服务的初始化。

9.2.4 MapReduce 计算模型

随着互联网应用的快速发展，出现了大量不同于以往计算密集型的计算需求，部分应用的计算非常简单，但所处理的数据量非常巨大。例如 Google Earth 包含 70.5TB 的数据，其中 70TB 的原始图像和 500GB 的索引数据；中国移动全国每天的电话短信通联记录数据达到 500TB，而中国移动一个流量最大的省每天的通联记录数据可达到 65TB；阿里巴巴电子商务平台日处理数据量将达到 500TB，目前淘宝交易总数据量已经达到 1500PB；百度存储 100～1 000PB 数据，每日处理 10～100PB，存储 1 000～1 万亿网页，索引 100～1 000 亿网页；仅 2011 年，全世界产生 1.8ZB(1.8 万亿 GB)数据，相当于每位美国人每分钟写 3 条 Twitter，不停地写 2.7 万年；YouTube 每分钟有 13h 视频上传，每天数据 10TB 相当于好莱坞每周发行 57 000 部电影。

此外系统中可能包含很多应用程序，它们之间无法共享相关的数据。例如淘宝网后台设置约 15 万台服务器，服务于不同的应用系统；而不同应用系统的负载不同，忙闲不均；据淘宝网测算，如能在不同应用间合理调配计算资源，大约可省去 2/3 约 10 万台服务器，以每台 3 万元计算，可节省约 30 亿元。

图灵奖获得者 Jim Gray 在 2007 年提出数据密集型科学发现将成为科学研究的第四范式，指出科学研究方法的轨迹从实验科学发展到理论科学，再发展到计算科学，现在出现了数据科学。

MapReduce 是 Google 提出的一个软件架构，用于大规模数据集(大于 1TB)的并行运算。概念“Map(映射)”和“Reduce(化简)”，以及它们的主要思想，都是从函数式编程语言里借来的，还有从矢量编程语言里借来的特性。它们极大地方便了编程人员在不会分布式并行编程的情况下，将自己的程序运行在分布式系统上。 当前的软件实现是指定一个 Map(映射)函数，用来把一组键值对映射成一组新的键值对，指定并发的 Reduce(化简)函数，用来保证所有映射的键值对中的每一个共享相同的键组。它的结构如图 9-1 所示。

Map(映射)：一个映射函数就是对一些独立元素组成的概念上的列表(如一个测试成绩的列表)的每一个元素进行指定的操作(比如前面的例子里，有人发现所有学生的成绩都被高估了一分，他可以定义一个“减一”的映射函数，用来修正这个错误)。事实上，每个元素都是被独立操作的，而原始列表没有被更改，因为这里创建了一个新的列表来保存新的答案。因此 Map 操作是可以高度并行的，这对高性能要求的应用以及并行计算领域的需求非常有用。

Reduce(化简)：化简操作指的是对一个列表的元素进行适当的合并可以定义一个化简函数，通过让列表中的元素跟自己相邻的元素相加的方式把列表减半，如此递归运算直到列表只剩下一个元素，然后用这个元素除以人数，就得到了平均分。虽然化简不如映射函数那么并行，但是因为化简总是有一个简单的答案，大规模的运算相对独立，所以化简函数在高度并行环境下也很有用。

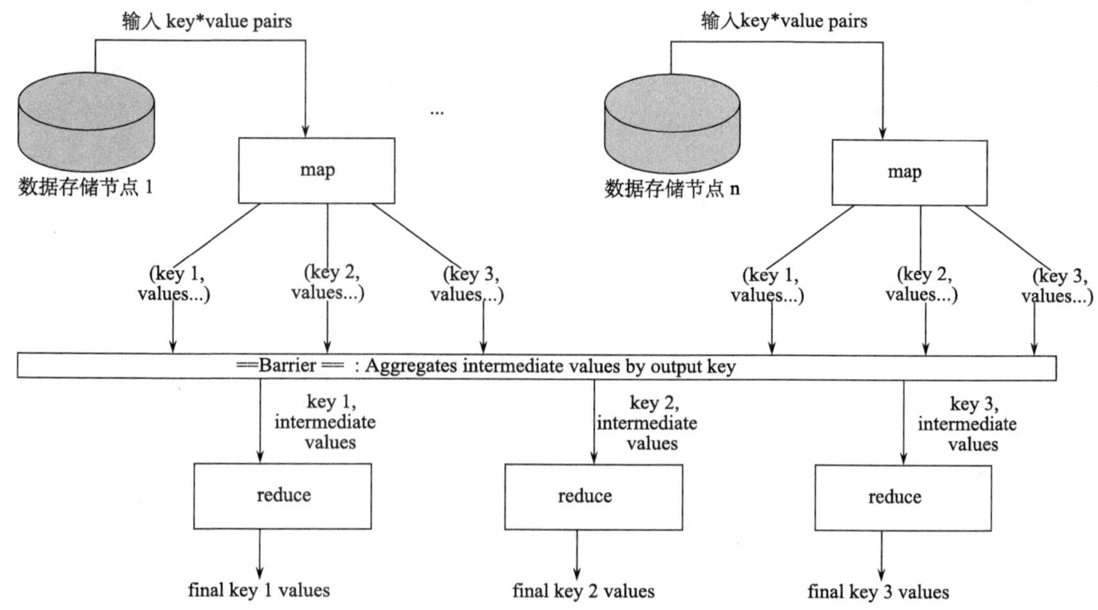

图 9-1　MapReduce 的结构

Map 表示对一个列表(List)中的每个元素做计算，Reduce 表示对一个列表中的每个元素做迭代计算。它们具体的计算是通过传入的函数来实现的，Map 和 Reduce 提供的是计算的框架。Reduce 既然能做迭代计算，那就表示列表中的元素是相关的，比如对列表中的所有元素做相加求和，那么列表中至少都应该是数值吧。而 Map 是对列表中每个元素做单独处理的，这表示列表中可以是杂乱无章的数据。在 MapReduce 里，Map 处理的是原始数据，自然是杂乱无章的，每条数据之间互相没有关系；到了 Reduce 阶段，数据是以 key 后面跟着若干个 value 来组织的，这些 value 有相关性，至少它们都在一个 key 下面，于是就符合函数式语言里 Map 和 Reduce 的基本思想了。我们可以把 MapReduce 理解为，把一堆杂乱无章的数据按照某种特征归纳起来，然后处理并得到最后的结果。Map 面对的是杂乱无章的互不相关的数据，它解析每个数据，从中提取出 key 和 value，也就是提取了数据的特征。经过 MapReduce 的 Shuffle 阶段之后，在 Reduce 阶段看到的都是已经归纳好的数据了，在此基础上我们可以做进一步的处理以便得到结果。

MapReduce 通过把对数据集的大规模操作分发给网络上的每个节点实现可靠性；每个节点会周期性地把完成的工作和状态的更新报告回来。如果一个节点保持沉默超过一个预设的时间间隔，主节点(类同 Google File System 中的主服务器)记录下这个节点状态为死亡，并把分配给这个节点的数据发到别的节点。每个操作使用命名文件的原子操作以确保不会发生并行线程间的冲突；当文件被改名的时候，系统可能会把它们复制到任务名以外的另一个名字上去。

Reduce 操作工作方式很类似，但是由于 Reduce 操作在并行能力较差，主节点会尽量把 Reduce 操作调度在一个节点上，或者离需要操作的数据尽可能近的节点上了；这个特性可以满足 Google 的需求，因为它们有足够的带宽，它们的内部网络没有那么多的机器。

目前 Google 的大量应用都基于 MapReduce 来开发，包括分布 grep、分布排序、Web 连接图反转、每台机器的词矢量、Web 访问日志分析、反向索引构建、文档聚类、机器学习、基于统计的机器翻译等。MapReduce 实现以后，它被用来重新生成 Google 的整个索引，并取代老的 ad hoc 程序去更新索引。MapReduce 会生成大量的临时文件，为了提高效率，它利用 Google 文件系统来管理和访问这些文件。

Phoenix 是斯坦福大学开发的基于多核/多处理器、共享内存的 MapReduce 实现。Nutch 项目开发了一个实验性的 MapReduce 的实现，也即后来大名鼎鼎的 Hadoop。

与分布式文件系统类似，Map/Reduce 的集群，也由三类服务器构成。其中作业服务器，在 Hadoop 中称为 Job Tracker，在 Google 论文中称为 Master。作业服务器是负责管理运行在此框架下所有作业的，它也是为各个作业分配任务的核心。与 HDFS 的主控服务器类似，它也是作为单点存在的，简化了负责的同步流程。具体的负责执行用户定义操作的，是任务服务器，每一个作业被拆分成很多的任务，包括 Map 任务和 Reduce 任务等，任务是具体执行的基本单元，它们都需要分配到合适的任务服务器上去执行，任务服务器一边执行一边向作业服务器汇报各个任务的状态，以此来帮助作业服务器了解作业执行的整体情况，以便分配新的任务。

除了作业的管理者执行者，还需要有一个任务的提交者，这就是客户端。与分布式文件系统一样，客户端也不是一个单独的进程，而是一组 API，用户需要自定义好自己需要的内容，经由客户端相关的代码，将作业及其相关内容和配置，提交到作业服务器去，并时刻监控执行的状况。

在 Hadoop 中，与 HDFS 的通信机制相同，Map/Reduce 也是用了协议接口来进行服务器间的交流。实现者作为 RPC 服务器，调用者经由 RPC 的代理进行调用，如此，完成大部分的通信、具体服务器的架构和其中运行的各个协议状况。与 HDFS 相比，相关的协议少了几个，客户端与任务服务器、任务服务器之间，都不再有直接通信关系。这并不意味着客户端就不需要了解具体任务的执行状况，也不意味着任务服务器之间不需要互相通信，由于整个集群各机器的联系比 HDFS 复杂得多，直接通信难以维系，所以都统一由作业服务器整理转发。任务服务器会生成一堆进程分别执行任务，这是由于任务的代码是用户提交的，数据也是用户指定的，存在把整个任务服务器进程锁死的风险。因此单独执行可以避免单个作业影响整个任务服务器的风险。

与分布式文件系统相比，Map/Reduce 框架的还有一个特点，就是可定制性强。文件系统中很多的算法，都是很固定和直观的，不会由于所存储的内容不同而有太多的变化。而作为通用的计算框架，需要面对的问题则要复杂很多，在各种不同的问题、不同的输入、不同的需求之间，很难有一种“包治百病的药能够一招鲜吃遍天”。作为 Map/Reduce 框架而言，一方面要尽可能地抽取出公共的一些需求，实现出来。更重要的是需要提供良好的可扩展机制，满足用户自定义各种算法的需求。Hadoop 是由 Java 来实现的，因此通过反射来实现自定义的扩展。在 JobConf 类中，定义了大量的接口，这基本上是 Hadoop Map/Reduce 框架所有可定制内容的一次集中展示。在 JobConf 中，有大量 set 接口接受一个 Class<? extends xxx>的参数，通常它都有一个默认实现的类，用户如果不满意，则可自定义实现。

9.3　虚拟化技术

虚拟化是一个广义的术语，在计算机方面通常是指计算元件在虚拟的基础上而不是真实的基础上运行。虚拟化技术可以扩大硬件的容量，简化软件的重新配置过程。如 CPU 的虚拟化技术可以单 CPU 模拟多 CPU 并行，允许一个平台同时运行多个操作系统，并且应用程序都可以在相互独立的空间内运行而互不影响，从而显著提高计算机的工作效率。

虚拟化技术与多任务以及超线程技术是完全不同的。多任务是指在一个操作系统中多个程序同时并行运行，而在虚拟化技术中，则可以同时运行多个操作系统，而且每一个操作系统中都有多个程序运行，每一个操作系统都运行在一个虚拟的 CPU 或者是虚拟主机上；而超线程技术只是单 CPU 模拟双 CPU 来平衡程序运行性能，这两个模拟出来的 CPU 是不能分离的，只能协同工作。

虚拟化技术也与 VMware Workstation 等同样能达到虚拟效果的软件不同，是一个巨大的技术进步，具体表现在减少软件虚拟机相关开销和支持更广泛的操作系统等方面。

虚拟化技术是将计算机物理资源如服务器、网络、内存及存储等予以抽象、转换后呈现出来，使用户可以用比原本的组态更好的方式来应用这些资源。这些资源的新虚拟部分不受现有资源的架设方式、地域或物理组态所限制。虚拟化技术包括：硬件虚拟化、虚拟机、虚拟内存、存储虚拟化、网络虚拟化、桌面虚拟化、数据库虚拟化、软件虚拟化和服务虚拟化等方面，其中主要包括计算虚拟化、存储虚拟化、网络虚拟化、桌面虚拟化和应用程序虚拟化等主要技术。

计算虚拟化是一种用来向操作系统掩蔽或抽象化物理硬件并实现在单个或群集物理机上并发运行多个操作系统的技术。这种技术可将操作系统和应用程序封装到可移植的虚拟机中。虚拟机是外观和行为均与物理机相似的逻辑实体。每个操作系统都在各自的虚拟机上运行。在计算虚拟化中，虚拟化层驻留在硬件和运行操作系统的虚拟机之间。虚拟化层也称为虚拟机管理程序。虚拟机管理程序用于向所有虚拟机提供标准化的硬件资源，如 CPU、内存、网络等。图 9-2 给出了计算虚拟化的常见结构。

存储虚拟化是掩蔽底层物理存储资源的复杂性并将这些资源的逻辑视图呈现给虚拟化环境中计算系统的过程。存储虚拟化允许在物理存储资源上创建一个或多个逻辑存储。此逻辑或虚拟存储对于计算系统显示为物理存储。存储虚拟化层执行逻辑到物理的存储映射。虚拟化层提取物理存储设备的标识，并通过从多个异构存储阵列聚合存储资源来创建存储池。虚拟卷是从这些存储池创建的，然后分配给计算系统。计算系统一直察觉不到映射操作的存在，它访问虚拟卷就像访问连接到自身的物理存储一样。存储虚拟化允许在不影响应用程序可用性的情况下添加或删除存储。它通过整合多个异构存储资源以及创建存储池，来提高存储利用率。存储池提供向计算系统分配存储资源的灵活性，从而提高存储利用率。这显著降低了在新存储资源方面的投资，因此降低了总体拥有成本。存储虚拟化包括数据块和文件两个级别。图 9-3 给出了存储虚拟化的常见结构。

网络虚拟化是指以逻辑方式将物理网络分段或分组为独立的逻辑实体(称为“虚拟网络”)，并使它们作为单个或多个独立网络运行。网络虚拟化使多个虚拟网络可以共享网络

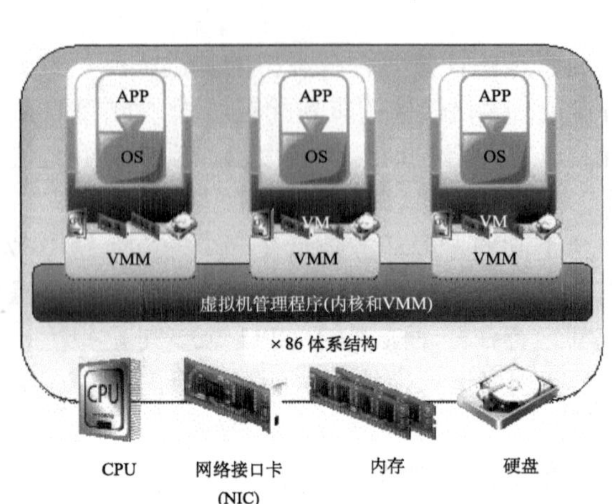

图 9-2　计算机虚拟化的常见结构

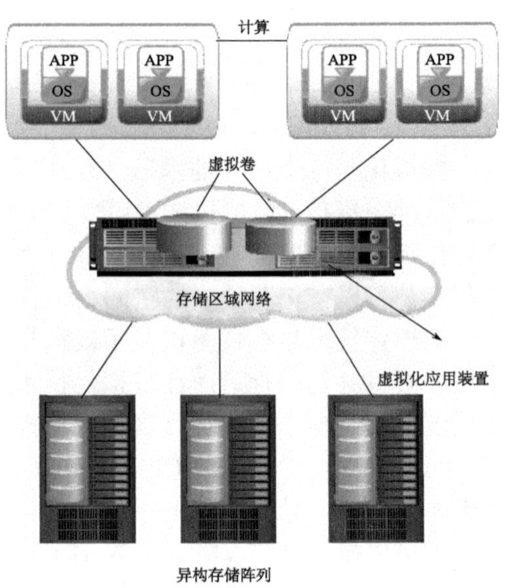

图 9-3　存储虚拟化的常见结构

资源，并且不会相互泄漏信息。虚拟网络对与之连接的节点表现为物理网络。对于连接到某个虚拟网络的两个节点，即使它们位于不同的物理网络中，也可以在无需帧路由的情况下相互通信。而对于位于不同虚拟网络中的两个节点，即使它们连接到同一个物理网络，也必须路由网络流量才能进行通信。网络管理流量(包括“网络广播”)不会传播到属于不同虚拟网络的任何其他节点。因此，可以使用一组通用要求对虚拟网络中的节点进行功能分组，而无须考虑节点的地理位置。

虚拟机网络驻留在物理服务器中。它包括称为“虚拟交换机”的逻辑交换机，其功能与物理交换机类似。虚拟机网络可实现物理服务器中虚拟机之间的通信。例如，某个运行业务应用程序的虚拟机可能需要通过防火墙服务器对其流量进行筛选，而该服务器可能是同一物理服务器中的另一个虚拟机。通过虚拟机网络对这些虚拟机进行内部连接是非常有益的。通过物理网络连接它们将增加虚拟机流量的延迟，因为流量需要经过外部物理网络。虚拟机管理程序内核连接到虚拟机网络。虚拟机管理程序内核使用虚拟机网络与管理服务器和存储系统通信。管理服务器可以是在物理服务器中托管的虚拟机。对于驻留在不同物理服务器中的两个虚拟机之间的通信以及虚拟机与其客户端之间的通信，虚拟机流量必须经过虚拟机网络和物理网络。此外，在虚拟机与物理网络之间传输还需要虚拟机管理程序流量。因此，必须将虚拟机网络连接到物理网络。

通过网络虚拟化，管理员可以在 VDC 内创建多个虚拟网络。这些虚拟网络可以跨越虚拟机网络和物理网络，并共享物理交换机和虚拟交换机。虚拟网络提供了对属于企业中同一功能单位的所有节点进行分组的功能。虚拟网络的示例包括虚拟局域网和虚拟存储区域网络。网络虚拟化由虚拟机管理程序和物理交换机操作系统(OS)执行。通过使用这些类型的软件，管理员可以在物理网络和虚拟机网络上创建虚拟网络。

物理交换机运行用于执行网络流量交换的操作系统。此操作系统必须具有网络虚拟化功能，才能在交换机上创建虚拟网络。虚拟机管理程序具有内置的联网和网络虚拟化功能。

利用这些功能可以创建虚拟交换机并在其中配置虚拟网络。可安装在虚拟机管理程序上的第三方软件也提供这些功能。这样，第三方软件模块会替换虚拟机管理程序的固有联网功能。图 9-4 给出了网络虚拟化的结构。

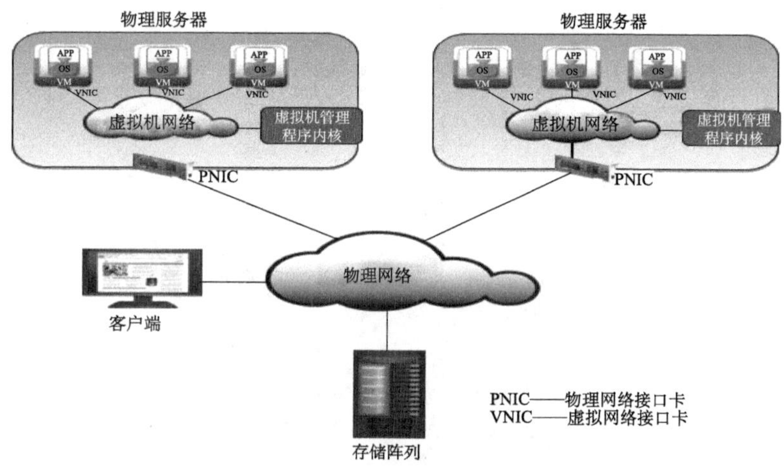

图 9-4　网络虚拟化的结构

对于传统的桌面，操作系统、应用程序和用户数据全都绑定到某个特定的硬件。当一个端点设备损坏或丢失时，业务生产效率会受到极大的影响，因为这会影响操作系统、应用程序、用户数据和设置。桌面虚拟化会打破硬件和这些元素之间的结合，使 IT 人员能够单独更改、更新和部署这些元素，从而提高业务灵活性和缩短响应时间。最终用户也受益于虚拟化，因为虽然桌面没变，但是他们能够在办公室内、家里或路上通过各种类型的设备和接入点访问计算环境。虽然基于计算的虚拟化将操作系统与硬件分离，但是未从本质上针对更加广泛且更为重要的几个方面解决相应的问题，即将用户的数据、设置和关键应用程序与操作系统本身分离。而这些方面对于维护高效业务环境而言至关重要。通过将用户的数据、设置和关键应用程序与操作系统分离，企业可以开始实现真正符合 IT 业务需求的战略。这是虚拟化桌面的基础概念。虚拟化桌面中每层的虚拟化将在后面的幻灯片中进行介绍。应用程序虚拟化可打破应用程序和底层平台(包括操作系统和硬件)之间的依赖关系。

桌面虚拟化技术的目标在于将 PC 的操作系统(OS)集中在数据中心，显著简化桌面的安全性和管理。数据中心承载的桌面在 VDC 中以虚拟机方式运行，而最终用户从各种端点设备远程访问这些桌面。端点设备上不会发生应用程序执行和数据存储；所有操作都集中在数据中心完成。常用的桌面虚拟化技术包括远程桌面服务和虚拟桌面技术。

远程桌面服务通常称为终端服务，通过终端服务客户端进行远程访问时，这些会话可以提供完全的桌面体验；工作站接收会话的视觉反馈，而资源消耗则发生在服务器上。虚拟桌面技术指在服务器上承载在虚拟机上运行的桌面操作系统，用户对虚拟化桌面的资源具有完全访问权限，服务器承载的桌面虚拟化解决方案有时称为虚拟桌面环境，虚拟桌面允许用户通过远程桌面传输协议从端点设备访问远程桌面环境；承载的远程操作系统和关联的应用程序显示在用户端点设备的显示屏上，并通过该端点设备的键盘和鼠标进行控制；对于用户，使用体验与使用 RDS 解决方案非常相似，差别是桌面操作系统是运行在服务器承载的虚拟机上，而不是单个服务器操作系统的远程用户会话上。图 9-5 给出了虚拟桌面的示意图。

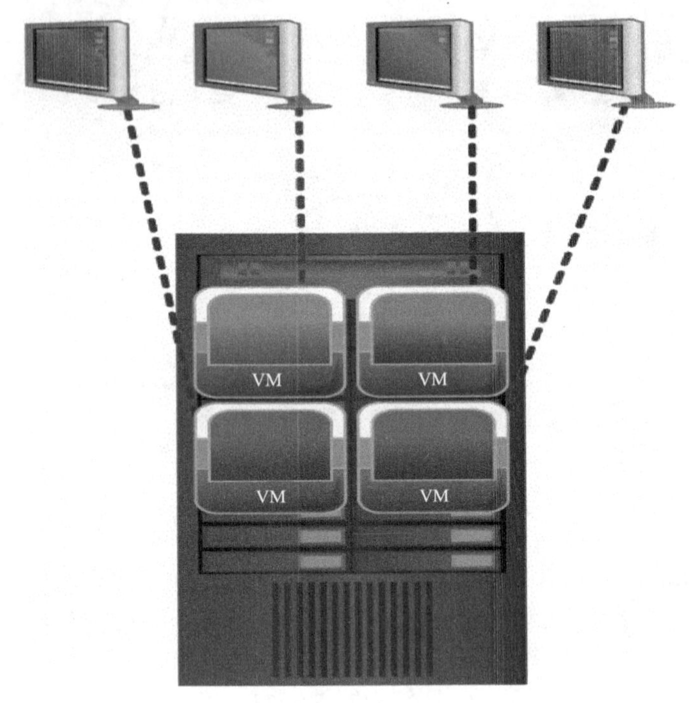

图 9-5　虚拟桌面技术

应用程序虚拟化技术是向最终用户提供应用程序的技术，而无需底层计算平台上的任何安装、集成或依赖关系。越来越多的企业使用应用程序虚拟化软件解决与应用程序生命周期相关的挑战，特别是那些与应用程序测试和部署相关的过程。基本上，应用程序虚拟化软件聚合操作系统资源并将它们与对其进行访问的应用程序一起隔离在虚拟化的容器中。此技术允许部署应用程序，并且不修改或更改部署这些应用程序所在的底层计算平台的操作系统、文件系统或注册表。由于虚拟化应用程序运行在隔离的环境中，所以可以保护底层操作系统和其他应用程序不会因安装修改而遭受潜在的损坏。在很多情况下，如果在同一个计算平台上安装多个应用程序/相同应用程序的多个版本，则可能会发生冲突。例如，企业使用与公司标准不同的 Microsoft Access 版本部署了 Microsoft Access 数据库。由于不能同时将两种版本的 Microsoft Access 安装在同一个计算平台中，因此可以通过将其中一个版本(或两者)虚拟化来解决这个问题，然后同时使用。

应用程序虚拟化常用的两种方法为应用程序流和应用程序封装。应用程序封装将应用程序打包成一个独立的可执行软件包，它不依赖于软件安装或底层操作系统来建立任何依赖关系；此软件包可以在 USB 闪存盘或通过本地存储从网络进行访问，由于这些应用程序可以像独立可执行文件一样运行，所以它们不需要在它们运行的客户端计算机上本地安装任何代理。应用程序流涉及在执行应用程序时将特定于应用程序的数据/资源传输到客户端设备，在启动应用程序之前，仅将最低数量的数据传输给客户端。因此首次启动应用程序的速度非常快，并且还可以减少网络的负载；根据需要或在后台提供其他的应用程序功能，无需用户的干预，应用程序软件包存储在服务器中；应用程序流适用于网络连接流畅的环境，流涉及客户端计算机上本地安装代理的使用，代理的功能可以为每个应用程序设置和维护虚拟环境，代理执行管理任务并且是流行为的关键组件。

本章小结

本章针对目前计算机系统发展的两个方向——嵌入式系统和大型分布式计算系统，分别介绍了目前主要的嵌入式操作系统和分布式操作系统，并对它们的特性进行了比较和分析，介绍的嵌入式操作系统类型包括：EOS、微软嵌入式操作系统、嵌入式 Linux 与 Android、TinyOS 和 VxWorks；介绍的分布式操作系统类型包括：多核操作系统、客户机/服务器计算模型、集群系统、MapReduce 计算模型，最后介绍了虚拟化计算技术为同学们学习云计算和大数据技术提供借鉴。

拓展阅读环节：

1) Andress S. Tanenbaum, Albert S. Woodhull. Modern Operating Systems (4th Edition): 3 Memory Management. Pearson, 2014.

2) 斯托林斯(William Stallings). 操作系统：精髓与设计原理. 陈向群，陈渝，译. 北京：电子工业出版社，2012.

3) 张晨曦. 嵌入式系统教程. 北京：清华大学出版社，2013.

习　题

1. 简述嵌入式操作系统及其发展方向?
2. 简述两种主要的嵌入式操作系统?
3. 简述分布式计算的类型?
4. 简述多核操作系统?
5. 简述 MapReduce 计算模型及其与其他分布式计算模型的区别?
6. 简述虚拟化技术?

实　验

1. 在自己的嵌入式设备、移动设备或模拟器中安装一个嵌入式操作系统。
2. 多个同学合作利用自己的个人计算机构建一个分布式的计算系统。

参考文献

埃尔玛斯里，加里克·莱文. 2010. 操作系统实用教程：螺旋方法. 北京：机械工业出版社.

曹先彬，陈香兰. 2009. 操作系统原理与设计. 北京：机械工业出版社.

费翔林，骆斌. 2014. 操作系统教程. 5 版. 北京：高等教育出版社.

刘鹏. 2012. 云计算. 2 版. 北京：电子工业出版社.

卿斯汉，等. 2011. 操作系统安全. 2 版. 北京：清华大学出版社.

孙钟秀，等. 2003. 操作系统教程. 3 版. 北京：高等教育出版社.

汤小丹，等. 2014. 计算机操作系统. 4 版. 西安：西安电子科技大学出版社.

屠立德，王丹. 2014. 操作系统基础. 4 版. 北京：清华大学出版社.

王素华. 1996. 操作系统教程. 北京：人民邮电出版社.

郁红英，李春强. 2008. 计算机操作系统. 北京：清华大学出版社.

张晨曦. 2013. 嵌入式系统教程. 北京：清华大学出版社.

张尧学，史美林. 2003. 系统原理. 武汉：武汉理工大学出版社.

邹恒明. 2009. 操作系统之哲学原理. 北京：机械工业出版社.

Bovet D P，Cesati Marco. 2008. 深入理解 Linux 内核. 陈莉君，冯锐，牛欣源，译. 北京：中国电力出版社.

Dollimore J，Coulouris G，Kindberg T，et al. 2012. 分布式系统：概念与设计. 5 版. 北京：机械工业出版社.

Lions J. 2000. 莱昂氏 UNIX 源代码分析. 尤晋元，译. 北京：机械工业出版社.

Silberschatz A，Galvin P B，Greg Gagne. 2013. Operating Systems Concepts（9th Edition）. Wiley.

Stallings W. 2010. Operating Systems，Internals and Design Priciples（7th Edition）. Prentice Hall.

Tanenbaum A S，Woodhull A S. 2014. Modern Operating Systems（4th Edition）: 3 Memory Management. Pearson.

Tanenbaum A S. 2008. Maarten van Steen. 分布式系统：原理与范型. 2 版. 辛春生，陈宗斌，译. 北京：清华大学出版社.

Tanenbaum A S. 2008. 分布式操作系统. 陆丽娜，译. 北京：电子工业出版社.

Tanenbaum AS. 2009. 现代操作系统. 3 版. 陈向群，马洪兵，译. 北京：机械工业出版社.

White T. 2011. Hadoop 权威指南. 2 版. 周敏奇，钱卫宁，金澈清，等译. 北京：清华大学出版社.